挥手之间的人生

回忆父亲方纪

方大卫　方兆麟◎著

中国文史出版社

图书在版编目（CIP）数据

挥手之间的人生：回忆父亲方纪 / 方大卫，方兆麟
著. —北京：中国文史出版社，2024.12. —ISBN
978-7-5205-4970-7

Ⅰ. K825.6

中国国家版本馆 CIP 数据核字第 2024GW5827 号

责任编辑：王文运　　　　　　装帧设计：王　琳　程　跃

出版发行：中国文史出版社

社　　址：北京市海淀区西八里庄路 69 号　　邮编：100142
电　　话：010 – 81136606　81136602　81136603（发行部）
传　　真：010 – 81136655
印　　装：北京联兴盛业印刷股份有限公司
经　　销：全国新华书店
开　　本：787mm×1092mm　1/16
印　　张：31.25　　插页：16
字　　数：492 千字
版　　次：2025 年 4 月北京第 1 版
印　　次：2025 年 4 月第 1 次印刷
定　　价：98.00 元

方纪（1919—1998）

1939 年，方纪在重庆

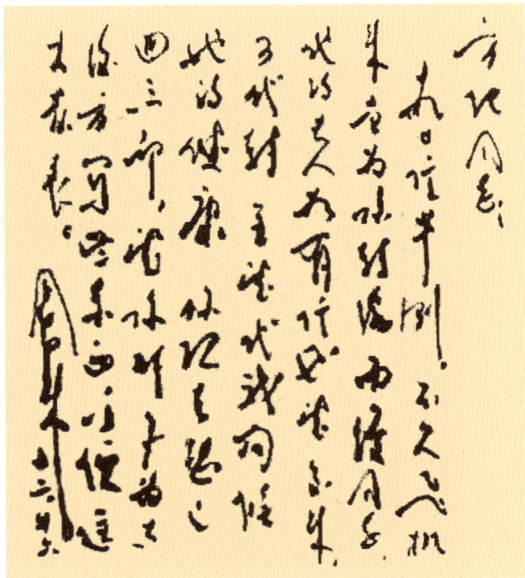

1942 年 12 月，周恩来从重庆致信方纪，希望他
"多为大后方写些东西"

1944 年，方纪与黄人晓在延河边的结婚照（吴印咸摄）

1949 年，天津解放后第一张全家福

1949 年 5 月，方纪夫妇与朱丹在天津日报社

1951年，郭沫若、于立群夫妇来津，阿英、李霁野、方纪（左一）陪同在水上公园划船

1952年9月，天津市抗美援朝分会召开各界代表反细菌战座谈会（后排右三为方纪）

1955 年 11 月，保加利亚艺术代表团来津访问演出，市文化局局长方纪（左）前往车站迎接

20 世纪 50 年代，方纪（右一）与来津演出的京剧艺术家马连良（右二）、谭富英（右三）亲切交谈

1956 年，方纪考察长江途中

在金沙江畔

在昆明石林

1965 年，方纪（左三）到山西
昔阳大寨村调研

1978 年 6 月，方纪与老舍先生夫人胡絜青在中国文联理事会扩大会议上留影

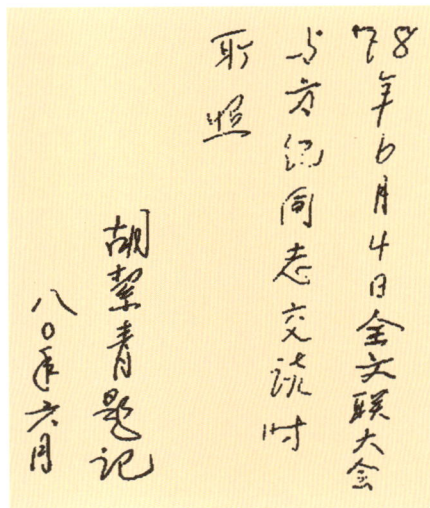

78年6月4日全文联大会
与方纪同志交流时
取照
胡絜青题记
八〇年六月

20 世纪 80 年代初，方纪全家合影

20 世纪 80 年代，方纪（前排拄拐杖者）与《冀中导报》《天津日报》老新闻工作者合影

1984 年，全国政协主席邓颖超与方纪亲切握手交谈（中为时任天津市委书记陈伟达，右后为时任天津市政协主席陈冰）

1983 年，方纪与周扬在天津迎宾馆

1984 年，方纪在延安枣园毛泽东旧居

20 世纪 80 年代初，方纪与孙犁合影

1984 年，方纪与梁斌留影

方纪与李霁野在天津文联会议上

方纪在家中与冯骥才留影

晚年的方纪

诗成泣鬼神

笔落惊风雨

朱丹
冯牧
方纪

念小川

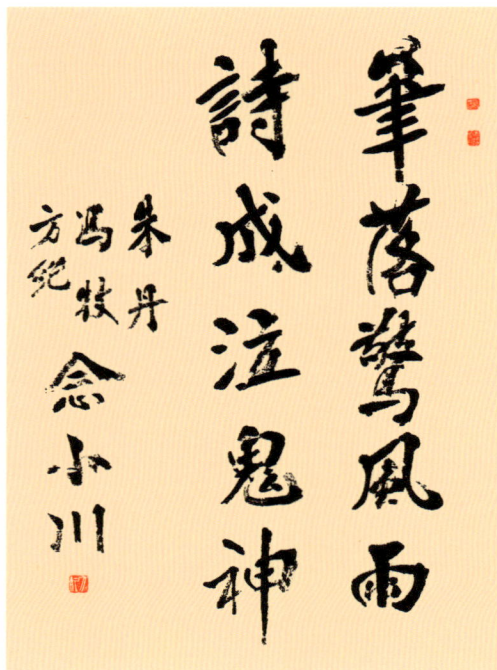

方纪以三位好友名义左手书怀念郭小川

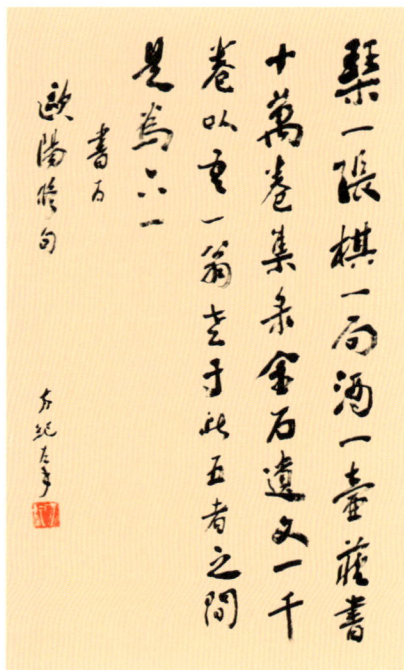

棋一张棋一局酒一壶藏书
十万卷集录金石遗文一千
卷以吾一翁老于此五者之间
是为六一

书石

欧阳修句

方纪左手

方纪左手书欧阳修句，钤齐白石所刻印

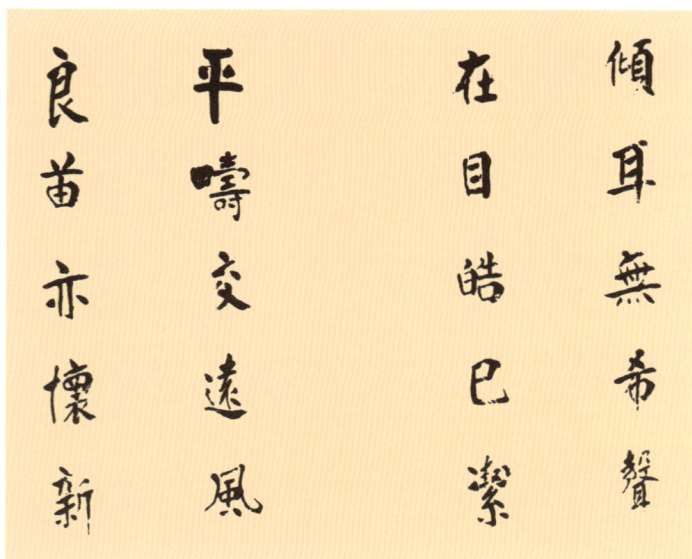

倾耳无希声

在目皓已洁

平畴交远风

良苗亦怀新

方纪左手绝笔：倾耳无希声，在目皓已洁。平畴交远风，良苗亦怀新

写在前面的话

　　2019 年是父亲诞辰 100 周年，又恰逢五四运动 100 周年和新中国成立 70 周年。在这样一个不平凡的日子里，回顾父亲一生所走过的路，感觉更有一种特别的意义。父亲从一个幼稚学子逐渐成长为一名党的战士、革命作家，经历了艰苦的战争年代和新中国曲折发展的岁月，在他丰富的人生经历中，确实有很多事情是可以记录下来并告知后人的。

　　1998 年父亲去世后，许多他生前的老战友、老朋友、老同事和文学爱好者、研究者以及他的学生，陆续写了很多回忆他、怀念他、研究他的文章。读着这些亲切、充满真情实感的文章，我们深受感动，深受教益。自 20 世纪 80 年代以来，曾有不少父亲的朋友、学生以及各方面关注他的人，不断地希望我们将父亲一生的经历和文学创作作为一个重要的课题，做一些认真深入的研究，并写成专著。但由于父亲语言表达已很困难，我们对他的了解又都是非常支离破碎的只言片语，加之他的老朋友也都相继谢世，因此搜集父亲的经历资料和核实其中的细节也成为很困难的事。虽然在这期间有新华社退休记者舒佣为父亲代笔写的《长江自有浪花在》回忆小传，有天津市文联汪健云受父亲委托写的《为伊消得人憔悴》（评传，未刊），有原天津文学研究所王树人写的《方纪的文学道路》（评传，未刊），还有一些专门从事党史、文学史和文学理论研究的专家学者写研究父亲文学作品和生平的论文等，但始终没有一部较为完整记述父亲一生的经历与创作的传记性著作。

有感于此，父亲的朋友、时任天津市人大常委会副主任石坚同志，数次与我们谈及此事，还专门把我叫到他家里很严肃地说："你父亲方纪，是党和人民的干部、作家，不要把写他的传记看作是你们个人的事情，你们一定要重视起来，当作一个任务来完成，这是你们的社会责任。不要有任何思想顾虑，如果你们觉得有不便之处，我来牵头做这件事，有什么困难随时跟我说，尽快把这本书写出来。"在石坚叔叔的鼓励下，我们开始搜集资料，拜访知情人，一点一滴地积累，逐渐为写这本书做了一些基础性工作。为了纪念父亲诞辰100周年，我们兄弟四人决定为父亲写部传记，我是大哥，跟随父亲身旁比较长久，对父亲的了解更多一些；二弟方兆麟是文史方面有影响的专家，又有很好的写作功底，于是由我二人共同执笔。现在，这部书的初稿总算是完成了，尽管还显得有些粗糙，内容还不够丰满，但基本上达到了"纵不断线"的要求，大致真实还原了父亲人生经历和文学创作生涯的轨迹，有些内容也是鲜为人知的。在父亲100周年诞辰之际，我们将其奉献给读者。我想，这是对父亲最好的纪念。

父亲是一位革命者，也是一位正直的作家。他一生坚信马克思主义，有坚定的信仰和追求，他带着这种信仰和追求顽强地走过了一生。他是学历史的，一生经历既丰富而又多舛。他曾对我们说："历史是真实的人生，是真实的社会，不只是大人物创造的，而是更多普通的小人物谱写的。"父亲毕生从事文化宣传工作，用心和信仰去创作文学作品，在他的作品中，始终把人物的命运放在第一位，以他的笔去描绘在社会动荡、变迁、改造过程中，被环境和时代改变了的人。用他的话说："文学是人的历史，是社会的人的历史。在一个大时代的历史变迁中，所有社会中的人，都是社会历史环境的产物。"他的文学作品，大多是反映抗日战争、解放战争以及社会主义建设时期，大时代背景下各个阶层普通人生活的心态和在变革中的命运。父亲作为那个历史变革中一个普通的人，也是一名战士，从他参加革命工作，加入

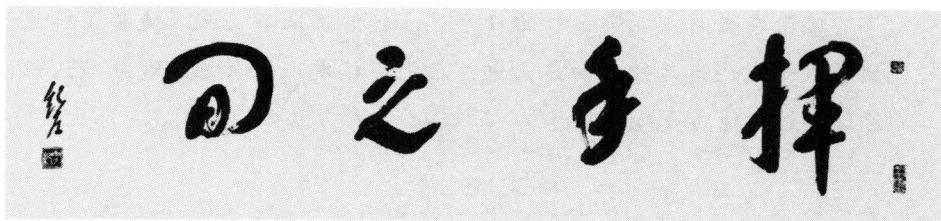

方纪左手书"挥手之间"

中国共产党，经历了革命战争，经历了风风雨雨，在各种各样的严酷环境下，他始终不忘初心，坚持革命理想和信念，坚持实事求是，坚持党性原则和纪律，百折而不悔。因此，时代也造就了父亲的特立独行、充满矛盾的人生，同时也彰显了他独特的人格魅力。

一位文学评论家曾这样评价方纪：

许多文学家并不需要人们记住他们的名字，只有他们的一两篇名篇会一直流传下去，被一代又一代人学习和欣赏。通过作品使自己的名字载入史册，这样的文学家被人们肃然起敬地称为大家。

方纪是中国当代文学史上的大家，是解放区文艺的大将，同时也是天津文艺界的老领导，他对解放后天津文学艺术宣传领域的初创、建设和发展做了大量工作。

一位父亲的崇敬者在纪念文章里写道：

人们对这位挥手写就大量的诗歌、散文和文艺评论，留下几百万字的文学作品的文学家，以残缺身体用左手挥毫泼墨的书法家，用双手建设新天津文化历史的组织领导者，满怀崇敬的记忆。

实际上，我们弟兄四人对父亲真正地了解与理解，是在父亲去世之后，正像当时由三弟执笔撰写的《为父亲送别》挽词中发自肺腑的感言：

父亲在世时，在那么长的日子里，我们都来不及深入地去了解他。然而，就在他走后短短的几天中，我们突然发现，对他的理解与认识，远远超过了他所走过的岁月。

在写这本书的过程中，当我们将所收集到的父亲一生的片段资料插入到他那个时代的大背景中时，才发现：原来他一生的经历，包括他的文学创作，与时代联系得那么紧密，那么息息相关。他所走的路始终是跟随着时代的脉动在前进，他笔下的故事和诗情，始终是在书写那个时代中人的精神面貌。他的笔下没有无病呻吟的空洞辞藻，而是用质朴的语言来反映各种普通人在时代潮流中灵魂深处的细微变化。也许，他囿于时代的局限没有能成为一个伟大的作家，但他留给人们的作品，是有着鲜明时代印迹的思考。

我们知道，任何追忆的文字，只能反映父亲很小的一个侧面，无论多少文字都无法将父亲的一生完全深入地阐述清楚。因为历史是河，是流动的水，我们无法蹚过父辈曾经蹚过的那道河流，也无法超越以往的历史，即使能够再现历史，也无法复制出它；我们也无法达到父辈们那种精神境界，只能根据有限的资料去印证历史，使它更贴近历史的真实。

方大卫

2019 年 6 月

目　录

下部　一个有使命感的作家

——浅述方纪的文学创作道路

画家高莽为方纪画像

上 部

挥手之间的人生

第一章

从家乡到北平

一、少年时代

1919 年，中国发生了震惊历史的五四运动。那一年，父亲出生了。为了纪念这个有历史意义的年代，他后来给自己刻了一枚印章"五四生人"。

五四爱国运动是近代中国历史上，第一次由学生、工人和广大民众掀起的反对帝国主义、反对军阀卖国的全国规模的革命斗争。五四运动促进了马克思主义在中国的传播并与工人运动的结合，为中国共产党的成立做了思想上、干部上的准备，成为中国新民主主义革命的伟大开端。1921 年，中国共产党宣告正式成立，这是中华民族历史上开天辟地的大事变。1924 年，国共合作建立后，加快了中国革命的步伐。1925 年的五卅运动，标志着大革命高潮的到来。北伐战争的胜利进军，工农运动的迅猛高涨，给帝国主义侵华势力和北洋军阀反动统治以沉重打击。1927 年蒋介石倒行逆施发动四一二反革命政变后，中国共产党领导发动八一南昌起义，打响了武装反抗国民党反动派的第一枪，并在湖南发动了农民起义，建立了中国工农武装，中国革命从此走上了武装夺取政权的道路。在经历了艰苦卓绝的斗争后，终于推翻了帝国主义、封建主义和官僚资本主义的统治，建立了人民当家作主的新中国。

这些重大历史事件，深刻地影响了父亲幼小的心灵，也影响了他的人生道路。父亲之所以手刻"五四生人"印章，就是因为他与这个时代有着不

五四运动时，北京大学学生的游行队伍向天安门进发

可分割的紧密联系，影响了他一生走过的路，并成为他一生追求的信仰与使命。因此，"五四生人"这枚图章蕴含他的人生从这里起步，并浓缩了他一生的革命经历。

1919 年 10 月 17 日，父亲诞生在直隶省束鹿县（今河北省辛集市）佃士营村一个冯姓农民家庭。老冯家四世同堂，父亲的曾祖父、祖父、父亲和叔父们一边躬耕，一边从事手工业劳动。一家人辛勤劳作，希望能过上殷实安稳的日子。被乡亲们称作"冯老庭"的冯洞庭，是我的爷爷。他是一个老实巴交的庄稼人，生性绵软，不好与人争斗。他做得一手好丝线，农闲时就推着挂满五颜六色丝线的小车去赶集，渐渐地积攒了一点钱，于是他们兄弟四人合伙开了一家硝皮作坊，勉强糊口。这样一个老实得出奇的人，却娶了一个贤淑而粗通文墨的媳妇——我的奶奶。父亲出生时，爷爷冯洞庭欣喜若狂，抱着刚刚出生的儿子对奶奶说："给咱们的儿子取个名字吧！"奶奶弱弱地说："你看他个子长长的、瘦瘦的，像个小羊羔子，又是羊年生的，就叫他羊子吧。"而爷爷却对这个秋收时节收获的硕果寄托着厚望，期盼小羊子成为冯家的一匹宝马良驹，便说："我看他像是个小马驹，长大了一定会有出息的。"于是给儿子起了一个理想的名字——冯骥。同时按冯家家谱排字，又给他起了大名冯文杰。父亲走入文坛后，才将自己的名字改为方纪。既是笔名，也成了正式的名字。

位于华北平原中部的辛集，是个历史悠久的古镇，早在夏商时期属冀州地，周时属并州地，春秋属晋地，战国属赵地，秦时属巨鹿郡地，到西汉始建县。唐天宝十五载（756）破安禄山，"三月己亥，改饶阳之城鹿城为束鹿，以厌之"。此名一直沿用到近代民国年间。而作为古镇的辛集，清朝时才正式得名。据《束鹿县志》记载，明朝时此地名新集，至清乾隆年间与彭家庄、李家庄、廉官店、王家庄合并，改"新"为"辛"，始称辛集。辛集镇早在明代就是享有盛名的皮毛聚散地，有"直隶一集"之称，皮毛加工业发达，加上从西面太行山上流下来的滹沱河在辛集绕了一个小弯又向东奔去，使这片土地成为华北大平原上盛产粮棉果蔬的富庶之地，因此这里又有"金束鹿，银蠡县"的说法。

辛集皮毛业历史悠久，是中国历史上最大的皮毛集散地和商埠重镇，素有"辛集皮革甲天下"之美称。新疆有一句俗语："不知束鹿县，知道廉官店。"廉官店是哪里？是辛集正式得名前的旧地名，据说明代已有大批新疆皮毛商人，沿古丝绸之路长途跋涉到廉官店进行皮毛交易。据《乾隆束鹿县志》记载，辛集镇"绵亘五六里，货广人稠，坐贾行商，往来如织，虽居偏壤，不减通都"。从清朝光绪六年（1880）至1937年七七事变前，是辛集皮毛业发展的鼎盛时期。据有关资料统计，1900年后仅外国商人就在辛集镇设立洋庄26家，其中德商6家、英商6家、日商6家、荷商3家、美商3家、比商1家、法商1家。这一时期，辛集逐渐形成完整的皮毛生产体系。当时，辛集专营皮毛转运批发业务的皮庄、皮店就达123家。据1935年至1936年的统计，当时辛集镇有工商户1170户，人口17550人，其中皮毛业有10个行业361户，捣毛、捣皮的季节工达6200余人，连同镇周围20多个村庄的副业性经营，总户数达1500户以上，经营皮毛制革业的人员四五万人。

小时候我就听奶奶在耳畔念叨一支民谣："问我祖先在何处，山西洪洞大槐树。祖先故居叫什么？大槐树下老鸹窝。"那时候我只拿它当儿歌听，听着听着便睡着了。长大读了书又听父亲说，才知道原来我家老祖是从山西洪洞大槐树下迁来的。

我家祖上迁到束鹿佃士营村，到父亲这一代是第四代，再往上就说不

束鹿佃士营方纪故居（摄于 20 世纪 70 年代）

清楚了。父亲是佃士营冯家四世同堂的长子、长孙。父亲的爷爷（即我的曾祖父）冯新业是一位刚正豪爽、好打抱不平的人，也是一位思想开明的忠厚农民，在乡里深得名望，为了振兴乡村教育，他把自家村北两亩地捐出建了佃士营小学，为此，乡民送给曾祖父冯新业一块"惠普乡梓"的金字黑漆大匾。冯新业喜欢看报纸，关心时政，曾经想实业救国，还印了名片，并把三个儿子分别送往上海、汉口、归绥去当学徒，其中我的二爷爷冯振兴回到家乡后在辛集开办了皮革作坊，抗战前还为吕正操的部队缝制过马鞍、皮包、手枪套等皮具。

爷爷是一个勤劳本分的农民兼小手工业者，小农经济自给自足思想对他有着深刻的影响。当时因为辛集皮革业兴旺，佃士营村几乎家家户户都做丝线，以此补贴靠天吃饭的不足。当地民谚有："林子里席片，佃士营丝线，撒马营雪花膏，猫营的鞭梢。"这几个村的特点道出了当时辛集十里八村小手工业的形态。佃士营的丝线，主要是用来缝皮活儿、皮具。丝线是我们家的手工副业，把从河北元氏、赞皇购来的生丝，经过十几道工序加工、漂染制成绣花线、缝衣线、缝皮线、钓鱼线、渔网线等。冯家老少齐上阵，最终将丝线制成商品，辛集镇里有人定期来村里收购。

祖辈们如此勤劳苦作，就是希望能过上殷实安稳的日子。但在父亲四五岁时，由于军阀混战，民不聊生，日子艰难，家里苦心经营的硝皮作坊连年亏本，只维持了两三年就倒闭了。家产抵债后，曾祖父冯新业苦闷无出路，把家分了，四代人共居的家破败了。分家后因家境日益艰难，父亲兄弟姐妹七人要吃饭，奶奶为了减轻家中负担，便带着年幼的父亲和大姑投奔了娘家。

我的奶奶陈素珍出生在邻村通士营的一户书香人家。父亲的外祖母中年守寡后，就带着小女儿素霞回到娘家，与兄弟家一起生活。这个书香人家祖上曾出过一位翰林院庶吉士，并留下一块功德碑，也曾拥有百亩田产。父亲的太姥爷曾是清朝的拔贡，有些家底，住瓦房四合院，从宽敞的庭院可以看出曾经的兴旺。待父亲住到外祖母家时，已是院落空寂，人丁寥落。奶奶带着父亲、大姑的到来，并没有因为生活艰难而更添哀愁，反使清冷的院子一下子欢快了起来。这是父亲童年最美好的记忆。

父亲随奶奶回到娘家后，受到了家中遗存的文化气息的熏陶。父亲三岁时，奶奶每天清早就抱着他到本村一间私塾读书，同另外两个孩子一起听一位叫王岚孙的老先生讲百家姓、三字经、千字文。每天早上一开讲，"赵钱孙李，周吴郑王""人之初，性本善""天地玄黄，宇宙洪荒"的读书声响起，稚嫩而响亮。父亲那时尚年幼，本来就怕先生，背不出书时挨先生的手板也是常有的事。

父亲的外祖母有讲不尽的民间故事和传说，每天天一黑，年幼的父亲便躺在炕上听外祖母讲那些快乐的、悲惨的、精灵神怪的、善恶报应的故事。白天，素霞姨有诸多的课业要他完成。素霞姨有很好的教师禀赋，她在祖上留下的满屋典籍的书房里，教父亲读书写字，习诗诵赋，还用"车胤囊萤""孙康映雪""精卫填海"等故事教导他学习要勤奋、做事要坚毅、做人要正直。这位终生未嫁的女性，将全部心血连同她的"传家诗书"倾心传授给这个她相信日后会有大出息的外甥。读书之余是写字，素霞姨手把手地教父亲握笔、运腕，先是描红，嗣后临帖，柳公权的《玄秘塔》、颜真卿的《勤礼碑》是他入门的范本。素霞姨施教严格，一丝不苟，父亲曾经说："素霞姨对我写的每一个字都认真指出不足之处，教导我临帖时要细细体会字体风格和韵味。慢慢地我便迷恋上凝神、用力、临帖的练字方法。半个多世纪以来，我喜好书法，不断练习，实乃得益于素霞姨的严格管教。"

除了外祖母和素霞姨对父亲的教育外，当地深厚的历史文化环境对父亲的成长也起到了浸润作用。那时冀中一带流传着一个小戏种——丝弦，音调高亢悲壮，颇有"燕赵多慷慨悲歌之士"的韵味。这个曲种起源于明末，其声腔为元、明流行于燕赵的小令。丝弦有南、北方之分，北方丝弦又名弦索腔、弦子腔。清初，丝弦在河北已普遍流行，深受群众欢迎。丝弦的表演泥土气息浓厚，热烈火炽，粗犷豪放，动作夸张幅度较大，刻画人物细腻，追求热烈、火爆场面。各行当都有不同于其他剧种的程式动作，生、旦崇尚技巧，表演细致；花脸动作夸张，粗犷豪放；丑角幽默诙谐。那个时候，佃士营以每家几斗粮食的代价，就可以请戏班子在村西头唱五六天的大戏。全村人欢天喜地，孩子们更是狂欢般地疯玩。我三叔回忆说：

> 我们还认识了戏班中几个孩子，他们没有演出任务时就在台下和我们一起玩或给我们说戏。一个叫小春的孩子指着台上他爹饰演的人物说，你看多好呀，引得我们哈哈大笑。他有演出时，我们就大喊他的名字，他有时会不好意思地看一眼我们，很有成就感的。几天过去他们要回去了，我们就跟着他们的大车队一直送出二里地，他们也喊着：佃士营的人们快回去吧。

爷爷奶奶很喜欢听丝弦，平常高兴的时候也会不经意地随口哼唱几句《辕门斩子》："一朝天子一朝臣，一杆大旗一班兵。青春爱的是少年人，何必杨延景多操心呀。"唱得有滋有味，父亲听得也津津有味，就磨着大人讲故事。奶奶给他讲得最多的就是杨家将"满门忠义"和岳家将"精忠报国"的故事。

5岁左右，父亲回到本村上小学。时值北伐革命热潮时期，佃士营村小学门楣上挂着一块牌子，上书"做新民"三个大字。老师给他们讲这三个字的含义，并带领他们在院子里游行，高呼"打倒军阀""打倒土豪劣绅"的口号，使他们小小的心灵燃起对明天美好生活的热情。父亲说，这是他最早受到的革命思想的影响。

当大革命风暴席卷华北大地时，许许多多深受军阀地主阶级压榨剥削的农民，思想开始觉悟，接受了共产党的主张。高蠡暴动、冀南暴动虽然失败了，但红色的种子却撒在了冀中平原上。父亲曾对我们讲：

> 我的二叔冯振兴是当时束鹿县最早加入中国共产党的党员之一，介绍人是杨秀峰的夫人孙文淑。我在北大入了党，我的四叔冯振玖也在本

县入了党；爷爷冯新业大概也是那时入的党。

我受爷爷的影响很大。爷爷办实业失败后，他一人住在一个小院里，天天看好多种报纸。我每次回家，都去爷爷那里聊天。后来，爷爷加入了中国共产党，参加了高蠡暴动。1937年抗日战争全面爆发，身为村农救会主任的爷爷带着我的两个叔叔（一个是村干部、一个是区干部）投身到抗日的洪流中，后因汉奸告密被捕，他们三人惨遭日军杀害。

三个被日军所杀的人中，有一个是我的四爷爷冯振玖，他当时是冀中七分区司法科科长。他牺牲得最惨烈，是在石家庄日军南大营中被日本人的狼狗生生咬死的。我三爷爷拉着小车去那里收尸时，见到被狗咬得已血肉模糊、惨不忍睹的兄弟，不禁放声大哭，为此还挨了日本人一枪托。

1931年，父亲12岁，考上了束鹿县立中学。不久，发生了震惊中外的九一八事变，日本人占领了东北三省，并对华北地区虎视眈眈。天下兴亡，匹夫有责。父亲和同学们走上街头，抗议日本帝国主义侵略中国的罪行。我三叔说：

大哥在通士营上学期间曾参加县中学统考，前三名就被大哥、表哥和后来是大姐夫的张俊崇夺取，并在通士营认识了该村的中共早期党员、北京大学的曹盼之。所以，辛集市政府要建方纪故居时，通士营来争，说："不应建在佃士营，而应建在通士营，方纪是俺村的。"大哥曾写过一首诗纪念外祖母，说外祖母"是我一生最亲爱的人"。当这首诗写成后传到老家，你三姑念给奶奶听时，全家都放声恸哭。

后来，大哥带着党的任务从北大回到老家，担任束冀宁县县委书记时，开会多在通士营姥娘家，放风的便是外祖母，那时她把思念几乎全放在了这个大外孙身上了。

父亲在这样一个大历史背景下，在这样一个家庭环境中，受到了一些进步思想熏陶，对革命怀有一种天然的情感，对他后来走上革命道路有重要影响。

二、去北平谋生

1934年，父亲中学快要毕业时，一场突如其来的变故将全家平静的生活打破了：我的二爷爷为了谋生，背着家人，以我爷爷的房产为抵押借了一笔债，结果债务到期偿还不上，债主带着几个持枪的士兵突然来到家里，将大门贴上封条，把全家人扫地出门。老实巴交的爷爷冯洞庭完全被吓坏了，当他得知真相后，又急又气，一咬牙对父亲说："你是家里长子，弟妹都还小，你学上不成了，自己去北平找个谋生的出路吧！"就这样，父亲在毫无思想准备的情况下，不得不背井离乡迈上了他走向社会的第一步。

那时，辛集有不少人在北平做皮货生意。经人保举介绍，大概这年11月，父亲只身来到北平前门外大街的德泰皮货店当了学徒。15岁的父亲从乡村来到城市，一切既新鲜又茫然，使还沉浸在失学痛苦中的他，不知该怎样面对新的生活。

学徒生活是艰辛的。那时当学徒，新来的伙计就是个勤杂工，店里管吃住但不给工钱，这是个不成文的规矩。父亲每天天不亮就要起床，然后是打水、扫地、倒便桶、生炉子、打扫店堂……里里外外的杂活全得做。除了干杂活，还要伺候老板一家老小的吃喝拉撒睡，劳累了一天，晚上还得伺候老板抽大烟，直到他们全都睡了，父亲才能躺下伸伸腰腿，夜短日长，每天睡不了多少觉又要起床了。父亲在家是长子长孙，虽不是娇生惯养，但也是受宠有加，除了读书没干过什么活，所以这种吃苦受累的活让他有些吃不消。有一天晚上他伺候老板抽大烟，因实在困极了，不留神将端在手中的茶碗掉在地上摔碎了，老板顺手拿起烧红的烟钎子朝他脸上戳来，自此他的下巴上留下一道深深的疤痕。

德泰皮货店订有《益世报》。一天，父亲从报上读到一篇反映学徒生活的文章，引起了共鸣，于是他以化名奋笔写了一篇反映徒工生活的文章，寄给了《益世报》。当时徒工生活是《益世报》正在关注的社会问题，于是文章很快在报纸上发表了，这是父亲第一次在报刊上发表文章。不想这篇文章被皮货店老板看到了，他恼怒至极，称自己的店小，养不起父亲，还是另谋高就吧，遂将父亲赶出店门。本来就已为失学深感痛苦的父亲，此时又失了业，更是雪上加霜，流落在北平街头无依无靠。为了生计，他又找到一家文具店当学徒。这家老板原是西北军的一个下级军需官，在军队里捞了些钱，退伍后在北平开店做生意。这老板更是狠毒，无论是拖地、擦柜台、上下门板，还是站柜台卖货、出门送货，只要稍不顺心就拳打脚踢徒工。更可恶的是，他没事就拿店伙计找乐，有时他把一块大洋扔到地上，让徒工们去争抢，他在一旁哈哈大笑。因父亲对此不屑为伍，他便找碴儿硬说父亲偷了他的钱，还让其他徒工出来做证。父亲实在不堪这种侮辱，便辞职不干了。

　　接连的失业，令父亲心情异常痛苦，他是多么渴望再回到学校去读书啊。就在他感到前途迷茫时，一天，他偶遇正在北大历史系读书的同乡曹盼之①。曹盼之家是辛集通士营的，与父亲的姥姥是同村人。当他得知父亲的境遇和想法后，一面安慰鼓励他，一面把他带到自己住处，接济他一些生活费。为节省生活费用，曹盼之带他去石驸马大街和一位小学教员同住，帮助父亲补完了初中功课，又去上北师大预科班继续补习，准备参加会考。为了读书，父亲将从家里出来时带的一件旧皮袍当掉，每天花一个铜板买一个火烧，揣在怀里去听课或去图书馆看书，饿了就拿出火烧吃一口。为了帮助父亲摆脱困境，曹盼之又把他带到了坐落在沙滩的北大三院，让他暂时住在养蜂夹道一处校外学生宿舍里，并借给他一些进步书籍阅读。

　　曹盼之是个勤奋好学的人，博览群书，能大段地背诵法国作家小仲马所写《茶花女》小说中的精彩片段。为阅读进步书籍，曹盼之千方百计弄到了《社会发展史》《共产党宣言》《资本论》《马克思传》《燕妮传》等书，这为他加入共产党并成为坚定的共产主义者奠定了基础。曹盼之也将这些思想讲给父亲听。父亲不仅被曹大哥的热情和乐观所感染，对他所讲的主义、思想也渐渐产生了兴趣，虽然那时目标很朦胧，但心里渐渐地亮堂起来。父亲

---

　　①　曹盼之，后改名曹振之。1915年生于河北束鹿通士营村。北京大学历史系学生，是北大一二九*爱国学生运动的组织领导者之一。曾担任该校中华民族解放先锋队分队长、抗日救国联合会学生会宣传部部长、共青团书记、地下党支部书记。

　　*　本书中出现"一二九运动"之处，依据《中国共产党的一百年》等党史出版物，"一二"与"九"之间未加间隔号（引文或历史文献题目遵照原貌）。——编者注

通过会考后，因喜欢历史，在曹盼之的帮助安排下，进入北大历史系做了旁听生。北大素有"有教无类"的传统，所以父亲进入北大做旁听生并不是难事。此后，父亲同一位叫屈洪涛的同学住在一起，屈洪涛是学文学的，他经常将曹靖华翻译的《铁流》、鲁迅翻译的《毁灭》以及其他苏俄名著和一些进步书籍拿给父亲看，书中所表达的思想与情感强烈地吸引和感染着父亲，并影响了他对世界、对中国及个人命运的看法，他从书中汲取到了人生的力量，找到了人生追求的目标，并期待投身到改变中华民族命运的历史洪流之中。

这期间，班上有一位山东蓬莱籍姓李的同学介绍父亲参加了刘曼生（谷牧）[①]主持的"风沙文艺社"的活动。风沙文艺社是北平"左联"领导下的一个文学团体，刘曼生住西华门附近，每星期在宣武门外的山东会馆聚会一次。从此，父亲经常到山东会馆参加"左联"活动，在这里他认识了教俄国文学的赵德尊[②]（笔名罗白）和刘曼生，后在他俩的推荐下，父亲加入了北平"左联"，参与了《泡沫》《浪花》文学刊物的编辑发行工作。以后又参加了他们创办的北平文艺青年救国会。

《泡沫》是唯一由"左联"掌握的文学刊物，是 1935 年 8 月 5 日由谷峰（谷景生）[③]和刘曼生组织几位育英中学学生创办的，参与编辑撰稿的主要有北大的魏伯、清华的陈落、东北大学的白晓光等人，社址设在东城区新鲜胡同 27 号吕燮龙同学的家里。据说吕的父亲与汉奸殷汝耕有姻亲关系，是"冀东防共自治政府"中一个不大不小的官员，常住通县。而吕燮龙本人有进步倾向，因此《泡沫》刊物的编辑印刷工作放在他家里是相对安全的。转

① 刘曼生（1914—2009），本名刘家语，后改名谷牧，山东荣成人。在山东省立师范读书时投身革命。1932 年 7 月以共青团员身份转为中共党员。1934 年赴北平加入中国左翼作家联盟，成为北平"左联"负责人之一。

② 赵德尊，1933 年夏入清华大学外文系学习，1935 年 12 月加入中国共产党，任中共清华大学"左联"支部书记、清华大学党支部书记、北平市学委秘书，全国民先总队部党团组织委员，参与组织一二九运动。

③ 谷峰，又名谷景生，1913 年出生于山西临猗北景乡罗村。在山西太原一中读书时接受马克思主义的影响，1929 年参加革命活动，1931 年到北平先后参加"左联""社联"和反帝大同盟，1932 年加入中国共产主义青年团，同年加入中国共产党。

年 3 月，泡沫社被查封，有几个人被抓，其中有社长谷景生。之后，父亲和其他没有被捕的人，与北大的魏伯（王经川）[①] 等重组浪花社，于 6 月 15 日出版《浪花》，出了两期又遭停刊。父亲又参与了清华的魏东明[②]组织的清华文学社活动，介绍苏联革命文学，巧妙地将马克思主义和共产党的主张、方针政策、革命思想寓于宣传中，团结了一批进步青年。在这期间，父亲立下了"为革命而文学"的抱负。

这时的华北在日本侵略者的步步紧逼威胁下日益危急，已经呈现累卵之危，"华北之大，已经安放不得一张平静的书桌了"！

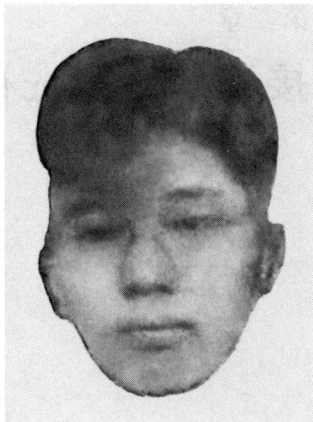

方纪 17 岁时在北平的留影

---

① 魏伯，原名王经川，河南郑州人，中共党员。1931 年开始发表作品。1936 年曾在北平办"浪花社"，后在河南、山西从事统战工作。1939 年入延安鲁艺文学系学习。

② 魏东明，笔名杨君辰、杨戊生，浙江绍兴人。中共党员。1934 年入清华大学外语系学习。1936 年参加中华民族解放先锋队和"左联"，在北平主编《泡沫》《浪花》《北平新报每周文艺》等文学副刊，曾参加首都平津学生救亡宣传团，后历任武汉《通俗读物》和重庆《生活教育》《战时青年》文艺编辑，全国文艺界抗敌协会第一次代表大会候补理事。到延安后，任中央宣传部干部、陕北公学教师、中央研究院文艺研究室研究员、中央党校教师。

第二章

接受暴风雨洗礼

父亲从 20 世纪 50 年代中期就开始构思创作一部长篇小说，暂定书名为《同时代人》（又名《暴风雨时代》）。为此，父亲不断搜集相关的资料。虽然很多资料在"文化大革命"已散失，但为了给父亲写传，我在他的书架上搜寻翻阅，在一包又一包残留的资料袋中，了解到在中华民族存亡的紧急关头，父辈们曾经历了怎样的抗争。

一、山雨欲来风满楼

1931 年日本发动九一八事变不久，又开始了染指华北的行动。同年 11 月在土肥原贤二策划下发动了天津"便衣队暴乱"（即天津事变）；1932 年 1 月 28 日，日军又在宝山挑起战争，进攻上海。1933 年 1 月 3 日，日军攻陷了华北战略要地山海关；3 月，日本关东军司令武藤信义下令：向长城各关口发起进攻，随即日军分三路向长城沿线及各隘口发动进攻，并攻陷热河省省会承德。长城危急！华北危急！在这紧急关头，东北义勇军奋起抗击，驻守华北的第二十九军冯治安部和王以哲部在喜峰口、古北口与日军展开激战，拉开长城抗战序幕。军长宋哲元下令："有进无退，死而后已！""宁作战死鬼，不作亡国奴！"不久，爱国将领冯玉祥、吉鸿昌、方振武等在察哈尔组成民众抗日同盟军，给予日军重创。爱国将士的抗日行动，给中国人民以极大的鼓舞。但在蒋介石"不抵抗"和"攘外必先安内"的政策下，1933

年 5 月 31 日国民政府代表熊斌与日本代表冈村宁次在天津塘沽签订了屈辱的《塘沽协定》，承认日本占领热河合法化，承认中日以长城一线为界，中国军队从河北省北部和冀东撤出。此后，日本又不断在华北策划阴谋，制造事端，以进一步进占华北。1934 年 7 月日本向国民政府提出"日本在华北拥有特殊地位"的要求，并策动"华北自治"。1935 年 6 月 1 日河北省政府被迫从天津迁往保定；6 月 9 日国民政府代表何应钦与日本华北驻屯军司令梅津美治郎签订了《何梅协定》秘约，要求国民政府军队自河北省撤出，禁止河北省内一切抗日活动等，从而使日军进占华北的行动不断升级。同月 27日，察哈尔省代主席秦德纯与日本代表土肥原签订了《秦土协定》，"协定"中规定，成立冀东非武装区，日军飞机可以随时飞抵冀东地区上空"视察"，中国方面要给予必要协助和"尊重"等。日本的强盗嘴脸昭然若揭！ 10 月，日军在河北省香河策动汉奸组成所谓"华北国民自治军"进行暴动，并占据了县城，后被保安队镇压。11 月，汉奸殷汝耕在日军的策动支持下，宣布冀东 22 县"独立"。天津的汉奸组织也以请愿游行等方式鼓噪"华北独立"。

在此严重危急时刻，中共驻共产国际代表团于 1935 年 8 月草拟《中国苏维埃政府、中国共产党中央为抗日救国告全体同胞书》（即《八一宣言》），提出了停止内战，一致抗日，全国人民不分阶级，不分党派，共同团结，以挽救民族危亡的十项主张。党的团结抗日的主张获得了全国人民的热烈拥护。1935 年 12 月 9 日，北平爱国学生在中共北平地下党领导下，举行声势浩大的抗日游行，遭到国民党军警镇压，由此开始的一二九运动迅速波及全国，掀起了全国抗日救亡运动的新高潮。

此时正在北大读书的父亲，受到抗日救亡思潮的感染，"天下兴亡，匹夫有责"的呼声催动着他的心灵。还在我刚记事之初，就经常听父亲哼唱《卖报歌》《打砖歌》《毕业歌》等这些抗日救亡歌曲，并逐渐教会我们唱。父亲经常对我们谈起当年的情况：那个时候，在学生中广为流传着《毕业歌》激动人心的歌词"同学们，大家起来，担负起天下的兴亡……"当时身处国防第一线的北平学生，正是怀着《毕业歌》所表达的那种感情，不惧日本侵略者和国民党反动派的双重压迫，冒着杀头、坐牢的威胁和大刀、水龙的镇压，不怕牺牲，英勇斗争。

二、第一次考验

1934 年，在日本策动"华北自治"时，北平的中共地下党组织已几乎全遭破坏，到 1935 年初党组织才开始恢复，全市有中共党员 10 余人，连共青团员也不过 20 人左右。党的外围组织也是秘密组织，有七八十名会员。到 1935 年 10 月前，北大同学中接上组织关系的只有两名党员。11 月，刘文卓（刘导生）入党，北大才有了三名党员，重新建立了党支部。接着又把团支部建立起来，由刘志诚（刘居英）任团支部书记，团员有董大年、金明、何兆仪。这样，在一二九运动前夕，北大党团支部都恢复了。虽然只有三个党员、四个团员，但担负了组织和发动北大同学参加一二九运动的重要任务。为了适应新的革命形势，扩大队伍，党中央在 1935 年 11 月 1 日发布了《关于青年工作的决定》，决定把共青团改造成为广大青年群众的抗日救国组织。父亲在回忆文章《长江自有浪花在》[①] 中写道：

> 当我进入北大作旁听生时，曾遭到反动政府破坏的中共北大地下支部重新建立了，由刘导生（刘文卓）任支部书记，根据当时北平市委和学联党组的决定，各大学以请愿方式发动群众，然后转向示威游行，掀起抗日反蒋运动，推动华北乃至全国抗日高潮的到来。那时，我虽不十分清楚党的决定，但只要是学校组织的革命活动，不论是上街演讲，还是示威游行我都积极参加。

1. 一二九运动在北平

据资料记载和一些当事人的回忆，一二九运动开始前，北平学联于 12 月 3 日召开代表大会，通过了"发通电表示否认任何假借民意之自治运动"和"联络北平市各大中学校发起大规模请愿"两项决议案，并决定在行动上城里由中国大学和东北大学带头，城外由清华和燕京率领。12 月 6 日，北

---

① 载《天津文史资料选辑》1995 年第三辑。此篇文章是舒�据方纪的片段口述回忆整理而成，经方纪审阅同意后发表的。

平 15 所大中学校的学生自治会联合发表了《北平各校通电》，呼吁"今日而欲求生路，唯有动员全国抵抗之一途"。12 月 7 日，在中共北平临时工委的领导下，北平学联决定于 9 日举行学生大请愿，反对"华北自治"。12 月 8 日，学联又在燕京召开各校代表大会，议定了请愿的具体时间和路线。彭涛、姚依林、郭明秋、黄敬、孙敬文等人开会研究，决定由黄敬任游行队伍总指挥，姚依林、郭明秋负责队外指挥。

此时，22 岁的清华大学地下党支部书记蒋南翔草拟了清华大学救国委员会《告全国民众书》，喊出了"华北之大，已经安放不得一张平静的书桌了"这震撼人心的吼声！并疾呼："挣扎在死亡线上的全国大众，大家赶快联合起来！我们的目标是同一的：自己起来保卫自己的民族！我们的胸怀是光明的，要以血肉头颅换取我们的自由！"

12 月 9 日，北平爱国学生数千人冲破国民党军警的层层封锁包围，高呼"停止内战，一致对外""打倒日本帝国主义"等口号，走上街头，举行示威游行。上午 10 时半，新华门前汇集了中国大学、师范大学、东北大学等十多所学校 1000 多人的请愿队伍。新华门紧闭着，门前排列着警车和架

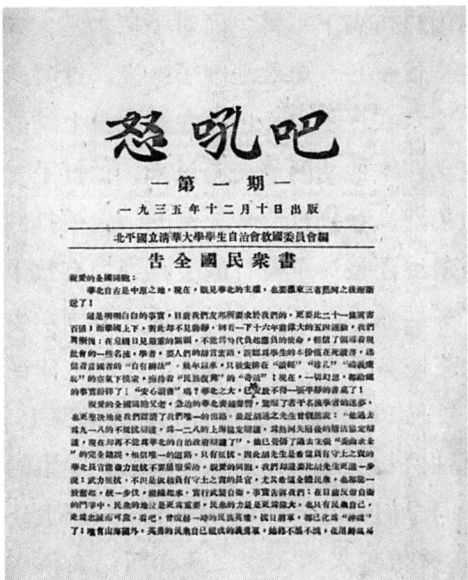

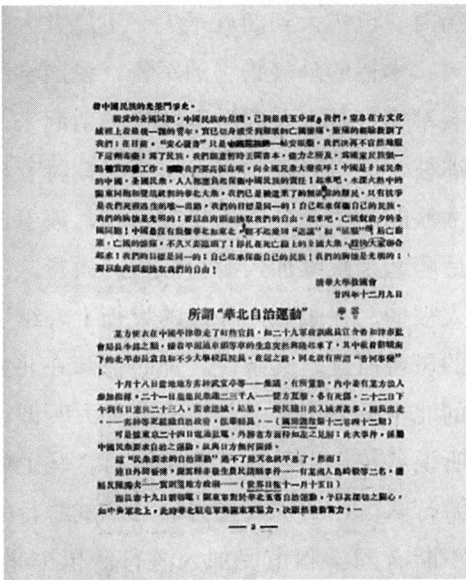

一二九运动中北平学联印发的《告全国民众书》

着机枪的摩托车，军警宪兵手持刀枪杀气腾腾。请愿学生高举着旗帜，手持标语，高呼抗日救国口号。学生代表要求面见何应钦，并提出反对华北成立防共自治委员会、停止内战、立即释放被捕学生等六项要求。上午11时，何应钦的秘书出来与学生会面，对学生提出的要求一味敷衍搪塞，为国民党对日妥协对内反共政策百般狡辩。同学们对其答复极为愤慨，振臂高呼"打倒卖国贼""请愿不成，我们示威游行去"，宋黎被推举为游行队伍的总指挥。

这天，日本大使馆武官给北平市长秦德纯打电话，提出派日本宪兵出来维持秩序，秦立刻拒绝说："这件事我们地方可以负责。"为防止日本人找借口，秦还下令警察只能劝阻，不得使用棍棒等武器，因此军警镇压主要靠水龙驱散学生。但此时，日本已在使馆区架设机枪，随时准备向学生开枪，如果学生游行队伍冲过去，极可能发生大量流血伤亡。

当游行队伍行至西单牌楼平津卫戍司令部附近时，遇到军警的阻拦和袭击。同学们不畏强暴，高呼抗日救国口号，继续前进，队伍也越来越壮大。北京大学的许德珩、中国大学的吴承仕等教授和当时在燕京大学任教的斯诺夫妇也参加了游行示威。队伍经西四、护国寺、地安门、沙滩抵达王府井大街时，已扩大到四五千人。王府井大街南口布满了军警，面对手持水龙、大刀、木棍的杀气腾腾的军警，爱国学生步伐整齐，勇敢地冲了上去。这时武装军警打开水龙向游行队伍喷射起来，冷水在严冬中，迅速在学生身上结成冰柱，冻得哆嗦刺骨。军警又挥舞着皮鞭、木棍从两侧夹击过来，猛打手无寸铁的学生。一些学生被打伤，流着血仍然高呼抗日口号，有的学生被打倒后爬起来继续加入游行队伍。游行队伍最终还是被军警打散了，当场有数十人被捕。在激烈搏斗过的大街上，结了一层冰，晶莹的冰里渗透着爱国学生的斑斑血迹。父亲说，那时他除在北大三院旁听外，也经常去坐落在文津街的北平图书馆看书，或去北师大听课。"一二九"那天他在去北师大的路上，听说各校学生已陆续聚集游行，马上赶往西长安街，在西单附近遇到学生的游行队伍，便加入进去，与示威游行的同学们一起高呼口号前行，一路上还不断有同学和市民加入游行队伍中来，队伍越来越大。父亲在回忆文章中写道：

那天，天气特别冷，狂风吹在脸上犹如刀割一般，我和同学们行进在游行队伍间，寒风呼号和着愤怒的呐喊。当同学们走到西单牌楼附近时，被武装警察挡住了去路，皮鞭、枪托、大刀和水龙头一齐向我们袭来，我们手挽手，毫不畏惧，在"冲呀！""冲呀！"的怒吼声中，冲破封锁线，继续紧挽着手臂前行。直到下午四点，在军警的武力镇压下，队伍被冲散了，军警在大街小巷搜捕我们。有人在低声呼叫："同学们，快到北大三院集合！"暮色中，我带着多个受伤的同学躲进了我在沙滩居住的学生公寓。

为躲避搜捕，曹盼之让父亲住进了北大东斋。在东斋，父亲和卢荻（陆平）、李昌等人接触更加密切，政治觉悟有了很大提高。

12月11日，全市各大中学校学生联合起来罢课。12月12日，北平学生举行第五次示威游行，高呼"援助绥远抗战""各党派联合起来"等口号。国民党当局对北平学生的爱国行动极为恐慌，下令严禁学生的爱国行为，还派军警封锁一些重点学校。中共北平临时工委获知国民党当局不顾广大人民群众的强烈反对，决定在12月16日成立"冀察政务委员会"，于是决定在这一天举行更大规模的示威游行。

12月16日拂晓，1万余名北平爱国学生陆续走上街头，全市大中学校的教师和市民，举行了大规模的游行示威，抵制"冀察政务委员会"的就职。示威游行队伍共分为4个大队，分别由东北大学、中国大学、北京大学、清华大学率领从不同方向前进，父亲参加的是北京大学第三队。途中他们冲破军警的层层封锁阻拦到达天桥集合。上午11时许，北平爱国学生和广大工人、农民、市民3万余人在天桥召开市民大会，"打倒日本帝国主义！""打倒汉奸卖国贼！""反对成立冀察政务委员会！"的口号声此起彼伏，响彻天空。大会负责人黄敬登上了一辆停驶的电车主持会议。大会通过了不承认"冀察政务委员会""反对华北任何的傀儡组织""收复东北失地"等决议案，并按原计划，到外交大楼示威，1万多名爱国学生手挽着手整队向前门方向行进。当局已经把北平所有的城门都关闭了，会聚在一起的3万多人激愤了，不断高呼抗日救国口号，唱着《救亡进行曲》"工农兵学商，一起

黄敬站在电车上演讲

北平前门前的游行队伍

来救亡……"，向街道两旁的市民和行人散发传单。市民们热情支持学生的爱国行动，有的送来开水和食物，有的自动加入游行队伍，激昂的救亡歌声震撼了古老的北京城。

当游行队伍抵达前门时，遇到大批军警和保安队的阻截。在爱国学生的压力下，当局为了分割游行队伍，答应让一部分学生从前门进城，而大部分学生须从和平门和宣武门入城。下午4时，黄敬率北京大学、中国大学等校部分同学由前门入城后，城门马上关闭了。清华大学、燕京大学、东北大学等校同学沿着西河沿赴和平门和宣武门，但城门都已紧闭，同学们多次试图撞开城门，均未成功。

相持中，清华社会学系1932级女学生陆璀贴着地面爬进了城门。她迅速地跳了起来，把一根铁门闩抽下，又用手去拧动扣住门环的铁丝，向城外高呼："冲呀，冲进来呀！"但她立即就被赶来的军警抓去了，遭到他们一顿拳打脚踢。陆璀毫无惧色，大声质问军警："我们都是中国人，为什么要打人！"12月9日那天，陆璀曾在西直门外城墙根下手执牛皮纸做的喇叭筒，向学生和市民宣传抗日："我们今天请愿不成，看清了统治者的面目，一定要用更大的行动来回答他们！"当时有记者拍下了这张珍贵的照片，发表在12月21日邹韬奋主编的《大众生活》杂志第一卷第六期封面上，并配上文字："大众起来！"

　　北平学生的爱国斗争，打击了日本帝国主义的嚣张气焰，揭露了国民党当局的卖国行径，得到了各界爱国人士的支持响应，促进了抗日救亡运动的开展。在北平学生爱国运动的影响下，全国各地学生群起响应。一时间，在黄河两岸，大江南北，到处响彻抗日救亡的号角。天津、上海、南京、武汉、广州、杭州、西安、开封、济南、太原、长沙、桂林、重庆等城市的爱国学生举行请愿集会、示威游行，或发表宣言、通电，声援北平学生的爱国行动。陕甘苏区学生联合会也发

1935 年 12 月 21 日《大众生活》封面

出响应的通电，各界民众集会声援全国各地学生的抗日救国运动。一二九运动广泛地宣传了中国共产党"停止内战、一致对外"的抗日主张，掀起了全国抗日救国运动的新高潮。

2. 到农村去"唤起民众"

　　在"一二九"和"一二一六"两次大示威活动和总罢课后，国民党当局一方面采取高压手段镇压和取消期末考试、提前放假的手段瓦解学生运动；另一方面由北平当局出资，号召并组织北平学生赴南京"晋京聆训"，以图平息这场学生运动。青年学生抗日救亡运动面临"向何处去"这个亟待解决的问题。

　　北平学联领导成员中的共产党员认真分析了形势和商定了对策，决定成立南下扩大宣传团，到农村去"唤起民众"，向广大群众宣传抗日救国的道理。这个意见由黄敬以个人的名义在 12 月下旬的学联会上提出后，学联召开各校代表会议，经过激烈的争论和北平学联党员同志的细致工作，组织南下扩大宣传团的意见被绝大多数代表所接受。12 月 20 日，中共中央通过共

青团号召广大青年学生"把抗日救国运动扩大起来！到工人中去，到农民中去，到商民中去，到军队中去！唤起他们救国的觉悟，推动他们建立救国的组织。"31 日，中共北方局向平津党组织发出指示，要求"积极地扩大平津学生群众运动"。林枫领导北平市委按照北方局的指示，在原商定的对策和学联通过议案的基础上，组成了平津南下扩大宣传团，把一二九爱国学生运动引向了与工农民众相结合的道路。宣传团设总指挥部，由中国大学学生会主席、中共党员董毓华任总指挥，东北大学学生、中共党员宋黎，师范大学学生、中共党员江明任副总指挥。由彭涛、董毓华、宋黎、江明组成宣传团党团，彭涛任党团书记。宣传团下分 4 个团，共计 500 多人，大都是一二九运动骨干和积极分子。

1936 年 1 月 2 日至 4 日，4 个团先后出发。南下宣传团从出发的时候起，就不断地有国民党派的便衣侦探跟踪，当局美其名曰为了"保护"学生。为了防止反动当局的破坏，将人员较少的第四团与第一团的第三、第四小队合并，第三团不变，这样就将原来的 4 个团改组为 3 个团。父亲参加的是第一团，北大本院同学和沙滩三院同学编为第一中队。1 月 13 日，第一团由固安出发，奔向霸县。第二天上午，得知第三团在高碑店被军警围困，第二团在辛立庄又有军警阻挠的消息，团部决定用夜间转移白天宣传的办法，甩开由西向东追扰的军警；命金明、刘居英几个人在队伍出发后，向西探听消息，并收容队伍，如遇上二、三团被冲散的同学，叫他们向西去找队伍；如遇上便衣军警，则想办法叫他们向东追寻。父亲回忆说：1936 年 1 月 3 日夜，我们冲出军警的包围，连夜离开北平，迎着刺骨的北风，徒步向河北的中心地带行进。第三团到高碑店时遭到北平派去的便衣队及当地保安队和警察的镇压。一团和沿途被驱散的二团合并后继续南下宣传。

这次下乡的同学们在与广大农民的接触中，亲眼看到农民遭受残酷剥削、压迫的悲惨生活，听到农民的血泪控诉，受到了深刻的阶级教育。同学们深深地认识到，仅仅有爱国心是不够的，还应该为被压迫被剥削的农民的解放而奋斗，抗日救国必须和农民反对封建剥削的任务相结合，切实地解决土地问题。同学们在实践中认识到，只有中国共产党，才能领导这场抗日救国民族解放斗争取得最后的胜利；认识到工农大众是真正的抗日主力军，学生运动必须同工农相结合，发动起广大的民众，才能取得抗日斗争的最后胜利。

三、在斗争中成长

1. 中华民族解放先锋队的成立

时任北平学联执行主席的郭明秋曾著文回忆："'一二一六'晚上，在西单辟才胡同洋车厂里的一间小屋子里，即彭涛同志的家，我们开了一个会……在这次会上，黄敬提出了下一步怎么办的问题，实际上这是反映了他同市委交换的意见……他问我们：'你们能不能找出一种新的组织形式把进步学生组织起来，成为学联会的一个核心，将学生运动持久地坚持下去？'我们几个人想了好久，不能解答。"这个问题是林枫在北平市委提出的，他认为北平学联拥有两万多学生，不组织一个核心力量，群众运动是不能持久的。[1]

1936年1月下旬，林枫找姚依林和黄敬在骑河楼清华同学会商谈：南下宣传团回来后怎么办？商谈决定了几件事：（一）把南下宣传团一、二团在保定议定成立的"民族解放先锋队"和三团在高碑店议定成立的"中国青年救亡先锋团"两个组织统一起来，建立"中华民族解放先锋队"（简称"民先队"）。（二）把"中华民族自卫委员会"并入"民先队"。（三）确定由李昌担任民先队队长，黄敬任政治委员。

1936年2月1日，在北平石驸马大街师范大学文学院召开了南下扩大宣传团团员代表大会，决定正式成立北平民族解放先锋队（简称民先队）。会上通过了斗争、工作、组织等纲领和规约，产生了领导机构——总队部。敖白枫任总队长，刘导生任秘书，萧敏颂任组织部部长，王仁忱任宣传部部长。市委在民先队建立了党团组织，黄敬任党团书记。第一批队员300多人，按各校成立了26个分队。父亲在这时加入了民先队。2月16日，民先队发表成立宣言，提出了动员全国武力驱逐日寇、成立各界抗日救国会等八项主张。民先队成立后，在北平市委的领导下，积极组织队员学习《大众哲学》

---

[1] 参见穆欣：《林枫传略》，中共党史出版社2006年版，第35—36页。

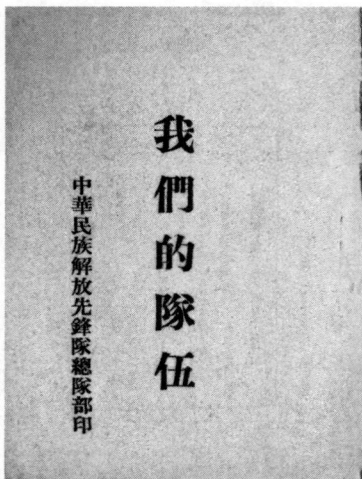

中华民族解放先锋队的机关报

《中国大革命史》《国家与革命》等革命理论书籍；出版《民族解放》《我们的队伍》等机关报；组织队员学习军事知识；举办军事训练和军事演习；积极开展广泛团结民众和抗战后援、文艺演出等活动，队伍迅速壮大。

父亲在北大民先队的沙滩区队工作，担任小队长。该小队号称"豆面组"，因为一开会就借吃豆面糕（驴打滚）为名作掩护。2月下旬，父亲由曹盼之介绍加入中国共产主义青年团，接收组织关系的人是北大的金明[①]。在南下宣传时，金明跟父亲同在第一团第一中队。金明后到西安参加了东北军的学兵队。

至8月，北平的民先队员已有1200多人。民先队改选，李昌任总队长，刘导生、杨雨民、杨克冰、关山复、孙传文、顾德欢为领导成员。党中央依据共产国际和青年共产国际的有关决议决定改造中国共青团，"不用C.Y.的名字去开展青年工作，而用民族解放先锋队之类的名字，以取得公开或半公开的存在，以便吸收各阶层各党派所影响下的广大群众，实现C.Y.是青年群众组织的任务"。到10月间，全国31个城市建立了民先队，法国里昂、巴黎以及日本东京也建立了民先队。

1937年2月6日，在中共北方局的直接领导下，在北平召开了中华民族解放先锋队第一次全国代表大会，有18个地区24名代表出席，代表着6000多名队员。大会通过了《中华民族解放先锋队组织法》和《告队员书》。选举李昌、李哲人、刘导生等7人为全国总队负责人。中华民族解放先锋队的建立和壮大，是一二九运动从爆发到蓬勃发展的重要标志，是爱国青年学生与工农民众相结合、与革命实践相结合的产物。民先队在抗日民主

---

① 金明（1910—1941），又名金敏，辽宁铁岭人。1931年入沈阳东北大学学习，1933年在北平东北大学补习班学习。1934—1936年在北京大学地质系学习。1937年七七事变后，金明调延安中央党校学习。

救国的旗帜下团结了广大的爱国青年，有着深厚的思想基础和群众基础，成为党领导下以抗日民主为奋斗目标的抗日青年群众性组织。4 月，西北青年第一次救国代表大会在延安召开，毛泽东、周恩来、张闻天、朱德、博古等到会讲话。大会决定成立"西北青年抗日救国联合会"作为全国青年抗日团体的最高领导机构。至此，在一二九运动的有力推动下，中国青年学生运动与工农青年运动逐步汇合起来，中国青年统一战线基本形成。

2. 从抬棺游行到游击训练营

面对全国抗日爱国运动的高涨，引起了国民党当局的恐惧。1936 年 2 月，南京政府颁布了《维持治安紧急办法》，明文规定解散救亡团体，军警可以逮捕甚至可以枪杀抗日群众，遏制救亡言论。一时间，平津地区进入白色恐怖和高压状态，许多爱国学生被捕，大批进步学生被开除，不少爱国教授被解聘，学生抗日救亡运动走入了低潮。在这种情况下，北平学生出现了情绪化的反应，部分学生运动的骨干分子产生了急躁情绪。3 月 9 日，被捕的北平十七中学学生郭清在狱中被折磨致死。消息传出，爱国学生纷纷要求学联抗议国民党当局的暴行。3 月 31 日，在北京大学三院举行郭清追悼大会，1300 多名学生骨干参加了追悼会。国民党当局接到北大校长蒋梦麟的报告后，令军警包围了北大三院。到会学生群情激愤，有人提出抬棺游行，多数人同意，于是从后墙拆开一个缺口冲出，由北池子向南池子抬棺游行。队伍一出长安街，就被大批军警冲散，许多学生受伤，54 人被捕。被捕学生经多方营救，多数陆续出狱。北大校长蒋梦麟趁机宣布停止北大学生会一切活动，其他学校的学生会和救亡团体也遭到了破坏。这次斗争虽然是英勇的，却是失策的冒险行动，使学校中的进步力量受到了不应有的损失，给学生爱国运动造成了很大困难。此后，中共中央北方局开始纠正这种"左"倾错误。

3 月 31 日，父亲在北大三院参加了为郭清举行的追悼会，并参加了"抬棺游行"，在这次游行中险遭逮捕。5 月 1 日，经中共北大党支部讨论，魏东明介绍，父亲由共青团团员转入中国共产党党员①。

---

① 1936 年 5 月，共青团宣布"改造"，团组织取消。根据中共中央的通知，符合党员条件的团员一律转成党员。

1936 年 5 月，在中共北平地下党组织的领导下，来自北平和全国各地的爱国学生，以夏令营形式到西山大觉寺参加学兵队游击战术训练，以应付随时会爆发的战争。三期夏令营参加同学累计达千余人，同学们自己打柴、挑水、做饭，组织粮食副食的运输，女同学组织缝洗小组，医学院同学担任医疗和护士工作，师大体育系同学负责组织军事演习。这对青年学生提高思想认识、增强身体素质和掌握游击战必备的知识，都起了很大作用。父亲参加了夏令营的训练，并以笔名风季发表了一篇报告文学《游击战》，他在文中写道：

> 我们还没有走出城门的时候，雨就又下起来——我们是去实习军事游击战，是预备着明天，明天发动神圣的民族解放战争！……风雨像是助长人们的紧张的心情，更加紧了力量吹，树叶被风雨打着，发出沙沙沙沙和吧吧吧两种不同的声音，像是无数颗子弹在飞、在响——是一个暴风雨时期的序幕！

1980 年 6 月，北京植物园职工在樱桃沟清理垃圾时，在沟边的大青石上发现了隐隐约约的字迹，用水清洗后，石头上面"保卫华北"四个字清晰可见。字体方正有力，每个字大约 25 厘米，呈十字形排列。刻这块大青石的，是北大的学生陆平和清华的学生赵德尊，那时候他们夜晚到樱桃沟活动，每次晚上来的时候就在石头上刻两下，再来再刻两下，就这样把"保卫华北"几个字刻在了这块大青石上。1985 年，在"保卫华北"石刻对面的山坡上，建起了一座一二九运动纪念亭，纪念亭由三座三角形小亭组成，这个设计有着很深的寓意：挺拔的建筑线条象征青年朝气蓬勃、积极向上的精神；三角形是一二九运动中举办军事夏令营时露营帐篷的缩影。三个三角形组成一个立体的"众"字，寓意着广大民众的觉醒和人民众志成城抵抗侵略的决心。大小三组建筑表示革命传统代代相传，革命事业后继有人。

1939 年，毛泽东在延安指出："一二九运动是动员全民族抗战的运动，它准备了抗战的思想，准备了抗战的人心，准备了抗战的干部"，它"将成

樱桃沟"保卫华北"石刻和一二九运动纪念亭

为中国历史上的一个非常重要的纪念"。[1] 同时他深刻地指出："共产党从诞生之日起，就是同青年学生、知识分子结合在一起的；同样，青年学生、知识分子也只有跟共产党在一起，才能走上正确的道路。"[2] 一二九运动表现出的以国家安危为己任的精神，至今仍对青年一代有鞭策和激励意义，是培养青年树立爱国主义情怀和信仰的基石。

　　根据党组织提出"学生要到工农中去"的指示精神，1936年初夏，曹盼之通知父亲回老家开辟工作，阴历五月父亲回到束鹿。不久，党的关系转到直南特委，特委派吴立人[3] 来找父亲，说自己是《北平新报》的记者，可见了面却不认识，吴说是曹盼之让他来的，父亲就明白了。吴立人说明了身份和来意，并约父亲三天后去马兰井小学接转党的关系。父亲去后，在那里举行了入党宣誓仪式。父亲回忆说：

　　　　誓词是吴立人现写的，他念一句，我念一句，念完烧了，灰吃下

　　① 毛泽东：《一二九运动的伟大意义》（1939年12月9日），《毛泽东文集》第2卷，人民出版社1993年版，第253页。

　　② 毛泽东：《一二九运动的伟大意义》（1939年12月9日），《毛泽东文集》第2卷，人民出版社1993年版，第256页。

　　③ 吴立人，原名吴国芳，曾用名吴毅敏、王韶秋，河北行唐吴瀍沟人。自保定育德中学毕业后，1931年参加革命工作，7月加入中国共产主义青年团，同年转为中共党员。后就读北平华北大学，积极带领同学参加一二九学生运动。曾担任中共保属特委委员、直南特委宣传部部长。抗战时期担任过冀中九分区地委书记兼九分区游击纵队政治委员，抗战后担任过保定地区领导人。

去。宣誓时举左手，面对一本《火线》，是当时河北省委的党刊，上面有镰刀斧头党旗，红色，油印。

宣誓后，吴立人跟父亲谈了工作，交代了任务：建立束鹿党支部，发展新党员①。据史嘉平所写《中共第一个农村党支部——记用生命播下火种的共产党人吴立人》一文记载："1936年初根据北方局和直南（新）特委的指示，吴立人的主要工作重点是党建工作、统一战线和组建抗日武装力量。""1936年冬，吴立人指示方纪在武邑县芦家口村秘密建立了'中华民族解放先锋队直南中心地方队'，根据河北省《辛集市志》（辛集市地方志编纂委员会编纂）记载：'1936年5月，在北京大学读书的方纪（原名冯骥，佃士营村人）由中共直南特委宣传部部长吴立仁（吴立人）介绍，加入中国共产党。1936年底，吴立人派共产党员方纪到武邑与高持真联系，并在芦家口村小学任教。开学不久，又从束鹿耿家营小学调共产党员赵少和（又名赵少伯，深泽人，冀县六师学生）到芦家口村小学，以教师的身份作掩护，开展革命活动。不久，方纪介绍在左齐居小学任教的尹继昌（芦家口村人）加入党组织'。""在这期间，吴立人多次到武邑检查党建工作，把基层党组织建设成为完成党在这一时期各项工作的坚强堡垒；同时，团结一切可以团结的抗日力量，结成统一战线，迅速组织党员与进步青年投入抗日救亡斗争中去；举办'民族解放先锋队训练班'，用正规的方式培训抗日武装力量，组建抗日武装队伍。"②

---

① 1936年1月，吴立人在河北安平恢复了中共第一个农村党支部，组建"衡（水）武（武强、武邑）工委"。大量发展党员，大力发展地方抗日自卫队，后队伍经过整编统一归属黄敬、吕正操、孟庆山、程子华领导。

② 中红网，2016年5月3日。

第三章

走向抗日疆场

一、组织抗日武装

1936 年父亲回到故乡后，按组织上的要求，先在武邑县当教员，以此为掩护，开展抗日宣传，并在那一带建立民先队组织。父亲组建了有 30 多名队员的"中华民族解放先锋队直南中心地方队"，他任队长，队部设在通士营村陈恒禄家中；发展 8 位同志加入了中国共产党，组成了党支部，父亲任支部书记。父亲在回忆文章中写道：

> 我受党组织委派回到家乡，先是到武邑县一所学校以当老师为掩护，组织和发动群众抗日。不久，我又到束鹿县在中共直南特委领导下开展农村工作。我一回到家乡，就积极投身到动员群众开展抗日救国的宣传工作中去了。通士营的姥姥家也成为"直南特委"的秘密机关，我们夜里印文件，姥姥白天出去撒传单；我们在屋里开会，姥姥在门前老槐树下放哨。特委书记马国瑞同志来了，姥姥给他烧热炕；吴立人、李子谦等同志来了，姥姥亲自给他们烙饼，做豆豉面。在那阴霾笼罩全国的困难时期，姥姥和我们一样，坚信党的事业一定能成功。当年这些回忆，构成了后来我写《献诗》的主要意境。

史嘉平的文中也写道：

方纪奉党的指示，从北平回束鹿县开辟革命工作，他在佃士营村组建了由革命知识分子参加的抗日组织"中华民族解放先锋队直南中心地方队"，队部设在陈恒禄家中，先后发展陈士杰、曹秋海、陈中方、刘永江等30余名队员，吸收赵福生、吴希贤、董半芹、陈士来等8人为中共党员，并在该村建立了党支部，由方纪任支部书记。民先队的主要任务是：练习军事，发展组织，培养青年，准备抗日。

不久，直南特委派父亲建立冀州、束鹿、宁晋三县联合县委，由父亲任县委书记，并将三个县党员的组织关系交给父亲，让他在周边几县做宣传抗日、发动群众工作，秘密组织抗日武装。史嘉平在《中共第一个农村党支部——记用生命播下火种的共产党人吴立人》一文中写道："为创建抗日武装，吴立仁（吴立人）'七七事变'前，组建了'中华民族解放先锋队直南中心地方队''中华民族解放先锋队（简称民先队）第五区队'；'七七事变'时，成立了抗日武装——人民自卫大队；'七七事变'以后，组建了'饶阳抗日自卫军''抗日自卫军十八大队''红军抗日游击队第五大队'等"。"1937年3月24日，直南（新）特委书记张霖之在芦家口小学主持召开了会议，吴立人和马国瑞、尹继昌等十余人参加了会议。前往芦家口找尹继昌的刘景平也参加了会议。会上张霖之作了题为《政治分析》的报告，分析了日寇对中国侵略的形势，号召准备迎接全面抗战。会上大家进行了认真的讨论，布置了做好青年学生、农民、妇女工作的任务。要求把抗日救亡工作推进一步。之后，直南特委为了加强武邑西部、武强西南部的抗日工作，由吴立人和时任特委组织部部长马国瑞决定，在芦家口村秘密建立了中华民族解放先锋队（简称民先队）第五区队。"

束鹿县当地流传着一个关于父亲的小故事。说父亲刚回到老家时，一天在县城里偶遇以前的同学李元，此时的李元已是县保安队大队长，骑着摩托车刚从保安队出来。他见到父亲先是一怔，接着问父亲"怎么从北平回来了"？父亲回答说"回通士营看姥姥"。二人寒暄几句后，李元给了父亲一张名片，然后二人便分手了。过了一段时间，父亲正在遥士营姥姥家开会，坐在院外面为他们放哨的姥姥忽然拿着一封信进来，说是县保安队送来的。父亲刚一打开信，一粒子弹从里面掉到地上，父亲马上就明白了这是李元给他的警告。父亲捡起子弹看了看，笑着说："咱们还没开张，就先有人送礼来了。"父亲不但没有因此畏惧，反而加快了发动群众工作。

　　1937年春，父亲代表直南民先队到北平出席了民先队第一次全国代表会议及华北各界救国会成立大会。七七事变后，全面抗战开始，根据党的指示，秘密组织抗日武装改为公开发动群众组织抗日武装。8月，直南特委书记马国瑞① 命父亲改组民先队，建立直南冀束宁抗日武装游击队。建立武装游击队必须要有武器，当时冀中一带有不少自封"游击司令"的"草头王"武装组织，虽然武器较差，但毕竟是枪。为此，父亲打听到在附近有一小股原东北军散兵游勇落草为寇的武装力量，于是他冒着危险只身前往，劝说他们加入抗日队伍，一起上战场打鬼子。由于这些人大多数是从东北流亡关内的，早就憋着怒火想痛打小鬼子，因此愿意跟父亲一起抗日，但其中领头的却顾虑重重，不但不想抗日，还命人将父亲扣留起来。面对这种紧急而复杂的情势，父亲临危不惧，当即掏出手枪打死了一名头目后，趁乱带着一部分愿意抗日的人来到通士营，同民先队员一起组织了一支50多人的抗日游击队，准备开赴抗日战场。

　　这时，直南特委宣传部部长吴立人同志又指示父亲在当地失陷前，带领游击队到赞皇特委集合，上太行山打游击。此时，原驻皖北、豫东一带的东北军第六十七军刚奉命接应平津一带的西北军，从沧州一带撤退到冀南赞皇补充休整。当时华北有很多杂牌军，抗战军兴后，各杂牌军都打着"游击军""救国军"的旗号，自封司令，占地为王。六十七军为了补充力量，也收编了一些真心抗日的游击武装。六十七军在九一八事变时是守卫沈阳南大营的队伍，由于执行了"不抵抗"命令，一直背负着骂名，后为了血洗耻辱，在张学良、王以哲的严格训练下成为一支精锐部队。全面抗战开始后由

---

　　① 　马国瑞（1915—2005），原名王金印，曾用名王子玺，河北南宫人。1932年参加青年反帝大同盟，同年加入中国共产党。曾任中共南宫县委组织部部长、共青团直南特委书记，参与领导冀南农民暴动。1936年后，任中共直南特委组织部部长、中共冀南特委书记，冀鲁豫省委宣传部部长，冀鲁边区军政委员会书记，延安中央党校三部副主任，中共中央西北局党校副校长，中央党校六部主任等职。

吴克仁中将接替王以哲任军长，但不久吴克仁战死在淞沪战场，成为抗战全面爆发后第一位为国捐躯的中将衔将领。

为了扩大党领导的抗日武装，父亲根据党的指示前往赞皇做争取六十七军第五游击大队队长刘恒忠的工作，并与东北军六十七军中共地下党工委书记赵守一①接上关系。父亲做通刘恒忠的工作后，经组织批准，这支队伍改编为东北军党工委领导下的红军抗日游击队第五大队，父亲任大队党工委政治委员。据《辛集市志》记载："七七事变后，在东北军六十七军地下党负责人赵守一的帮助下，以吴立人创立并领导的'民先队'为骨干，组成了'红军抗日游击队第五大队'，由刘志诚任队长，方纪任政治部主任"。

这时六十七军已奉调前往上海参加淞沪抗战，父亲将改编的红军抗日游击队第五大队拉出来，也开赴淞沪战场。父亲回忆道：

> 1937 年秋的一个早晨，我告别了家乡的亲人，带着这支不穿军装的队伍，越过北方辽阔平原，跨过崇山峻岭，直奔淞沪战场。当我们赶到上海附近时，上海已沦陷，我们和党组织失去了联系，我们只得回头北上，边打边走，边寻找党的地下组织。终于在安徽屯溪附近找到了当时负责军工的李涛②同志。经过党组织的安排，我把队伍转交给了李涛同志，只身一人到十八集团军驻武汉办事处报到。

① 赵守一（1917—1988），学名赵守义，陕西渭南人。1935 年投奔陕甘边根据地，在苏维埃政府工作，1936 年 10 月加入中国共产党。曾任红军大学步兵学校教员、中共陇东特委宣传干事、延安《解放日报》编辑、西北局宣传处处长等职。

② 李涛（1905—1970），湖南汝城延寿瑶族乡人。1925 年参加爱国学生运动，1926 年加入中国共产党。抗日战争全面爆发后，李涛随董必武建立八路军驻武汉办事处并任处长，负责筹集军费和军需物资，营救被国民党关押的中共党员和进步人士，开展统一战线工作等事宜。1938 年李涛以八路军第十八集团军总司令部高级参谋的身份，做东北军、西北军、川军的统战工作。1955 年被授予上将军衔。

二、在"八办"的日子

1. 在武汉"八办"

1938 年初，父亲来到八路军驻武汉办事处报到。

八路军驻武汉办事处（简称"八办"），是董必武于 1937 年 10 月设立的，坐落在汉口长春街，是一幢四层楼房。这是中共在国民党统治区建立的公开办事机构，李涛、钱之光先后担任处长。在此之前三个月，即七七事变后，叶剑英在南京设立了第一个八路军办事处。1937 年 12 月—1938 年 10 月，周恩来、董必武、秦邦宪（博古）、叶剑英、邓颖超、王明等中共领导人都曾在这里领导长江局和八路军武汉办事处的工作。"八办"也是中央军委在南方的指挥机关，驻有中共高层军事领导人。四楼是周恩来、叶剑英两位中将（全面抗战开始后，在第二次国共合作推动下，中国工农红军改编为国民革命军第十八集团军，对曾经参加黄埔军校工作的共产党军事将领授予了军衔）；三楼有边章五等四位参谋。王明曾戏称："一门二中将，三楼四参谋。"这时，八路军南京办事处的工作人员也在南京沦陷前转移到武汉，参加武汉"八办"的工作。

南京失陷后，国民政府宣布重庆为陪都，但除了国民政府主席林森及其办公机构，以及监察、司法、考试等部门迁到了重庆之外，包括军政部、外交部、财政部、内政部、交通部、经济部、教育部、卫生部和经济委员会、建设委员会、侨务委员会、四大银行、邮政储金总局等在内的重要、关键性的政府职能部门，以及国民党中央党部、国民政府军事委员会等最高决策指挥机构等，都迁到了武汉。各国驻华使节也移至武汉设馆。因此，武汉实际上一度成了战时首都。

此外，各民主党派领袖、社会名流、文化界人士，全国著名抗日救亡团体等都云集武汉，共商抗敌大计。数以千计的作家、艺术家、音乐家和文化人士以及大批出版机构、文艺团体等也汇集到了武汉。武汉一时间成为全国抗战情绪最热烈、最高涨的城市，成为当时全国的政治、军事、文化中心。其中，尤其以周恩来直接领导、郭沫若任厅长的国民政府军事委员会第三厅

八路军驻武汉办事处旧址

最为活跃，它是第二次国共合作的重要成果，是中共实际领导下的抗日民族统一战线的坚强战斗堡垒。

在这种大背景下，武汉"八办"的公开活动主要是，组织和动员民众开展抗日救亡运动；动员各方面力量推动国民党抗日；团结一切抗战力量争取抗战胜利。武汉"八办"也成为全国通往延安的交通总站，一批批物资、人员通过"八办"源源不断输往延安。1938 年 2 月，周恩来请老舍先生出面，将流亡在武汉的文化人团结起来，成立了中华全国文艺界抗敌协会。"文协"成立后，抗战文艺宣传风生水起，动辄举行几万人、十几万人的集会，周恩来、郭沫若在集会上演讲，冼星海指挥大合唱《义勇军进行曲》《大刀向鬼子们的头上砍去》，民众抗战热血沸腾，抗战歌声响彻楚天汉水。

1938 年初日本在占领南京、济南后，计划采取南北夹击战略，沿津浦铁路展开军事进攻，攻克徐州后再沿陇海线西进，进而占领郑州、武汉等地。在全国人民一致要求国民政府坚决抵抗的压力下，蒋介石下令在徐州组织会战，阻击南下北上之敌。当时徐州除中央军汤恩伯、李仙洲等部外，绝大部分是非嫡系的军队，如桂系、西北军、东北军、川军、滇军等部队，总计 29 万兵力，由第五战区司令长官李宗仁任总指挥。面对日军的狂妄凶焰，有桂系"小诸葛"之称的白崇禧在去徐州作战之前，专程来到武汉"八办"，向周、叶二人请教制敌方略。周恩来列举了几条"可打"的理由：日军孤军深入；台儿庄一带地形于我有利；桂系军事实力强、战斗力不俗等。白听后深以为然。

为了支持国民政府的抗战决心，武汉各界纷纷组织战地慰问团、服务团前往徐州前线服务。中共武汉八路军办事处也决定组织战地服务团前往会战前线声援慰问。当时，父亲正在武汉"八办"青年部蒋南翔①领导下的"青年救国团"做宣传工作。受叶剑英同志派遣，以"青年救国团"为主，由清华大学暑期同学会会长赵儒洵通过关系与汤恩伯部旅长石觉和武昌十三军办事处取得联系，经他们认可后，报请中共长江局批准，在董必武的主持下，组建了一个由共产党员和进步青年组成的抗战宣传团体"十三军青年战区服务团"，前往汤恩伯部做宣传鼓动、慰问演出等战地服务。全团有 20 余人，由平津同学会、丹阳青年救亡服务团和安徽滁县救亡团三个单位来武汉的人员组成，受中共长江局军委和湖北省委军委的双重领导，具体负责人是中共长江局军委的李涛。经李涛和湖北省委书记兼军事部部长郭述申研究，指示服务团的任务是"宣传抗战、帮助友军、上下左右广交朋友"。指定赵儒洵和张师载、冯骥（方纪）、张绍祖四人组成领导小组。此外，领导成员还有朱穆之（因去向未定，未参加党组）、陈国良（陈落）等，都是一二九运动的骨干。

关于这段经历，父亲没有留下任何文字记载，我们曾多次请他回忆这段经历，他因病无法讲述出来。在写这本书时，我们找到了曾参加过"十三军青年战区服务团"的睢新亚所写的《两进台儿庄和徐州突围》一文。②该文详细记录了当年赴台儿庄慰问的前后经过，恰好弥补了父亲这段缺失的记忆：

> 湖北省委特派张劲夫以副团长身份来团抓学习。集训期间，先后邀请著名马列主义哲学家潘梓年、刘季平、《大公报》名记者范长江等来团作讲座，并曾请人民音乐家冼星海来给我们教了一次歌。冼星海的到来，更在我们团里掀起了不断高涨的歌潮。宿舍里、会议室、排练场，

---

① 蒋南翔，1913 年生于江苏宜兴。中学时代起积极参加爱国活动，1932 年考入清华大学，1933 年秋加入中国共产党，并先后参加党领导的"社联"和"民族武装自卫会"工作，主编《清华周刊》和《北方青年》等进步刊物，传播进步思想。在 1935 年一二九爱国救亡运动中，他起草了《清华大学救国会告全国同胞书》，发出了"华北之大，已经安放不得一张平静的书桌了"的呐喊，成为唤起民众争取民族独立的号角。1938 年任长江局青委委员、全国学联党书记，在武汉筹备和主持召开了第二次全国学联代表大会，并参加创立武汉青年救国团。

② 载《中共党史资料》2008 年第 1 期。

从早到晚，歌声不断。这热情的歌声，是我们这群来自各地的男女青年互相沟通、加深革命友谊的纽带，也是我们这个集体战斗活力的集中表现。大家经常唱的除熟悉的救亡歌曲外，还有大学校园里流行的苏联歌曲。领导成员中唱得最好的要数朱穆之同志。当时他很年轻，穿一件蓝白相间的人字呢西装上衣，戴一顶法兰西帽，风度翩翩，充满"青运"干部的革命朝气。……集训结束后，我们去河南许昌向汤总部报到。在武汉出发时，张劲夫留下来，由湖北省委另委重任，朱穆之则转往鲁西范筑先将军处工作。尽管冼星海走了，但他那轻快的《快乐的人们》的歌声却在团里流传开来，伴随着我们行进在荒凉的黄土平原和烽烟弥漫的陇海线上，驱散了我们行军途中乘坐"大车"（以牛力或骡力拉的运输工具）和闷罐火车的寂寞。到达许昌后，我们受到汤总部的热情接待。由汤部第四师师长陈大庆出面，设西餐宴请了我们，汤恩伯亦亲自入席表示欢迎。

父亲是在这次集训期间认识的冼星海，后来他们又在延安相会。

1938年2月服务团经短期集中培训后，去河南许昌向汤总部报到。从武汉出发时，张劲夫因另有重任，改由父亲担任副团长。3月上旬，汤部奉调支援第五战区并向徐州开拔。服务团随总部从许昌乘火车到漯河，然后步行到周口，穿越豫东和皖北的黄土平原，向陇海铁路行进。过了周口，一路都是光秃秃的一望无际的黄色原野，人烟稀少，满目荒凉。团员们每天步行三四十公里，很多人脚上打了水泡，但没有一个人叫苦掉队的，连女生也不例外。经过集镇、县城时，服务团还利用休息和宿营时间进行宣传演出，或与当地各界人士、青年举行座谈，宣传抗战必胜。经过10多天长途跋涉，到了陇海路的马牧集，才乘上火车，向徐州进发。但上了火车不久，总部命令：部队奉命增援鲁南前线，服务团不在徐州下车，直接开赴台儿庄前线。

台儿庄位于运河北岸，扼江淮漕运的咽喉，是保卫徐州的前哨阵地。当时鲁南日军分兵三路，向徐州猛扑过来。台儿庄的守军第二集团军第三十一师池峰城部正在积极布防，形势十分严峻。眭新亚在回忆文章中写道：

我们在台儿庄下车时，车站一片漆黑，除了部队的岗哨来回巡逻外，只有一两名铁路工人提着信号灯在维持行车秩序。我们以最快的速度卸下车上的行李，拖着疲乏的身体去镇上一个仓库的空房里宿营。大家刚把行李打开，准备歇息，忽然传来总部紧急通知：10分钟内赶到车站集中，撤回徐州。等我们急急忙忙赶到车站时，铁篷列车已徐徐启动。周参谋一面攀着车门随着列车小跑，一面向落在后面的同志大喊：快上车！快上车！等大家全上了车，列车加快速度向西奔驰。这时我们才知道，原来日寇的先头部队直扑枣庄、峄县，离台儿庄只有30多公里。汤恩伯部队奉命向台儿庄侧翼山地迂回，让我们服务团撤回徐州待命。

……

我们到达徐州后，在驻地少华街小学休息了两天，熟悉了战况，第三天就去徐州外围的集镇柳泉、贾汪、利国驿等地进行宣传慰问。当时，二十军团所属五十二军第二师郑洞国部正在这一带布防，我们就把慰问驻军作为工作重点，同时向当地居民宣传全民抗战。由于工作地区接近前线，对象是战地军民，不可能进行大型戏剧演出，只能以歌咏、广场剧、墙报、漫画、大字标语等进行战斗（宣传）……我们在成功地演出《放下你的鞭子》等广场剧的同时，还深入驻军连队、学校、里巷给战士和群众教唱抗战歌曲，鼓舞士气和民心，取得很好效果。

这时，台儿庄前线血战方酣，日寇攻陷滕县之后，置东部侧背汤恩伯军团于不顾，沿枣台铁路支线疯狂急进。3月23日攻抵台儿庄车站，24日即发动总攻。守军池峰城部在日军大炮坦克猛攻之下，以血肉之躯英勇抗击三昼夜。敌军突入台儿庄内，旋又展开剧烈的肉搏拉锯战。4月3日，台儿庄四分之三陷于敌手，池部伤亡达十之六七，仍拼死抵抗。长官部急调预备队驰援。与此同时，曹福林及庞炳勋、张自忠部收复了临沂、枣庄后，由西北攻敌之侧背。为保全实力，意存观望的汤恩伯军团亦在司令长官李宗仁的严令下由东北侧背向敌军进击，对敌形成三面包围。4月6日发起总攻，敌军全线崩溃，损失惨重，仓皇退至峄县固守。这就是台儿庄大捷。武汉的《中央日报》《新华日报》同时发出号外。捷报传来，举国欢腾。徐州军民更是奔走相告，欣喜若狂。一时，武汉各大报名记者范长江、陆诒、曹聚仁等都到徐州采写前线新闻。各部队直属服务团和从武汉前来慰劳军队的军委会政治部抗敌剧团（团长郑君里）以及荣高棠、杨易辰率领的北平学生移动剧团，纷纷在徐州集中举行祝捷演出。

恰在这时，我团为进行扩编，派遣党组成员冯骥（方纪）去武汉招来一支有艺术专长的生力军，其中有导演兼团长程浩飞、丁人美夫妇，歌咏指挥谭文（谭兴坦）、女演员申伸、文毓秋（文铭）、青年作家王西彦等。谭文能作曲能指挥，又是男高音独唱演员，他独唱著名作曲家张曙新创作的民歌《日落西山》，嗓音悦耳，感情丰富，唱出了抗战新民歌健康豪迈、刚柔相济的韵味。女同志申伸是张学良将军故交、著名进步人士申伯纯的爱女，她一身男孩子打扮，身穿翻领上装，活泼开朗，一口标准的北平话，唱歌演戏都是女同志中的佼佼者。文毓秋是一二九运动中北平学联联络员，曾骑着自行车风风火火地出入于大中学校传递信息。她大胆泼辣，能说会道，唱歌、演戏、演讲都很出色。在下连队演唱时，她独唱的《流亡曲》如泣如诉，官兵们听后激动得热泪盈眶，热血沸腾。团里来了这批艺术人才，更加充满生气和战斗力。

在长官部前临时剧场的几天联合演出中，我团演出的新编活报剧和文毓秋唱的《流亡三部曲》，夏同仁和邱鸣风跟抗敌剧团的吕班、范莱学来的曲艺剧目《卖梨膏糖》，都给观众和兄弟团体留下深刻印象。此外，我团还曾以自己创作的节目单独向军官们进行了慰问演出，取得了很好的宣传效果。

文中提到的申伸，20 世纪 90 年代时曾特意到西四武王侯天津驻京办事处看望父亲，与父亲一起开心地回忆了当年的往事。申伸说："当时我还以为你比我们年龄大很多，其实也比我大不了几岁，但你显得那么成熟，而我却像个小姑娘。"申伸还笑着回忆了她们从徐州突围出来时的狼狈情景。在此之前，当年曾担任战地服务团团长的赵儒洵伯伯也曾来天津看望过父亲，我正是从他们的谈话中才得知父亲这段经历，以前从未听他说过。

5月初，日军分南北两路从徐州两翼插入迂回，切断了中国守军的退路，使中国军队陷入了极度混乱之中，几十万大军迅速崩溃。5月19日徐州失陷，服务团随十三军分散突围，为冲越沿途敌军的封锁线，忍痛扔掉了仅有的行李，日夜兼程，徒步疾行，一昼夜走90公里，经过多天日日夜夜的连续急行军，冲越了四道封锁线，到了曹市集才逃离了敌人的包围圈。总部下令暂停行军，就地休整。经过一天休息，服务团仅喝了一肚子黄豆煮汤，就又打起精神，以歌咏和快板表演鼓舞部队的士气。

服务团回到武汉后，向中共长江局和湖北省委汇报了情况，并由团员树杨和章一梁分别撰写《十三军青年战区服务团随大军突围记》《记运河战地军民服务站》，在救国会机关刊物《抗战三日刊》发表。汤恩伯肯定了青年战区服务团的成绩，并不胜感慨地说："服务团是好样的，可惜领导成员都是共产党！"

6月，战地服务团任务结束后，父亲调湖北省委武汉青年救国团任服务部部长，帮助进步青年奔赴延安。父亲曾说，湖北省委武汉青年救国团在中国共产主义青年团团史上是有记载的。

徐州失守之后，日本大本营认为，占领汉口"就能支配中国"，正是一个"结束战争的最好机会"。因此，要集中全力"尽量缩短汉口作战时间"，"以初秋为期，占领汉口"。随着战事的演进和形势的不断变化，中国共产党及时调整了战略方针，中共中央再次明确提出，当前的紧急任务是"保卫武汉，保卫全国，用一切方法削弱敌人，加强自己，克服一切困难与动摇，以持久战最后战胜敌人"。7月7日，周恩来发表了题为《论保卫武汉及其发展前途》的重要文章，在依然认为要以"最大的决心"实施武汉保卫战的同时，也指出了"在万一不利的情况下转移作战地区"的可能选择。8月，毛泽东等在《关于保卫武汉的方针问题的指示》中强调，"保卫武汉重在发动民众，军事则重在袭击敌人之侧后，迟滞敌进，争取时间，务须避免不利的决战，至事实上不可守时，不惜断然放弃之"。这些认识和调整是基于十分冷静和客观的判断，既符合中国抗战初期敌我力量对比相对悬殊的客观实际，也符合开展持久抗战的总体战略思想，后来在实践中证明是非常正确的。

8月初，中共中央明确指出："保卫武汉重在发动群众""战争的伟大之最深厚的根源，存在于民众之中"。在中国共产党人的积极领导、引导、宣传、鼓励和参与下，长江两岸各大中城市和县乡中的各界、各个社会阶层的民众都被广泛发动、组织甚至武装起来，形成了前方后方一体、军队民众一心共同抗敌的壮观景象。武汉会战前，《保卫大武汉》①的歌声响彻武汉街头巷尾：

> 热血沸腾在鄱阳，
> 火花飞迸在长江，
> 全国发出了暴烈的吼声，
> 保卫大武汉！
> 武汉是全国抗战的中心，
> 武汉是今日最大的都会，
> 我们要坚决地保卫着她，
> 像西班牙人民保卫马德里，
> 粉碎敌人的进攻，
> 巩固抗日的战线，
> 用我们无穷的威力，
> 保卫大武汉！

在武汉会战时期，叶剑英直接领导了八路军办事处的全面工作。在他的领导和直接参与下，积极支持中共中央长江局举办的多期党员干部、游击干部培训活动，并亲自主讲了敌后游击战术。叶剑英还经常出席各种重要的集会、典礼和公祭活动等，接待社会各界人士、海外华侨和国际友人，其中包

---

① 《保卫大武汉》词作者郑律成，原名郑富恩，1914年出生于朝鲜（现韩国）全罗南道光州。是中国近现代史上继聂耳、冼星海之后又一位杰出的优秀作曲家，被誉为"军歌之父"。1933年郑律成来到南京参加朝鲜人民抗日革命组织"义烈团"，同时学习音乐。1939年他创作的《延安颂》一举成名，并于1939年正式加入中国共产党，同期创作了《八路军进行曲》，后更名为《中国人民解放军军歌》。1950年正式加入中华人民共和国国籍，定居北京。1976年因病去世。

括史沫特莱、伊文思、马海德等知名人士。

1938 年 6 月，日军以占领武汉为目标，开始了准备性作战。日军以正面攻击加迂回作战的策略，先后从东、北两个方向发起进攻，国民党守军以英勇顽强的精神进行抵抗，与日军开展了殊死的战斗。战至 10 月下旬，在会战防御体系各处要点相继失陷的情况下，国民政府军事委员会于 25 日不得不下令放弃武汉。次日，日军占领武昌、汉口等地。武汉会战是抗日战争战略相持阶段正面战场一次重要的、规模最大的战役，沉重地打击了日本侵略者的嚣张气焰。

武汉沦陷前，八路军驻武汉办事处于 10 月 21 日在《新华日报》上登载重要启事：

> 本处奉命迁湘，凡一切信件及临时事宜，请至界限路（今合作路）44 号新华日报编辑部接洽，电话号码为 24886，尚希各界注意是幸。

10 月 24 日夜，《新华日报》在刊发了由周恩来口授的《告别武汉》社论之后，当晚迁往重庆继续出版发行。周恩来在这篇社论中，掷地有声地告诉同胞："我们只是暂时离开武汉，我们一定要回来的，武汉终究要回来的！"武汉会战开始之前，在周恩来的指示下"八办"已做出了搬迁方案，先撤退至湖南长沙，以后又到衡阳，再到广西桂林。

2. 加入红十字会救护总队

全民族抗战爆发后，中国士兵在前线浴血奋战，伤者颇多，但国民党军中医疗力量极为落后，主要依赖中国红十字会在平津、上海等前线进行救护工作。南京沦陷之后，中国红十字会随南京国民政府将主要医护人员与工作人员迁往武汉，并继续从事战地救护工作。为适应战局变化，在宋庆龄等爱国人士和国际友人的建议下，中国红十字会决定放弃以往在大城市设伤兵医院的救护方式，改为成立战地救护医疗队，组织精干医护人员，配以切合战地实用的医疗器械与药品，奔赴各个战区开展战地医护工作。

1938 年春，中国红十字会救护总队部在汉口成立，新加坡爱国华侨、

林可胜

国际知名医学专家林可胜①担任红十字会总干事兼救护总队长。林可胜思想开明，热忱爱国，不分党派，十分认同中国共产党倡导的全面抗战主张和抗日民族统一战线政策。早在救护总队筹办之初，他就密切关注八路军、新四军开辟的敌后战场的医疗救援工作，并派人协助八路军开展医疗卫生救护工作。

中共中央长江局对林可胜领导的救护总队十分重视，决定由八路军驻武汉办事处出面，与林可胜建立联系。林也主动来到武汉办事处，要求中共派人到救护总队和战时卫生人员训练班进行政治教育宣传工作。于是，叶剑英亲自出面，介绍父亲、毛华强和黄群等三人以非党员社会流亡青年身份入训练班受训（中共党员身份不能公开），经过两个月的训练，他们被正式编入救护总队第58大队，这个队属于教导队，其任务就是负责辅导训练班学员学习。三人以生活指导员的身份在学员中进行政治宣传工作，父亲在每天的"朝会"上做抗战时事讲话，课余举办时事座谈会，组织开展歌咏活动，教唱抗日救亡歌曲，极大地调动了学员们的抗日热情。

1938年6月，日军进逼武汉，救护总队决定迁往湖南长沙。在长沙，救护总队的主要任务是与国民党行政院卫生署合办"卫生署战时卫生人员训练班"，招收青年学生经过培训后编入医疗救护队（每队20—30人不等）。这些救护队奔赴抗战的各个战区，负责救护伤兵和受伤民众。

---

① 林可胜，1897年出生于新加坡的豪门望族，是一位多才多艺的杰出医学科学专家。抗战时期，林可胜领导医疗系统投身救国事业。日军进攻上海时，林可胜领导红十字医疗队参与救援。1942—1944年随中国远征军到缅甸，任中缅印战区司令官史迪威将军的军医总监，经常每日工作16个小时。曾多次受到中、英、美政府的嘉奖授勋，甚至罗斯福总统的最高嘉奖。抗战胜利后，林可胜在南京组建国防医学院，1948年当选为中央研究院首届院士。1948年蒋介石任命林可胜为卫生部部长，他坚辞不受。1949年林可胜移居美国继续从事医学研究，1955年成为美国科学院院士，晚年到牙买加与其子詹姆斯·林一起居住。1969年病故。

为了进一步加强中共对救护总队的领导，发展壮大抗日力量，1938年夏，在八路军驻湘代表徐特立的指示下，中国共产党红十字会支部（简称"红会支部"）正式成立，隶属于中共长沙市委北区委员会（由中共中央长江局领导），郭绍兴任支部书记，高忻为组织干事，杨震为宣传干事，父亲为青年干事（领导中华民族解放先锋队）。当时，郭绍兴还担任救护总队视导员及卫生人员训练班的教员。支部成立后，上级组织交付的任务是在红会中公开宣传中国共产党抗日民族统一战线政策；秘密发展党员及民先队员，壮大力量，红会支部先后发展了党员10多人，"民先"队员20多人；积极动员红会的医务人员投入各大战区救护工作；组织和动员医务人员输送医药物资到抗日根据地。

那时，国际共产主义战士、美国著名作家史沫特莱女士从江西新四军根据地来到长沙，初访救护总队，详细介绍了新四军将士缺医少药的情况，请求林可胜拨运药品，尤其是治疗"打摆子"（即疟疾）的奎宁丸（金鸡纳霜）和针剂。林可胜获悉后，不仅拨发了药品，还派出两支救护队到新四军战区从事医疗救护工作。此后，史沫特莱又两次造访救护总队，与红会支部党员进行联系，公开支持八路军、新四军的抗日斗争。这期间，父亲去湖南湘雅医学院拜会了暂住在那里的史沫特莱，并获得了她亲笔签名的《资本论》和自传体小说《大地的女儿》。

随着战局日益严峻，1938年11月，周恩来与叶剑英同徐特立、王凌波（八路军驻湘通讯处主任）商量，把留在长沙通讯处的物资、人员转移后，通讯处撤往邵阳，同时在衡阳和桂林建立八路军办事处，要求邵阳通讯处与衡阳、桂林的办事处保持联系与联络畅通。周恩来告诉李克农，白崇禧已经同意在桂林建立八路军办事处，中央决定由李克农任处长，要求李克农做好白崇禧、李宗仁、黄旭初等桂系上层的统战工作。桂林办事处负责同新四军、八路军驻香港办事处、南方各地的地下党组织保持联络与联系，转运海外华侨捐赠的物资等工作外，支持夏衍、胡愈之等文化界人士的工作。为方便物资及人员转移，先在衡阳设办事处，由李涛负责，待桂林办事处正式挂牌，结束衡阳办事处工作。筹建初期，李克农暂时去衡阳主持工作，由吴奚如先去桂林筹建办事处的工作事宜。

1938 年底，日军进逼长沙，为安全起见，救护总队再迁至湖南祁阳。救护总队从长沙撤退时，徐特立与中共长沙市委决定，红会支部随救护总队后撤，党组织派父亲到战地救护总队第 14 支队开展工作。不久，父亲根据上级指示退出红十字会，前往桂林"八办"，做青年及文化工作，办学联、办书店、出刊物，宣传抗日。20 世纪 90 年代父亲有一次去北京，他的老朋友、画家刘迅请吃饭，席间有一位老同志（恕忘其名）说他清楚地记得，1938 年他从长沙撤退出来去桂林，途经衡阳时因敌机将铁路炸断，不能前行，看见父亲站在火车头上向群众作抗日宣传，给他留下了深刻的印象。

1939 年 2 月，救护总队又迁至贵阳图云关。此后，直至抗战胜利，贵阳图云关一直是救护总队的所在地。这期间，从海外徒步归国参加抗战、后来成为我母亲的黄人晓，也来到图云关，参加了红十字会救护大队，以后她在郭绍兴的介绍下，加入了中国共产党。为此，这里对中国红十字救护大队地下党的情况再略作些记述。

红十字会医疗救护总队抵达贵阳后，郭绍兴持八路军桂林办事处吴奚如写的组织介绍信，通过贵阳读新书店的沈静芷，找到八路军贵阳交通站站长袁超俊，请求恢复党组织关系。中共中央南方局书记周恩来收到袁超俊的报告后十分重视，批准恢复红十字会支部的组织关系，并交由袁直接领导，不与贵阳地方党组织发生横向联系，以确保红十字会支部安全。他还亲自指示袁超俊："中共红十字会党支部是有战斗力的党支部，从南京到湖南一直归长江局领导。现在由你直接负责联系，任务很重，要领导好。红十字会知识分子多，爱国华侨多，要做好统战。"①

1939 年四五月间，袁超俊假病住进图云关红十字会医院，秘密主持了红十字会支部会议。会议决定（后报经南方局批准）成立中共红十字会总支委员会（简称"红会总支"，后改为"红会特支"），郭绍兴任总支书记，下分贵阳、桂林、救护总队运输股三个分支部，分别由高忻、毛华强、章宏道（章文晋）兼任分支书记。1939 年冬，郭绍兴在党的指示下，接受林可胜委派，担任救护总队第七支队队长，带队赴陕、晋、豫国民党战区做军队卫生

---

① 丁英顺：《抗战时期的红会特支》，载《百年潮》2015 年第 8 期。

防疫工作。

在中共中央南方局和八路军贵阳交通站的领导下，红会总支继续团结、争取红十字会内部的专家学者，从各个方面不同程度对中国共产党领导的抗日斗争给予同情和支持。救护总队先后动员组织和派遣了20余支医疗队以及大批外籍医生去延安及敌后抗日根据地进行医疗、救护工作，其中就有人们熟知的白求恩大夫。①

除了人力动员外，救护总队还向抗日根据地输送了大量来自国内外的医药器材。1939年夏，新四军卫生部部长沈其震亲自到图云关救护大队总部申请医药卫生器材，尤其是奎宁丸，林可胜按单加倍供给。最曲折的一次，是英国牛津大学教授巴吉尔率英国援华团携带了一批贵重医疗器械和药品，准备运交延安。他们于1939年冬自贵阳出发，林可胜以中国红十字会救护总队长的名义，委派西北环境卫生视导员郭绍兴在陕西汉中接洽，并协助该团将物资经宝鸡运抵西安，再由郭绍兴秘密与八路军驻西安办事处处长伍云甫联系，共同与巴吉尔团长会面商谈，并通过与国民党第十战区司令长官蒋鼎文、胡宗南及兵站少将卫生处长姚典从中斡旋，最终几经波折将这批医疗物资大部成功运抵延安。

红十字会总支还发起成立了群众性救亡组织"红会书报供应站"，向分散在各战区的医疗救护队输送《新华日报》、《群众》周刊等进步报刊，宣传中国共产党的抗日主张。红会总支党员也迅速发展到数十人，分布在湖南、桂林、救护总队运输股、图云关总部和训练总所中。红会总支在救护总队活动频繁，林可胜的"左倾颇甚"的密报也被呈递到蒋介石手中，引起蒋的关注。1940年9月7日，林可胜被蒋介石召到重庆面谈。蒋责问林可胜为何派医疗队及送药给共产党领导的八路军、新四军？林回答：红十字会是国际组织。蒋厉声道：这是中国。回到贵阳时，林可胜被军统特务抓走，后经陈诚说情才保释出来。

1941年1月，原八路军贵阳交通站站长袁超俊离开贵阳，调回南方局

① 第三次长沙会战之后，美国《时代》周刊有一篇文章这样写道："在东方古老的中国对抗日本帝国的血腥战争中，有许多的医生和护士走向战场，在战壕里为受伤官兵裹伤。请先记住两个伟大的名字，中国的林可胜先生和加拿大人诺尔曼·白求恩先生。"

任周恩来秘书。根据上级指示，时任第七支队队长兼西北环境卫生视导员的郭绍兴，于 1942 年初向总队辞去一切职务，来到重庆，利用自己工作多年积累的人脉关系先后进入国民党中央卫生实验院和行政院卫生署工作。此后，林可胜因为"左倾"嫌疑一直受到国民党掣肘，最终于 1942 年辞去总队长职务，盛极一时的中国红十字救护总队逐渐衰落。根据中共中央重新登记党员的指示，袁超俊、郭绍兴二人在南方局领导下，于 1942 年冬至 1943 年初对原红会 12 名党员（党的关系早已转出或个别与党失去联系或自动脱党的除外）进行考察后重新登记，并将名单上报南方局组织部。毛华强因与党组织失去联系，未能恢复党籍，直到 20 世纪 80 年代初落实政策时，经父亲与郭绍兴证明，才恢复了党籍。在抗战时期，中共红会总支为团结争取卫生医护人员，促进抗日救亡运动的深入开展和大后方地下党组织的蓬勃发展及后期的疏散转移工作作出了重要的贡献，完成了时代赋予其在抗战时期的历史使命。

3. 在桂林"八办"

早在 1938 年八九月间，周恩来、董必武、叶剑英等中共中央长江局负责人就作出决定：武汉失陷后，在重庆、桂林建立八路军办事处。为此，武汉"八办"副官刘恕，偕同党外友好人士熊子民被派往桂林进行筹备。刘恕到桂林后，先是租用桂北路 138 号"万祥醋坊"老板黄旷达的一幢两层楼房作为办公用房，以后又在城北灵川县路莫村和金家村，租用了几间农民房屋作为电台、仓库和接待站。

这一时期，桂系在政治上比较开明。1938 年 11 月下旬，国民政府军事委员会桂林行营主任白崇禧批准建立"国民革命军第十八集团军驻桂林办事处"，桂林"八办"成为合法机关。11 月 29 日，"国民革命军第十八集团军驻桂林办事处"公开在桂北路 138 号（今中山北路 14 号）"万祥糟坊"挂牌。桂林"八办"既是中共开展统一战线工作、组织推动抗日民族救亡运动与文化运动、负责八路军与新四军后方供应运输等工作的公开机构，也是 1939 年 1 月中共中央南方局成立后的秘密派出机关，肩负着联络湘、赣、粤、桂及香港、海外各地党组织的任务。

1939 年 1 月，父亲抵达桂林八路军办事处，以《救亡日报》记者的公开身份做青年工作。《救亡日报》是上海文化界救亡协会的机关报，于 1937 年 8 月 21 日在上海创办。这份看上去是一个政治色彩不浓的民间报纸，实际上是由中共直接领导的开展统一战线工作的进步报纸，它由郭沫若任社长、夏衍任总编辑并实际负责管理。1937 年 11 月上海沦陷前该报迁往广州，并于 1938 年 1 月 1 日在广州复刊。但到八九月间，眼看广州也将陷入战火，于是夏衍根据上级指示，又率领刚刚安定未几的报社同仁离开广州，租借了几艘木船，带上机器设备，由珠江经肇庆入西江，再由桂江逆漓江而上，于 11 月 7 日晚艰难地抵达桂林。

桂林以"山水甲天下"而闻名于世，但那时父亲没有这种闲情逸致和时间去欣赏美景，他在《桂林山水》（作于 1962 年）一文中写道：

> 　　早在二十三年前，抗日战争时期，我在桂林的八路军办事处工作过半年多；但那时候，一来年青，二来也没有看风景的心情，除了觉得这些山水果真奇异，七星岩里还可以躲躲空袭之外，于它的胜美之处，实在是很少领略的。

不过父亲还记得，桂林"八办"这幢房子开了两个大门，左边是八路军办事处的大门，右边是房东卖酒的大门。进门的堂屋是一个曲尺形的柜台，柜面露着大酒坛的口子。酒坊面店后面是个大院子，有一幢不大的砖木结构二层小楼，办事处人员在那里办公，设有会议室、警卫室、机要室、电台等。八路军办事处成立后，一度使卖酒的买卖兴旺起来，许多人进来买酒是出于好奇，想瞧瞧八路军究竟是什么样子。

当时桂林作为广西省省会，各派政治势力都极力渗透，政治局面极为复杂。国民党特务机关在八路军办事处附近设立了据点，对办事处进行日夜监视。他们常常化装成小生意人、鞋匠、人力车夫、板车夫等角色，终日散布在办事处周围，只要办事处人员一外出，他们就暗地跟踪盯梢。有时，他们还公开在大街上给"八办"人员制造麻烦，刁难寻衅。在国民党特务严密监视的环境中工作，稍有不慎，便会给特务们以可乘之机，不仅影响党对桂系

八路军驻桂林办事处旧址

的统战工作，也会给各地党组织带来重大损失。长期从事白区工作、在对敌斗争中积累了丰富经验的李克农，足智多谋。他规定：八路军办事处所有工作人员必须严守党纪、军纪，做好保密防奸工作，每天废纸篓中的碎纸，即使是不重要的，也要由值班人员监督烧掉。没有组织的批准，不准将陌生人带进办事处，更不允许将文件随便带出办事处。办事处人员穿军装时，就从办事处的大门出去，穿便装时就混在来糟坊买酒的顾客中出入。来八路军办事处联系或是汇报工作的，都扮作顾客由糟坊出入，以便于摆脱特务盯梢和跟踪。

当时《救亡日报》社在太平路12号办公，是借的一间私人小公馆，编辑人员和印刷厂设在观音山附近，便于防空。父亲说，那时因工作需要，经常要去观音山那里，我们出去前要提早把自行车准备好，大门一开便冲出去，让特务们措手不及，等特务跨上自行车追来时，我们早已跑得无影无踪。那时年轻，骑车子与特务兜圈子虽有危险，但积累了对敌斗争的经验。

据有关回忆资料记载，《救亡日报》刚到桂林时的12个人几乎是未曾办过报纸的，而且没有一点经费，设备也相当简陋，根本无法在桂林复刊和进行工作。早在上海时李克农就结识了夏衍，因此夏衍来到桂林当晚，就与林林找到李克农研究复刊的事。李克农建议他们一面争取在桂城的"合法"地位，一面自力更生自筹经费，尽快复刊。夏衍表示，他不愿意和那些无聊的国民党政客打交道。李克农说："沈先生（夏衍原名沈端先）啊，站在外面骂娘可算不得勇敢，深入敌垒去影响他们，那才是你应尽的本分。要把报办好，腿要放勤些，耳朵要放长些，要多听、多跑、多交朋友。你得认清这个时期，这个地方，在这里，和菩萨要打交道，和恶鬼也要打交道。我知道，你们个个都怕脏……"说到这，李克农爽朗地大笑起来："文化人同志，革命的统战工作，戴白手套行吗？"

《救亡日报》在桂林复刊前，周恩来、李克农、郭沫若就对省主席黄旭初坦率地表明了态度：《救亡日报》将本着赞赏和拥护广西当局的团结抗日、进步的立场，对广西内部政务、政策、活动，保持友好的态度。加上国民党中央社广西分社社长陈纯粹对郭沫若社长也很敬重，表示对《救亡日报》与《广西日报》《大公报》《扫荡报》一样，一视同仁。1939年1月10日，《救亡日报》在桂林正式复刊。报纸复刊后，为了克服困难渡过难关，全体同仁在工作中、生活上一律实行一体化管理。父亲回忆说，那时候，大家都不拿薪水，不拿稿酬，是"原始共产主义"式的大锅饭生活。由于报社人员大多是耍笔杆子的，对经营并不在行。应夏衍的请求，李克农介绍善于经营的翁从六担任经理，负责报社的印刷、发行及经济工作。

《救亡日报》虽然是共产党领导下的报纸，但为了适应斗争需要，又不能办成像《新华日报》那样的党报。要宣传抗日，要团结、进步，就要办出独特的风格，"让左中右三方面的人都要看，都喜欢，讲人民大众想讲的话，讲国民党不肯讲，《新华日报》不便讲的"（夏衍语）。有一次，《救亡日报》发表了一篇国际时事分析文章，出现了政治性错误。李克农发现后，跑到编辑部和夏衍长谈了四五个小时。李克农很注意对报社工作的指导，凡是涉及办报原则和方针的事，他总是坚持己见，毫不迁就妥协。他严肃地说："《新华日报》被扣得厉害。西南、东南乃至香港，都把这张报纸看作是党的外围，代表共产党讲话，那么你想想，把这么严重的国际问题做了错误的分析，对外面会引起多么坏的影响！"随后，李克农在指出这篇文章的错误后，严肃地问："怎么办？""明天再写一篇社论，纠正过来。"夏衍答。李克农问："怎么写法？"说着他把大家召集过来："来，大家凑一凑。"社论写好后天色已晚。夏衍松了口气说："很好，我学会了不少东西。"李克农抬手看了看表说："学会了东西，能不付学费么？你看，都快8点了，阳春面也不请一碗？"说罢，他站了起来笑着说："那好吧，我请客，我可要反客为主了。"严肃沉闷的空气随之一扫而光。

《救亡日报》复刊后的重点是报道抗日战争时局和宣传抗日民族统一战线，所以它刊发的一些通讯报道，特别是对一些抗日将领的采访和抗日根据地的通讯，常常引起读者极大的兴趣，影响遍及湖南、江西、广东、四川、贵州、云南、香港和南洋等地，很受群众欢迎。在文化界进步人士的大力支持下，发行量很快由2000份猛增至5000份，到1939年底，《救亡日报》发行数量接近8000份大关，创造了一个少有的奇迹。当时在桂林影响最大的文化团体有国际新闻社、《救亡日报》社和文化供应社，它们被称为桂城三大进步社团。

当时桂林是国统区大后方，聚集了来自全国各地的许多文化人，因而有抗战"文化城"之称。除解放区延安以外，桂林"文化城"实际上成为共产党所领导的国统区抗战文化最主要、最活跃、最有成效的中心阵地。在中共倡导和推动建立抗日民族统一战线的感召下，茅盾、巴金、柳亚子、何香凝、郭沫若、田汉、夏衍、欧阳予倩、李四光、徐悲鸿等著名的作家、文学家、戏剧家、学者、科学家纷纷来到桂林，桂林会聚了全国各地的1000多名文化人，其中全国知名的作家、诗人、画家、戏剧家、音乐家、科学家、学者有200多人。这批文化人，作为桂林文化城的中坚力量，组成了一支强大的队伍，积极开展抗战文化运动。一时间，只有六七万人口的小小桂林，成为大西南后方一个进步文化事业的中心。

4. 在重庆"八办"

1939年7月，父亲奉调离开桂林前往重庆八路军办事处工作，在周恩来同志直接领导下从事抗日宣传。父亲在武汉、长沙、桂林、重庆等地工作期间，曾用多个笔名在报刊上发表作品和文章，但他自己早已记不清了，因此很难再找到。

中共中央南方局和八路军驻重庆办事处所在地在红岩村，位于重庆市郊化龙桥附近的"大有农场"的西北坡上。大有农场依山而建，遍植果树，环境清幽秀美，位置隐蔽安全。这里的地形酷似伸向嘉陵江边的山嘴，又因地质成分主要为侏罗纪红色页岩，因此叫红岩嘴，简称"红岩"。这里原是爱国人士饶国模经营的一片花果农场，农场主饶国模是闻名四川的女实业家，人称刘太太，她的哥哥饶国梁是"广州黄花岗七十二烈士"之一。因此，饶国模很受国民党元老敬重，有此背景，军警特务也要礼让三分。饶的三个子女都加入了共产党。她的小儿子、中共党员刘圣化向母亲提出，八路军想在大有农场租地办公，饶国模一口答应。由于共产党经费有限，不能建办公房，饶国模便拿出自己的积蓄，以自建住房名义，按照中共提供的草图开工。建成后在形式上租赁给"八办"，但她坚决不肯收房租。在很长一段时间里，饶国模只知这里是八路军办事处，却不知道她的房客同时也是中共中央南方局的核心领导。

1939 年 1 月 16 日，中共中央南方局在重庆成立，周恩来、博古、凯丰、吴克坚、叶剑英、董必武为常委，周恩来任书记。因国民党不允许中共党组织公开活动，所以中共中央南方局是秘密的，设在公开机关八路军驻重庆办事处内。起初，"八办"在市区内机房街 70 号，但此处房子在 1939年 5 月初的日军大轰炸中被炸毁，于是董必武、博古等人率领南方局和办事处大部分同志迁往红岩，散住在农场工人宿舍和堆放柴草杂物的几处茅草房里。

1939 年 7 月父亲来到重庆"八办"时，正是雨季。他还记得，茅草房在一条鹅卵石铺成的泥泞小路的尽头，下雨时小路的泥水就没过脚面。在一间残破的旧房子里，可以向远方眺望，从一排排伸向前方的屋顶上可以一直看到远方的峭壁。国民党特务机构的头目亲自住在办事处附近，监视着每一个走过门口的人。在这种虎狼四伏的环境中，大家仍从容自若。父亲还参加了办事处的修建工作。这年秋天，由办事处同志自己设计并修建的办公住宿楼竣工。这是一幢外看二层、实际三层的深灰色大楼，整幢楼房为土木穿斗结构，两楼一底，有大小房间 54 间。一楼是办事处、救亡室和专供公开审查用的"假电台"；二楼是南方局和图书室；三楼是机要室和"真电台"。楼梯设在房间里，锁门后可以延缓上楼时间，以便销毁文件。内部工作人员各司其职，不能随意上下各层楼，尤其是三楼，除了少数发报员和机要人员，其他任何在红岩工作的人也不能踏上一步。一层传达室的桌子腿上安着电铃，有紧急情况值班员腿一靠就可以警报通知楼上。警卫昼夜放哨，还养了一条名叫"汪精卫"的狗巡逻。地方当局将这里的门牌号编为红岩嘴 13 号

抗战时期周恩来在重庆留影

（1945 年改为红岩村 13 号）。

因为中共中央南方局是秘密的，所以"八办"的领导对外大多是国民参政会参政员，其他人或是"八办"的工作人员，或是《新华日报》记者、编辑、总编辑、社长、总经理、校对等。八路军办事处和南方局的工作人员基本上是一套人马，统一由周恩来领导，不分彼此。南方局实际上是中共在国统区的总司令部，统领南方党组织工作的大本营。"八办"是南方局一个公开对外的机构，参与南方局部分秘密工作，负责南方局领导的安全，担负延安与重庆的一切交往与联系，号称"我党我军的大使馆"。

红岩距离市区十多里路，战时山城交通极为不便，来往费时费力。"八办"另有一处办公地在城里的曾家岩 50 号，以国民政府军事委员会政治部副主任周恩来名义租赁，人称周公馆，用于接待民主人士和外国记者。周恩来白天在曾家岩开会应酬，做地上工作；晚上回红岩安排地下工作。周公馆屹立于悬崖之上，背面大阳台可俯瞰嘉陵江，正面是特务为监视中共专门开设的茶馆，右侧是戴笠公馆，左侧是警察局派出所。最危险的地方就是最安全的地方，周公馆鱼龙混杂，特务难以识别来客到底是去找谁的，盯梢也容易跟丢。

父亲说，在重庆"八办"工作期间，除了空袭的警报和敌机的轰炸之

重庆红岩村全景

外，特务可憎的面孔，身后的跟踪，抬着滑竿的赤脚轿夫的汗与喘息，搬运工人的沉重呼号声，以及那充满霉味且又潮又黏的闷热，都给他留下了很深的印象。从红岩到曾家岩，沿途十余里常年蹲守七八十个特务，城内主干道也遍布"岗哨"。国共合作期间，国民党特务不敢冒天下之大不韪公开抓捕中共工作人员和有名望的文化人，只能没完没了地跟踪他们。时间长了，互相都认得，每天心照不宣地形影不离。用中统特务自己的话说：我们是给共产党义务保镖的。

　　父亲给我们讲过很多小故事，其中一则：一天，郭沫若手里拿着两包书回家，他突然转过身对盯梢的两个特务说："反正二位都要陪我走到底的，这两包书就有劳你们了！"特务就真的接过书来提着，一直把郭沫若送到家门口。还有一次，周恩来和董必武外出，路边两个特务指指点点："那是董必武！"声音太大，被随行警卫员听见了，他当即亮出东北腔大喝："董老咋的？董老咋的？"警卫员是东北义勇军游击队员出身，身高近两米，吓得特务不敢吭声。

　　尽管条件艰苦，环境险恶，但重庆"八办"在周恩来的领导下充满乐观情绪。周恩来在工作闲暇之余，有时组织"八办"工作人员唱歌或搞些小演出，他亲自指挥，气氛活跃，大家在他身边工作无拘无束；他也像个"大家长"，关心每一个同志的成长。红岩村远居山地，周公馆背水环敌，八路军办事处看上去是国统区的红色孤岛，其实朋友遍天下。父亲回忆说：周恩来多次跟我们工作人员说，统一战线工作就是交朋友，尽量多交朋友。父亲还

1956 年，方纪在他曾工作过的重庆红岩"八办"留影

说，周恩来在重庆时广交文艺界朋友，一方面是因为他重视文艺工作，文艺能够最广泛地联系群众，谁领导文艺，谁就抓住了人心；另一方面，周恩来很热爱文艺，在南开中学上学时是话剧团团员。新中国成立后，周恩来总理委任父亲担任天津市文化事业管理局局长。为不辜负周恩来的教育和重托，父亲将天津的文化艺术工作搞得有声有色。天津人民艺术剧院成立之初，父亲还亲自兼任院长；在天津历史博物馆筹备纪念五四运动 60 周年展览时，父亲拿着周恩来在南开剧团男扮女装的剧照问大家："看看这个旦角是谁啊？"大家都没有认出来。父亲说："这就是周总理啊！"

在"八办"工作期间，父亲送走了不少前往延安投身革命的青年，也遇到过许多来自延安的干部和交通人员，他从这些人的描述中，早就对这个被称为革命圣地的延安充满着向往；尤其是读了埃德加·斯诺写的《西行漫记》后，更渴望自己也能到延安去学习。一天，周恩来副主席找父亲谈话（当时周恩来工作十分繁忙，日理万机，但他总要抽时间找每位新来办事处工作的干部谈一次话），问父亲对今后工作有什么想法？于是父亲向周恩来副主席表达了想去延安的愿望，周恩来思索了一下微笑着说："这个想法很好，延安是年轻人都向往的地方。延安需要人，但这里也需要人，在大后方也是抗日。你能不能考虑留在重庆，去《新华日报》工作？"这样，父亲到《新华日报》工作了一段时间。1939 年 11 月，周恩来又一次找父亲谈话，告诉父亲组织上批准他去延安学习了。父亲高兴极了，恨不得立即飞到延安去。后来父亲得知，毛泽东还在 1939 年 12 月 1 日亲自起草了"大量吸收知识分子到延安去"的决定，决定中指出：共产党必须善于吸收知识分子，才能组织伟大的抗日力量，发展革命的文化运动和发展革命的统一战线，没有知识分子的参加，革命胜利是不可能的。"应该好好地教育他们，带领他们，在长期斗争中逐渐克服他们的弱点，使他们革命化和群众化"，要求大量吸收知识分子加入党和军队，同时鼓励工农干部加紧学习，提高文化水平。在共产党的号召下，大批知识分子涌向了延安。那年，父亲 20 岁。

父亲离开重庆后，仍然受到周恩来的关心，1942 年底周恩来得知父亲在延安从事文学创作时，还从重庆写信给父亲，要他"多为大后方人民写点东西"。新中国成立以后，1956 年长江水利规划建设已经开始，周总理指名点姓要父亲去写长江，父亲再一次带着周恩来的嘱托，奔赴长江。再后来，中国走过了风风雨雨的道路，1976 年敬爱的周总理病逝，父亲得知周总理去世的噩耗后，悲痛伤心不已。

第四章

初到延安

一、我来了，延安

1. 古城延安

1939 年底，父亲踏上了去延安的路。当年从西安到延安的路很艰难。在一本书里面这样写道：

> 此行艰难……陕北民谚称：宁肯往南移一丈，不愿向北挪一步。黄土高坡，积年风雨，已成沟深梁高，纵横交错。山山相连，连绵起伏，山（梁塬）与山之间，人可对面而歌，行却半天不及。西安到延安之间，直线距离 350 余公里，步行路程，迂回崎岖，竟有 800 多华里。晴天有风沙，雨天有泥泞，只有绕着村前村后走才会找到水源，还有野狼出没，夜嗥不断，时或伤人。

我们曾问父亲当年是怎样去延安的？父亲笑着说："为了减少路上盘查的麻烦，我们都换上国民党的军服，我穿的是国军少校军装，对外身份是参谋。那时是国共合作时期，八路军穿国民党军服是合法的。离开重庆时坐着军用卡车，由宋时轮同志带领，走了好几天，经汉中安全到达了西安，住进了七贤庄八路军办事处，然后步行到延安的。"

父亲还说，他在七贤庄八路军办事处看到几名少年学生，只有十几岁，他们对"八办"的接待人员边哭边说："我们从四川来，路上卖光了行李，沿路讨饭吃才到的西安，就是为了到延安上学，打日本，救中国。沿路盘查我们不怕，只要叫我们去，就是爬，我们也要爬到延安！"接待人员听了，再看他们单薄破烂的衣着和决心，为之动容。经研究决定，给予特殊照顾，送他们去了延安。

去延安时，父亲受西安"八办"委托带领王海涛等几名青年，化装潜越了国民党军队设置的绵延千里的五道封锁线，通过草滩、三原、耀县、铜川、宜君、黄陵、洛川等特务据点和军警关卡，每天差不多要走六七十华里的路，历经二十几天的艰苦跋涉，终于到达了延安。父亲深有感慨地回忆，当他们伫立在延河岸边，望着高高的宝塔山，听到放羊老汉高歌信天游："延安府城东，两边有山峰，一边叫清凉，一边叫嘉岭……"他们高声欢呼："到家了！我们到家了！"

天下黄河九十九道弯，延安就深藏在黄河这"九"字的弯弯里。延河及其支流在黄土地上刻削下"丁"字形的河谷，当地人称为"川面子"，延安城坐落在"丁"字形的延河川面子上。延河从西北方流经延安，有西川河注入，在嘉岭山（宝塔山）下有南川河注入，形成二水分三山地形。二水，即形成"丁"字形的延河与南川河；三山，即延安城东南的宝塔山（嘉岭），北面的清凉山，南面的凤凰山。这三座山在延安城东隔河相望，雄踞在二河交汇的"丁"字口上，很有气势；延河从这三山之间蜿蜒流过，拐了一个大弯后，向东北方向流去，直奔延长县天尽头村流入黄河，全长195公里。黄土高原上这种独特的景观，呈现出一派壮丽景色，令人叹为观止。

延安是一座古老的城市，有1300余年的历史。据《延安府志》记载，延安古称高奴、延州，别名肤施。肤施城修建于隋大业三年（607），设延安郡。唐代设延州和延安郡，宋代升为延安府，是隋唐至北宋初年西北的政治、文化和军事中心。明代改设延安府，清代沿设延安府。

嘉岭山上有一座宝塔，故俗称宝塔山。宝塔名岭山寺塔，高44米，是八角九层的楼阁砖塔，始建于唐大历年间（766—779），宋代重建，金、明修葺，传说建塔的用料都是山羊驮上去的。宝塔旁有一口铁钟，是明代崇祯元年（1628）铸造的，战争时期曾作为防空警钟。宝塔是延安的标志性建

延安城旧貌

筑，是革命圣地的象征。

清凉山山势高耸陡峻，入夏凉风习习，因而得名清凉山；后山上还有道教太和宫，所以又名太和山。清凉山上还有一座万佛洞石窟，抗日战争时期中央印刷厂就设在这里，以防敌机轰炸。此外，当时新华社、解放日报社、新华广播电台等单位也都在清凉山上。父亲对清凉山很有感情，时常提起它，因为当年他在《解放日报》工作时就住在这里。清凉山西北是王家坪，中央军委、八路军总司令部就设在这里；再往西北是杨家岭，是中央办公厅和中央大礼堂所在地。从清凉山向东北方向去，可到桥儿沟，当年鲁迅艺术学院设在这里的天主教堂中。中国医科大学、延安旧机场也在这一带。

凤凰山在嘉岭山之西，两山隔河相望；因又在延安城南门之西，古代名西山或西岭，是延安最高的山，海拔 1167.4 米。北宋范仲淹戍守延安时，曾在凤凰山上建有镇西楼。凤凰山与清凉山、宝塔山隔河相望，形成"三山对峙，二水环绕"之景观。抗战时期一些中央机关、陕甘宁边区政府等就在凤凰山下。

当年延安城郭有三座城门，东有大东门，也称东胜门。为了城内人到东门外延河取水及过河方便，修了一道水门，亦称小东门，康熙年间门匾为"津汤"二字，民国时修建后匾额为"通惠"。南门为顺阳门，北门为安定门。大东门、小东门上都建有城楼。延安城垣没有西门，就在北城门西角处修一道拱券门洞，通西沟，叫小西门。过去城里死了人都是从小西门送出去，故当地人称："小西门，送死人，活人谁敢走西门。"所以延安城有东关、南关、北关，就是没有西关。

延安城里主要是一条南北大街，在北大街设有著名的"西北旅馆"，接待往来过客，很多来延安的干部也住在这里。钟鼓楼下的南大街上商贾店铺遍布街巷，人来车往，非常热闹。听父亲说，那时延安的生活条件很艰苦，物资匮乏，伙食较差，所以很多从城市来延安的年轻人经常爱去南大街或南门外新市场去逛，但是大家都囊中羞涩，即使去了也买不起东西，最多看个热闹开开心而已，偶尔也买两把大枣解个馋。有人想家了，也跑到南大街去，登上当时延安城里最高的建筑——鼓楼，拼命地向南眺望，因为站在那里能看到延安城南门外直通往西安的大路，当年从西安来的爱国进步知识青年都是从这里进入延安的。

抗日军政大学设在大东门内。出东门就是延河，河对面是清凉山。延安城北安定门有瓮城，门外有一座单洞过水桥，向北有蓝家坪，中央组织部、马列学院、中央卫生处都在这一带，中央医院的门诊部也设在这里；再往北走是李家坬村，中央医院就建在这里。

自 1936 年西安事变至 1941 年皖南事变，成千上万的青年知识分子奔向延安。其中，1938 年是一个高潮，据八路军西安办事处统计，1938 年 5 月至 8 月，经该处介绍赴延安的知识青年有 2288 人；全年总计有 1 万多名青年从这里获准去延安。1940 年 2 月 5 日陕甘宁边区召开科技人员大会，有理、工、农、医等高、中级科技人员 400 余人参加。

2. 进入陕北公学

摆脱了国民党统治下的重庆阴霾环境，来到向往已久的延安，父亲被这里昂扬热烈、生机勃勃的气象所感染所鼓舞，他的人生进入了一个全新时期。来到延安后，父亲先到中共中央组织部报到，不久被派往设在清凉山下陕北公学的训练班学习，之后留在陕北公学当了一段时间教员。

那时为了适应抗日战争的需要，陕甘宁边区推行"干部教育重于社会教育"的独特教育体制，积极培养抗日干部，陕甘宁边区成为中共抗日干部的"摇篮"。而那时，沦陷区在日伪政权高压统治下，不但很多学校停课、大批学生失学，而且由于日伪政权强推奴化教育，大多数青年已不能安心读书，无论校内校外，一切爱国行动和言论自由尽被剥夺。在国统区，学校入学门槛太高，已非一般中产阶级以下的子弟能够问津；学校中"三青团"以外的一切青年组织全被封杀①，社会上的进步书报杂志及文化机关被封闭，许多进步青年被逮捕入狱，广大青年的不满和茫然悲观情绪在全国各地蔓延。而延安成为青年心中向往的一座灯塔，到延安去，成为青年的理想。中国共产党抓住这个历史时机，通过各地的地下党组织和八路军、新四军交通站，大量吸收知识青年到延安及各抗日根据地，带领他们走上革命道路。

随着大批爱国青年从全国各地来到革命圣地延安，一所"抗大"已不能满足需要，为了把更多的爱国青年培养成为优秀的抗战干部，中共除加强中央党校和抗日军政大学的干部教育外，还先后开办了许多中高级干部学校，主要有陕北公学、马列学院、鲁迅艺术学院、泽东青年干部学校、中国女子大学、延安大学等。边区成为中共抗日干部的大熔炉，来自全国各地的抗日志士，在边区培训后又走向全国抗日战场，源源不断地为敌后抗日根据地输送着各类干部人才。

陕北公学是中共中央 1937 年 7 月在咸阳旬邑县创办的新型学校，原称陕北大学，但国民党政府以陕北已有抗日军政大学为由，不予核准备案，为此改名为陕北公学，简称"陕公"，1939 年迁至延安。该校是中共专为培养造就各类干部人才而设立的，由林伯渠、吴玉章、董必武、徐特立、张云逸、成仿吾等人筹办，8 月，任命成仿吾为陕北公学校长兼党组书记；1938年中共中央又派李维汉任副书记兼副校长。陕北公学实行党团领导下的校长

---

① 1938 年 4 月国民党临时全国代表大会通过设立"三民主义青年团"。蒋介石派遣"复兴社"和"CC系"的骨干分子在武汉等地组建三青团。三青团为笼络青年，以抗日救国为号召，许多热血青年参加了三青团。

负责制，直属中央组织部、中央宣传部领导。根据毛泽东提出的"陕北公学主要的任务是培养抗日先锋队"指示精神，陕北公学制定的办学宗旨和培养目标是"实施国防教育，培养抗战人才"；教育方针是"帮助青年获得抗战中实际工作的方法与民族自卫战争的最低限度的理论基础"；并根据七分政治、三分军事的原则，制定了理论联系实际、内容少而精、教与学一致的教学原则，主要课程有：社会科学概论、抗日民族统一战线与民众工作、游击战争与军事常识、时事演讲。每天学习 8 小时，上课与自习各占一半。为加强陕北公学的师资力量，中共中央陆续从国统区抽调一批知名学者和文化名人来校任教。初期的主要教员有邵式平、周纯全、何干之、李凡夫、艾思奇、吕骥、徐冰、陈唯实、宋侃夫等人。

毛泽东非常重视和支持陕公的教育建设，不仅亲自为陕公制定了"忠诚、团结、紧张、活泼"的校训，1937 年 10 月毛泽东还为刚开学的陕北公学题了词：

> 要造就一大批人，这些人是革命的先锋队。这些人具有政治远见。这些人充满着斗争精神和牺牲精神。这些人是胸怀坦白的，忠诚的，积极的，与正直的。这些人不谋私利，唯一的为着民族与社会的解放。这些人不怕困难，在困难面前总是坚定的，勇敢向前的。这些人不是狂妄分子，也不是风头主义者，而是脚踏实地富于实际精神的人们。中国要有一大群这样的先锋分子，中国革命的任务就能够顺利的解决。

成仿吾[①]校长看到题词后，心潮澎湃，在窑洞的油灯下创作了《陕公校歌》歌词：

① 成仿吾（1897—1984），湖南新化人。早年留学日本，1921 年回国，与郭沫若等人从事反帝反封建的革命文化活动，建立了革命文学团体创造社。1926 年任教于广东大学，同时兼任黄埔军校兵器处处长，接触了毛泽东、周恩来、恽代英、刘少奇、孙炳文等许多共产党人，以及鲁迅等进步文化人士。大革命失败后，成仿吾流亡欧洲。1928 年在巴黎加入中国共产党，主编中共柏林、巴黎支部机关刊物《赤光》。1931 年回国后任中共鄂豫皖省委常委、宣传部部长及省苏维埃文化委员会主席、教育委员会主任，后又兼任红安中心县委书记；1934 年被选为苏维埃中央政府执行委员。1934 年 10 月随中央红军参加长征，途中与徐特立一起任干部团政治委员。1935 年 10 月到陕北后，任中央党校高级班教员、教务主任。1937 年 7 月任陕北公学校长。

　　这儿是我们祖先发祥之地，今天我们又在这儿团聚，民族的命运全担在我们双肩。抗日救亡要我们加倍努力，忠诚，团结，紧张，活泼，战斗地学习！努力，努力……锻炼成抗战的骨干。我们忠于民族解放事业，我们献身于新社会的建设，昂头看那边，胜利就在前面！

　　当时刚到陕北、并在陕公任教、后任延安鲁迅艺术学院音乐系主任的吕骥①，兴致盎然地谱了曲。这首歌很快在陕公同学中传唱开，并流传到全国，经久不衰。父亲晚年在医院里，还曾与一些老战友老朋友挥着手，你一句我一句地唱着这首难以忘怀的校歌。

　　1938年3月3日，陕北公学举行第六至十队学员毕业典礼，毛泽东亲临祝贺，高度评价了陕北公学的意义，说："陕公代表着全中国的统一战线，是中国进步的一幅缩图。""中国不会亡，因为有陕公。"3月10日，毛泽东再次题词："陕北公学是属于中华民族的，因为他为着抗日救亡而设，因为他收纳了全国乃至海外华侨的优秀儿女。维持这个学校的责任我认为也应是全国乃至海外华侨一切爱国人士的，因为这个学校并无任何公私财政基础，教员学生们都只吃小米饭，而且不能经常吃。"毛泽东要求中央政治局委员都要到陕公讲课，并且他自己第一个带头来授课，他先后到陕北公学作报告不下十几次。有一段时间里，毛泽东几乎每隔几天就到陕北公学作一次报告，讲授中国抗日战争的战略与策略问题；他的《论鲁迅》《目前的时局和方针》等多篇著作，都是根据他在陕北公学的演讲整理而成的。此外，周恩来、朱德、董必武、张闻天、任弼时、李富春、王若飞等革命家都曾来陕公作过讲演。

　　陕北公学在延河岸边，样子很像老百姓的打麦场。靠山边有几间石屋，是校长和党组书记成仿吾等人办公和住宿的地方。陕北公学的学习和生活与抗大一样，学生们上课都是在大操场上，没有教室，住宿也都是窑洞。父亲说，上课一般都是上大课，上课的时候老师在前面讲，学生们随便搬块石

――――――――――
　　① 吕骥（1909—2002），湖南湘潭人，中国著名的作曲家、理论家及音乐教育家。创作歌曲主要有《自由神》《新编"九一八"小调》《中华民族不会亡》《武装保卫山西》《抗日军政大学校歌》《开荒》《参加八路军》等，曾在根据地军民中广为传唱，并产生了很大的社会影响。

头或砖块坐在地上听。上的课有
工人运动、农民运动、社会发展
史、马克思主义等，每次上完课，
学生们就分组讨论，讨论的时候，
可以在操场上，也可以在窑洞里。
每学期每人发一支铅笔和几张油
光纸，写了正面写反面。

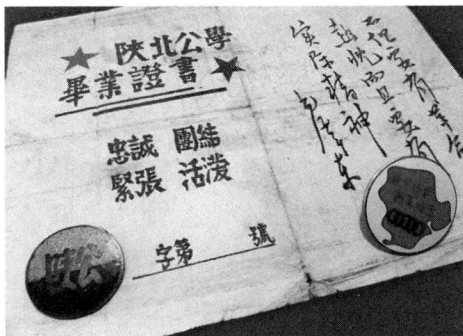

陕北公学毕业证

　　那时候，大家都是一日三餐，
早餐吃的是小米稀饭，晌午及晚
上都是小米干饭。小米干饭是用大锅煮成的，有锅巴，陕北公学的锅巴每天
按小组轮流分。学校的菜很简单，土豆、咸菜是主菜，有时是从老百姓家里
买来的酸菜，偶尔有学校自己发的豆芽。每人还按月发给少量生活补贴。

　　陕公是在极端困难的条件下办学，新学员入校，第一课就是挖窑洞，首
先解决栖身之所。父亲曾对我们说：我刚到延安进入陕公时，也挖过窑洞。
住进新窑洞后因天凉湿气大，得了关节炎，腿痛得下不了炕，朱丹就每天背
着我下山到操场上去听课，下课后再沿山路把我背回来。后来他在回忆文章
中写道：

　　　　当时同我最要好的朋友是朱丹同志，我们虽然不住在同一间窑洞，
　　但终是形影不离地去散步，同去开会听报告。那时，我患了关节炎，走
　　路很困难，他便背着我上坡下坡。对于我生活中遇到的困难，他总是尽
　　可能地帮我解决。

　　朱丹是江苏徐州人，年长父亲三岁，非常耿直、豪爽、仗义，像个大哥
一样无微不至地关心着父亲，在这种艰苦的环境中，父亲与朱丹结下了非常
深厚的友谊，成为终生的朋友。抗战胜利不久，朱丹先期去了东北，与父亲
相约在东北见面。后来父亲在去东北途中，被留在热河工作。新中国成立后
父亲进了天津，朱丹调到北京工作，来往很多。"文化大革命"后期，很多
老干部相继落实政策，但父亲的问题一直得不到解决，朱丹义愤填膺，代父

方纪（左）与朱丹于 20 世纪 50 年代合影

亲向中组部反映，直到耿飚同志亲自过问，病重的父亲才得以住院治疗，问题逐步得到解决。朱丹逝世时，父亲因病也不能去北京送别，悲痛了很多天，那段时间他很少说话，吃东西也很少，总是一个人闷头在看书或写字，由此可见他内心中对朱丹的深厚情谊。

那时在陕公就读的学员，大部分是从大后方来的，也有少数是从敌占区来的。他们来自五湖四海，是作为抗日干部和革命后备力量来培养的。当时为了解决延安的生活问题，中央提出开展生产运动，先从学校、机关等单位开始，因此大家除了上课，还要参加农业生产，所以学校将生产劳动列为思想政治教育工作的重要部分，在培养理想信念的同时，有计划地组织学生参加建校劳动和农业生产劳动，磨炼学生的意志，使他们在劳动生产过程中，将所学理论知识应用于实践。这样也形成了陕公艰苦奋斗、理论联系实际、不怕牺牲排除万难等优良的学风。父亲在陕公学习结束后，留校当了一段时间教员，他曾说：虽然自己在陕公的时间不长，但陕公对于初到延安来的人确实起到了奠定思想基础的重要作用，在理论上受到了系统的培养，在思想上受到了严格的教育，在品格意志上受到了很好的锻炼。而且延安朝气蓬勃、积极向上、轻松愉快的氛围，与在国统区完全不一样。

二、从"边区文协"到"文抗"

1. 在萧三身边的日子

抗战初期，一批从东北流亡来的文化人陆续来到延安，逐渐形成了一个东北作家群，成为延安"文抗"文学创作的主力，以后也是解放区文学创作的主要力量，如雷加、马加（白晓光）、石光、师田手、金肇野、萧军、李辉英、狄耕（张棣庚）、黑丁、李雷、高阳、梁彦、蔡天心、罗烽、白朗、舒群、魏东明等20多人。后来父亲调到"文抗"工作，与他们接触更多，很快成为朋友，后来还一直保持着联系。

1936年到达陕北的丁玲，是第一个到陕北保安的文化人。在一间大窑洞里，中共中央领导人张闻天、毛泽东、周恩来等人都出席了欢迎她的晚会。丁玲兴奋极了，她觉得这是她"有生以来，也是一生中最幸福、最光荣的时刻吧"。

这年11月22日，她与成仿吾、李伯钊等人共同筹备的"中国文艺协会"在保安成立，丁玲为该协会主任。1937年上半年，红军与东北军、西北军建立西北统一战线后，在延安成立了"特区文艺界救亡协会"，这是根据地第一个具有明确抗日宗旨的文化团体。

同年12月11日，延安成立了"陕甘宁边区文化界抗日救亡协会"（简称"边区文协"），这是一个综合性的文化社团。

1938年9月，延安又成立了一个文化社团"陕甘宁边区文艺界抗战联合会"（简称"文抗"）。1939年2月16日，《文艺战线》在延安创刊，起初它是"文抗"的机关刊物，后来成为中华全国文艺界抗敌协会延安分会的机关刊物。编委有在延安的周扬、丁玲、成仿吾、艾思奇、沙可夫、沙汀、李伯钊、何其芳、柯仲平、陈荒煤、刘白羽、陈学昭、卞之琳、周文等；有在重庆全国文协任职的冯乃超；有在桂林的全国文协理事夏衍等。由于陕甘宁边区经济条件的限制，刊物是由夏衍负责在桂林出版发行的。这些文化团体都在中央文委领导下各自开展工作，当时中央文委书记是艾思奇。

1940年1月4日，陕甘宁边区文化界救亡协会在延安召开第一次代表大会，正式改名为陕甘宁边区文化协会（简称仍为"边区文协"）。大会选举吴玉章为"边区文协"主任，艾思奇、丁玲为副主任，毛泽东等97人为文化协会执行委员，出席会议的代表有500多人。当时虽然来延安的文化人大多是抱着革命理想而来的，但文化人的孤傲、清高、自以为是、自由主义、生活散漫、感情用事等毛病仍然未能在延安这个大熔炉中得到熔炼，因为他们在主观意识上还未认识到自身与工农的差距。为此，毛泽东在大会上讲话，希望知识分子能够按照新民主主义政治对文化所提出的要求，团结起来，做好新文化工作。然而，当时中央文委对这个讲话没有重视起来，对文化人依然迁就有余，要求不足，因此到 1942 年中央又召开了一个长达十几天的延安文艺座谈会，统一了思想，才为党领导下的文艺工作指明了正确方向和道路。

1940 年春，因为父亲一直从事宣传文化工作，他从延安陕北公学被调到"边区文协"工作，吴伯箫 ① 秘书长派他去给萧三 ② 当秘书，参与文学刊物《大众文艺》编务工作。该刊物的前身是 1938 年 10 月延安文艺突击社创办的《文艺突击》，刘白羽任主编，后停刊。1940 年 4 月由萧三接手主编，周文 ③ 任副主编，更名为《大众文艺》，隶属于"边区文协"。该刊出版时，毛泽东为刊物题写刊名。这年 9 月，萧三又创办了一个刊物，名为《新诗歌》。

---

① 吴伯箫（1906—1982），山东莱芜人。1925 年发表处女作《白天与黑夜》。1941 年 8 月加入中国共产党。1942 年 5 月参加了延安文艺座谈会和整风运动。在延安期间，他先后担任陕甘宁教育厅教育科长、文化协会秘书长、延安大学和华北大学教授，在延安时写的《记一辆纺车》曾收入中学课本。

② 萧三（1896—1983），原名萧子暲，湖南湘乡人。现代著名诗人、翻译家。早年就读于长沙湖南第一师范，曾与毛泽东同学。上学期间他和哥哥萧子升与毛泽东、蔡和森一起创建了"新民学会"。1920 年萧三到法国勤工俭学，1922 年加入中共。1930 年秋曾作为中国左翼作家联盟的代表，出席在苏联哈尔科夫举行的国际革命作家代表会议，并被选为国际革命作家联盟书记处书记，主编《世界革命文学》的中文版。1933 年入红色教授学院学习。1934 年出席苏联作家第一次代表会议，并连任两届苏联作协党委委员。1939 年回国后，在延安鲁艺、文协、文化俱乐部工作，编《大众文艺》《新诗歌》，发起并组织延安诗社，开展街头诗、诗朗诵运动，发表了《毛泽东同志的青少年时代》等文章，他写的关于毛泽东的传记流传极广。

③ 周文（1907—1952），原名何稻玉，曾用笔名何谷天，四川人。幼年家境贫苦，16 岁到西康军阀部队当文书。1932 年参加革命，在安庆任左翼文化总同盟安徽分会组织部长，办《安庆晚报》副刊，开始发表文章。后到上海加入"左联"，1933 年参加中国共产党，主要做组织工作，并从事创作。曾将苏联著名小说《毁灭》《铁流》改编成通俗本，得到鲁迅的赞许。1933 年 9 月在《文学》发表成名作《雪地》，后有小说《在白森镇》《烟苗季》等作品问世，并体现出讽刺特色。1937 年 9 月返回成都开展文艺界统战工作，成立文协成都分会，主持会刊《笔陈》，兼《四川日报》《新民报》副刊编辑，写了中篇小说《救亡者》。1940 年奉调至延安，筹办大众读物社，出刊《边区群众报》《大众习作》，做文艺普及工作，1941 年后任陕甘宁边区教育厅厅长、秘书长等职。1942 年任晋绥分局秘书长等职。1946 年出任重庆《新华日报》副社长。

　　萧三学识渊博，文化修养很高。他精通俄语、法语、德语、英语等多种语言，是著名的文学翻译家。他年轻时与毛泽东是湖南省立一师的同学。1918年他和哥哥萧子升与毛泽东、蔡和森等一起创建了新民学会和《湘江评论》。毛泽东在他那首著名的诗词《沁园春·长沙》中写道："恰同学少年，风华正茂；书生意气，挥斥方遒。指点江山，激扬文字，粪土当年万户侯。曾记否，到中流击水，浪遏飞舟？"就是他们当年创办新民学会时的写照。1919年萧三在北京参加五四运动，之后赴法国勤工俭学。这期间参加了旅欧中国少年共产党，1922年经胡志明介绍，萧三加入法国共产党，同年转入中国共产党。1923年萧三被派赴苏联，入莫斯科东方大学学习，此间曾与陈独秀之子陈乔年一起将《国际歌》歌词译成中文。1932年萧三通过曹靖华与鲁迅建立了通讯联系。1934年，他出席了苏联作家第一次代表大会，并代表鲁迅和中国左联在大会上发言。后经中共党组织批准，他由苏联作家协会主席、苏共作家协会党委书记法捷耶夫介绍加入苏联共产党，历任两届苏联作家协会党委委员。其间，他结识了苏联的高尔基、马雅可夫斯基、奥斯特洛夫斯基、阿·托尔斯泰等，美国的史沫特莱、戈尔德，法国的罗曼·罗兰、阿拉贡、巴比塞等许多国家的著名作家、诗人，为中外文化交流，为促进世界各国对中国革命和中国工农红军的了解与支持，做了大量的工作。1939年萧三回国后来到延安，毛泽东安排他到"边区文协"工作，并任"边区文协"常务委员、中央文委委员。

　　父亲能在这样一位资深的革命家、文学家、翻译家身边工作，感到十分高兴，也使他视野大开；加之有周文这样的老文化人、老报人，父亲为能从他们那里学到很多东西，受到文化熏陶，深感荣幸。从后来父亲的创作中可以看出，他走上文学创作道路，对苏俄文学的浓厚兴趣，对高尔基、阿·托尔斯泰、马雅可夫斯基等人的了解，对讽刺小说的写作风格等，都与这一时期他在萧三、周文身边工作，受到他们很大的影响，有着密切关系。萧三整天烟斗不离嘴，有一种特有的文化人气质。父亲后来有一段时间也很喜爱抽烟斗，这都与当时受萧三潜移默化的影响有关。可以说，萧三是父亲走上文学创作道路前"最后一公里"的领路人。

　　父亲说，萧三长期在国外居住，受欧洲文化影响很深，给人一种和蔼、潇洒、待人真诚、热情洋溢的感觉。他很有才情，经常是诗句脱口而出。萧三有着深厚的文化底蕴，又有很深的革命资历，但他很谦虚，不喜欢张扬，总是在写东西，好像他总有写不完的故事。他经常在苏联报刊上发表介绍中国革命的文章。他有时也深入前线采访，回来后写成文章对国外介绍。

萧三在感情上很浪漫，因为有才气、有气质，也很受女孩子青睐。他一生结过四次婚。第一位是湖南家乡一位识字不多的淑女谭雪君，因两家门当户对，萧三自己也满意，二人喜结连理，不久有了一个女儿，不幸的是后来夫人与女儿相继病逝，萧三很是悲痛。第二位是他在北平从事革命工作时，结识了一位教俄语的俄罗斯姑娘瓦萨，后二人因理想不同而感情破裂，在苏联离婚。第三位是他在苏联时，认识了一位去苏联旅行、比他小 20 岁的德国姑娘耶娃，这位很有才气、从事摄影工作的姑娘一见到萧三便一见钟情，几年后他们再次相遇时就结了婚，婚后有了两个孩子。1939 年萧三回国后，他妹妹的一位同学甘露，早就仰慕萧三的才气，尽管比萧三小 20 多岁，仍义无反顾地从浙江专程来到延安追求萧三，而萧三只是将她当小妹妹看待，安排她进了延安中国女子大学。甘露京剧唱得很好，经常在延安一些晚会上演出，后因唱了全本《花木兰》而成为延安的名人。后来二人坠入爱河，萧三与耶娃离婚后，与甘露成婚。

父亲晚年时，我们请他讲讲关于萧三的故事，但因他语言表达障碍，每次总是一笑了之，或者笑着说："萧三，好！好！"我们最早听父亲讲萧三的事时，是在萧三写的《毛泽东同志的青少年时代》和主编的《革命烈士诗抄》出版时，那时父亲说，写毛泽东青少年时代，也只有萧三，别人写不了。《革命烈士诗抄》是萧三主编的，出版后他还签了名送给父亲一本。那时我们还少不更事，不知道萧三是谁，听父亲讲后才知道他是很了不起的一位文化人。我们上中学时，《革命烈士诗抄》是最为抢手的热门书之一，同学们都相互传抄，有人甚至能整本背诵。那些充满感染力的诗，读起来真是令人热血沸腾，心情难以平静。

萧三为人正直，平易近人，好助人为乐，父亲在萧三身边工作学到了不少文学方面的知识，也跟他学习了一些俄语。在萧三的指导下父亲也写过一些文章，他在《大众文艺》1940 年第 2 卷第一期上发表的《关于〈蜕变〉——

门外剧谈》一文就是其中一篇，也
是他在延安从事文学活动的最初亮
相。据父亲自己说还写过关于《大
雷雨》《娜拉》话剧的剧评，但现已
找不到了。父亲在萧三身边工作受
益匪浅，他说："我跟萧三同志一起
工作了半年多，他待人诚恳，教会
了我不少东西。"

　　萧三还兼任延安鲁艺文学院编
译部主任，因此父亲也经常去鲁艺，
有时也在鲁艺听课。当时周扬是鲁
艺的院长，鲁艺聚集了一大批文艺
青年，父亲在鲁艺结识了不少志同
道合的朋友。父亲有一次去鲁艺拜

时任鲁艺编译部主任的萧三

访了在那里任教的冼星海，父亲是在武汉"八办"工作时结识冼星海的。当
时父亲正在组织"十三军青年战地服务团"出发前的训练工作，冼星海应服
务团之约，前往训练营地为团员教唱抗战歌曲以及讲授文艺知识。到延安
后，父亲也多次看过《黄河大合唱》的演出。父亲去拜访冼星海时，他正准
备离开延安前往苏联。离别时，冼星海送给父亲一张自己的照片，并签上名
作为留念。父亲一直珍藏着这张照片，也多次给我们讲过关于冼星海和这张
照片的故事。

　　那时萧三还任"边区文协"所属的文化俱乐部主任。文化俱乐部坐落在
延河西岸的大砭沟半坡上，由于这里有很多文化单位，如青年艺术剧院、延
安电影团等，因而改名为文化沟。延安的群众文化活动大多在这里开展。在
深受欧洲文化影响的萧三亲自指导下，俱乐部三个大厅布置得很气派，有沙
发、地毯、汽灯和漂亮木家具，还备有留声机、扑克牌、象棋、国际象棋、
麻将牌、报刊阅览等，延安文化人经常来这里聚会。1941 年 10 月，作家萧
军在"文抗"下面也搞了一个作家俱乐部，虽然也是作家和文化人经常聚会
的地方，但与文化俱乐部不是同一个。父亲在"边区文协"时经常去文化俱

乐部，协助萧三搞一些文化活动，如演出、诗歌朗诵会等。

1940 年 5 月 26 日，应延安"边区文协"之邀，茅盾先生从新疆来到延安。茅盾先生是新文学运动先驱，是中国革命文艺的奠基人。他创办的《小说月报》对推动新文化运动起到了重要的作用，鲁迅先生也曾在《小说月报》上发表过很多作品，因而"茅盾是鲁迅最接近的一位同伴"（史沫特莱评价）。茅盾先生到延安时，中华全国文艺界抗敌协会和延安各界齐集南门外夹道热情欢迎，可以看出延安文化界对这位文化名人的高度重视。

萧三与鲁迅先生关系很密切，他写过许多介绍鲁迅生平事迹和纪念鲁迅的文章，翻译了鲁迅的作品，还主持编辑出版过鲁迅著作，对鲁迅十分崇敬。萧三在苏联期间，与鲁迅先生保持着密切的通信联系。萧三是最早在苏联向全世界宣传鲁迅和介绍中国左翼作家联盟的人，1930 年他代表中国左翼作家联盟，出席了在苏联哈尔科夫举行的国际革命作家会议，参加了国际革命作家联盟的工作，主编《国际文学》中文版。为了欢迎茅盾的到来，文化俱乐部决定举办一个纪念鲁迅的展览，以表达延安文化界对茅盾和鲁迅这两位文化巨匠的敬仰之情。

茅盾知道萧三与鲁迅的关系很密切。萧三在苏联主编《国际文学》中文版时，茅盾曾于 1934 年写了一篇《答苏联国际文学社问》的信，由鲁迅寄给萧三，信寄出前，鲁迅先生亲笔抄了一份留底保存。茅盾这次到延安特地将鲁迅亲笔抄录留底的信件带到延安来了。当年茅盾为什么会写这封信呢？

1934 年 8 月 17 日，苏联第一次作家代表大会召开。早在这年年初，《国际文学》为了迎接即将召开的作家代表大会，便以笔会的形式向各国著名作家约稿。萧三说："鲁迅的《答苏联国际文学社问》一文，是由我代为约稿的，也约了茅盾。后来他们两人都答复了。茅盾的复信还是鲁迅亲笔抄写过的。"①

1934 年 3 月 4 日夜，鲁迅先生致萧三信中说："回答二纸，请兄译出转寄为感。"信中"回答二纸"，就是鲁迅和茅盾二人应萧三之约而写的两篇文章。鲁迅的"回答"，即《答国际文学社问》，发表于《国际文学》1934

---

① 见《鲁迅研究资料》1980 年第四期所刊《访问萧三同志记录》。

年第 3、4 期合刊，题名《中国与十月》；同年 7 月 5 日，苏联《真理报》转载。

茅盾的这篇"回答"无题，也没有写作日期。从鲁迅 1934 年 3 月 4 日致萧三的信看，此文应写于是年 3 月 4 日之前。

茅盾的信全文 460 余字，言简意赅。文章热情歌颂了列宁领导的伟大的十月革命，并结合自己的文学生涯，阐述了十月革命对自己的影响。原文抄录如下：

> 大概是一九二〇年罢，我开始叩"文学"的门。那时候，伟大的"十月革命"已经建立了世界上第一个无产阶级的国家，可是我们中国方面对于这件创造人类历史纪元的大事业的真相，知道得很少，特别是关于文化方面。
>
> 然而对于俄国文学的热情却普遍地提起了。那时候，我们还没有和"十月革命"以后的苏联文学接触，我们还只阅读着托尔斯泰、屠格涅夫、高尔基。我自己在那时候是一个"自然主义"与旧写实主义的倾向者。
>
> 一九二七年中国大革命失败以后，我开始写小说。对于布尔乔亚的文学理论，我曾经有过相当的研究，可是我知道这些旧理论不能指导我的工作，我竭力想从"十月革命"及其文学收获中学习；我困苦地然而坚决地要脱下我的旧外套。我这工作精神以及工作方向，是"十月革命"及其文学收获给我的！
>
> 在中国，资产阶级文学从没开过一朵花。中国的统治阶级目前正用了强暴的手段压迫萌芽中的无产阶级文学；甚至反封建反帝国主义的自由主义立场的文学作品也被禁止。他们又唆使他们的御用文人施行无耻的欺骗。然而这一切都不会有效力。中国青年已经从"十月革命"认识了自己的使命，从苏联的伟大丰富的文学收获认识了文学工作的方向了。
>
> M.D.

茅盾这封信对于研究中国现代文学史，是有一定史料价值的。这封由鲁迅代抄留底的信，在鲁迅去世后一直珍藏在茅盾的手中，他这次带到延安来，交给文化俱乐部作展览，也算是一件珍贵的鲁迅手迹。这个展览从筹备到结束都由父亲一手经办，开展后有不少人前往观展。

茅盾在延安期间，先后去鲁艺讲授过《中国市民文学》，去"边区文协""文抗"等处作了关于文学创作的演讲，受到延安文化界的热烈欢迎。当年10月底他离开延安去重庆前，将这份珍贵的手迹，连同他参观延安后于10月4日写的《一点小小的意见》等四篇文章的手稿交由父亲代为保管。父亲1981年在《深切的悼念》①一文中写道："他（茅盾）委托我把他的孩子带到'陕公'去学习革命理论"；"茅盾同志离开延安时，将这份手稿留给我代为保管"；《一点小小的意见》"写于一九四〇年十月四日延安南门外，在我当

1940 年，茅盾在延安鲁艺为文学系学员讲课

---

① 《深切的悼念》一文写于 1981 年茅盾先生去世时，由方纪口授、方兆麟代笔，刊发在《天津日报》上。

时所编的《大众文艺》上发表的，原稿被我保存下来了"。父亲在这篇文章中还写道：

> 他（茅盾）大声疾呼："一位作家的世界观、人生观应当而且必须表白在他的作品中，一个作家应当而且必须用他的作品来批评社会，来憎恨那些应当憎恨的，拥护那些应当拥护的，赞颂那些应当赞颂的。"他这些明确的文学观点和鲜明的作家立场，为我所佩服和尊敬。

茅盾先生的《一点小小的意见》是一篇关于文学创作中"炼句"问题的短文，他在文章一开始便写道：

> 同一意象，可以有几种不同的表现方式。虽然同样能够达意，但我们要选择最适当的方式，往往是为了要达到下列几个目的：（1）使一段之中的句法有变化，不至于呆板；（2）使这一句在这一段中能与整段的韵调（气韵、格调）互相配合；（3）构成生动活泼的形象。这样选择的过程，可以"炼句"二字来包括。
>
> 对于一个写作者，"炼句"是初步的修养，然而同时也是他终身的一刻不能疏懈的工夫。

他在文中还举了很多例子来说明炼句的重要性和方法，这对于初学写作的人来说很有帮助。

鲁迅先生代抄的那封信手稿，因曾公开发表过，上海鲁迅纪念馆建立后，曾向父亲询问、征集。因当时这些东西在 1946 年张家口撤退时装在一个小皮箱中，父亲委托他人保管，后来以为丢失了，没想到后来几经辗转，新中国成立后由周扬交还给他。父亲喜出望外，1963 年 5 月他将这封信捐赠给了上海鲁迅纪念馆。在捐赠之前，父亲曾致信茅盾先生征询意见，茅盾先生回复说：

> 方纪同志：来信敬悉。关于鲁迅先生手抄稿（我回答国际文学问），

其中转辗经过，我完全忘了。这次你提起来，我还是一无印象。可见我近（十年内）来记忆力之坏。你托吴志复问过，我大概请她转告您：就转送给您吧，因为如果当时您还给我，以后我转辗跋涉港、桂、蓉之间，时时丢了无数书物，则此手稿或者早已毁了。我以为您可以自留着，不必交给鲁迅纪念馆，因为这不是鲁迅的手稿，而是他手抄朋友的东西。这与鲁迅著作无关，这不过可见他的书法而已，而鲁迅书法的标本则鲁迅纪念馆已经甚多。

......

雁 冰

一月十三日

茅盾先生谦逊的态度令父亲很感动，但因鲁迅纪念馆征集，而且这是经过两位文学大师之手的珍贵资料，父亲认为捐赠给国家比自己收藏更有意义，所以他还是捐献了，并在给鲁迅纪念馆的信中写道："不要报酬，不要表扬，此乃分内之事。"后来父亲在回忆文章中写道：

这份手稿，被我装在一只小皮箱里。在解放战争中，它经历过多处战场，辗转了两年多之后，解放后由周扬同志带给了我，我从皮箱里取出这份手迹，发表在建国初期的《天津日报》的《文艺周刊》上。我与茅盾同志虽然结识不久，但在相互交往中，他以热情、诚恳地注重培养文学后辈的一贯风格，以及他才华过人的素质，指导我认识自己发表和未发表的作品中的不足之处，帮助我这个初学写作的青年，选定了新现实主义的创作道路。

茅盾在延安期间，对延安及陕甘宁边区的文艺活动有了深入的了解。1941 年 4 月，他在《抗战期间中国文艺运动的发展》一文中写道："延安各文艺小组（各学校、各机关、各工厂、各部队的）大约五六百人，都是经常写通讯的，所以也就是文艺通讯员。这许多小组都由全国文协延安分会（即中华全国文艺界抗敌协会延安分会）指导。"并说：

谁敢说今天的文艺通讯员中间就没有未来的爱伦堡？谁敢说今天的活跃在华北的无数文艺团体的工作人员中间就没有未来的马雅可夫斯基和列夫·托尔斯泰？中国的前进的文艺后备军，是在大量地产生了、培养了，这是中国抗战文艺运动中最光辉的一页，而且也是最主要的特征。

1941 年 6 月 10 日，刚创刊的延安《解放日报》发表了一篇《欢迎科学艺术人才》的社论，写道：

> 随着抗战以来文化中心城市的相继失去，以及国内政治倒退逆流的高涨，大后方的文化阵地已显得一片荒凉，只有延安不但在政治而且在文化上作中流砥柱，成为全国文化的活跃的心脏。
>
> 延安的古城上高高地竖起了崭新的光芒四射的新民主主义文化的旗帜，在这个旗帜下萃聚了不少优秀的科学艺术人才，从事着启蒙的研究和实际建设的工作。建立新民主主义文化已成了全国进步文化工作者共同努力的目标，而只有在抗日民主根据地的边区，特别是延安，他们才瞧见了他们的心灵自由，大胆活动的最有利的场所。
>
> 这就是为什么他们在延安身上看见了生机，一个民族的生机，寄托完全的信赖和希望，这就是为什么他们到延安来，仿佛回到自己的故乡、家庭。

随着抗战的发展，延安文化团体的作用越来越大，中华全国文艺界抗敌协会延安分会、陕甘宁边区音乐界救亡协会、中华全国戏剧界抗敌协会边区分会、陕甘宁边区美术工作者协会等先后成立。这些文化团体在中国共产党的领导下，通过组织创作、观摩演出、举办展览、开办讲座等文艺活动，宣传抗日思想，向全国的抗日根据地传播了抗战文化。陕甘宁边区还涌现出许多文艺社团，其中影响较大的有抗战剧团、西北战地服务团、烽火剧团、边保剧团等，创作了戏剧《兄妹开荒》《白毛女》，诗歌《边区自卫军》《平汉工人破坏大队》，音乐《南泥湾》《八路军进行曲》《黄河大合唱》等一大批民众喜闻乐见的优秀文艺作品，有力地促进了抗战文艺的发展，推动了中国共产党所领导的抗战文化的传播。

2. 进入"文抗"作家群体

继 1937 年成立的"陕甘宁边区文化界抗日救亡协会"之后，1938 年 9 月延安文化界又成立了"陕甘宁边区文艺界抗敌联合会"（简称"文抗"），隶属于"边区文协"之下。1939 年 5 月 14 日经"边区文协"同意，决定将该社团正式改名为"中华全国文艺界抗敌协会延安分会"（仍简称"文抗"），以便于与 1938 年 3 月在武汉成立的"中华全国文艺界抗敌协会"相统一、相联系，更好地开展工作。1941 年 1 月，隶属于"文抗"的文学刊物《文艺月刊》创刊，萧军、舒群任主编；同年 5 月延安"文抗"成为独立的、与"边区文协"并行的文化团体。虽然名义上还属于"边区文协"下的一个组织，但实际上它在开展文艺创作、组织文化活动、扩大文化队伍等方面，已有了独立自主的权利。如果用今天的概念区分，那时的"边区文协"类似于今日的"文联"组织，而"文抗"犹如今日之"作协"。到延安文艺座谈会召开时，"文抗"在延安共建立了文艺小组 85 个，有组员 668 人。1941 年 7 月 1 日延安《解放日报》刊登了这样一则消息：

> 本分会为开展文艺工作，团结从事文艺创作及文艺运动同志，决定自本年七月一日起，改为独立工作团体，接受陕甘宁边区文化协会原有杨家岭会址、财产及一部分有关文艺工作，正式启用印记，开始办公。嗣后凡有关于本会信件往还及事务接洽，均请径函或移驾杨家岭本分会为荷。

这则消息表明，延安"文抗"从这一天起正式成为一个独立单位，"边区文协"也迁至延安城南龙湾村。到延安整风之前，延安有三大文艺组织并行存在，即"边区文协""文抗"和"鲁迅艺术学院"。同年 8 月 25 日，"文抗"从杨家岭原"边区文协"会址迁到延河对岸的蓝家坪，自此"蓝家坪"便成为"文抗"的代称并流行于延安。此前挂靠于"边区文协"的驻会专职作家，在"文抗"正式独立后，全部转入"文抗"。9 月 16 日延安《解放日报》开辟"文艺"副刊版，由主持"文抗"工作的丁玲主编；11 月 15 日"文抗"的另一个文学刊物《谷雨》创刊。

　　这个时期延安的作家是一种什么状况呢？抗战初期党的文化政策比较包容，对进入延安的文人不论是来自国统区还是沦陷区都比较尊重，在选择职业上也给予较大的自主权，各文化单位也任文化人自由来去。这样，来延安的文化人比较随意，没有什么约束。作家想写什么就写什么，想怎么写就怎么写，所以那时作家头脑中也没有什么人民大众的概念，更没有按一定思想目的去写作的想法，他们基本上还是按照在敌占区或国统区时的生活方式，按以前对身边世界的认知去写作，去表现自己想表现的人与事。当时，"文抗"中的中共党员作家并不太多，一些作家思想中的个人主义、对革命抱有不切实际的想法还比较浓厚，作品中还是以"表现自我""实现自我"为主。因此，当延安艰苦的现实环境、革命队伍的严格要求与个人的情怀与理想发生冲突时，失落悲观与失望不满的情绪就流露出来，有的离开了延安，有的则在自己的作品中表现出来，有人甚至在作品中嘲笑讽刺工农群众的愚昧。这种情况，在当时以工农兵为主体的陕甘宁边区干部群众中，对一些知识分子和他们创作的文学作品产生了看法，并提出批评。就连战斗在晋西北前线的贺龙将军也愤然指出：我们的战士在前方保卫毛主席，保卫党中央，保卫延安，你们却在后方"说延安黑暗。如果真是这样，我们就要'班师回朝'了"。朱德总司令在鲁艺成立两周年会上讲话中也谈道："打了三年仗，可歌可泣的故事太多了，但是好多战士英勇牺牲于战场，还不知道他们姓张姓李，这是我们的罪过，而且也是你们文艺的罪过。""希望前后方的枪杆子和笔杆子能够亲密地联合起来。"① 刘白羽在有关回忆文章中曾写道："据我所知，毛泽东同志还曾劝说军队方面：对文艺工作者不能只是批评，还要接近他们，影响他们，改变他们。此后贺龙和王震都到'文抗'来看望过大家，他们谦逊和蔼，和大家相处甚欢。"②

　　针对这种情况，中宣部和中央文委曾于 1940 年 10 月联合发出《关于各

① 《解放日报》1940 年 6 月 2 日。

② 刘白羽：《延安文艺座谈会的前前后后》，《解放军报》2002 年 5 月 17 日。

抗日根据地文化人与文化人团体的指示》，提出"正确处理文化人与文化人团体"的若干原则，主要有："应该重视文化人，纠正党内一部分同志轻视、厌恶、猜疑文化人的落后心理。""应该用一切方法在精神上、物质上保障文化人写作的必要条件，使他们的才力能够充分的使用，使他们写作的积极性能够最大的发挥。""党的领导机关，除一般地给予他们写作上的任务与方向外，力求避免对于他们写作上人工的限制与干涉。我们应该在实际上保证他们写作的充分自由。""对于文化人的作品，应采取严正的、批判的，但又宽大的立场，力戒以政治口号与褊狭的公式去非难作者，尤其不应出以讥笑怒骂的态度。""估计到文化人生活习惯上的各种特点，特别对于新来的及非党的文化人，应更多地采取同情、诱导、帮助的方式去影响他们进步……共产党人应有足够的气量使自己能够与具有不完全同我们一样生活习惯的文化人共同生活，共同工作。对于文化人生活习惯上的过高的、苛刻的要求，是不适当的。""（文化）团体内部不必有很严格的组织生活与很多的会议，以保证文化人有充分研究的自由与写作的时间。""继续设法招致与聚集大批文化人到我们根据地来。必须使我们的根据地不但能够使他们安心于自己的工作，求得自己的进步，而且也是最能施展他们的天才的场所。"

实事求是地说，中央宣传部和中央文委的这些原则，是从扩大统一战线、广泛团结广大知识分子的角度提出的，对抗战大局和发展繁荣陕甘宁边区的文艺事业无疑是有利的，也符合文化发展的客观规律；从长远看，也有利于文化事业发展。但不足之处在于，这些原则是从当时出现的具体现象出发而制定的一些原则，而并未指明中国共产党领导下文化发展根本方向和目的，这个问题直到延安文艺座谈会的召开，才真正指明了中国文化发展的方向与目标。

父亲就是在这种历史背景下，调到"文抗"去工作的，以进一步充实"文抗"的中共党员的力量。父亲初到那里时，主要是协助刘白羽工作。对于"文抗"的生活，父亲在他的《新的起点——回顾延安文艺座谈会前后》①一文中写道：

---

① 载《新文学史料》1982 年第 2 期，由方衡笔录整理。

　　后来，我从文化沟"边区文协"又调到在蓝家坪的"文抗"去了。当时在"文抗"的有吴伯箫、刘白羽、柳青、舒群、罗烽、马加、丁玲、魏伯、萧军、张仃、金肇野、欧阳山、周而复、李又然、草明、艾青、厂民（严辰）、逯斐、黑丁、程追、白朗、曾克、师田手、韦嫈等30多人。那时的"文抗"机关，由中共党支部负责，郑文同志是支部书记；秘书长是黑丁和石光。

　　"文抗"的生活很有意思，是我一生中难忘的、常常激起我感情冲动的一段生活。那时，白天除了看书，学习马列书籍和时事外，其余的时间就是写作了。文艺书籍不多，但可以到杨家岭图书馆去借。记得我借过一本《安娜·卡列尼娜》，上面有许多毛主席亲笔眉批的文字。当时，作家们对生活也无过分要求，大家待遇都一样，每日无非一斤菜二钱油。每逢开饭时间，"小鬼"（对通讯员亲切的称呼）用两个半截煤油桶作饭担挑上山来，一边是香喷喷的金黄色的小米干饭，一边是清水煮白菜，一吹哨子，大家各自从自己窑洞中出来去打饭。冬天，每个窑洞发给二斤木炭，晚饭后，便到了"日暮半炉桴炭火"的时候，我们在炭火上放上一个旧罐头盒改制成的茶缸，放进陕北的大红枣，慢慢地煮起来。此时，如果有人从山坡上经过，就会闻见从窑洞中飘溢出来诱人的煮枣香味，至今这种香味还吸引着我，勾起我对延安生活的美好回忆。

　　对于爱好文学并希望走上文学创作道路的父亲来说，调到当时延安作家最为集中的"文抗"工作，真是如鱼得水，生活在这个作家群体中，父亲不但得到了一个难得的学习文学创作的机遇，而且可以有时间专心从事文学创作了。父亲回忆道：

　　那时的延安在文艺创作上存在两种倾向，"鲁艺"主张歌颂光明，"文抗"主张暴露黑暗。由于生活中总是存在着光明与黑暗两个方面，当时的我，也难以区分两者之间谁对谁错，便不管"文抗"同志的倾向，抱着他们中的每一个人都是我老师的心情，不论是上门请教，还是跟他们随意聊天，甚至从他们坦率的毁誉参半的争论中，我都长了不少知识，并同不少同志建立起良好的友谊。

……

当时很多作家来自敌占区或大后方，受西方文学思想影响较深，对于如何以文学形式反映革命根据地生活看法不尽一致，有人主张人性和爱是文学的永恒主题，也有人认为政治与文学创作很难统一，当然也有人认为文学应该为人民大众。我那时受苏俄文学影响较大，但对萧军、丁玲这样有影响作家的创作主张也颇为认同。所以有的时候内心既感到茫然又苦闷。

第五章

步入文学创作的殿堂

一、从事文学创作的起点

1942 年 1 月，延安"文抗"主办的文学刊物《文艺月刊》第 14 期上发表了父亲的小说《意识以外》，这是父亲正式发表的第一篇小说。这篇小说的主人公林兰是延安一所医院的护士。她满怀热情和理想从大城市来到延安投身革命，因为她酷爱音乐，本以为到延安后可以进入鲁艺学习，但没想到的是却安排她去医院当护士。尽管她不想去，但还是服从了分配，到医院后努力做好本职工作，力争适应新的环境。然而，当她的理想与现实发生碰撞冲突后，思想上产生了剧烈波动，陷入苦恼与茫然之中。她变得心情抑郁，不但与周边的同志产生矛盾，而且对医院的环境也产生了一种恐惧感，虽然她想从这种精神极度苦闷中挣扎出来，但依然无法挣脱内心的矛盾，最终导致精神分裂。父亲在这篇小说中用了大量的心理描写，他为了表现主人公内心世界的心理活动，看了不少有关的书，如日本作家厨川白村的《苦闷的象征》、弗洛伊德的精神分析学等，因此小说中对主人公的思想痛苦过程描述得比较细致，以致给当时不少读者留下深刻印象。

父亲是如何构思这篇小说的具体过程，现在我们已无法得知，但从当时的情况看，他写这篇小说也并非偶然。这篇小说是根据一个真实的故事写的，主人公林兰原型是延安中央医院的一位护士，名叫蓝琳，是从大城市背着一把小提琴来到延安的。她热情浪漫，对前途充满光明的理想。但延安的艰苦环境和革命队伍对知识青年的严格要求，与她天真的想法发生了严重的冲突，以致得了抑郁症。而且，类似她这样的情况在延安也不是孤立的个例。在父亲《意识以外》这篇小说发表之前，丁玲于1940年也写了一篇同题材的小说《在医院中》，发表在1941年11月15日"文抗"的另一个文学刊物《谷雨》创刊号上（初次发表时名为《在医院中时》）。这篇小说的内容是写一个上海产科学校毕业的学生陆萍，来到延安后又进入抗大学习，期待毕业后从事政治工作，但组织上却安排她到离延安40里地的一个刚开办的医院去工作一年。陆萍是个富于幻想的人，她自认为自己有能力去打开新生活新局面，所以她愉快地到了那里。但理想与现实是有差距的，医院肮脏的环境，混乱的秩序，加上管理不善，设备不全很令她失望。院子里草堆和粪堆相连，病房里的东西到处乱塞，全院只有一支注射针，而且针头已弯，手术室里没有煤火炉……而且从院长到勤杂人员，几乎都对病人缺乏起码的人情，对工作缺乏一定的责任感。陆萍自然看不惯这一切，因而与周围环境和人物发生了种种矛盾冲突，周围的人也认为她是一个怪人。但她最终实习期满，怀着迎接春天的心情离开了医院，重新回去学习了。

父亲的《意识以外》与丁玲的《在医院中》，虽然两篇主人公结局不一样，但在题材、内容方面非常相似。这两篇作品一前一后发表，相差两个月时间，很可能是一个巧合。至于丁玲在创作期间是否与父亲谈过这个题材，就不得而知了。虽然丁玲很平易近人，而且对大家都很友善，但她那时已是很有名气的作家，与一个正想迈入文学创作大门的年轻人谈自己的创作题材，似乎不大可能。而父亲的《意识以外》发表后，却得到了丁玲的大加赞赏。有意思的是，1942年6月，先是丁玲的《在医院中》在延安《解放日报》上受到批评；不久，父亲的《意识以外》也在《解放日报》上受到批评。在这个阶段，类似这种写知识分子在革命环境中失落、苦闷的文学作品还有一些，也同样受到了不同程度的公开批评，如刘白羽的《陆康的歌声》等，几乎都是"文抗"的作家。不过，刚开始时的文学批评还是比较友善的、商讨式的批评，与后来越来越上纲上线的批评相比，算是温和很多了。

　　父亲对我们说，他写《意识以外》是受了日本厨川白村所写的《苦闷的象征》一书启发，这本书是由鲁迅和丰子恺共同翻译的，书中说"生命力受了压抑而生的苦闷懊恼，乃是文艺的根柢，而其表现法乃是广义的象征主义"。而当时他自己也正在前途的选择上处于苦闷与彷徨之中，因为当时在"文抗"的环境中，有两条路摆在他面前，一条是从事行政工作，一条是从事文学创作。虽然父亲那时是有了数年党龄、并在革命实践中经受了一些锻炼的人，但毕竟还是年轻，又是那种"性情中人"，遇事也比较敏感，加之身上还没有完全摆脱学生时代所受的"小资"影响，所以他产生了思想矛盾。他在"边区文协""文抗"期间看了很多关于文学创作的书，又常受到萧三、萧军、丁玲等人的鼓励，于是终于下决心想走文学创作的路，为此，他鼓起勇气去找支部书记刘白羽谈了自己的想法。刘白羽听后问父亲：你是真下决心走这条路，还是一时冲动？不要受小资产阶级思想影响而感情用事。父亲说，是下了决心走文学创作的路。刘白羽与父亲谈了很长时间，从新文化运动讲到革命文学的使命，也对父亲鼓励了一番。这次谈话，可以说是父亲从事文学创作的起点，奠定了他以后的道路。《意识以外》受到批评后，刘白羽找父亲谈了一次话，严肃批评了父亲作品中的"小资"情调和"个人主义至上"的倾向，即"忽略了个人利益服从革命利益的根本原则"。父亲在回忆文章中写道：

　　　　一天晚上我带着自己的苦闷来到刘白羽的窑洞，和他做了一次长谈，刘白羽批评我不要受小资产阶级思想影响。短篇小说《意识以外》受到批评，是小资情调严重。写什么？为谁写？成为那时延安作家和文艺工作者经常争论探讨的问题。

关于《意识以外》，父亲回忆说：

　　　　那个时候，大批的知识青年从大后方、从敌后到延安寻求真理，参加革命，然而他们的头脑中仍残存着各种不现实的幻想，旧家庭、旧社会留下的各种烙印。他们在艰苦环境中磨炼自己，要经历思想的自我改造和转变的痛苦过程。这是必然的，是符合客观规律的现象，我自己也经历过这种阶段。这就促使我写了《意识以外》。小说写于延安文艺座谈会之前，从我来说，当时思想上对革命文学应该表现什么、怎样表现、为谁服务这些根本性问题还没有一个明确的认识，在文学创作上受西方资产阶级民主思想影响较深，认为文学应该表现个性解放。另外，在写这篇小说前，我又看了鲁迅先生翻译的厨川白村的《苦闷的象征》和介绍弗洛伊德精神分析学的一些文章，以及尼采的"超人"学说。因此小说中一味强调突出人物个性，而忽略了个人利益服从革命利益的根本原则。在这篇作品中，我用了大量的心理描写手法，表现女主人公的个性与现实的冲突所产生出来的内心苦闷，强调了个人痛苦，过分渲染了艰苦的环境。这样，作品中流露出来的思想情绪与延安当时革命形势的要求不相符合。尤其是小说后面没有写主人公的转变，却写了她的精神失常，这与党当时对革命文学的要求就不相符合了。尽管这个小说主人公的原型后来确实是精神失常了，但在当时这样来表现，使作品失去了积极意义。经过延安文艺座谈会后，我才逐渐认清了文学创作的方向，明确了创作的指导思想，要符合无产阶级根本利益和要以无产阶级思想为指导。

刘白羽是老作家，又是父亲的上级，但后来二人因志同道合，在很多方面有相似之处，因而成为兄弟般的好朋友。1944年刘白羽调重庆任《新华日报》副刊部主任后，他依然像老大哥一样关心父亲的工作、生活，常与父亲通信交换思想。如他在一封信中这样写道：

　　你下乡多多生活，记着"为群众，如何为群众"。我在此报告了几次这个问题，这就是人生观。如果一个人经常考虑的是这两点，他的个人主义就越少，他就会进步。你仔细想一想。

刘白羽在另一封信中写道：

你第三封信中说到工作安定，我觉得很放心，但仍总还流露着感情的激动，这当然是友谊的缘故，但也应坚强起来，自己这方面就很弱，常常为了情感的缘故而陷入个人的图围，是不好的。我自来此后，我对前途信心更大，因此，多努力于一［些］。但终究还有许多思想的羁绊，这说明，我很应该时刻意识着自己的改造才对。

1946 年，刘白羽在东北前线采访时的留影

从这些话语亲切的私人通信中可以看出，那时人们在思想改造方面是多虔诚，多么努力地去实践。也许，现在会有人感觉不理解，但这就是当时人们思想境界的真实写照。父亲在回忆文章中曾这样写道：

在"文抗"生活的两年是我集中时间写作和读书的两年。除了看书、学习马列著作和时事外，就是不分昼夜地写作和钻研写作技法。这两年在我的一生中，是排除一切干扰，集中精力努力读书，努力写作，努力探索写作之道，时时刻刻地磨砺自己的两年。我从能借到的书籍中，学习并研究了多种多样的创作方法，从弗洛伊德的精神分析方法，厨川白村的艺术手法，尼采的"超人"学说，直到高尔基的从生活着的人们中间发掘出生活的真实意义，并用来揭示令人激动的生活典型。我勤奋耕耘，反复锤炼，试写了一些散文、小说、诗歌、报告，及诸如《糖衣毒药——〈野玫瑰〉观后》的评论文章，但拿出去发表的不多。至今我还留有印象的是两篇作品，一篇是诗歌《马》，另一篇是小说《意识以外》。为了纪念自己在革命圣地延安文学事业的开始，我开始正式用"方纪"这个名字发表作品。这同"冯骥"的名字读音相近，同时以"纪"为名，也是为了纪念自己在革命圣地文学事业的开始。

二、延河之恋

1. 远来的归侨姑娘

父亲的《意识以外》虽然受到了批评，但却得到了一个意外的收获，在延安中央医院结识了一位年轻美丽的护士金星。

1940 年夏末的延安，从蜿蜒的黄土路上走来了一位身材娇小的女学生。她是经过长途跋涉远道而来的归国华侨，本名黄银晓，大概是她刚回国时，因汉语讲得不太好，在登记名字时书记员误把"银"字听成了"人"字，所以她的名字就成了黄人晓。后来，她成为我们的母亲。

母亲出生在泰国清迈南邦镇一个爱国华侨家里，她的父亲、我们的外祖父黄伯汉，原籍广东台山，在南邦一家碾米厂当职员，因子女多，日子过得并不富裕，仅能维持生活；外祖母曾英言，祖籍广东潮州。黄姓在台山是大户，早年外出下南洋打工的人很多，以至黄氏宗族到现在还是北美最大的宗亲同乡会，很有势力。辛亥革命以前身在海外的华侨华人因长期受排外歧视与欺凌，那种寄人篱下之感，使他们深深盼望祖国能强大起来，这样他们才能挺起腰杆做人！因此，当孙中山流亡海外从事革命运动时，便受到了华侨华人的热烈拥护和广泛支持，他们纷纷解囊，支持孙中山的革命。母亲的外祖父、舅舅正是受了这种影响，加入了孙中山领导的同盟会，并参加了孙中山 1907 年在广东潮州发动的黄冈起义。但这次起义失败了，参加起义的仁人志士遭到通缉。于是，母亲的外祖父带着全家老少一起流亡到香港，辗转流落到泰国，母亲的大舅曾殖民[①]带领家人在北部山区的清迈南邦镇定居下来。1923 年母亲出生在那里。

泰国是个美丽的国家，原是政教合一的国家，泰王有至高无上的权力。地处泰北山区的清迈，是泰国第二大城市，气候宜人，到处鸟语花香，泰王在那里设有行宫，他有一位王妃就是清迈人。英语是泰国的第二语言。母亲小时候在家里可以说华语（广东话），上小学时还可以说泰语、华语，但她

---

① 档案记录为此名。

上了南邦镇上的华英中学后，就只准说英语了，因为那是英国的教会学校，假若说汉语、泰语就会挨打，背不下来《圣经》也要受罚或挨打。因此，华侨学生对殖民教育非常痛恨。在这样的环境中，母亲心中自然产生了对祖国的向往，虽然她那时并不知道自己的祖国是什么样子，但她从父辈那里听过一些关于祖国的情况和孙中山的故事，受到的教育就是要热爱自己的祖国。

中学时代的黄人晓

母亲在家里是大女儿，下面有五个弟弟、两个妹妹（大妹妹因病早逝）。母亲在课余承担了照顾弟弟妹妹的责任。在她 14 岁那年，七七事变爆发，中国开始全民族抗战。在爱国侨领陈嘉庚先生号召下，世界各地的爱国华侨纷纷慷慨解囊，捐款捐物，声援国内的抗日战争。1938 年夏，母亲面临高中毕业，她想继续读大学，因家中拮据，正不知如何是好时，一位与她很要好的张姓女同学说，家里让她去美国读书，并已联系好美国的学校，但她不想一个人去，想让母亲与她同去，费用可由她来想办法解决。正在这个时候，一位从曼谷回来过暑假的大学生高汉，拿着延安抗日军政大学的招生简章在街上宣传，号召华侨青年回国去延安上抗大。此前，东南亚各国已有不少华侨青年回到了国内，或奔赴延安上了抗大与其他学校，或回国从军走上抗日前线。祖国的危情令爱国华侨青年群情激昂，不少人决定回国参加抗战。高汉同学与泰共取得了联系，并约母亲一起回国。不过，他们又考虑到母亲年纪还小，而且是女孩，家里可能不会同意。然而，有着强烈爱国情怀的母亲执意要与他们一起回国。于是母亲一面与同学秘密策划回国的行程，一面偷偷准备行装。

1938 年 11 月，母亲等一行六人终于踏上了回国的路途。临出发前的晚上，母亲整夜未眠，生怕错过集合的时间。天未亮她就悄悄爬起来，抓起枕头下裹着几件换洗衣服的小包袱，溜出房间。在她经过父母的房间时，一种眷恋之情突然涌上心头——就这样背着父母走了，谁来照顾年幼的弟弟妹妹？这令她内心非常不安。她停下了脚步，心中暗暗地说：爸爸妈妈，对不

1938 年，黄人晓（中）离家前与母亲（左）和妹妹的合影

起了，我要回国了，等抗战一胜利，女儿就会回到你们身边！

在雾蒙蒙的凌晨，他们一行六人就这样出发了。母亲 15 岁，是年龄最小的唯一的女生。他们走在泰北的大山里，沿着崎岖的山路徒步前行。渴了，喝点溪水；饿了，吃口从家里带来的大米饭团。这天晚上，他们就露宿在路边的大树下，母亲在疲乏中睡着了。她梦见了父母和弟弟妹妹，仿佛听见父亲在呼唤着自己的名字，并感觉父亲紧紧抱住她。她惊醒过来，父亲真的把她紧紧抱在怀里。她又高兴又惊奇，不明白自己的父亲为什么会出现在这里。父亲对她说："我们发现你不在了，非常着急，到处找，才打听到你随同学们走了，立即找车追赶。"当时的泰北山区十分荒凉，常有老虎出没。父亲说："我们非常担心，这种走法很危险。"经过跟同学们的商议，决定由父亲先送他们到清莱，母亲跟自己父亲先暂时回南邦，如果三天后不能回到清莱，大家就自行继续北上。

我的外祖父将母亲带回家中，严肃地说："你想回国，应该和家里商量，我们会支持的，但你不能背着我们偷偷离开。"这晚，外祖父与母亲进行了一次长谈，从孙中山讲到毛泽东，从辛亥革命讲到抗日战争，这是她第一次听自己父亲讲了那么多关于政治时局的事。外祖父对她说："现在，共产党在抗击日寇，他们的主张和勇气让华侨看到了希望。你已经决心回国，我们不会阻拦，会支持你，但是，你回到祖国，一定要去找共产党，去找毛泽东。"母亲感动万分，没有想到自己的父亲那么通情达理。去找共产党，去找毛泽东，抗击日寇，不做亡国奴！这些话深深地刻在了她的心上，激励她坚定不移地走上了爱国革命的人生道路！

临行前，外祖父从柜子中取出来心爱的照相机，外祖母从首饰盒里拿出来一些首饰和三块银圆，弟弟妹妹还把外祖母亲手织的一床线毯送给了姐姐。外祖父嘱咐说：一旦遇到困难，可以把这些东西卖掉。母亲在自己的父母面前长跪不起，搂抱着弟弟妹妹热泪长流。分别的时刻是那么漫长，又多么短暂。她哽咽着，不断地重复着一句话："等抗战一胜利，我就马上回来了……"然而，令她没想到的是，这一走竟成了与自己父母的诀别！母亲想女儿想得哭瞎了双眼，临终前还不停地念叨着女儿的名字……

2. 在红十字会战地救护大队

母亲从泰国清莱北上，在湄公河乘船来到老挝的万象，在那里休息了一段时间后又继续徒步前行。当他们来到越南河内时，四处打听回国的办法，有人告诉他们，华侨捐献的物资都集中在海防市，到那里可以找到回国的办法。1939 年 4 月他们赶到了海防，就在他们打听如何回国时，遇到了正在海防接收华侨所捐医疗物资和救护车的章文晋，他是中国红十字会救护总队的运输股股长。章文晋得知这几位年轻的华侨学生要回国参加抗战后，很热情地表示欢迎，在进一步得知他们是由泰国共产党介绍回国的，便说："你们跟我走吧。"在数月长途跋涉中，他们一行中已有二人先后回泰国了，剩下的四人跟着章文晋的车队回到了祖国，来到救护总队的所在地——贵阳图云关，母亲黄人晓被编入救护总队。其他的人在抗战胜利后陆续回泰国了。

章文晋原名章宏道，其父章以吴 16 岁时考入天津南开学校，与周恩来是同窗。入学第二年，章以吴与曾任北洋政府国务总理的朱启钤之次女朱淇筠成婚。章以吴于南开毕业后，先后在津浦铁路、德义洋行、大通银行以及金城银行等处任职。章文晋在清华大学读书时，积极参加一二九爱国运动，加入了抗日民族解放先锋队。卢沟桥事变后的第二年，他在学校南迁途中，加入了中国共产党。此后，章文晋和清华大学的几个党员一起，按照党的指示考入了国民党军队的机械化运输学校，准备经过半年训练进入国民党军队，但这时出现了一个新情况：中共长江局调他们前往中国红十字会救护总队工作。

1938 年，中国红十字会救护总队在长沙成立时，由于刚刚组建的战地救护总队十分缺乏人手，国民党特务机关也想插手，但因国际友人向蒋介石施加了很大压力，始终未能得逞。而思想开明的总队长林可胜，对与八路军、新四军合作却抱积极态度。此时，林可胜的好友、章文晋的三姨妈朱淞筠听说救护总队急需人手，再三动员章文晋到总队的运输股工作，并坚决反对他到国民党军队服役，因为她认为国民党实在太腐败，她曾在公开场合痛骂国民党不抗日。章文晋经请示中共长江局后，进入中国红十字会救护总队，负责救护总队的物资转运工作。当时，由救护总队运输的物资包括汽车、药品、医疗器材、设备以及活动经费，这些物资款项多是西欧、北美进步团体和世界各地爱国华侨捐赠的，其中有不少指定要交给八路军、新四军。

虽然父亲与母亲先后进入中国红十字会战地医疗救护大队，但当时他们并没有交集，也不认识。父亲与章文晋都是一二九运动时的积极参加者，但真正一起工作是天津解放初期，那时章文晋在天津市军管会外事处任副处长（处长为黄华），父亲在天津日报社和中苏友好协会天津分会工作，由于工作关系，又因有母亲与章文晋的这种关系，父母与章文晋、张颖夫妇来往就很密切了，也使他们成为好朋友并一直保持着友谊。

1938 年 10 月，中国红十字会救护总队由长沙、祁阳迁至贵阳图云关，这里成为中国医疗卫生中心和军医培训基地。被称为"黔南首关"的图云关为老贵阳九门四阁十四关之一，始建于宋嘉泰元年（1201），是古代贵阳东出湘桂的咽喉，为古代来黔主政的高官显贵上任、卸职或受封举行迎送或行封赐仪式之地。明代在图云关上修有亭台馆所，清康熙四十年又建关帝庙、

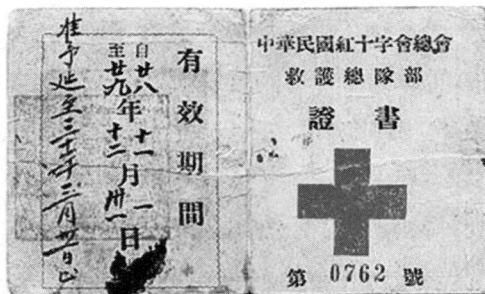

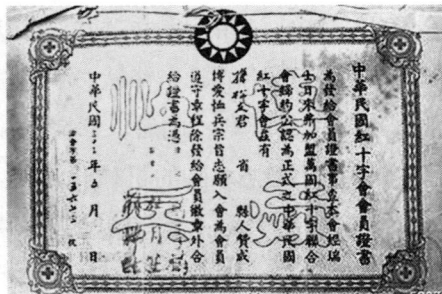

中国红十字会救护总队证书

可憩亭，亭上有一副名联"两脚不离大道，吃紧关头，须要认清岔路；一亭俯览群山，踮高地步，自然赶上前人。"抗战时期，中国红十字会救护总队和由波兰、奥地利、美国、捷克等九个国家组成的国际援华医疗队，在这里为中国抗日战争作出了巨大的贡献。

红十字会救护总队来到图云关之初，这里是一片林场，所有的房屋，从办公室、材料仓库、汽车库、修理厂到职工宿舍、公共食堂和集会礼堂，都是在平地上一砖一瓦盖起来的。经过建设，图云关救护总队的医疗条件渐有规模。救护总队工作人员平时有 1000 多人，最多时连家属在内有 2000 多人，队员们的宿舍以稻草为顶，竹笆为墙，既不防雨又不防寒，十分简陋，而从总队长林可胜到救护总队的普通队员，都住在这样的茅草屋中。中国红十字会总会救护总队就是在这种艰苦的环境中，指挥着全国各战区的 100 多支医疗队开展战地救护。成千上万吨的医药卫生器材及各种物资从这里发出，上千名军医、护士、卫生员、化验员等在这里被培养出来，奔赴各战区前线，为抗日将士提供医护服务。

母亲在这里经过培训后，被编入救护大队第七支队。1939 年夏秋之际，第一（洛阳）、第二（山西）和第十战区（西安）的国民党部队中，因卫生条件差导致结核病流行，死亡率非常高。几个战区的司令长官就相继要求国民政府尽快派医疗队前来救治。国民政府随即要求中国红十字会派医疗队前往这几个战区。9 月，西北环境卫生视导员、中共地下党员郭绍兴率领第七支队从贵州出发，前往陕西汉中地区，在城固、褒城、勉阳（今勉县）一带做卫生防疫工作。

陕西汉中是川陕之间的战略要地，也是秦岭南麓一块富庶的平原之地，汉水从这里发源，最后汇入长江。历史上从刘项争霸到汉魏争霸，这里演绎了无数英雄故事，也留下了许许多多的名胜古迹。中国书法中最著名的石门颂，就出自汉中褒河的石崖上。沟通川陕的子午道、褒斜道、骆汉道等交通要道，曾让诸葛亮在这里耗尽了心血，明修栈道暗度陈仓，六出祁山，大战五丈原，定军山下黄忠刀劈夏侯渊……这些耳熟能详的故事都发生在这里。诸葛亮死前，立下遗嘱将自己葬在定军山下，以昭壮志未酬之遗憾，因而这里不仅留下了武侯墓，还建有武侯祠。中国红十字会救护大队第七支队队部就设在武侯祠中。

母亲回忆起在这里工作时的往事，曾说：她们刚来到汉中时，先是住在城固、褒城一带，那时西北联大已迁到城固，学生很多。褒城也有不少从沦陷区迁来的人，到处都乱哄哄的。褒城是美女褒姒出生的地方，周幽王得到褒姒后，为博她一笑，不惜烽火戏诸侯。后来救护队迁到勉阳武侯祠，那里院子很大，便于开展防疫救护工作。

郭绍兴回忆说，他当时作为救护总队地下党的负责人，在了解了母亲是一名很爱国的年轻华侨后，便有意加以培养。他交给母亲一个任务：在可能的情况下，利用救护队护士的身份作为联络员，转送要去延安的爱国青年。当时年仅15岁的母亲，接受了这个任务。母亲说，虽然那时她年龄还不大，但很多爱国学生都亲切地叫她"黄阿姊"，说如果有了困难，到了勉阳救护大队只要找到"黄阿姊"就没问题了。那时为了资助这些青年去延安，母亲将离家时所带的用于救急的首饰和照相机都卖掉了，送给青年们作路费。在这些青年中有一位后来成为中国著名诗人、文化部代部长的贺敬之，当时他是绵阳国立中学的学生，他就是在母亲的资助下去的延安。虽然后来他们同在延安生活，贺敬之在鲁艺，母亲在中央医院，但彼此并不知道。直到解放后，贺敬之才知道当年的"黄阿姊"就在天津，是方纪的妻子，于是他带着夫人柯岩专程来到天津开怀叙旧……

1940年初，郭绍兴率领第七支队抵达第一战区司令部所在地洛阳。第七支队有20余人，除少数医护人员外，大部分是公共卫生防疫人员。第七支队队部设在洛阳第一战区司令长官部里（今解放路与中州中路东南角转角处）。八路军驻洛阳办事处也很快与救护队取得联系，争取其对八路军的援助与支持。当时救护总队手中还掌握着大量经费和医药物资，其中大部分是国内外爱国人士、海外华侨和国际友人捐助的。

8月17日，郭绍兴通知母亲去八路军驻洛阳办事处，在那里由郭绍兴正式介绍，母亲加入了中国共产党，并举行了入党宣誓。数天后，组织上通知母亲去延安学习。母亲说："我那时才16岁就入了党，又让我去向往已久的延安学习，我非常高兴和激动。"每当母亲说起此事，都感到无比自豪。为了纪念她即将开始的新生活，她将自己的名字改为金星。这个名字她一直沿用到解放后。所以她的很多老战友只知道她叫金星，并一直称她为金星。

八路军驻洛阳办事处是 1938 年底设立的。当时中共中央根据抗战形势需要，决定在国民党第一战区司令长官部（以下简称司令长官部）所在地洛阳建立八路军办事处，并命刘向三（河南人）前往洛阳开展筹建工作。当年11 月，刘向三率领 50 余名军事干部携带军用电台等物资抵达洛阳。起初，国民党第一战区司令长官程潜不准八路军在洛阳设立办事处，后经刘向三多次交涉，程潜才勉强同意在洛阳贴廓巷 56 号（今贴廓巷 35 号）的庄家大院设立通讯处，对外办公。1939 年 1 月，卫立煌调任国民党第一战区司令长官后，第十八集团军驻洛通讯处正式更名为第十八集团军驻洛办事处。洛阳"八办"的主要任务，除做好统一战线工作，促进国共合作外，还负责转运物资和转送前往延安的中共干部、国际友人以及前往延安的进步人士与青年学生。当时经过国民党战区，要有通行证，如果要过黄河，还要有过河证。洛阳地处交通要道，"八办"的一项工作，就是到司令长官部给过往人员办理通行手续。1939 年年底，国共关系逐渐紧张，司令长官部对洛阳"八办"过往人员的手续办理加以限制或不予办理。洛阳"八办"就想办法以中国工业合作协会（简称"工合"）、朝鲜义勇队、中国红十字会救护总队第七支队等单位或机构工作人员的名义办理通行手续。救护总队第七支队签发的护照在国民党防区也能通行，因为无论哪个部队都欢迎医生。第七支队签发的护照上一般写明：某某系中国红十字会救护总队第七支队队员，请沿途军警查照放行等字样。当时第七支队的工作人员有"中国红十字会救护总队第七支队"的证章，证章为圆形，蓝底白字。一般来说，有了护照再佩戴上这种证章，到各地，包括国民党的防区，都可通行无阻。利用这一便利，每年都有一些共产党的干部，通过这种途径分赴豫东根据地、华北抗日前线。

3. 来到延安

母亲去延安之前，"八办"交给她一项任务：护送两名烈士子女去延安中央保育院。母亲愉快地接受了任务，与一位保姆一起带着两个幼小的孩子踏上了去延安的路程。他们在历经多道关卡后顺利到达西安七贤庄八路军办事处，在那里住了一段时间，又踏上了去延安的路。于 1940 年 8 月到达延安，母亲将两个孩子安全顺利送到了延安中央保育院。母亲回忆说：她始终不知道这两个孩子的真名字，只记得有一个女孩的名字叫维乌，是世界语的名字。

母亲曾对我们说，延安的城门整天开着，从来都不关闭。从早到晚都有从各个方向走来的青年，背着简单的行李，胸中燃烧着希望，络绎不绝地走进城门。在经过一段紧张而愉快的学习后，又一群群地穿着灰布制服，唱着歌走向各抗日阵地前方。

母亲到延安后，先到中组部报到，转组织关系。因为她是爱国华侨，又是年轻的女党员，组织上格外重视，由康克清和蔡畅两位大姐分别找她谈话，之后进入延安中央党校学习。由于她曾在红十字会救护大队工作过，1941 年初学习结束时，延安中央医院党总支书记刘英找她谈话，让她进入中央医院第二期护训班学习，结业后母亲留在中央医院小儿科当护士，同时担任党小组组长。由于那时中共党员的身份是不公开的，所以同事中很少有人知道她是中共党员。

在筹建延安中央医院过程中，为了解决医护人员人手不足问题，一方面由院长何穆亲自出马到大后方招募医护人员，一方面自己培训护理人员。从1939 年 8 月起至 1945 年抗战胜利前，中央医院先后开办过五期护训班，其中以母亲所在的第二期护训班人数最多，后来绝大多数成为中央医院的骨干。第二期护训班是 1941 年 2 月开办的，何穆在回忆文章中写道：

> 开办护士第二期训练班是件大事，因为青年到延安来，绝大多数都是为了在抗日战场上大干一番，谁都没想到做技术服务性工作。因此，思想动员工作是艰巨的。三个星期后，组织部终于从女子大学、陕北公学、马列学院等几个学校动员到 40 余名学员。

这一期学员绝大多数是女生，母亲也在其中。母亲金星是个文静、内向的人，喜欢文学，本来她以为到延安能上抗大或鲁艺，而组织上却分配她继续从事医护工作，尽管这与她内心的理想不大相符，但她还是愉快地服从了组织分配。与母亲同期护训班学习的刘震、韩明阿姨曾说：金星那时年龄小，是个很单纯、热情的小姑娘，又是华侨，别说对北方生活不大习惯，就连汉语都说不好。刚来时，头发中长满了虱子，自己不知道怎么办，这些老大姐就帮她洗头灭虱；发的制服不合身，老大姐们帮她裁改，还帮她缝被子……因为这些事情也受到一些工农出身的人的嘲笑，但她并未在意，依然热情地向老大姐们学习请教，尽快适应新的生活。

延安中央医院的前身，是中央红军的卫生所，后改编成西北办事处机关卫生所，负责中央领导的医疗保健工作。1937年7月，由于来延安的人员不断增加，医疗任务不断扩大，中央决定让卫生处处长傅连暲在延安东门外嘉岭山（宝塔山）组建中央苏维埃医院。他们在半山上挖了一排70孔窑洞，建立了能收容100个病人的医院，傅连暲担任第一任院长。1939年三四月，中央接受傅连暲的提议，决定在延安修建一所正规化的医院，为延安的革命干部和人民群众解决生老病死的大问题，中央委托曾经留法的医学博士、肺科专家何穆在中央卫生处领导下筹建中央医院。经过多方选址，最后选定蓝家坪西北方向的李家圪村。医院最初定名为"中央干部医院"，毛主席说：叫"干部医院"，老百姓有病看不看？还是叫"中央医院"好，面向延安和边区的党政军民，为群众服务。

延安中央医院全景（摄于1944年）

刚建院时，生活和工作条件十分艰苦，用的桌子、板凳都是请老乡就地取材打制的，连外科的手术台、产科的产床等必需的医疗器材也都是自己设计、自己动手制作的，很简陋。医院里没有设备，连病人最需要的小便壶、大便盆和化验室的用品，以及护理用的镊子、盘子都是到延安城里新市场街找铁匠打制的。工作人员和病员都住在土窑洞里，四壁都是黄土。上下山的各条通道、大路都是土路，真是"无风三尺土，下雨两脚泥"，一不留神就能滑下山坡去。顿顿吃的是小米饭熬土豆汤，经常吃不饱，甚至有时只吃两顿稀饭。母亲说，刚到中央医院时，有一次开饭是黄澄澄的干饭，她远远看去以为是鸡蛋炒饭，高兴坏了，哪知盛饭时才知道是小米干饭，虽然很失望，但总算是吃上干饭了。

中央医院的科主任多是高级专家，大都出身于名牌大学，有博士学衔，有的留过洋，在大后方都是有一定社会地位的人。母亲说，她到小儿科工作时，科主任是金茂岳，后来是侯建存，副主任是王郢。1983 年母亲去青岛时还专门去看望过侯建存老主任。当时除了在延安的中央领导经常来医院看病，前方的八路军首长负伤、生病也都送到延安来治疗。1941 年八路军一二○师政委关向应也因病从前线回到延安，住在中央医院高级干部病房里。1942 年的一天午后，毛主席独自一人到中央医院来看望关政委，关切地询问病情，并告诉关向应"既来之则安之"，让他在医院里安心养病，不要着急出院。因两人说话时间较长，护士刘鑫炎过来催促道："首长，医生不让关政委多说话，现在还不能会客。"毛主席听了，点头称是，便起身告辞了。毛主席走后，关向应笑着问刘鑫炎："小刘，你认识这位首长吗？"小刘说："不认识！不管是谁，都得服从医生的吩咐！"关向应说："他就是毛主席呀！"小刘惊讶地瞪大了眼睛说："怪不得觉得面熟呢，可是没有想到是毛主席。"小刘后悔不该打断毛主席的谈话。

刘鑫炎与母亲都是护训二班的，那天母亲只看到了毛主席的背影。小刘一见到母亲，立即将毛主席来医院的事告诉了母亲。按当时中央医院规定，在医院见到哪位中央领导、听到什么谈话，是不准私下传播的，但一定要向党组织汇报。那时小刘正在积极申请入党，她知道母亲是党小组长，因此她将此事告诉母亲了。母亲听后觉得毛主席带头遵守医院规定的事情很感人，也很有教育意义，于是在油灯下写了《毛主席看望关向应同志》这篇文章，发表在《解放日报》上。感人的情节，清丽的文字，文章发表后轰动了整个延安。这是母亲第一次给报刊投稿。新中国成立后，这篇文章被编入小学课本，成为脍炙人口的名

1942 年，方纪、黄人晓在延河边

篇。因当时在《解放日报》上发表并未署名，所以那篇课文也没有作者。那时我正上小学，母亲拿起我的语文课本，不经意地翻到了这篇课文，惊奇地说道："这是我写的啊！"第二天一上课，我将这事悄悄地告诉了我的语文老师陈丽馨，陈老师下午就来找母亲，请她到学校里给同学们上了这节语文课。

在"文抗"的父亲看到这篇文章后，便来到中央医院采访母亲，从此二人便相识了。母亲与父亲相识后，很快就进入热恋之中。母亲每每回忆起这些甜蜜的往事时说："那时你爸爸常常挽着裤腿蹚过延河来医院看我。"中央医院的老同志也经常说：方纪那时很帅气，经常来中央医院看金星，给金星带大枣什么的，然后两人就去延河边了。1944 年 8 月 1 日，方纪与金星二人喜结良缘，很多朋友前来为他们祝福。十几年后，在一次朋友的聚会上，冯牧讲起父母结婚那一天的故事："那天，新郎特地从几里以外的'文抗'菜地摘下两只西红柿，作为给新娘的结婚礼物。婚礼上，方纪身穿洗干净的灰制服，新娘则穿着从泰国带来的旧连衣裙，绰约别致。简陋的新房里，响起同志们的一片祝福声。著名摄影师吴印咸在延河边为他们拍下了珍贵的结婚纪念照。他们二人的结合，成了当时延安生活中的一段美谈佳话。"从此，我的父母亲在共同的命运和漫漫人生中相濡以沫，同甘苦共患难。

三、参加延安文艺座谈会

1942年2月1日和2月6日，毛泽东先后在中央党校一部大礼堂作《整顿党的作风》和《反对党八股》两个报告。这两个报告标志着中共党史中最著名的延安整风运动开始了。开展这次整风运动的目的，是要在全党范围进行一次普遍的马列主义的教育运动，打破党内以王明为代表的教条主义束缚，以批评与自我批评的形式克服一切非无产阶级思想，提高全党的马列主义水平，为战胜困难、争取抗战胜利奠定思想基础。延安文艺座谈会作为整风运动中的重要一环，在现代中国文艺创作与发展中有着划时代和里程碑的意义，不仅为文艺创作指明了方向，而且有着深远的重要影响。父亲与"文抗"的党员干部、作家曾多次到中央党校一部大礼堂聆听过毛泽东和其他中央领导同志的报告，也亲身参加、经历了这次轰轰烈烈的整风运动。

1941年4月，中央青委创办的大型墙报《轻骑队》在延安文化沟诞生了。由于它是一个开放式的墙报，任何观点的文章都可以张贴上去，作者多是刚到延安不久的年轻人，因此有歌颂光明的，也有批判"阴暗面"的，观点都很鲜明，气氛很活跃。这个墙报当时在延安很有影响。

1942年3月，丁玲的《三八节有感》和王实味的杂文《野百合花》在

延安街头墙报

《解放时报》上发表。丁玲是"文抗"的负责人，王实味是延安中央研究院的特别研究员，因而这两篇文章的发表在延安引起很大反响。特别是中央研究院是培养党的高级理论干部的地方，王实味《野百合花》的思想观点，在党内引起很大的混乱，支持和反驳他的文章都被拿到闹市区的延安南门口悬挂起来，观看者川流不息。更为严重的是，王实味的文章被国民党特务拿去，编成小册子《关于〈野百合花〉及其他》，四处散发。其实毛泽东对于王实味的关注还并不只是从《野百合花》开始的。1942 年王实味在中央研究院的壁报《矢与的》连发文章，观点十分犀利，毛泽东曾深夜提着马灯去看《矢与的》上发表的文章。《野百合花》发表后，毛泽东随即请胡乔木转告王实味：这篇文章是从不正确的立场说话的，这就是绝对平均主义的观点和冷嘲暗箭的方法。……文章中充满了对领导者的敌意，并有挑起一般同志鸣鼓而攻之的情绪，只要是党员，这是不能容许的。毛泽东还说："这是王实味挂帅了，不是马克思主义挂帅。"在 4 月初的一次高级干部学习会上，许多人都对丁玲的《三八节有感》和王实味的《野百合花》提出批评。从 5 月中旬开始，对王实味的批判逐渐全面展开，康生的插手使得这件事情向一个更加恶劣的政治事件演变，前后历时半年，成为延安文艺整风的一个重要组成部分。

在批判《野百合花》期间，父亲曾写过一篇文章发表在《轻骑队》的墙报上。他回忆说：

在文化沟沟口设有一份大墙报，报名叫《轻骑队》，上面登的文章，大都短小精悍，常对延安的生活有所批评与针砭，在延安有很大的影响。《轻骑队》是住在文化沟里的"青委"的同志们编排的。他们把每期墙报油印若干份，分送有关单位的负责同志和党中央的领导人，让他们在窑洞里也能看到墙报。我那篇稿子，写于 1942 年，当时是针对王实味的《野百合花》写的一篇批评性文章。文章写好后送给艾思奇同志看。不久，他将稿子还给我，并另附一纸，上写："可悲的是有这样一种人，对于鲁迅先生的思想并未好好的研究，自己错误了又不好好的反省，一味拿着别人的死骨头，当作自己的活灵魂，恐怕鲁迅先生在生前对这种人也不过是敬鬼神而远之。"艾思奇同志嘱我务必将这段话加到

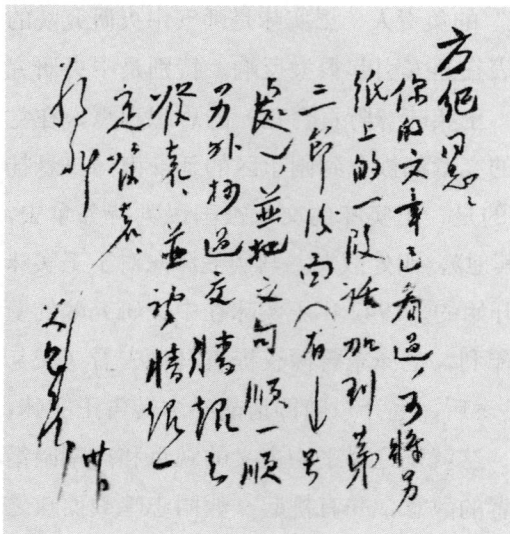

艾思奇给方纪的信

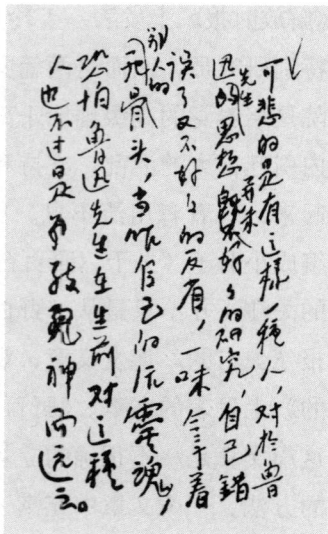

毛泽东亲笔批注

文中去再发表。后来我才知道这是毛主席亲笔写的，没想到这篇短文竟引起了主席的注意。

父亲曾跟我们说，艾思奇将稿子和附文交给他时还特意说：这是凯丰同志交代的。艾思奇在附信中还特意强调"望墙报一定发表"。

虽然批判王实味不是召开文艺座谈会的直接原因，但从当时延安整体的政治氛围看，召开延安文艺座谈会已是势在必行了。从大量的史料看，召开文艺座谈会并不是偶然的，而是中共中央针对当时延安文艺界存在的严重问题经过深思熟虑后决定的。按照当时中央领导的分工，延安文艺界整风工作由毛泽东分管。为了开好文艺座谈会，毛泽东做了大量的调查研究工作。当时他给许多作家写信，找作家谈话，让他们帮助搜集材料，提供有关文艺的意见。时任"文抗"党支部书记的刘白羽在回忆延安文艺座谈会的文章中这样写道：

记得在那次有军队领导人参加的会议之后不久，毛泽东同志开始找文艺界的同志谈话。……以往见面，他总是挥洒谈笑，说些题外话，像是序语，而这一次有所不同，气氛严肃。他引我坐到书桌旁的木椅上，他自己坐在书桌正面，我们离得很近，主席开门见山就说："边区的经济问题我们整顿得差不多了，现在可以腾出手来解决文艺问题了。"

……

接着，毛主席就许多文艺问题和现象谈了看法，他对有关情况了如指掌，所谈的大致上就是《讲话》中引言部分阐述的那些问题。我只是埋头记录，他的话很沉稳，有节奏，不紧不慢，很容易记。显然他是有意让我记得详细一些，因为最后他说：你那里作家不少，你把他们集合起来，把我的话念给他们听听，然后让他们发表意见。会有正面意见，但我更需要的是反面意见，刘白羽同志，我不是老说兼听则明吗？

这时，他一下子轻松起来，他的笑容有点俏皮，又有几分得意……

回来以后，我按照主席的意见，在"文抗"召开了两次会议，传达了这次谈话。……

过了一阵，毛主席把我找去汇报"文抗"开会的情况。这一次是我说他听，他有时也用铅笔记几笔，有时听不过去就反驳几句，后来在《讲话》中提到的："不是立场问题；立场是对的，意思是懂得的，只是表现不好，结果反而起了坏作用。"这一段话就是从我们那儿生发出来的。

在朱鸿召所著《延河边的文人们》一书中也有一些记载，摘编引述如下：

丁玲发现，毛泽东个人爱好中国古典文学和京剧，但作为领袖所倡导的却是有直接宣传效果的歌舞活报剧和劳动人民当主角的新编历史剧。她说，毛泽东很自然地把一切事务、一切工作都纳入革命的政治轨道。军事战争和政治革命，是他认识、处理、解决知识分子和文化工作的出发点、立脚点和归宿点。

有一次，萧军问毛泽东："党有没有文艺政策呀？"

毛泽东说："哪有什么文艺政策，现在忙着打仗，种小米，还顾不上哪。"

萧军说："应该有个政策，否则争论不休，没有标准难明是非。"

"你这个建议好！别走了，帮我收集一下文艺界各方面的意见情况好吗？"

可能是受萧军的此次谈话的提醒，引发了毛泽东收集掌握延安文艺界情况，思考拟订文艺工作纲要，作为整风运动的补充和需要的最初动因。

稍后，1942年初，毛泽东又单独约请艾青交谈，要解决文艺界问题的目的性更明确了。毛泽东说："现在延安文艺界有很多问题，很多文章大家看了有意见。有的文章像是从日本飞机上撒下来的；有的文章应该登在国民党的《良心话》上……你看怎么办？"

"开个会，你出来讲讲话吧。"艾青点破了题。

"我说话有人听吗？"

"至少我是爱听的。"艾青肯定地回答。

也许这就是延安文艺座谈会的直接动因。过了几天，毛泽东又去信约请艾青代为收集文艺界"反面的意见"。艾青将自己正在撰写的文章《我对于目前文艺上几个问题的意见》送阅。毛泽东再一次邀艾青去交换意见，艾青依然态度恭敬地做笔记。地面不平，桌子摇晃，他跑出窑洞去找小石片来垫桌腿。不料毛泽东眼疾手快，先他而去，熟练地捡来小瓦片垫上。艾青很是感动，将文章认真修改了，发表在《解放日报》上。

萧军、艾青的意见和态度坚定了毛泽东要召开座谈会的信心，准备讲一讲文艺政策问题。于是他广泛地约请了延安"文抗"的丁玲、刘白羽、罗烽、白朗，中央研究院文艺研究室的欧阳山、草明，《解放日报》社的舒群，鲁艺文学系的周扬、何其芳、严文井、周立波、陈荒煤、曹葆华，戏剧系的姚时晓，美术系的华君武、蔡若虹、张谔等人了解情况，全面搜集文艺界的各种材料。毛泽东与他们就文艺的定义、文艺政策、文学创作的对象和作家深入生活、思想改造等问题，互相交换了意见。①

延安文艺座谈会之前，按照当时一些人的说法，延安文化界对文学创作"写什么""怎么写"的问题存在着两种不同的看法。一种是以"文抗"丁

---

① 朱鸿召：《延河边的文人们》，东方出版中心2010年版，第135—137页。

延安鲁艺旧址

玲、萧军等人为代表的主张以鲁迅的战斗精神写批判现实主义的作品；一种是以鲁艺周扬等人为代表的主张以歌颂光明写现实主义作品。当时由于两种不同意见所引起的争论，两个文学团体之间甚至出现矛盾。

　　1941年7月17—19日，鲁艺院长周扬在延安《解放日报》连载了他的理论文章《文学与生活漫谈》。文章指出："新生活"与旧制度下的生活存在着本质区别，前者尽管也有缺陷，但却是它非本质、非主流的方面。为了说明这个问题，周扬还借用了车尔尼雪夫斯基美学论著中的一个经典表述——"太阳中也有黑点"。他认为作家应该"克制"自己的主观偏见，努力地去"适应"新生活，熟悉它，向它学习，而不是无端地批判它，因为这种生活正在飞快地进步，并孕育着伟大的真理；相反，作家如果对新生活的本质方面和非本质方面不加区别，就会跟不上它前进的步伐，在"写什么"的问题上陷入误区，甚至会产生"写不出东西"的苦闷。并提出："怀抱着那样的爱和科学的精神，我们深入到生活中去、民众中去罢。不用预先想好主题拟就大纲，编造情节，让生活自身以自己的逻辑来说它动人的故事！"周扬的文章发表后，"文抗"的作家萧军、舒群、白朗、罗烽、艾青、丁玲在蓝家坪聚会，针对这篇文章中的观点进行了讨论。"文抗"的作家强调历史的延续性，认为新的社会制度的建立并不意味着革命的停滞，在新的社会制度下，旧思想旧意识仍然具有持续而广泛的影响，因此就要求革命者发挥主体的能动性，以高昂的革命激情坚持不懈地对之发起战斗。丁玲在《我们需要杂文》一文中写道："即使是在进步的地方，有了初步的民主，然而这里更需要督促、监视，中国几千年来的根深蒂固的封建恶习，是不容易铲除的，而所谓进步的地方，又非从天而降，它与中国旧社会是相连接着的。"她慷慨激昂地号召"为真理而敢说，不怕一切。我们这时代还需要杂文，我们不要放弃这一武器。"①

从以上文字中，可以看出当时延安文艺界对文学创作两种不同看法争论之一斑。而且这种争论也体现在作家的作品中，从"文抗"作家发表的暴露"阴暗面"和"鲁艺"作家所发表的"歌颂光明"的作品看，当时两种不同看法的争论，主要还是体现在创作理论和主导思想方面，而在作品中并不是界定得一清二楚，也就是说，到底应该"写什么""怎么写"，以至"为谁写"都还是不十分明了的。正因为如此，召开文艺座谈会，让作家们充分发表意见，畅所欲言，最后达到统一思想，形成共识，增进团结，显然是非常紧迫而又十分必要的了。

文艺座谈会前，毛泽东对鲁艺几位作家做了一番开导。《延河边的文人们》有这样的记载：

> 毛泽东在自己的窑洞门口，经周扬介绍，与作家们一一握手，引进窑洞坐下后，第一句话就问："你们是主张歌颂光明的吧？被讽刺为'歌德派'，听说你们有委屈情绪。"
>
> 停顿，沉默片刻，语气稍微缓和些，似有切身感受地教导说："那有什么！一个人没有受过十年八年的委屈，就是没有受够教育。"
>
> 由此展开，他对延安文人做了一番尖锐的心理分析："知识分子到延安以前，按照小资产阶级思想把延安想得一切都很好。延安主要是好的，但也有缺点。这样的人到了延安，看见了不符合他们幻想的地方，就对延安不满，就发牢骚。……小资产阶级喜欢讲人性，讲人类爱，讲同情。比

---

① 程鸿彬：《延安两大文人集团"文抗"与"鲁艺"的观念分歧》，载《东岳论丛》2015 年第10 期。

如打仗，我们正在追击敌人，旁边的同志受伤了倒在地上，到底是应该停下来照顾受伤的同志，还是应该继续追击敌人呢？我们认为还是应该追击敌人，把敌人消灭，完成战斗任务以后，再回来照顾受伤的同志。这样，小资产阶级知识分子就说我们没有人性，没有人类爱，没有同情。"①

在经过充分的准备后，毛泽东约周扬、李伯钊共同草拟了一份参加延安文艺座谈会的名单。审阅通过后，毛泽东和凯丰（时任中宣部代部长）联名发出请柬，邀请延安文艺工作者参加文艺座谈会，其中鲁艺受邀师生占到半数左右。

父亲在回忆参加延安文艺座谈会情景时曾说：1942 年 4 月底的一天，他正在窑洞里看书，党支部书记刘白羽来通知父亲，让他到杨家岭参加中央办公厅召开的文艺座谈会，并给父亲一张粉红色油印的请柬，上书：

> 为着交换对于目前文艺运动各方面问题的意见起见，特订于五月二日下午一时半在杨家岭办公厅楼下会议室内开座谈会，敬希届时出席为盼。
> 　　此致
> 方纪同志
>
> 　　　　　　　　　　　　　　　　　　　　毛泽东　凯　丰
> 　　　　　　　　　　　　　　　　　　　　四月廿七日

这次座谈会不是以通知的形式，而是以发正式请柬的方式邀请延安的文艺家们开会交换意见，足见毛泽东对文艺家的尊重。而且在当时延安物质条件极其匮乏条件下，用粉红色的油光纸印制这个"豪华"的请柬，也体现了中共对知识分子的高度重视。父亲在《新的起点——回顾延安文艺座谈会前后》一文中回忆：

> 抗日战争以后，无论是国统区还是根据地的作家，对文艺为什么人

---

① 朱鸿召：《延河边的文人们》，东方出版中心 2010 年版，第 138 页。

服务及创作方法、立场和态度等等问题，都没有统一的认识。另外，当时整风运动已经开始，所以我朦胧地预感到这次会议的重要性。

5月2日下午，被邀请前来参加座谈会的文艺工作者有序地坐在杨家岭中央办公厅会议室的凳子上，等候着毛泽东等中央领导同志的到来。来了！大家都情不自禁地站立起来。由周扬介绍，毛泽东上前与大家一一握手，并致以问候，气氛非常融洽活跃。毛泽东两条肥大的裤腿上打着两块显眼的大补丁，上身薄薄的灰布棉袄的肘弯处露出棉絮。毛泽东走到主席台前，凯丰宣布会议开始。接着，小小的会议室里响起了毛泽东柔绵细长、抑扬顿挫的话语：

> 同志们！今天邀集大家来开座谈会，目的是要和大家交换意见，研究文艺工作和一般革命工作的关系，求得革命文艺的正确发展，求得革命文艺对其他革命工作的更好的协助，借以打倒我们民族的敌人，完成民族解放的任务。

他说：我们有两支军队，一支是朱总司令的，一支是鲁①总司令的，即"手里拿着枪的军队"和"文化的军队"。而文化的军队是"团结自己、消灭敌人必不可少的一支军队"。他指出：我们今天开会，"就是要使文艺很好地成为整个革命机器的一个组成部分，作为团结人民、教育人民、打击敌人、消灭敌人的有力武器，帮助人民同心同德地和敌人作斗争"。他还根据文艺工作本身的任务和延安文艺界的状况，提出应该解决的一些问题：即"文艺工作者的立场问题、态度问题、工作对象问题、工作问题和学习问题"五大问题，要大家讨论。这次的讲话即后来收入《毛泽东选集》中《在延安文艺座谈会上的讲话》"引言"部分。

在朱鸿召所著的《延河边的文人们》中有这样的记载：

> 毛泽东讲完之后，会议稍作休息。蔡若虹和白朗来得早，坐在离主

---

① 即鲁迅。

席台最近的一排。白朗打趣地问毛泽东："主席，今天可还要请我们吃一顿？"毛泽东笑着回答："小米饭是有的。"座谈会期间，毛泽东请大家吃了三顿晚餐，并不是小米饭，而是延安难得见到的大米饭，佐之以红烧肉、红烧鸡。

不一会儿，会议开始讨论。台上看着台下，台下看着台上，一时没人愿意第一个讲话。毛泽东提议，请萧军第一个发言。丁玲马上附和说："萧军，你是学炮兵的，你就第一个开炮吧！"

……萧军就从位子上站起来，挽了挽袖子，直言不讳，滔滔不绝地讲了一大篇。其中说道：

红莲、白莲、绿叶是一家；儒家、道家、释家也是一家；党内人士、非党人士、进步人士是一家；政治、军事、文艺也是一家。既然各是一家，它们的辈分是平等的，谁也不能领导谁。我们革命，就要像鲁迅先生一样，将旧世界打得粉碎，绝不写歌功颂德的文章，像今天这样的会，我就可写出十万字来。我非常欣赏罗曼·罗兰的新英雄主义。我要做中国第一作家，也要做世界第一作家。

萧军延安时期的文章话语尽如其人，文气逼人，桀骜不驯，多有辞不达意，辞不尽意之感。……此刻发言，显然是跑题走调之论。毛泽东一边听，一边记，有时点头，有时淡淡一笑。其他人有赞同的，也有反对者，但都难以对话。

倒是何其芳温情真诚，他在发言中说："听了主席刚才的教诲，我很受启发，小资产阶级的灵魂是不干净的，他们自私自利，怯懦、脆弱、动摇。我感觉到自己迫切地需要改造。"毛泽东听着这样的发言会心地微笑着。

……第一天大会发言的还有丁玲、艾青等人，何其芳之见却渐成主流。①

————————

① 朱鸿召：《延河边的文人们》，东方出版中心 2010 年版，第 141—142 页。

延安文艺座谈会代表合影

座谈会先后开了三次大会和多次分组会议，直到 5 月 23 日晚上结束。会上有几十位党内外作家发言。毛泽东参加了这三次会议，他把整风三个报告的精神，具体、细致地用来解决文艺战线和文艺工作者中存在的不正之风和没有解决好的问题。

不少回忆文章中曾写到，当时开会会场气氛很活跃，随意就座，各抒己见，直抒胸臆，畅所欲言。会场里有笑声，有争论，有掌声。有人发言过长或讲大道理的、讲文学理论的，都会被大家笑着哄下去。而毛主席则面带微笑静静地听着每个人的发言，不时地做些记录。接下来是分组讨论，为下一次大会做准备。

5 月 16 日，举行了第二次大会，毛泽东和朱德都出席了，毛泽东亲自主持。会场气氛很活跃，争论得很激烈，那种民主气氛是后来难以想象的，有些人的话甚至很出格。但争论下去不是办法，总要有个结论。为此，5 月 21 日，中共中央政治局召开会议，专门讨论文艺座谈会的问题。毛泽东明确提出：延安文艺界的小资产阶级自由主义很浓厚，整风的性质是无产阶级和小资产阶级的作战。

5 月 23 日，文艺座谈会举行最后一次大会，气氛更加热烈。先是由与会者发言，到了下午，朱德最后发言。随后，趁着落日的余晖，由摄影家吴印咸拍摄了与会者合影留念的照片。合影时，前排座位谁都可以坐，没有任何安排，因此田方抢着坐到了毛主席身边，留下了珍贵的瞬间；而刘白羽则因身高马大，坐下时压翻了马扎，引起大家的哄笑，毛主席也微笑地看着他。在这张照片中，出现有 96 人，而实际出席有 104 位。有人曾拿着这张合影照片请父亲辨认他当时的位置，父亲当时因病已说不清楚了。母亲曾回忆说：因那天下午会议结束时没有通知要照相，所以你父亲趁机到延河边与我来相会了。但父亲始终说他参加合影了。在天津文化界中，除父亲外，画家马达也参加了这次会议。

晚饭后，由毛泽东作结论。父亲对此回忆说："那天晚上人很多，我们'文抗'参加座谈会的就有几十人，礼堂里坐不下，就到篮球场上去听毛主席讲话，上空悬挂着煤气灯。唯独没有让江青参加。"

在总结讲话（即"结论"）中，毛泽东针对当时延安文艺界存在的一些理论、思想问题，做了生动、深入浅出的剖析，并提出在文艺界开展无产阶级对非无产阶级思想斗争的任务。他指出，为了革命文艺的正确发展，中心问题是"为什么人"的问题，即是"一个为群众的问题和一个如何为群众的问题"。他说："我们的文学艺术都是为人民大众的，首先是为工农兵的，为工农兵而创作，为工农兵所利用的。"他特别强调"为什么人的问题，是一个根本的问题，原则的问题"，并由此提出文艺为工农兵服务的方针。在回答如何为群众时，他提出在普及基础上的提高和在提高指导下的普及的原则。在"结论"中，毛泽东还根据他先前调查了解到的情况和三次座谈会上与会者的发言，具体分析和批评了延安文艺界存在的八种观点。毛泽东阐述了文艺源于生活又高于生活的原理，号召"中国的革命的文学家艺术家，有出息的文学家艺术家，必须到群众中去，必须长期地无条件地全心全意地到工农兵群众中去，到火热的斗争中去，到唯一的最广大最丰富的源泉中去"。毛主席的讲话受到大家热烈的欢迎和衷心的拥护。

毛泽东在这次座谈会上发表的两次讲话，后合称《在延安文艺座谈会上的讲话》，于 1943 年 10 月 19 日在鲁迅逝世七周年时，在《解放日报》上全文发表。10 月 20 日，中央总学委① 发出学习毛泽东《在延安文艺座谈会上的讲话》的《通知》指出：这个《讲话》"是中国共产党在思想理论建设的

---

① 为了加强对整风运动的领导，中共中央于 1942 年 6 月 2 日成立总学习委员会，毛泽东为主任。

1943 年 10 月 19 日，延安《解放日报》全文发表毛泽东《在延安文艺座谈会上的讲话》

事业上最重要的文献之一，是毛泽东同志用通俗语言所写的马列主义中国化的教科书"。半个月后，中共中央宣传部又发出《关于执行党的文艺政策的决定》，强调"《讲话》精神适用于文化部门和党的工作部门，不仅是解决文艺观、文化观的材料，也是解决人生观、方法论的材料，要普遍宣传"。

这两个文件，是中共中央关于《讲话》的正式定位，成为文艺工作的根本性指导文件，这也使延安文艺座谈会的精神进一步凸显出来了，并不断得到深入贯彻落实。在座谈会上聆听毛主席讲话的情景，清晰地印刻在父亲的心中，他心里为之一震，眼睛顿觉明亮，他在回忆文章中写道：

那时，我对革命文学应该表现什么，怎样表现，以及为谁服务的问题还没有一个明确的认识。对于延安当年所处的特殊环境还缺乏深刻的理解，认为一个革命现实主义作家，应对周围事物有穷根究底的勇气，不回避现实，亦不粉饰现实，从现实生活中采撷五彩缤纷的典型性格，表现艺术的真实性。直到我参加文艺座谈会以后，才认识到小说《意识以外》中所流露出的思想情绪与延安当时的革命形势要求不相符，以主人公的精神失常而结束，致使作品失去了积极意义。文艺座谈会后，我才逐步认清了文学创作的方向，明确了创作的指导思想要符合无产阶级革命的根本利益，延安文艺座谈会是我创作生活中一个新起点。

后来，父亲不断反复学习毛主席这篇重要讲话，深入领会《讲话》的精神实质，并一直将其作为指导自己从事文学创作、从事文化工作的指南。

四、在中央党校三部

1. 参加延安整风

延安文艺座谈会结束不久，"文抗"大部分人转入中央党校三部参加整风运动，三部以中央研究院为基础，学员以知识分子和文化人为主，"文抗"这个被毛泽东称为"伙食团体"的组织也解散了，鲁艺也并入延安大学。1943年，全党普遍整风结束后，3月20日，为了让高级干部总结历史经验，中央政治局决定在中央政治局及书记处之下，设立中央宣传委员会与组织委员会，中央党校归中央宣传委员会管理。毛泽东兼任中央党校校长，彭真任副校长。曾克在《记延安中央党校三部的妈妈支部》中回忆说：

> 从文抗先后到三部去的党内外作家有丁玲、艾青、萧军、塞克、刘白羽、杨朔、于黑丁、马加、吴伯箫、周而复、金肇野、崔巍、韦婆、白朗、罗烽和方纪等。三部原来就有不少知名和活跃的文艺工作者如：欧阳山、草明、刘雪苇、郭小川、陈波儿、蔡天心、江帆、张季纯、萧英（殷）、金紫光、苏一平、朱丹、陈明、郭静、沈曼丽、陈振球、田薇、胡南（这位同志原名胡诵芬，1949年牺牲在重庆渣滓洞）等人，还有一批知名的社会科学家、学者以及来自老区或白区乃至海外从事新闻、思想、政治工作的人员。

因为有这么多的文化人进入党校三部，所以党校三部非常热闹，也因此有人称党校三部是党的文化人学府。父亲在党校三部期间不仅与这些文化人进一步加深了友谊，而且与郭小川、朱丹等人之间的兄弟情谊更加浓厚了。从郭小川1945年底写给父亲的一封私人信件中，可以看出他们之间情谊的深厚。郭小川写道：

　　方纪、金星（偏不叫你黄人晓）：谁能想到你们也到敝省来了。仅代表我自己表示欢迎之意。好好干，不看热河六百万群众，也要看在咱们的"私人感情"上呵！

　　那时父母亲刚到郭小川的家乡热河（郭的老家是热河省丰宁县），郭小川当时已回丰宁担任县长，而母亲在离开延安时已将名字由金星改为黄人晓，所以郭小川才如此写道。从这封私人信件中，还可以看出郭小川、朱丹与方纪之间的兄弟情谊。郭小川写道：

　　此后多通信，朱丹、李纳已去山东，看见海了，你们同我们在这里守卫山吧，你别忘了友人呵，以后他们往北凑一凑，我们往南凑一凑，不就又在北平会面了吗？这日子已不算远，愿我们共同努力。

　　由于他们三人都很重感情，又很直率，也都很有文采，加上那时三人形影不离，因此党校三部的朋友们称他们是延安的"三个火枪手"，以后又有冯牧加入进来，他们成为无话不谈、相互牵挂的终生朋友。

　　1984年我陪同父亲重返延安时，站在党校三部的遗址前，同行的曾克阿姨、金紫光伯伯等对我们讲述了当年他们在党校三部的生活。他们说，党校和抗大一样，既严肃、紧张，又生动、活泼。学校没有教授、讲师来授课，也不分专业和年级，而是以支部为单位进行集体讨论，自由谈心，写学习心得，总结经验，认识真理。曾克阿姨问父亲：是否还记得每周和节日，都有丰富的文娱活动，扭秧歌、演京剧、歌剧、话剧等，王德芬和萧军登台演出京剧《三娘教子》，韦嫈还在以普希金长诗改编的歌剧《茨冈》中扮演吉卜赛女郎。课余时，学员纷纷到此打乒乓球、克郎球、扑克牌和下棋。每到周六还举行舞会，穿着草鞋，在口琴或手风琴伴奏下，在校园的土坝上跳"华尔兹"。当时跳交谊舞还留下这样一个顺口溜："看不惯，试试看，一身汗，死了算。"周末，中央领导也来跳交谊舞。

　　金紫光伯伯回忆说：中央党校的秧歌队那时很出名，秧歌队由艾青和二部的孙志远两人担任队长，三部的许多学员都参加了。后来由艾青带队、丁玲参加，秧歌队还到南泥湾、金盆湾为三五八旅演出，同样受到热烈欢迎。

关于整风运动中审干扩大化，很多老同志都记忆犹新。这次审干就是当时康生搞的"抢救失足者运动"，使整风运动出现了十分严重的扩大化错误。

1943年3月，延安整风运动转入了肃清内奸、审查干部的阶段，并成立了以刘少奇为主任，康生、彭真、高岗为委员的中央反内奸斗争委员会。当时担任中央社会部部长和情报部部长的康生具体主持其事。7月15日，康生在中央大礼堂召开的中央直属机关干部大会上作《抢救失足者》的报告，他第一句话就是"今天的大会，是紧急时期的会议，是军事动员时期的会议。"他声称从4月10日起到今天为止，经过三个月"抢救"，已经有450人向党坦白悔过了。他将这些受审查的干部称为"失足者"。康生利用手中掌握的整风审干大权，在延安各机关单位、学校发动了"抢救失足者运动"，大搞逼供信，延安地区仅仅在几天内就揪出所谓"特务分子"1400多人。由周恩来领导的中共中央南方局地下党员更是普遍地成为被怀疑的对象，被诬指为"红旗党"（即打着红旗的假共产党。"文化大革命"中，"四人帮"为陷害周恩来，大肆散布"打着红旗反红旗"亦由此而来），造成了大批的冤假错案。一时间，整个延安地区"特务如麻"，弄得草木皆兵，人人自危，笼罩在一片恐怖的气氛之中。我们小时候听一些老同志闲聊谈到延安审干时曾说，那期间有时半夜紧急集合，到操场上听康生训话，康生点到名的"特务"，当场就被拉走，或关或毙，搞得十分恐怖，人人自危。父亲说有一次在支部会上，突然某人站起来学着康生的口吻指着他大声说道："方纪，你是托派分子！"会场气氛顿时变得十分紧张。那时扣一个"托派分子"帽子可是个不小的罪名，这当然是无中生有的诬陷，但从中可以看出当时同志之间有人为了保全自己而不惜诬陷别人，似乎也只有这样才能显得自己更革命。

对审干出现扩大化问题，毛泽东有所觉察。10月9日，毛泽东在绥德反奸大会材料上写下批语："一个不杀大部不抓是此次反特务斗争中必须坚持的政策。一个不杀则特务敢于坦白，大部不抓（不捉），则保卫机关只处理小部，各机关学校自己处理大多数。须使各地委坚持此种政策。"

11月5日，毛泽东致邓小平电中明确规定："为了弄清线索而逮捕的特务分子不得超过当地特务总数的5%（百人中至多只许捉五人），并且一经坦白，立即释放。凡有杀人者,立即停止杀人,目前一年内必须实行一个不杀的方针,不许任何机关杀死任何特务分子,将来何时要杀人,须得中央批准。"

前共产国际总书记季米特洛夫于1943年12月22日以个人名义打电报给毛泽东,对在康生主持下搞的肃反扩大化提出了直言不讳的批评,说:"我也觉得,康生起的作用令人怀疑。那些像清除党内敌对分子和团结党的各种正确措施,康生及其机构是通过那些不正常的形式来实现的,这些形式只能煽动相互间的怀疑,引起党员群众的强烈不满,帮助敌人瓦解党。"同日,中央书记处举行工作会议,在听取康生汇报"抢救运动"的"成绩"后,决定成立陕甘宁边区政府机关甄别工作委员会。帅孟奇任主任,周扬、王子宜参加。甄别是给每个人做鉴定,进行个人历史的组织确认。应当说,这才是真正的审查干部工作。从1943年12月开始,到1944年四五月,机关和行政学院的甄别工作就基本结束了,多数是无问题错"抢"的,有些是党内问题,有些是一般党派问题。

1944年2月,毛泽东在边区大礼堂出席西北局系统干部大会上讲话说:"审干运动取得了很大成绩,查出了问题,但也搞得过火了,误伤了许多同志。我现在代表党向受委屈的同志赔礼道歉。"说着,就摘下帽子向台下鞠躬敬礼。

同年5月、10月和1945年2月,毛泽东又接连三次在中央党校干部大会上脱帽致歉。1945年3月25日,在枣园小礼堂前的广场召开军委系统干部大会上,毛泽东首先讲:"对不起!大家受委屈了。你们是上海、北京来延安山沟闹革命,受到从头到脚的审查。要我看,是应当的,但太狠了。"说完,他给大家行了个军礼表示歉意。

1945年4月23日—6月11日,中国共产党第七次全国代表大会在杨家岭中央大礼堂举行,毛泽东又一次在大会上说:我代表党中央在党的代表大会上赔礼道歉。错了的中央负责,请大家不要计较。他把手举在帽檐上向大家敬礼。

2. 在大生产运动中

1942年12月,在中央党校三部学习的父亲收到周恩来从重庆写给他的一封信，信中希望他"多为大后方写些东西"。这给父亲以很大的鼓舞和鞭策，激励着他"一定要以崭新的思想开始自己的文学生涯"。但当时由于参加整风运动，加之父亲对毛泽东在延安文艺座谈会上的讲话还在深入学习领会之中，因此这期间没有时间深入生活，也没有作品可写。而1943年延安军民开展"大生产运动"后，父亲在党校三部也投入了这场轰轰烈烈的运动，在这次运动后，父亲写了短篇小说《纺车的力量》。

1941年底日本帝国主义发动了太平洋战争，与此同时，侵华日军对抗日根据地进行规模空前的"大扫荡"，并实行惨无人道的"三光"政策；同时以治安战方式，对共产党建立并领导的抗日根据地实行严密的军事、经济封锁。而国民党政府在日本帝国主义诱降面前，消极抗日，积极反共，破坏抗日统一战线，包围封锁陕甘宁边区及各抗日根据地，停发八路军、新四军经费，加之华北等地连年遭受自然灾荒，致使整个抗日根据地财政经济发生极大困难，军队供给濒于断绝，陷入没粮吃、没衣穿、没被盖、没经费的困境。1942年底，党中央提出了"发展经济，保障供给"的方针，号召解放区军民自力更生，克服困难，开展大生产运动。母亲曾对我们说："那时候延安生活是极其艰苦的，日军扫荡的严酷，国民党顽固派的封锁，加之自然灾害，生活供给每日三两菜、一钱油，每人每月生活津贴只有五毛钱，每三天发一次蜡烛。延安枣树很多，我们就常常用茶缸煮了枣水来喝。"

为了减轻边区人民的负担、改善生活，在毛主席提出的"自己动手，丰衣足食"口号下，全陕甘宁边区开展了军民"大生产运动"，组织各种合作社、变工队开荒种地、纺线织布，并推行各种经济政策，促进生产发展。父亲在"大生产"中学会了摇着纺车纺线。母亲也曾对我们说：在延安参加过大生产运动的人，无论是男是女，都会纺线或捻毛线。捻线工具是一个简单的"捻陀"，在一根木棍下面绑上铜钱或者木块、石块等重物，手提着，用几个指头轻轻一捻，随着捻陀的转动就可以把羊毛、棉花捻成线。捻出来的线可粗可细，粗线可以编织袜子、手套和毛衣，细线可以缝衣服。那时只要手闲着就可以捻线，读报、开会或闲聊时都可以捻线。捻线的棉花和羊毛是从合作社领回来的，线捻好后交回合作社，他们再用烟灰把白线染成灰色，再发给大家织袜子。年轻、手快的，一晚上就能织两双袜子，而且是长袜筒的袜子。这是生产任务,成品都要上交,不能私用。不会捻线的人就给大家打水、读报、做后勤。后来我们在内蒙古牧区插队时,看见当地汉族老乡依然用这种古老的方式捻毛线。

在大生产运动中,中央党校把参加生产劳动作为必需的课程和整风运动中改造思想的重要环节,安排师生们开垦荒地、种粮种菜、纺线织布、缝衣制鞋、打窑洞等多种劳动,既参加了大生产运动,并在劳动生产实践中得到了锻炼改造,党校食堂伙食也得到明显改善。

在大生产运动中,父亲参加了纺棉线的生产,他从不会用纺车纺线,经过几个月的努力,成为纺线能手,并获得了"纺织能手"的称号。在这个劳动生产实践中,他不仅学会了一种劳动技能,思想也得到了改造和提高,同时激发了他的创作动力和热情。1945 年 5 月 20 日,《解放日报》发表了父亲写的短篇小说《纺车的力量》。这是一篇反映知识分子在整风和大生产中思想变化的小说。父亲后来谈道:

> 我的家乡是产棉区,从小就见家里人、村里人纺棉花,因此,心想这活儿不难,从小看也看会了。然而当我真正坐在木制的纺车前时,用了整整一上午的时间,也抽不出一条完整的线来,锭子上还是我开始时缠上去的那几圈稀疏的引线,那些纺断的线头,都错综地交叉排列在地上。小组长看到我在嘟嘟囔囔地直着急,便跑过来,帮我调整了弦线的松紧,并在轮轴和锭鼻上加了些油,还纺了个样子给我看。我按照他的样子再纺时,不是拉得快、摇得慢,就是拉得慢、摇得快,结果还是断了两根线。小组长一边鼓励我,一边耐心地教,一直教到我摇的纺车不快不慢,锭子能成一条直线地转起来时,他才离去。晚上,我感到疲倦但又很兴奋,久久不能入睡,纺车那和谐悦耳的声音仿佛还在耳边回响着,一种胜利的喜悦充盈心头。我在劳动中度过了严冬,迎来了明媚的春天。在大生产的庆功大会上,我获得了纺织能手的称号。我在劳动中体味到了人生的真正价值。正是这种崭新的生活,激发了我的创作热情,写出了小说《纺车的力量》。

经过了党的整风运动并参加了延安文艺工作者座谈会后，父亲的思想觉悟有了很大的提高和新的认识。他说：

> 《纺车的力量》，是我参加文艺座谈会后写出的第二篇小说。第一篇是《魏妈妈》。《魏妈妈》是我第一次运用农民群众的思想感情和语言，写出了农民群众的生活内涵。

关于《纺车的力量》这篇小说，张诚和董文璞的评论文章《饱经沧桑的作家方纪》中指出：

> 《意识以外》写的只是知识分子的幻想在革命实践中的碰壁，作品中还表露了悲观失望的情调；而题材相似的《纺车的力量》，则写的是知识分子的幻想在革命实践中碰到困难，经过重重挫折，终于战胜了困难，夺取了胜利。小说主题鲜明，催人奋进，对当时的革命青年是十分有益的。[①]

这两个短篇小说标志着父亲在文学生涯中开创了新的起点，使他的文学面貌焕然一新。

五、在延安《解放日报》

1944 年 1 月父亲在党校三部的学习结束后，调到延安解放日报社，在艾思奇领导下工作。解放日报社设在延安的清凉山上，与宝塔山隔河相望。新华社、新华广播电台等单位也都设在那里。站在山上，雄伟的宝塔山和蜿蜒的延河尽收眼底。父亲说，每天都可以看到沐浴在朝霞中的宝塔和夕阳中闪耀着粼粼波光的延河，那种景色令人终生难忘。所以他闲暇时经常哼唱"夕阳辉映着山头的塔影，月色映照着河边的流萤；春风吹遍了坦平的原野，

---

① 载《文史精华》2001 年第 2 期。

群山结成了坚固的围屏……"从歌声中可以听出，父亲心中对延安生活的怀念和眷恋。关于这段生活经历，父亲在回忆中这样写道：

> 从《解放日报》正式创刊于1941年5月16日，开始只有两个版面，社长博古不主张为文艺稿件开辟专栏，他认为好的文艺作品可以刊登在头版上。到9月16日，报纸扩大为四版后，增辟了一个文艺专栏，占整个版面的八分之一，每月出四五期，由丁玲同志主编。我去时，《解放日报》改由艾思奇同志主管。我在《解放日报》工作期间，既紧张又充实。除了学习、改稿子之外，还经常与冯牧等人坐在山坡上唱几句京剧，他唱，我操琴，至今令人难忘。

冯牧与父亲都是在结束在党校三部的学习后，调到《解放日报》副刊部工作的。他到延安后先进入鲁艺学习，整风运动开始后进入党校三部学习。他与父亲有着共同的理想、爱好和情趣，共同的文学观和"才气"，在一起工作的经历使他们成为终生挚友。冯牧在《方纪文集·序》中这样写道：

> 我们在一个办公室工作，在一排土坯房里比邻而居。我们很快就发现：他和我在性格和气质上都保持了某些北京学生的特点，我们有许多共同熟悉的人和事，有许多接近的情趣和癖好，比如在我们身上都有相当浓厚的书生气，都有某种在那时常常会有"毁誉参半"含义的"才子气"，都有些不知天高地厚而又恃才傲物的知识分子习气；这一切都成为开始联结我和他之间的友谊纽带的一种独特因素。我们不但在一起工作、学习，并且从中发现我们在某些问题上常常是志同道合的，尽管我们也有过争吵。我们在有一年多的时间里几乎是每天一道在延河边散步，在窑洞外谈天；我们不但谈论国家大事和生活理想，也谈论俄罗斯和苏联文学，谈论自己的文学主张和文学抱负。我们时常在一道回忆北京的古老而又魅人的文化传统，谈论京戏、书法以至于围棋的发展。
> ……
> 在相处期间，我很快就发现了方纪的长处，他才思敏捷，热情奔

放，对生活和文学都有极其敏锐的
感受能力。他笔下很快，对于分配
给他写的文章，常常是略假思索便
一挥而就。他在写作上涉猎的方面
很广：既能写很有文采的小说和散
文，也能写富有广博知识和鲜明见
解的评论和杂文。

作家陈登科，也是冯牧的好友，他
在一篇文章中写道：

20 世纪 80 年代初，冯牧（站立者）与方纪

> 　　冯牧，是经朱丹介绍结识的一
> 位朋友。他是个书生型的人物，不
> 爱夸夸其谈，也不大和人开玩笑。我、方纪、冯牧，三人都属羊，朱丹
> 却称方纪为方兄，叫我老登，称冯牧为冯老三。冯牧原籍北京，兄弟排
> 行也是第三，因此，在文艺界，也有人叫他三老板。朱丹其人，性格憨
> 厚，不爱开玩笑。

　　父亲调到解放日报社后，工作生活都相对稳定了，他每到周末便蹚过延
河去中央医院与母亲团聚；有时母亲也过河来清凉山，因此那段生活给他们
留下了深刻美好的记忆。这时期，母亲身体非常不好，还得了肺结核，住在
医院里，朋友们都非常关心她，希望她能尽快好起来。周而复的夫人、时任
延安中央医院小儿科副主任的王郅给母亲写信，让她安心休养，信中写道：

> 　　我很想来看看您，主要的目的是和您谈谈"怎么休养"的事。您的
> 肺病在进行，那是没有问题的，因此，您应静卧在床上三个月，什么事
> 情都不应该做。这样做，等三个月后，一定会好的。您要认真地休养！
> 切勿忽视了您的病。可可糖您留着自己吃，您是病人，我不需要吃这些，
> 而且我还可以吃蜂糖，谢谢您。我做了一些酱，等晒好了给您带些去。

延安清凉山上《解放日报》和新华社旧址，对面是宝塔山

从这些亲切的话语中，可以看出那时同志之间亲密友好的关系。1983年春我二弟兆麟到上海出差时，母亲还特意让他去看望王郓阿姨，她还非常关心母亲的身体状况，并说有机会到天津一定来看母亲。那次他还到杭州拜访了陈学昭阿姨，她热情地问起父母的近况，临别前还特意送给父母一本她刚出版的《野花与蔓草》，并签名留念。

父亲那时一方面编副刊，一方面到延安外国语学校①学习俄文、英文。当时给日本共产党总书记冈野进（野坂参三）当秘书的李振中叔叔曾对我们说：你父亲那时经常来外国语学校上课，我总能见到他。他那时穿着一件日军黄呢子大衣，很帅气。为此我们曾问父亲：从哪里搞来的日军黄呢子大衣？他笑笑说，是杨朔从前线带回来送给他的。关于在外国语学校学习的情况，父亲回忆说：

那时，我一边工作，一边还挤出时间到延安英文学校去学习，记得

---

① 1941年，在朱德、周恩来等同志的关怀下，延安中国人民抗日军政大学第三分校俄文大队成立。1941年11月，抗大三分校改为军事学院，原俄文队改为俄文科。1942年1月，军事学院俄文科划归中央军委第四局领导，5月成立中央军委俄文学校。1944年，俄文科增设英文科，学校更名为延安外国语学校。父亲当时为英文科B2班学员。

当时我从英文的刊物上转译了几篇苏联反法西斯战争的报告文学，发表在《解放日报》上。

父亲在学习外语的同时，利用业余时间翻阅了大量的苏联文学名著，经过短期突击，他竟能从英文刊物上翻译一批苏联的报告文学作品，如《为了乌克兰》《亚历山大·马特洛索夫》《一个女人，一个战士》等，均发表在 1945 年的《解放日报》上。同时，他还写了《对 A·托尔斯泰创作的一点介绍——纪念他的逝世》和介绍高尔基的文章《生活指示着他的未来》等。这些译作和文章，对于抗日战争最后阶段的中国军民起到了鼓舞作用。

天津一位研究父亲文学创作道路的作者王树人，在其未刊的书稿中写道：

> 方纪的这些表现苏联英雄人物的译作，是介绍苏联最具代表性的革命作家的文章，具有十分积极的意义。我国五四运动以来的新文化运动中，主要作品的内容大多是以暴露为主，虽然揭露了旧中国的病痛和流弊，但在描写和塑造革命英雄人物、充分表现革命英雄主义方面还缺乏比较成功的代表作品，也没有取得成功的经验。而且，他的译作又和当时我国的抗日战争的现实紧密配合。因此可以说，方纪对于开拓中国革命文艺的新领域，作出了一定贡献。

值得一提的是，孙犁著名的代表作小说《荷花淀》，就是父亲在《解放日报》编副刊时发现、并经他手编发的。父亲在写于 20 世纪 50 年代的《一个有风格的作家》中评论道：

> 那时我在延安《解放日报》编副刊，读到《荷花淀》的原稿时，差不多跳起来了，我还记得当时在编辑部的议论——大家把它看成一个将要产生好作品的信号。
>
> 那正是在延安文艺座谈会以后，又经过整风，不少人下去了，开始写新人——这是一个转折点；但多半还用的是旧方法……这就使《荷花淀》无论从题材的新鲜、语言的新鲜和表现方法的新鲜上，在当时的创

作中显得别开生面。

　　顺便说一句，延安文艺座谈会以前，大家长期地学外国、学古典，特别是学外国的古典文学，在语言上、方法上所形成的那种批判的现实主义的氛围中——至少是一部分人当中，《荷花淀》的出现，就像是从冀中平原上，从水淀里，刮来一阵清凉的风，带着乡音，带着水土气息，使人头脑清醒。

　　这一时期由于在《解放日报》的工作比较紧张，父亲没有太多机会去深入生活搞创作，因此这一时期除了几篇译作和两篇介绍苏联著名作家的文章外，只写了一篇短篇小说《魏妈妈》和一篇报告文学《阿洛夫医生》。王树人在其未刊书稿中写道：

　　　　1944 年底，方纪写了以国统区人民不堪忍受国民党的抓壮丁、派粮和增税的残酷压榨，毅然投奔抗日根据地为内容的小说《魏妈妈》。从作品的语言中，也可以看到方纪经过延安整风和座谈会之后，确实是深入了工农群众，并得到可喜的成效。在作品中，他能够开始熟练地运用朴实而生动的群众语言，在描写农村生活时，他完全避免了知识分子的腔调。这时，方纪还写了另一篇小说《张老太太》，它是《魏妈妈》的姊妹篇，收到了相同的效果。此后，他还写了一篇报告文学作品《阿洛夫医生》。这篇作品反映了苏联医生阿洛夫的国际主义精神，以及对工作的一丝不苟，对医疗技术积极进取的品格。

　　抗战时期有六位外国医生来到延安，他们是马海德、汉斯·米勒、白求恩、柯棣华、傅莱和阿洛夫。

　　安德烈·阿洛夫，苏联人，毕业于莫斯科第一医科大学，获博士学位。他曾参加苏芬战争及苏德战争，具有丰富的野战救护经验，是苏联颇负盛名的野战外科专家、医科大学教授。1942 年 5 月，奉斯大林之命，这位年仅 37 岁的教授来到延安。在延安时期，给毛泽东看病的医生，一个是美国医生马海德，另一个是苏联医生阿洛夫。阿洛夫也是唯一一名为毛泽东、中央书记处五大书记和政治局委员查体看病的医生；我军卫生界首批高级人才也是阿洛夫亲自培养起来的，故他被毛泽东誉为边区的"模范医生"。

1942 年 9 月，应阿洛夫请求，中央卫生处为他建了有四台手术台的手术室，毛主席亲自在手术室门上题写"治病救人"四个大字。在这里，病人既有前线下来的干部、战士，也有延安的中央首长和普通百姓。阿洛夫夜以继日地手术、看伤、除病，有时甚至一连工作 15 个小时。有个病人脚化脓了，已经决定截肢，而阿洛夫保住了他的脚。他曾救活两个孩子，孩子的母亲为两个孩子起名"院生"和"院成"。劳动英雄炼铁时脚被铁水烫伤了，赶大车的刘殿忠被车轮碾伤了，阿洛夫都给治好了。百里外的群众骑驴赶车来找这个外国人看病。为感谢阿洛夫，当地群众把他住的枣园后沟改名"阿洛夫沟"，陕甘宁边区政府副主席李鼎铭将毛主席手书"模范医生"的锦旗授予阿洛夫。1944 年 6 月 28 日、29 日，《解放日报》连续两天刊登阿洛夫医生的事迹。阿洛夫在延安工作了五年，然而他后来是很不幸的。据马海德的儿子周幼马说：阿洛夫一回国就被克格勃关押了起来，严加审问，打断了几根肋骨，让他交代和美国人马海德的关系，以找到马海德是间谍的证据。关押了他三年，但什么也没有审出来，只好放了，不久后就宣称阿洛夫因飞机失事而死亡，时年 47 岁。

父亲在 1944 年得了一次急性阑尾炎，就是阿洛夫给做的手术。大概也是在那期间，父亲得以收集到有关阿洛夫事迹的素材，于 1944 年底写出了长篇报告文学《阿洛夫医生》，当时准备在《解放日报》发表，但因涉外稿件要经领导审查，故拖延下来。直到父亲回到冀中后，1947 年有出版社要出单行本，父亲写信将此事告诉已到西柏坡工作的艾思奇同志，并说自己将去参加土改运动。艾思奇回信如下：

　　方纪同志：

　　　　来晋察冀后，早就知道你在冀中工作，没有机会通信，昨日忽接来信，非常高兴！《阿洛夫医生》在延安没有登出，稿子给富春同志审查，我还以为被他丢了，一直歉疚在心，现在能出版，你的心血不算白费，我也安心了。不用我的信作序很好，因为那是一时写下，没有仔细斟酌，不宜公开。

参加群众运动对于文艺作者很重要，三五年没有作品不要紧，有三五年的群众运动真实经验比关在房子里三五十年的写作好处更多。我现在没有机会做群众工作，自以为深憾，但任务压在头，也没有办法，只有等待以后了。愿常常通信。

此致

敬礼！

金星同志问好

艾思奇

一九四七（年）除夕

经过中国人民 14 年艰苦卓绝、不屈不挠的浴血奋战，在世界反法西斯正义力量的共同努力下，终于在 1945 年赢得了反法西斯战争的胜利，日本于 8 月 14 日宣布无条件投降。早在 8 月 10 日晚，新华社的译电员就收到了日本投降的消息，他们一路高喊着，从清凉山上飞奔下去，把胜利的消息传遍了延安全城。第二天延安群众在南门外新市场自发地搞起了庆祝集会，卖水果的老乡把一筐一筐的花红果子抛向空中，高喊着，让大家吃"胜利果实"。有些学生把自己棉袄里的棉花掏出来，扎成火把点燃，一路上尽情地欢呼游行。延安沸腾了，与全国所有的城市一样，人们尽情地欢庆胜利，享受着胜利的喜悦。8 月 12 日，在鲁艺当教员的诗人鲁黎给父亲寄来一首庆祝胜利的诗，他在信中写道：

方纪兄：

这些日子，诗情蓬勃，你呢？我想，你也一定要写诗了，希望我们多写诗，这是诗的日子。

昨天写了《胜利之夜》，是一篇叙事式的抒情诗，一时情感太兴奋，写不出［较］长的洗练的诗章。准备最近着手写一首《胜利的诗章》来。另外一首《震动世界的消息》，在鲁艺朗诵，一般同志尚加以许可；但时间已过，我特写给你读，不要用，为我保存起来，我最近会到你这里来玩，再拿回来。

……

八月十日之夜，我们兴奋得要死，你们呢？兄弟们，我们长久在斗争中所急盼的伟大日子是来到了，你回北平么，我也希望上北平去。

老兄，写诗，写诗，如你不写诗，你对不起这样的日子。（胜利之夜，如不能用也算了）

胜利！

鲁　黎

八月十二日

8月15日夜，延安的干部群众自发地举行了盛大的庆祝抗日战争胜利火炬游行，晚上父亲回到清凉山上后，以无比喜悦的心情在日记本中写了一首诗《人民的胜利》，诗中写道：

胜利，胜利，胜利
我歌唱胜利
我大声地歌唱
人民的胜利
……
人民的手培养了胜利
人民的血灌溉了胜利
人民牺牲自己的一切
换取胜利
今天——
庆祝胜利的人群走在街上
胜利给人带来了欢笑……

然而，仅三天后，蒋介石就下令不准八路军、新四军参加受降；与此同时，阎锡山派军队进攻上党解放区。一场新的内战又迫在眉睫了。父亲后来在散文《挥手之间》中这样写道："这几天，不要说那些烧棉袄的人不免后悔，许多人心里都憋了一肚子气；把胜利的欢喜，化作对蒋介石的愤怒，早从精神上百倍地警惕起来。"

8月13日，毛泽东作了《抗日战争胜利后的时局和我们的方针》的报告，指出"内战危险是十分严重的，因为蒋介石的方针已经定了"。在这个危急时刻，蒋介石邀请毛泽东前往重庆，举行"和平谈判"。全延安军民一致认为这是一次"鸿门宴"，为了毛主席的安全，都不同意他去重庆。但为了制止内战，争取和平，毛泽东不顾个人安危，决定前往重庆与蒋介石进行谈判。1945年8月28日，毛泽东从延安机场乘美国军用飞机前往重庆。父亲在后来所写的著名散文《挥手之间》一开篇便写道：

> 一九四五年八月二十八日清晨，从清凉山上望下去，见有不少的人，顺山下大路朝东门外飞机场走去。我们《解放日报》的同志，早得了消息，见博古、定一同志相约下山，便也纷纷跟了下来，加入向东的人群，一同走向飞机场去。

关于当时机场送行的经过与场面，父亲在《挥手之间》中有较为详细的记述，写得很感人，真切地表达出当时在场每一个人的真实感受。特别是记述毛泽东在飞机舱口，那富有历史意义的举手一挥，被父亲和摄影记者一起永远定格在了中国的史册中。父亲在散文中写道：

> 主席伟岸的身形，站在飞机舱口；坚定的目光，望着送行的人群；宽大的手掌，握住那顶深灰色的盔式帽；慢慢地举起，举起，然后有力地一挥，停止在空中……

这篇散文淋漓尽致展示了领袖和人民群众的亲密关系，这也是《挥手之间》能成为散文名篇的重要原因。在1979年10月举行的中国文学艺术界第四次代表大会（简称"文代会"）期间，记者来采访父亲，想请他讲一下《挥手之间》的写作过程。但那时父亲因患脑梗，已经难以用语言来表达了，于是我代替父亲将以前他所讲过的故事告诉了记者，父亲不住地点头称是。初稿中原有一段江青抛泪送主席的文字，后来父亲觉得有些不妥，就把这段文字删掉了，原因是江青的哭天抹泪令毛主席很感不快，而且与送别群众的感情也不和谐。江青因此记恨在心，在"文化大革命"中变本加厉地迫害父亲。当我讲到这里，坐在一旁的父亲突然愤怒地迸出了"国骂"！在讲到毛主席在机舱门口慢慢举起的手停止在空中，一动不动时，全场送行的群众仿佛在瞬间也被凝住了，表达出人民对领袖的深情！这时父亲抑制不住内心的激动，流下汩汩热泪……

　　为了保卫抗战胜利果实，中共中央决定将经过数年培养的大批干部派往东北、华北等各新解放区开辟工作，为迎接即将开始的解放战争做准备。父亲和母亲也怀着依依不舍的心情，于 9 月 23 日离开延安，前往东北。

　　延安，再见了！

第六章

从察北到冀中

一、在热河的日子

抗战胜利不久，大批延安干部奔向东北，参加东北的接收和开辟新解放区工作。父母亲也加入了前往东北的行列。但当走到热河时，由于晋察冀边区也急需干部，根据组织决定，他们留在了热河工作。

在抗战刚刚胜利时，父母亲的挚友朱丹与李纳夫妇就于 8 月 23 日先期离开了延安，随西北战地服务团的一些干部前往山东。临行前，他们与父母相约在北平相会。临行前，朱丹与李纳匆匆画了一幅延安景色送给父母，作为临别的纪念。

很多在延安生活过多年的人，在离开延安后都非常怀念它。这里引述一段著名记者、刘白羽夫人汪琦于 1944 年调到重庆《新华日报》工作后，写给父母亲私人信中的一段话，表达了这种心声：

> 过去，我想念学生的生活，觉得那好像是清晨站在山峰上一样的愉快；现在我想念延安，好像那是我的家。想念延安那样的天气，想念那里的同志，想念延河，甚至于想念那最坏的时候——刮风的季节，似乎那也是亲切的。

此刻的父亲，正以明朗的心境准备到火热的斗争前线去一展身手，讴歌

时代，讴歌人民，以"创造出新的具有
时代精神与时代形象的作品"。在离别
延安、奔赴解放战争前线的前一天，他
赶写出了《到群众中去》一文，发表在
当日的延安《解放日报》上。他在文中
充满激情地写道：

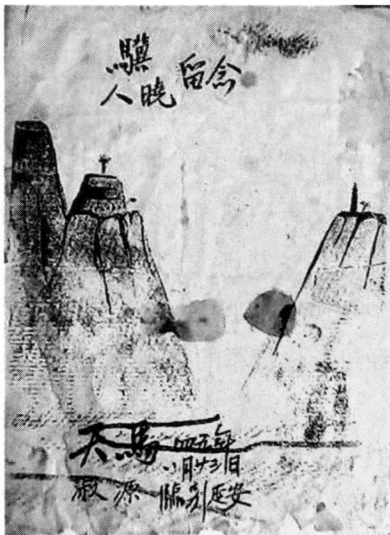

1945 年 8 月 23 日，朱丹夫妇离别
延安时送给方纪夫妇的临别纪念画，画
中署名"天马"即朱丹，"淑源"即李纳

　　这回文艺工作者的大批到前
方，对于我们的文艺运动是一件大
事。抗战八年，这样大规模的、有
组织的、有思想准备的到实际中去，
无论对于我们解放区，以至全国的
文艺活动来说，都还是创举。我说
创举，是因为这次行动，与以前的
任何"下乡""入伍"有个根本的区
别，这区别，就是思想上的改变。
　　……
　　文艺上的工农兵方向，对于每一个进步的文艺工作者都是清楚而肯
定的。但在创作实践中，还有不少的实际问题等待解决，诸如对于新的
主题思想、艺术形式、语言和风格的掌握与创造等……在这些问题中，
我以为实际是对于新的生活、新的人物的认识与表现的问题。
　　只有到生活中去，到广大群众的斗争中去，体验、观察、感受时代的
情绪，群众斗争的情绪，生活的形象与语言的形象，并在不断地辛勤劳作
中，才能完全脱出旧的窠臼，创造出新的具有时代精神与时代形象的作品。
　　……
　　抗战胜利了，但群众的时代并没有过去，反之它正在兴起。到群众
中去，深入在群众斗争里，然后才能表现这群众的时代。

在离开延安的时候，父亲的身体不大好，而瘦弱的母亲也正怀有身孕，

因而半途中雇了一头小毛驴，让母亲骑着走。但不幸的是，在快到达多伦时，母亲腹中的孩子还是没有保住。母亲原在中央医院小儿科工作，她当然知道流产的后果，因此心情不太好，她在自己的日记中记录了这次旅途的艰辛和自己的心情，遗憾的是这些日记后来在"文化大革命"中被毁掉了。当时与父母一起同行的还有郭小川的夫人杜蕙，瘦小的杜蕙那时身体也不好。杜蕙到达热河与郭小川团聚后，热情幽默的郭小川在给父母的信中写道："听杜蕙说到你们在路上的许多艰难，颇表同情，两个病鬼（连小杜三个）经过长途行军的锻炼，总算大有起色，这难道不是收获？"

父母一行在入冬时走到承德附近一个名叫周四沟的村庄，那里很冷，人们穿着厚厚的棉衣还感到寒冷，然而他们看到成群的孩子穷得没有衣服穿，男孩子用麻袋遮住下身，女孩子身上挂着各色布片。全面抗战爆发后，日本侵略者用机枪和刺刀在冀热辽长城沿线地区制造了千里"无人区"，实行惨无人道的法西斯统治。父亲一行经过那里时，只见草深丈余，遍山白骨，不见人烟。面对着惨绝人寰的劫难，望着破败的山河，父亲心情十分沉重。经过细致的调查，他在激愤中含泪写下了《血泪凝成的数字》的新闻特写，发表在1946年2月19日《冀热辽日报》上（延安《解放日报》于4月13日转载）。这篇文章以触目惊心的事实揭露了日军在热河省实行"三光政策"残酷杀害中国人民的罪行，尤其是日军推行"人圈"的奴役内幕，将日军的侵华暴行公之于天下，文章在解放区引起了极大的反响。

抗日战争胜利后，因晋察冀边区急需补充干部，根据组织决定，热河省委将先期到达承德的方纪、徐懋庸、塞克（原名陈凝秋，延安青年艺术剧院院长）、赵竟等准备北上哈尔滨的干部留下，以建立群众基础、开辟根据地。父亲与徐懋庸、塞克、赵竟等人在承德短短十个月时间，在文化文艺方面做了大量工作。时任热河省文联副主席的父亲，在纸张、印刷条件十分困难的情况下，与徐懋庸、塞克等办起文学刊物《热潮》，父亲在重庆时写的《山城纪事》和在承德时写的《张老太太》两个短篇小说，首先发表在《热潮》上。郭小川、周而复、杨溯等人都先后给这个刊物投过稿。郭小川在当时写给父亲的信中说："这里的斗争已极为丰富，有心写一点，总抽不出时间，你若当大编辑，以后自然愿为效力，尚望不吝'赐教'。"这时期与父亲一起在北平《泡沫》社、后在延安"文抗"工作的白晓光（马加）在张家口也编刊物，二人不时有通信往来，白晓光觉得承德"有许多好的材料可以收集的，其中也许不乏伟大作品的主题。我自己觉得到张家口没有学到什么，也不能写什么，时间多浪费了"。

父亲和徐懋庸在承德还开办了文化夜校，父亲讲写作，徐懋庸讲文化理论，塞克讲戏剧创作，赵竟讲美术绘画，通过夜校形式，热河省许多群众加深了对共产党的认识，积极投入到党领导的各项工作中，发挥了特别作用，其中还有不少人加入了共产党。1946 年 8 月解放军撤离承德时，这些夜校的学员们大都坚定不移地随解放军离开承德，积极投身解放战争，成为骨干力量。这些学员在各自的晚年回忆录中，不约而同地提到了父亲是他们参加革命的引路人。有位当年在承德民族学校学习的蒙古族学生沙兰说，那时她只有 15 岁，曾随父亲一起在承德周边参加过打土匪的战斗和土改工作，有一天晚上露宿在一个旧羊圈里，半夜狼来了，把学生们吓坏了，父亲提着枪在羊圈外守护了一夜。

在此期间，母亲转入新闻界，从事她所喜欢的记者工作，先后在热河新华社冀热辽分社、张家口新华社晋察冀分社工作。这期间她写了十几篇关于解放区民主选举的报道，如承德隆化大东沟等地的选举，这些报道从不同角度记录了解放区基层民主选举的实况，真实地反映了解放区人民翻身得解放的精神面貌。

那个时候地处塞北的承德，经济比较落后，信息也十分闭塞，当地老百姓对共产党很不了解，人们受封建思想束缚，开会时男女群众都不敢坐在一起。为了粉碎敌人散布的共产党"共产共妻"等诽谤谣言，打开群众工作局面，父亲带领一些学生入户找群众谈心，宣讲共产党的政策。不久父母亲又共同筹办了塞克与王昭的新式婚礼，用事实教育了群众，在当地产生很大影响，推动了当地风气的转变。

父亲在承德（热河）时期，工作非常活跃。1945 年 11 月为祭奠在解放承德战役中牺牲的苏联红军烈士，热河省委在当时承德市中心德汇门广场修建了苏军烈士纪念碑，揭幕那天省委领导宣读了由父亲撰写的祭文。祭文写得很感人，使在场的苏军指战员们深受感动，加深了他们对中国人民的感情，对中国共产党的国际主义精神也有了深入了解。父亲在 1954 年随中国友好代表团访问苏联时，许多苏军老战士闻讯都去看望他。承德市党史办一位老同志曾说，20 世纪 80 年代承德在修复苏军烈士纪念碑时，有些尚健在的苏军老战士来访，他们还记得当年父亲所写的祭文，要求找到后重新铭刻在纪念碑上。遗憾的是，父亲自己也没留下这篇祭文的原稿。

父亲在 1946 年 4 月被公选为"五四"青年节纪念筹委会主任，他先后举办了两次大型专题报告会，承德学校师生和省直机关青年职工都认真听了父亲内容生动的演讲。在这次演讲中，父亲和赵竟等人还在现场演唱了延安的歌曲，几天后，这些歌曲便在承德传播开来。在这次系列纪念活动中，父亲请来省军区剧社演出了《兄妹开荒》《小放牛》《牛永贵负伤》等小歌剧；在承德避暑山庄里的月色江声广场，父亲亲自指挥演出《黄河大合唱》，赵竟组织了歌剧《白毛女》演出，现场许多群众掉了眼泪，他们说共产党的歌曲都是大众的心里话。这次活动后，父亲写了篇《承德纪念"五四"文化活动总结》，发表在《热潮》上。这个时期，除了前文所说的两篇小说外，父亲还写了《〈腐蚀〉——读书笔记》、《抗议国民党摧残文化暴行》[①]、《血泪凝成的数字》、《介绍历史悲剧〈李自成〉》（1946 年 2 月 24 日《冀热辽日报》）、《哀诗——悼"四八"殉难者》（1946 年 4 月 21 日《冀热辽日报》）、《李成》（1946 年 4 月 29—30 日《冀热辽日报》）。

1946 年初，100 余位延安的文艺工作者在赴东北途中被改派留在张家口，从而使张家口成为解放区作家的荟萃之地，文学运动出现了蓬勃发展的可喜景象。4 月 24 日，中华全国文艺协会张家口分会宣告成立，选出理事 23 人，沙可夫、丁玲、萧三、吕骥、艾青、江丰、丁里、张庚、周巍峙为常务理事，沙可夫任主任，丁玲任编辑出版部长，萧三任研究部长。

这个时期，父亲经常往返于承德与张家口之间。1946 年 3 月 1 日，军调部三人小组马歇尔、张治中、周恩来从北平飞抵张家口，刘白羽以《新华日报》记者身份随军调部三人小组来到张家口，离开张家口前，他给父亲写信说：

---

① 指重庆较场口事件。1946 年 2 月 10 日由重庆各界 19 个团体人士发起，在重庆较场口广场举行庆祝政协会议成功大会，在参加聚会的队伍陆续入场时，埋伏在会场两侧的国民党特务对各界人士大打出手，郭沫若、马寅初、李公朴等 60 余人被打伤，造成流血事件，史称"较场口事件"或"较场口血案"。

热河之行写了八篇通讯，寄你。现即去东北，明早起飞，可能两三日后始返平，小事耽搁即去沪，热河再来，恐是以后的事情了。我始终写热河——这和我每次写一个新的事物，比写一现成事物多些，是一样的。你应生根下去才对，将来大家各自一方，都愿听到彼此工作上的好消息，你们的路子是对的，特别是金星，我觉得她应坚持这条路。

这时期在重庆《新华日报》医务所工作的王郓也非常关心母亲的情况，她在给母亲的信中写道：

亲爱的金星同志：

你的病是我很担心的一件事，自你走了，我一直在想，你在路上不知吃得消吃不消？这次收到你的信，知道您很安逸地在承德工作了。你应该找一个较为安静的工作做，不然于你的身体有害。你说我在这里一定高兴了，相反的，我在这里太寂寞，我愿意回延安，延安有很多朋友，这里却都不熟识。我就在报馆医务所工作，整日看感冒，乏味得很。不久要复员，我也去上海，我预备回家一趟，以后仍预备到解放区。

重庆反动派闹得很凶，把我们报馆营业部捣毁，重伤三人，不时恐吓我们说要烧我编印部，我就在编印部医药室工作，紧张时把妇孺先疏散，胖胖伴作探望病人，在一个医院里躲了一天。我是医生，该在报馆应付工作，故不愿离去。全国各地应停战命令慢慢地停战下来了，而大后方倒反而成战场的最前线了。

从这封信中，可以看出当时重庆国民党反动派破坏停战协议的一些行径。1946年6月，蒋介石撕毁停战协议，下令国民党军队向中原解放区发起进攻。26日夜，八路军驻宣化店的中原军区总部在李先念司令员指挥下开始了中原突围，奏响了反内战的序曲。8月27日，国民党军集结兵力进犯冀东解放区。9月29日，蒋介石下令限期"收复"张垣（张家口），国民党9个军分三路大举进犯张家口，晋察冀军区八路军在聂荣臻司令员领导指挥下，开展了保卫张家口的反击战。此时，父亲已奉调去怀柔前线担任随军记者，这期间他写了一篇新闻特写《前奏》，后发表在《晋察冀日报》上[①]。他在这篇特写中写道：

> 九月二十九日晨四时，从青龙桥方面发出来的进犯的炮声终于响了。炮声惊醒了察哈尔解放区前哨的岔道镇及其周围和平的乡村里。……
>
> 炮弹是以每分钟六至八发的速率发射的。带着疯狂的呼啸从和平的天空里划过，又胆怯地沉重地落下来，爆炸开去。这样，继续了两个钟头。到六点钟，天亮了，站在岔道东南山上的解放区的卫士们，看到一种"奇"景：在三辆美制坦克掩护下的穿着美式服装的士兵，通过美国人为我们设立的曾经是和平象征的解放区和蒋占区的界碑山上冲过来。
>
> 要来的，终于来了。蒋介石的猪嘴终于伸向察哈尔张家口这块和平美丽的花园来了，对生活在这里的和平幸福的人民的进攻开始了。
>
> 这不是意外的，尤其对于守卫在前线的战士们。×团二营六连五班的战士，在副连长杨宝进领导下，按着预定计划迅速地炸毁了道路和公路桥梁，占领阵地向敌人射击。一阵排枪，冲向岔道东门的敌人立即像风刮着枯叶一样卷回去，南门的敌人又冲上来了，——对不起，轰，地雷爆炸了，挂着美国制服胳膊（也许是腿），和盛着脑袋的钢盔飞到空中……当敌人经十多门迫击炮和轻重机枪掩护其主力集结上来的时候，这一班勇士们已毫无损伤地转移到新阵地，继续向敌人射击起来。……
>
> 保卫察哈尔，保卫张家口的神圣自卫战争就这样开始了。

父亲的作品中描写战争场面的文字不多，这篇特写以纪实的笔法真实地记录了张家口保卫战打响的实况。他后来写的短篇小说《副排长谢永清》也是在当随军记者时在前线收集的素材。不久，他从前线到了张家口，采访"军调部张家口执行小组"的工作。

军调部是 1945 年 10 月底成立的。当时，面对中国全面内战即将爆发的

---

① 《前奏》一文收入《文旗随战鼓——〈晋察冀日报〉文学作品选》一书，1995 年 10 月由解放军文艺出版社出版。聂荣臻为本书题词，刘澜涛作序。书中注明本文发表日期为 1946 年 6 月 6 日，有误。

严峻局势，美国总统杜鲁门派已经退休的前陆军参谋长马歇尔五星上将为特
使，来华进行军事调停，并成立了军事三人小组，即美国代表马歇尔、国民
党代表张治中、共产党代表周恩来。为避免军事冲突，在军事三人小组的领
导下，于 10 月底在北平着手成立军事调处执行部（简称"军调部"）。军调
部设委员三人，由共产党、国民党和美国各派一人组成，由美方委员担任主
席，一切事宜均须三委员一致通过，三委员均有否决权。军调部中，共产党
委员是叶剑英，参谋长是罗瑞卿；国民党委员是郑介民，参谋长是蔡文治；
美方委员是罗伯逊，参谋长是海斯。12 月初，军调部正式成立，地点设在
协和医院，下设 38 个执行小组。这些小组的任务是分赴各地执行停止内战
的任务，禁止双方军队的战斗接触，妥善处理双方军队的相处与整编问题。
1946 年 7 月以后，蒋介石公然撕毁《停战协定》和《政协决议》，向解放区
发起了全面进攻，马歇尔宣布调停失败。1947 年 1 月 29 日，美国驻华使馆
宣布美国代表退出执行停战协定的军事三人小组，并撤出军事调处执行部美
方人员。30 日，国民政府宣布解散三人军事小组及军事调处执行部，参加
各地军调部执行小组的中共代表相继撤回。

　　这期间，在北平军调部任执行处副处长的安东 ①，与父母亲常有书信往
来。安东与父母亲的相识，是因他的夫人李树坚。李树坚是泰国华侨，与母
亲是延安中央医院第二期护训班同学，后担任中央医院传染科护士长。她比
母亲大几岁，与母亲很要好。抗战胜利后，李树坚去了东北新华社工作，而
安东调到北平军调部工作，安东经常买些书刊托军调部来张家口的人带给父
母，用他自己的话说："我每月除洗衣费外，用钱处不多，维持一点书报尚
无问题。"他在另一封信中写道："今日在协和门前之海燕书店买了两本书，

---

　　①　安东（1918—1966），四川阆中人。1932 年加入中国共产主义青年团。1933 年参加中国工
农红军。1936 年由共青团转入中国共产党。土地革命战争时期，任红四方面军第三十军八十九师
政治部宣传员、秘书，红四方面军指挥部机要科机要股股长，参加了长征。抗日战争时期，任抗日
军政大学第四期轮训队政治指导员，军委一局一科科长，军委作战部一处副处长。解放战争时期，
任冀热辽军区参谋处长，北平军事调处执行部东北执行分部执行处处长，东北野战军第六纵队副
参谋长，第四野战军四十三军一二九师参谋长。中华人民共和国成立后，任军委对外联络处处长，
情报部三局第一副局长，中国人民解放军总参谋部办公室主任，兼军委办公厅机要秘书处处长，装
备计划部副部长，国防科学技术委员会副主任。1955 年被授予少将军衔。

爱伦堡的著作未见到，我相信这书你肯定收到的。但我仅仅知道你们是收到了它的话，我便心安了。"他在另一封信中说：

> 今日看见了［泰国］访华团七位先生，可是找不到会说南国话［的人］，他们都是极反动的代表，我真想问他们为什么虐待侨胞？因为洋人（美国人）在场，未便开口，我想如果树坚同座，我一定要她质问他们为什么。……我对新闻不内行，不能供给一点关于此间的消息作报道，又不知什么书适合你，顺便买了一本《虹》，一本《妻》和两份杂志，一份画报，以后要什么书，只要可能，就把名字开来尽力去办。

不久，安东在一封信中说：

> 这儿国民党对咱们是太费心血了，连戴老帅也来了，其情景如何，不言可知。可痛的是这儿我们与民主同盟的报纸太少了，且是周刊或三日刊，发行少，纸张难，所以只有反共反苏的报纸大声呐喊，真是气死人。我们的新闻工作者太少了！这儿使我经常想起你俩为什么不到这儿来呢？

也许是军调部中共方面为了加强宣传工作，把父亲就近调到张家口军调执行小组当了随军记者。然而不久，国民党军对张家口发动进攻，中共中央鉴于形势，提出主动撤出张家口，"把包袱丢给国民党去背"。在国民党军即将攻入张家口前，父母亲随最后一批撤退人员撤出了张家口，前往冀中区党委报到。

关于当时的形势，父亲在他后来所写的散文《挥手之间》中写道：

> 以后，是在战争中了。蒋介石撕毁了他亲手签订的"双十协定"，在美帝国主义支持下，向解放区大举进攻。解放战争全面打响了。一个夜晚，在承德前线，读到一位从北平"军调部"来的同志抄在一个小本子上的毛主席的《沁园春·雪》——这首诗第一次在重庆发表出来，震动了整个所谓"大后方"的人士，他们从这里看到了决定历史命运的真

正力量，听到了革命进程的脚步声音！而我们，在前线，在炮火声中，在闪耀的火光里望着战士们持枪跃进的身形，这诗里的思想，情绪，完全变成伸手可触的形象，身置其中的境界了。于是，诗的每一个字，如同火炬一般，燃烧起来。刹那间，整个前沿阵地，仿佛一片通明！解放战争的炮火，正在摧毁旧中国的一切黑暗势力。当时的敌人，看来是强大的；但是，正如诗里所写，决定历史命运的不是秦皇汉武、唐宗宋祖，而是人民自己，是当代的"风流人物"！

二、回冀中参加土改

1979 年著名作家孙犁在《方纪散文集》序中这样写道：

> 1946 年冬，他（方纪）从热河到冀中，在河间的一个小村庄，我见到了他。他从热河赶着一匹小毛驴来的，风尘仆仆，在一家农舍，他多情的爱人黄人晓同志，正烧水为他洗脚。此后，我们在《冀中导报》，土改运动中，以及进城后在《天津日报》，都生活工作在一起。

父亲从张家口出来，沿着太行山东麓，与母亲赶着小毛驴，驮着背包，走了一个多月，终于回到了阔别已久的冀中家乡。他们先回到辛集佃士营家里看望了父母，然后去驻河间的冀中区党委报到。父亲从离别家乡到重回故里，已有近 10 年时间，亲人团聚自然是悲喜交集，热闹喧天。我爷爷奶奶围着自己的儿子不断地问长问短；弟弟妹妹拉住久别的大哥一刻也不肯放手；亲戚乡里走马灯似的来听羊子（父亲的乳名）讲各种新鲜事……一时间把个平静已久的佃士营搅得比过大年还红火，人们说，好多年村里没有这么热闹过了。

然而，最让父亲萦绕于心的，是最关心他、培养他、与他感情最深、并让他坚定走上革命道路的他的外祖母，为革命作出过贡献的外祖母始终是支撑他勇往直前的动力。他回到家乡第二天便去通士营外祖母的坟前祭奠了她。后来，1955 年父亲又专门写了一篇《献诗——纪念我的外祖母》，长诗中这样写道：

> 外祖母，我最亲爱的外祖母，
> 我一生中最亲爱的人，
> 你死了已经十二年，
> 我却在这样的日子里
> 才写成这纪念的诗篇。
> ……
> 你在煎熬和期待中
> 度过了最后的日子；
> 满怀着希望，
> 在你剩下最后一口气的时候，
> 还把我的名字呼唤。

父亲在这首诗里不仅表达了对外祖母的深厚感情和怀念，也记述了外祖母为掩护中共直南特委地下党的革命活动所作出的贡献；同时，也记述了在外祖母的影响和鼓励下，自己一步步所走过的革命道路。他在诗的结尾写道：

> 我到你坟上去，走过村前。
> 在那十年前你送我的地方，
> 仿佛依然站着一个老人。
> 那焦虑的心，严峻的脸，
> 那深切的嘱托，刚强的语言，
> 还有那秋风吹动你鬓边的白发，
> 眼泪滴落在你胸前……
> ……
> 你所希望的实现了，
> 你所等待的回来了，
> 可是姥姥，
> 你为什么不活到祖国的今天……

外祖母，我最亲爱的人，

请接受我这来迟了的敬礼。

纵然来迟了，我到底回来了；

我实现了自己的誓言。

……

父亲在这首诗中表达的不仅仅是对自己外祖母的深切怀念，也表达了对为革命事业而英勇牺牲的无数先烈的深切缅怀。

父母到冀中区党委报到，受到冀中区党委书记黄敬等人的热烈欢迎。父亲被分配在宣传部工作，后调到冀中文协，任冀中区文协委员，以后又到《冀中导报》社工作；母亲则先在冀中文化协会工作，后去了《冀中导报》做记者。当年同在《冀中导报》工作的石坚对当时的情形还历历在目：

1946 年冬天，忽然来了一位英俊潇洒的青年和一位年轻美丽、天真活泼的女子，同志们都用惊羡的目光看着他们。社长王亢之告诉我，男的叫方纪，也是冀中人，在北京上过大学，参加过"一二·九"运动，抗战初期带过游击队，后到延安在《解放日报》当编辑。女同志叫黄人晓，是位泰国华侨，15 岁就越过千山万水回到祖国参加革命并入党，在延安中央医院工作，小小年纪就初露才华，写过《毛主席看望关向应》的特写（此文后被编入小学课本）。我听了对他们肃然起敬。不禁叹道：这对夫妻真是郎才女貌，珠联璧合。①

社长王亢之特别爱惜人才，他知道方纪在延安曾为艾思奇同志编过副刊，就马上让他为《冀中导报》编副刊。一共编了 20 期。方纪的水平高，使导报的副刊耳目一新，特别是搞了"争鸣"，给冀中新闻、文艺界带来一股延安的清风。记得当时有关于"洋气与土气"的争论，冀中人土气，而从延安来的同志被视为洋气，如袁静的穿着打扮很是入

---

① 石坚：《文苑凋谢一枝热情之花——悼黄人晓同志》，发表于 2007 年 9 月 9 日《天津日报》。

孙 犁

时，我是土包子我们就有些排斥他们。方纪适时组织了关于这"二气"的争论，在一定程度上纠正了排外思想。①

在冀中区党委宣传部，父亲遇到了在延安时就已"神交"的作家孙犁。父亲曾在回忆中写道：

当时冀中区党委已有几位作家，如孙犁、梁斌等，虽然我和孙犁同志都在延安学习和工作过，还一起参加了欢庆抗战胜利的火炬游行，在我们亲手修的机场欢送毛主席赴重庆谈判，但我们并不相识，记得我们第一次见面时，彼此都很高兴，虽未曾谋面，但毕竟早已互闻其名了。我在《解放日报》当副刊编辑时，就曾拜读过孙犁的小说《荷花淀》。那一天，我们都忘了旅途的劳累，谈了许久许久，我俩从这次会面起，便长期地生活和工作在一起了。

父亲和孙犁二人在冀中区党委宣传部、冀中文联和《冀中导报》共事了两年多，其中一同到饶阳县参加土改工作队，再双双回到《冀中导报》。朝夕相处，他们彼此有了更深的了解，加深了友谊。孙犁也曾写道：

我和方在青年时期，即解放战争时期，经常一同骑着自行车，在冀中平原，即我们的故乡，红高粱夹峙的大道上，竞相驰骋。在他的老家，吃过他母亲为我们做的束鹿特有的豆豉捞面。在驻地黄昏的农村，豆棚瓜架下，他操胡琴，我唱京戏。同到刚刚解放的石家庄开会，夜

① 2008 年 7 月 5 日，石坚在天津市政协关于《名家画传》策划会上的发言。

晚，冒着敌机轰炸的危险，迷恋地去听一位唐姓女演员的地方戏曲。天津解放之前，我们先到美丽的小镇胜芳，在一家临河小院，一条炕上，抵足而眠，将近一个月。进城时，因为我们的自由主义，离开了大队，几乎遭到国民党散兵的冷枪。这些情景都一去不复返了，难以再遇，就是那些因为工作或因为生活而发生的争吵，恐怕也难得再有，值得怀念。即使还有机会争吵，我身旁也没有了兼顾情义的老伴，听不到她的劝诫了！

孙犁在这段高度凝练的回忆中，把他与父亲在一起工作、生活的经历和真挚深厚的友情，写得那么真切、淋漓尽致；这种坦诚直言的记述，恰恰体现了他们彼此之间同志加兄弟的真诚友谊和感情。这种革命战争时期结下的深厚友情，现在已很难见到了，正像孙犁所说"难以再遇"，"值得怀念"。

在冀中工作时期，由于解放战争进展很快，父亲的朋友们也随各自的队伍分散到全国各地，并忙于各自的工作，彼此之间通信往来就比较少了。大概也因为当时条件太差，很多信件没有保存下来，现在我们看到的仅有当时在晋冀鲁豫边区文联主编《北方》杂志的黑丁①写给父亲的一封信，信中说：

　　　　我们文联的同志都到实际工作当中去了。葛洛与曾克到了前线，鲁黎现在潞城搞翻身工作，快回来了。荒煤、我也快下去了，他不到前线，就到地方上去，我大约到冀鲁豫去参加土地改革工作。准备计划写些东西。这里文艺工作者也不少了，不久前，党校文研室也来了，有一批人，其中如马达等，大约你们是认识的，他们与中央局文工团合并了。北大也有一批人，如光未然、罗工柳等。我们这边没有你们冀中热闹，你们那边人多。

---

　　① 黑丁（1914—2001），原名于敏亦，山东即墨人。1933年参加左联并开始发表作品，1937年到延安，历任延安文艺界抗敌协会理事、秘书长，《谷雨》杂志编委，1941年加入中国共产党，1944年毕业于延安中央研究院、延安中央党校新闻研究室。解放战争时期任晋冀鲁豫边区文联常务理事，《北方》杂志主编。1949年加入中国作家协会，任河南中原文协副主席，武汉中南文联党组书记、副主席，中南局宣传部文艺处处长，中南作家协会党组书记，中国作家协会理事、顾问等职。

冀中区党委所在地河间，是个有着悠久历史文化的地方，其名始于东周，距今有 2600 年历史。历代均在此设郡、建州。汉景帝前元二年（前 155），刘德以皇子身份受封为河间王，他大量收集散落在民间的书籍，并加以整理，使很多典籍得以保存并流传，其中最重要者是毛亨（大毛公）的《毛氏诗》和左丘明的《左氏春秋》。西汉的毛苌（小毛公）在此基础上曾在河间诗经村传授诗经，并以我国第一部诗歌总集《诗经》名传后世。东汉科学家张衡曾任河间相，发明过浑天仪和地动仪。宋代名臣包拯曾做过河间知州。另外，唐代大诗人刘长卿，金代著名医学家刘完素，民国大总统冯国璋等人，祖籍都是河间。清代赫赫有名的大学士纪晓岚，也是河间府人，曾主持编修《四库全书》，并以著名的《阅微草堂笔记》而流传于世。河间也是西河大鼓的发祥地，当地也称它为梅花调、犁铧片、弦子鼓、河间大鼓等，在民间有着广泛的流传。西河大鼓是一种"说书"形式，深受当地群众欢迎。因此，父亲在这里工作时，除做了许多文化普及工作外，也在深入实际生活中向当地群众学习了很多民间文化和语言，为他的创作积累了丰富的素材。

这期间，父亲为提高冀中地区文学创作水平，写了《反映战争》《从思想上进一步提高》《农民的诗》《关于新时代的题材及其他——答王鹏同志》《一部真实的历史——介绍〈巴黎的陷落〉》，这些文学理论的短评，对推动创作、普及文学知识起到了很好的作用。

在关于文学作品写什么，在《反映战争》一文中父亲充满激情地写道：

半年来，我们的仗打得很好。我们神勇的人民解放军天天在打胜仗，整团整旅地消灭敌人！每一个胜利，都给人民带来了希望，带来了兴奋与鼓舞。然而，这些伟大的场面，这些可歌可泣的故事，我们反映得太少了！由于人们对于战争的密切关注，所要求的已不是简单的新闻与数字了。人们要求知道战争是在怎样进行的？我们的胜利是怎样获得的？我们的战士是怎样以劣等的武器，战胜了在装备上优于我们的敌人？人们需要知道，当我们的一个战士在用自己的血肉之躯阻止敌人坦克前进的时候是怎样的？人们需要知道，当我们的人民冒死犯难，为着胜利而贡献了自己一切的时候是怎样的？这些惊天动地的事迹，是可以鼓舞民心，砥砺士气，是值得大书特书，载诸史册永垂不朽的！

对于如何认识土地改革运动，父亲在《从思想上进一步提高》一文中写道：

> 这是中国历史上一件大事。它首先从经济上、政治上，摧毁了几千年来地主阶级的封建统治；同时，也开始了从思想上摆脱开几千年来封建主义的桎梏。
>
> 因此，这同时也是一个思想新纪元的开始。在过去，地主阶级所赖于长期统治农民的工具，不只是一套有形的封建主义政权，而且还依靠其在思想上所造成的无形的封建主义的伦理枷锁。翻身以前，农民是相信着地主阶级制造的"命运"，相信着"穷靠富，富靠天"的谎言，以及地主土地私有权的"神圣不可侵犯"；但经过了斗争，翻了身的农民，便不再相信这个了！他们懂得了谁养活谁的道理，知道了不是"穷靠富，富靠天"，而是"富靠穷，穷靠力"。并且亲手改变了地主独霸土地的"神圣权利"，把它拿回到自己的手里来。

关于写诗，父亲在《农民的诗》一文中充分地肯定了农民的诗，并写道：

> 这些故事大抵很短，都是农民自己的集体创作，从口头讲述流传开去，再经过每一个讲故事的人根据自己的生活、愿望等，加以想象和补充，使之更加发展与完整。农民采取诗的形式表现自己的生活，把自己过多的痛苦压缩成最精练的语言来表现，便于记忆和传诵，因此这些诗都很简练、精粹，都是非常好的艺术作品。如：
>
> 千年坏封建，今天算玩完。该下我们账，要还我们钱。
> 不受他们气，我们把身翻。我地归还我，有吃又有穿。
> 不是共产党，哪里有今天？久了老百姓，享福没有完。
> 谁来对我香，我就对谁甜。拥护共产党，高呼万万年！

这里表现农民的政治态度多么明确、坚定！只有在翻了身的情形下，才有主人翁的感觉，才能做得出这样的诗来的。

1946 年底，父亲参加了土改工作队，在饶阳县的影林村搞了一年多的土改工作。由于政策掌握得好，成绩突出，当地人流传着一句话："河间有个康，影林有个方。"康是指当时在河间县参加土改工作的康克清，因为他们把土改工作搞得有声有色，在当地留下很好的口碑。

河北省饶阳县，现属衡水市。别看它名气不太大，有几样特色食品却远近闻名，一是杂面；二是豆腐脑；三是大火烧驴肉（即驴肉火烧）。特别是豆腐脑，很有特点，虽然豆腐脑只是一种很平常的小吃，但很多人也许不知道，它竟然有三大流派，一是天津豆腐脑，以素卤汁调味；二是饶阳豆腐脑，以肉汤汁调味；三是陕西豆腐脑，以蒜汁辣油调味。这三种豆腐脑汤汁不同，各具特色。而饶阳的杂面，味道正、不散不黏，深受群众喜爱，父亲在小说《老桑树下的故事》中，就塑造了一个"杂面造"的人物形象。大火烧驴肉，一是指火烧个儿大，里面夹的肉块也大；二是其火烧外酥里软，吃起来味香可口，别具特色。

在饶阳参加土改，大大丰富了父亲的生活，积累了很多创作素材。不论是开会讲话，下地劳动，还是在乡间农家的土炕上同乡亲们唠家常，宣讲党的土地政策，都注意倾听群众意见，注意观察他们的语言表达、情绪和心态，捕捉每个人细微的神情、眼神、气质及他们日常劳动和生活中的每一个特征；并对每个家庭历史中的每一个细节，甚至在街上遇到一个人，不论是男是女，是老是少，都会认真仔细观察并记录下来，晚上再抽空加以整理。这为他创作《老桑树下的故事》和《不连续的故事》积累了丰富的素材。在工作的间隙，在昏暗的油灯下，父亲于 1948 年写出了中篇小说《老桑树下的故事》，1950 年定稿，由三联书店出版。这部作品在刚刚解放不久的北方农村和城市中产生了很大影响。父亲后来说：

之所以为这部小说起了这么一个奇怪的名字，是我长期仔细观察影林村的周围环境，捕捉到它的特征之后起的。影林村靠近滹沱河南岸，村北，有一道二三里长的土岗子，就在这土岗子的屋脊梁背上，长着一棵老桑树，谁也不知道它生长多少年了。只见它长得又粗又高，树身弯弯曲曲，树冠只剩下半个。走近看，只见树皮裂开，浑身都是被大火烧伤的疤，裸露着白光光的树身。虽然这样，它每年还是长出又肥又大的桑叶，结出又红又甜的葚子，恰似中国的农民群众，在遭遇了种种劫难之后，仍坚强地活了下来。因此，我便把影林村发生的故事写成了《老桑树下的故事》。

父亲的这本书，在上海还被改编成连环画，多次出版发行，"文化大革命"后上海还再版发行，影响很大。当地的群众，只要一提起书中的人物，至今还能与人物原型一一对上号。20 世纪 80 年代初，在影林村出生、长大，当时在石油大学中文系读书的学生、后来成为中国石油作家的赵树标，以分析《老桑树下的故事》为毕业论文，并发表在刊物上。他在文中深入分析了这篇小说的背景、人物特点并给予充分肯定后写道："闪光的不都是金子，但金子一定会闪光。"

窗外星斗满天，偶有狗吠，更显夜空的辽阔与寂静。这是读书的好时光，也是进入文学思考与创作的最佳状态。人民战争在节节推进，解放全中国指日可待。此刻，酷爱历史的父亲，在历史责任感的推动下，正以文学家的敏锐眼光，用自己的双手来记录、创作、讴歌伟大的时代、伟大的民族和伟大的人民战争。在从承德、张家口到河间的两三年中，父亲创作出了短篇小说《张老太太》《副排长谢永清》和《人民的儿子》，不同的题材，不同的角度，不同的人物与生活，都集中反映了一个主题：在改变中国人民命运的大时代历史背景下，人民群众在中国共产党领导下，思想、生活和精神面貌正在发生着天翻地覆的变化，中国即将迎来一个更加美好的新纪元。

这时在《冀中导报》当记者的母亲，也在勤奋地工作着。1948 年 5 月，母亲得知了在解放隆化战斗中，为保证主攻部队的顺利前进，年仅 19 岁的解放军战士董存瑞舍身炸毁敌人碉堡的英雄事迹后，写了一篇很短的报道发表在《冀中导报》上，后来母亲一直将那张泛黄的剪报压在她办公桌的玻璃板下。当我看了电影《董存瑞》后，想起了那张剪报，母亲才告诉我当年是她第一个报道了这一事迹。

1948 年秋天，父亲和孙犁应邀去已解放了的石家庄参加文艺会议。他们从饶阳出发，向西南行至束鹿县，住在佃士营的家中，当晚，又同去县署驻地辛集镇看了刀马旦"九阵风"主演的京剧《大破天门阵》。翌日，他们乘火车赶赴石家庄，参与了成立华北文艺协会的热烈讨论。1948 年 11 月 2 日，辽沈战役刚刚结束，11 月 6 日就发起了淮海战役；同时，平津战役也于 11 月 29 日开始。

1948 年底，遵照冀中区党委通知，父亲告别了已经怀孕 8 个月的母亲，与孙犁、秦兆阳从河间骑自行车来到霸县（今霸州市）的胜芳镇，在那里集中学习党的接管政策，参加筹建《天津日报》的工作，迎接天津的解放。胜芳镇始建于春秋末期，清朝时被列为直隶六大重镇之一，距北京 120 公里，距天津 35 公里，由于其地处京津保三角地带，有水旱交通之便，因此在历史上成为商业重镇。1948 年 11 月，随着东北野战军大举入关，平津解放已指日可待。为顺利接管天津这座中国北方第一大工商业城市，平津战役发起后不久，党中央就确定了接管天津的组织机构和组成人员。随后，抽调中共中央华北局、华北人民政府、石门市委、渤海区党委、冀鲁豫区党委等部门的干部共 7400 余人，集结胜芳地区，进行接管天津的各项准备工作。刘亚楼司令员曾说，解放天津有两个指挥部：军事指挥部在杨柳青，接管指挥部在胜芳。

一支支队伍从四面八方向胜芳镇和附近的堂二里镇聚集，他们有的来自晋察冀、晋冀鲁豫、冀察热辽等解放区，身穿还散发着硝烟气息的破旧棉衣，头顶高粱花；也有来自平津等城市的青年学生。他们要在这里完成集训和分工，准备在天津解放时迅速入城接管天津。黄克诚多次给干部做动员报告，反复强调：接管工作的原则与接收方针是：避免乱、必须稳、完整接收和免遭破坏。并提出：一切没收、逮捕、杀人，或外交事项，权力都要集中在市委，任何部门或个人不准机动处理；不准擅自主张、擅自行动。为此提出必须遵守的四项纪律：（一）言行谨慎，不准乱说乱做，按报纸发表的文件宣传，不应加油添醋。（二）艰苦朴素，不准贪污腐化，短期内任何人不准换衣服、抓物资。（三）紧张工作，不准游荡玩耍，要牢记李自成进城后因蜕化而失败的历史教训，应学习郭沫若先生的《甲申三百年祭》，以警惕自己。（四）深入群众，不准官僚习气，要深入工人劳动市民中去。

穿过胜芳的一股大清河的支流已经封冻，大地铺满了白雪。三九前后正是严寒季节，但大家的心田里却被一股暖流激荡着，如饥似渴地学习入城政策和纪律，请大城市的人介绍城市生活常识，大家热情高涨，处处欢声笑语。从1948年11月至1949年1月，在不到两个月时间里，中共天津市委、市人民政府和军管会进行了大量进城前的各项准备工作。其间，成立了天津市各区政府和各部门等组织机构。根据天津地下党提供的重要情报，确定了"各按系统、自上而下、原封不动、先接后管"的方针，主要接管机构分财经、文教、市政三大部门，并下设金融、内外贸、交通、铁路、工业、农林、卫生等13个接管处。为此，明确了人员分工，对接管的行业、部门进行了详尽细致的了解，对敌军警宪特情况了如指掌，连敌警备司令部上至司令下到报务员的年龄、籍贯、住址等均悉数掌握。

12月下旬，中共天津市委发布了关于建立通讯网的决定，决定中说：

> 天津解放在即，市委决定在天津解放之日，立即出版《天津日报》，成立新华社天津分社及天津新华广播电台。各部门的党员干部，特别是负责同志，应充分使用自己的报纸、通讯社和广播电台，宣传我党的政策、法令，以及各种建设的措施及其成绩。

决定中提出：（一）各级领导同志于入城后，要以身作则，利用一切适当时机，为报纸写稿，或亲自公开广播，宣传我党各种城市政策，推动工作，指导群众。（二）各部门于入城前应举行一次通讯会议，贯彻"全党办报"思想方针，发动大家为报纸写稿。（三）各部门的工作计划、指示、布告、总结等，应寄交新华社通联科一份。

1948年12月25日，新华社天津分社、天津日报社、天津人民广播电台三个单位在胜芳同时成立，准备入城后对口接收。胜芳镇的张家大院，是一座建于清道光十年（1830）、占地1600余平方米的深宅大院，在这里，成立了《天津日报》社、新华社天津分社和天津人民广播电台，并开办了干部培训班，培训了大批进津接管干部。

"天津是全国头等城市之一，我们的宣传报道工作的好坏，对全国乃至全世界都有一定影响"（《中共天津市委关于建立通讯网的决定》），因而如何办好《天津日报》受到中央领导的关心和重视。《天津日报》创刊前，黄敬特地前往西柏坡请毛主席题写报头。尽管毛主席当时正忙于指挥和部署重大战役，但还是认真地为《天津日报》题写了报头。这四个字毛主席写了多次，摆了一桌子，从中挑选出最满意的给了黄敬，请他转给报社。

当时国民党在天津的报纸为《民国日报》，王亢之任军代表，负责接管工作。组建《天津日报》社的有著名经济学家、中共天津市委宣传部部长黄松龄兼任社长，新闻界老前辈王亢之任副社长，朱九思任总编辑，范瑾任副总编辑。报社由王亢之等组成社委会，下设编辑部。王亢之宣布了工作分配的名单，《天津日报》社的组成人员主要是从老解放区各地方报纸工作人员中聚拢来的，以《冀中导报》的成员为主。父亲被任命为《天津日报》副刊科科长，孙犁为副科长。分别数年的挚友郭小川也从山东《大众日报》社调来，任《天津日报》编辑部主任。挚友相见，自然是叙不尽的思念与朋友们的往事。老报人劳荣后来回忆说：看到这两位老解放区来的作家，穿蓝布干部服，裤腰带上别着手枪，感到很新鲜。

1948年12月22日，中国人民解放军平津前线司令部发布了接管天津的《约法八章》。布告中明确提出：

一、保护各城市全体人民的生命财产。

二、保护民族工商业。

三、没收官僚资本。

四、保护学校、医院、文化教育机关、体育场所，及其他一切公共建筑，任何人不得破坏。

五、除首要的战争罪犯及罪大恶极的反革命分子外，凡属国民党省、市、县各级政府机关人员，警察人员，区镇乡保甲人员，凡不持枪抵抗，不阴谋破坏者，本军一律不加以俘虏或逮捕，并责成上述人员各安职守，服从本军及民主政府的命令，负责保护各机关资财、档案等，

1949 年进城初期的方纪、
黄人晓夫妇合影

听候接收处理。

六、为确保城市治安，安定社会秩序，一切散兵游匪均应向当地政
府、本军部队及警备司令部或公安局投诚报到。

七、保护外国侨民生命财产的安全。

八、无论在本军进城以前和进城以后，城内一切市民和各界人士，
均须共同负责，维持全城秩序，免遭破坏，凡保护有功者奖，阴谋破坏
者罚。

《约法八章》在接管天津中起到了重要作用。

在胜芳镇，父亲遇到了延安的老朋友陈荒煤、周巍峙、章文晋等人。
陈、周二人分任军管会文艺处正、副处长，章任外事处副处长。老友相见自
然是格外亲切而热烈的，他们为能一起参加接管天津而感到由衷的兴奋。

陈荒煤和周巍峙是从石家庄调来的，都是华北人民政府戏剧音乐工作委
员会的委员；章文晋、章汉夫、黄华等一些有外事经验的骨干是周恩来委托
杨尚昆调派的。天津是解放战争期间解放的第一个特大型工商业城市，又是
与国际联系非常紧密的外向型城市，各种情况非常复杂，因此中央选派了一
大批精兵强将来做接管工作，以便从中取得接管城市的经验，为今后城市接
管奠定基础。

第七章

天津解放之初

一、接管天津

　　1948 年 12 月 30 日，毛泽东为新华社撰写了题为《将革命进行到底》的新年献词。1949 年 1 月 14 日上午 10 时，刘亚楼司令员发布总攻令，经过 29 个小时激烈战斗，解放军于 15 日解放了天津。在硝烟仍未散尽的时候，军管会已经有条不紊地开始了接管工作。天津市军事管制委员会发出了"军字第 1 号"布告，宣布：

　　　　任命黄克诚、谭政、黄敬、黄火青、许建国、王世英、李聚奎、钟伟、袁升平为军事管制委员会委员，并以黄克诚为主任，谭政、黄敬为副主任等。因本会已于 1 月 15 日遵命组织就绪，并已到职视事。

　　随即，全体接管人员遵照"各按系统，自上而下，原封不动，先接后管"的方针，分财经、文教、市政三大系统对全市进行接管，迅速恢复交通、水电、商业等公共事业；统一货币、稳定物价，加强了金融管理；搜捕重要战犯和反革命分子，发动群众维护社会治安；更改了一些必须更改的道路和桥梁名称。至 2 月底，军管会对国民党政府和所属机关、工厂、仓库、银行及铁路、学校等接管工作初步完成，新生的人民政权逐步建立起来。

1949 年 1 月 15 日天津解放，图为解放军入城仪式

　　父亲曾对我们说，14 日晚，他和孙犁就跟随进攻的部队从杨柳青向天津进发了。清晨到达天津城外时，看见大道上两旁，一边是满头大汗、气喘吁吁进城的人马，一边是垂头丧气、萎靡不振被押解下来的俘虏。道路挤得厉害，父亲和孙犁几乎被马挤到水沟里。外围尚有地雷没有起完，他们只能推着自行车沿着敌人布满地雷的道路缓慢前行，父亲差一点儿踏在地雷上。越接近市区，道路越拥挤，东北野战军的战士急匆匆地在街道上往来穿行。他们从西沽几乎走了五个钟头才到达指定地点，随后，他们立即着手《天津日报》创刊号发刊工作；新华社天津分社、天津新华广播电台也同时以最快速度开始接管后的宣传和播音工作。当时军管会紧急要求报社、新华社、广播电台等新闻单位在进城的当天，要出报纸，要发新闻；广播电台要随部队前进，只要部队占领了电台，无论是什么时间、什么情况，应立即进行正式播音。14 日夜，广播电台第一梯队的三名工作人员和两名警卫战士，带着第一次播音的稿件赶到了杨柳青，随突击部队之后进入了天津城。他们赶到距离陈长捷的指挥部仅 500 多米的电台机房时，地下党的同志已将广播电台保护起来，在先头部队的守护下，工务员正在检查和维护机器。1949 年

1月15日下午3时，天津新华广播电台正式开始播音了。《天津日报》也于17日早上出版发行。

1959年在纪念天津解放10周年时，父亲写了一篇散文《海河，你为什么这样美丽?》，里面有一段他们在硝烟尚未散去进入天津时所看到的景象：

> 一九四九年一月十五日，天亮以前，第四野战军某部尖刀连突破了天津西营门敌人的防线，把第一面红旗插在天津市区一座高大的建筑上。

> 就在同一天早晨，我跟随进攻的部队进入天津。

> 脚下的柏油马路上，被炮火打断的电线，横直拖了一地。马路中间，在电线的空隙中，全是粉笔刚刚画上的白圈，战士们随时对走过的人说："同志，地雷!"

> ……

> 枪声还没有停止，城市的街道上已是一片欢腾了。在朱总司令的大字布告周围挤满了人，贴起了红绿的标语。游行的队伍，向四面八方走着，高呼着口号。……

> 穿过欢腾的街道，拥挤的人群，我和另外一个同志，进入市内，走到海河边了。

> 海河两岸，耸立着成排的高高的烟囱，庞大的建筑，紧紧关闭着的铁门、挂了洋文招牌的外国银行和仓库。

> 带着满身硝烟，面孔被熏得黧黑而两只眼睛却显得特别光亮的解放军战士们，正站在或坐在"法国桥"头的坦克上抽烟。

> 战争停止了，城市解放了。

刚刚解放的天津，百废待兴。在这个饱受西方列强蹂躏和日本侵略者践踏、又被国民党压榨殆尽的城市基础上，要建立一个崭新的人民政权，是一件非常艰巨而又十分复杂的事。刚刚进城的共产党要把工作重心从农村转移到城市，所面临的各种复杂问题和各种意想不到的困难是非常多的。天津市军管会要想尽快地建立起稳固的人民政权，所面临的工作主要有几个方面：

一是彻底摧毁反动统治，建立革命秩序。二是建立基层政权和各种群众组织。三是稳定金融市场，建立国家银行。四是没收官僚资本企业，初步建立以国营企业为主导的经济体制。五是处理好劳资关系，迅速恢复生产。六是稳定市场供应，保证人民生活。七是对农村实行土地改革。

1949 年 3 月中国共产党七届二中全会召开，会议明确指出："党在这里（指城市）的中心任务，是动员一切力量恢复和发展生产事业，这是一切工作的重点所在"；"如果我们在生产工作上无知，不能很快地学会生产工作，不能使生产事业尽可能迅速地恢复和发展，获得确实的成绩，首先使工人生活有所改善，并使一般人民的生活有所改善，那我们就不能维持政权，我们就会站不住脚，我们就会要失败"。天津是解放战争中解放最早的特大城市，也是当时中国北方最大的商品集散地和水陆交通枢纽，迅速恢复天津经济对支援正在进行的解放战争和探索党的城市接管与经济工作经验，具有十分特殊的意义。遵照党中央关于恢复和发展生产问题的指示，中共天津市委确定：第一是国营工业的生产，第二是私营工业的生产，第三是手工业生产。

早在 1947 年底毛泽东在陕北米脂县杨家沟召开的中共中央十二月会议报告中就明确指出："没收封建阶级的土地归农民所有，没收蒋介石、宋子文、孔祥熙、陈立夫为首的垄断资本归新民主主义的国家所有，保护民族工商业。这就是新民主主义革命的三大经济纲领。"并明确说明："新中国的经济构成是：（1）国营经济，这是领导的成分；（2）由个体逐步地向着集体方向发展的农业经济；（3）独立小工商业者的经济和小的、中等的私人资本经济。这些，就是新民主主义的全部国民经济。而新民主主义国民经济的指导方针，必须紧紧地追随着发展生产、繁荣经济、公私兼顾、劳资两利这个总目标。"①

根据中央有关精神，天津解放之始为了建立国营经济，首先没收了官僚资本企业共 100 多家，包括没收官僚资本银行，建立国家银行，为城市工商贸易恢复和新的经济秩序的建立起到了保障作用；没收官僚资本企业，建立全民所有制的国营经济，由国家直接管理企业生产，到 1949 年底，全市国

---

① 毛泽东：《目前形势和我们的任务》（1947 年 12 月 25 日），《毛泽东选集》第 4 卷，人民出版社 1991 年版，第 1253、1255—1256 页。

营工业总产值超过国民党和日本统治时期最高产量，比国民党统治时期增加了 20% 以上，为向社会主义经济过渡奠定了基础。

为了保护民族私营工商业，根据"发展生产、繁荣经济、公私兼顾、劳资两利"的指导方针，军管会陆续派出工作组到各大、中、小型私营企业中去，向广大职工及资本家讲明党的政策，号召职工上班复工，动员资本家安心恢复生产。但除少数开明资本家外，多数资本家对共产党政策心存怀疑，顾虑重重，采取消极等待观望态度。1949 年 4 月 10 日刘少奇同志来津传达中共中央七届二中全会精神并指导工作，就私营工商业中存在的复工复产、劳资关系等问题，亲自召开工商界代表人物座谈会，耐心细致地阐明了共产党对保护和发展民族工商业的政策，并提出一些具体措施，从而消除了他们的顾虑，大大鼓舞了他们的生产经营积极性，加快了天津经济的恢复，到 1949 年底各类商户增加到 44979 户。在刘少奇的亲自指导下，市军管会拟订了《关于劳资关系暂行处理办法》，前后经过 34 次修改，反复征求双方意见，在天津市第一届各界代表会上获得通过。这个"处理办法"在当时起到了很重要的作用，也为以后的城市接管提供了宝贵的经验，使新生的人民政权得到稳固。

1949 年 9 月 5 日至 8 日召开了天津市第一届各界代表会议，标志着人民政权的正式诞生。第一届代表会议代表名额为 360 名，由各界各团体协商产生。会议通过了《劳资关系暂行处理办法》；审查了议案 300 余件。大会决议成立常设机构——各界协商委员会，选举了协商委员 18 人，其中 1/3 是有影响的民主人士。各界协商委员会在这个时期代行人民代表大会职能，在过渡时期起到了重要的作用。会议还决议成立中苏友好协会天津分会筹备委员会，作为这一时期天津广泛团结知识界人士、开展对外文化交流的重要机构。

二、在天津日报社

就在天津战役打响之前，我于 1949 年 1 月 6 日在河北省饶阳影林村降生了。那天正好是腊月初七，俗话说：腊七腊八，冻死俩仨。意思是这两天是冬天最冷的时候。而我小时候因比较调皮，有人便说，这是天生的，因为

方纪、黄人晓夫妇在天津日报社宿舍

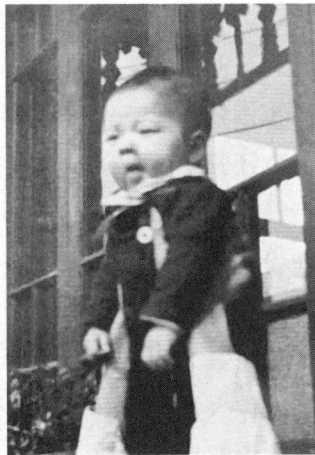

刚到天津时的方大卫

是腊月生人嘛。母亲不解其意，经询问才知道是谐音：腊月生人，冻手冻脚，即动手动脚，也就是不老实的意思。

　　母亲在乡亲们的热情照顾下，顺利地将我生下，我来到了人世。此时远在胜芳的父亲听到冀中区党委文协书记尹哲带来的这个好消息，非常高兴。在尹哲的帮助下，父亲借了一匹马连夜赶到影林，看了看我们，放下一些吃的，又翻身上马赶回去，因为解放天津的战役随时有可能打响。母亲说："给孩子起个名字吧！"仓促之中，父亲说："就叫影林吧！"这一是因为影林是我的出生地；二是父亲在影林搞土改，对那里有很深的感情。所以，我刚出生时的名字就叫"影林"，以至后来我两个弟弟的小名里，也都带有一个"林"字。在老家的爷爷、奶奶听到得了一个长孙的消息后，高兴得不得了，也给我起了一个很正式的名字"冯善本"，并写到了冯氏家谱中。

　　直到1949年开春，父亲安顿好工作和住处后，才雇了一辆大马车回到影林，把母亲和我接到了天津，住进天津日报社宿舍。不久父亲又给我起了个名字，叫"大卫"。起初我也搞不明白这个名字的含义，也经常有人问我"你怎么起了这么一个洋气的名字啊？"以为"大卫"是来自米开朗琪罗那个著名的雕像。其实，我这个名字是天津卫的"卫"。卫所是明代的一种兵制，始于明洪武十七年（1384），朱元璋为了不给老百姓增加负担，借鉴屯田的方法，在全国范围内建立了卫所兵制，由军队自己开荒屯垦，解决粮食问题。至明洪武二十三年（1390）在全国建起了内、外卫共 547 个，设正三品的指挥使和从三品的指挥同知。这种兵制的好处在于，有事调派从征打仗，无事还归卫所种田，军队自给自足。而天津卫，则是在朱棣当了明永乐皇帝后设立的。现在人们已知道，朱棣于明永乐二年（1404）下令修筑天津城，并设立了天津卫、天津左卫、天津右卫，因而天津又有"三卫""三津"之称。而天津设卫之前，一直称为"直沽"，金代为了保证漕运曾在直沽设立了直沽寨，到了元代设立了海津镇，使直沽成为河、海两漕的转运中心，直沽地位大大提高。而到明代，随着天津战略地位的提升和天津成为京杭大运河的枢纽后，加快了天津发展的步伐，使天津逐渐成为北方商业重镇。到了清中叶以后，随着天津被迫开埠，西方列强先后在天津设立了九国租界，天津成为"西风东渐"的窗口，西方文化和近代民主思想伴随着近代工业文明的传入，天津飞快发展成为国际港口大都市，并成为中国北方最大的工商业城市。

父亲是家里的长子长孙，而我又是父母的长子，于是起名"大卫"，一是表示天津卫大，二是表示我是在进天津时生的第一个儿子。上高中时，我曾想把中间的"大"字去掉，但派出所不同意，那只好还叫"大卫"吧。

天津解放初期，父亲工作非常繁忙，那时他同时做着好几件事，除报社副刊内容策划、审稿编稿，联系作者外，还要培养工人业余创作队伍；另外，军管会文艺处的一些工作、活动他也参加，如旧剧团的改造与合并；还在南开大学中文系兼客座教授，讲苏俄文学课；后来又负责筹建中苏友好协会天津分会。这里仅就他当时所做的一些事情做些简要记述。

天津解放的初期，《天津日报》在黄松龄的领导下，由王亢之、朱九思、范瑾任等人具体负责，办得十分生动、活泼。在办好报纸的同时，接管旧报纸也是一项非常重要的任务。当时天津共有旧报刊 20 家 22 种，其中外文 4 种、中文 18 种；影响较大的报刊有 4 种，发行量最多的达 35000 余份。这些报刊后面有各种各样的政治背景或政治关系，除个别几家私营报刊政治立场为中立外，解放前夕在国民党严密统治下没有进步报刊。天津自近代有报纸以来，报刊业很发达，不但种类多，中外新闻通讯社也比较多，出版的各种报刊先后达百余种，最有影响的就是《大公报》，自 1902 年创刊，至今还在香港出版发行。其次是《益世报》等。早期还有严复创办的《国闻报》，这些都是在全国很有影响的报纸。抗战初期时天津各种地下进步报刊较多，但经过日伪统治机关数次严厉查封和迫害后，市内的进步报刊基本上不存在了，到解放战争时期也没有恢复。天津解放时，军管会下令所有报纸一律停刊等待审查，审查标准：一是对中共、解放军和解放区的态度；二是对土改政策的态度；三是对国内外民主运动的态度；四是对国民党政府的态度。经过审查后，允许复刊的有三家，其中包括《大公报》，后改为《进步日报》。

还在战争时期，中共中央宣传部于 1948 年 8 月 15 日发布了《关于城市党报方针的指示》，指出：在城市办理党报须注意，虽然报纸读者是县、区干部、知识分子及工商业者，报纸要为他们服务，但报纸应主要的是为工人和农民服务。"我们主要的是要代表工人农民（同时也代表工商业者与知识分子），向工商业者与知识分子说话"。天津市是全国解放较早的大工商业城市，刚创刊的《天津日报》如何贯彻落实党的七届二中全会上提出的工作重心要从农村向城市转移，如何为工农、工商业者和知识分子服务的问题，成为报社宣传工作需要探索突破的问题。为了做好这个工作，具体到报纸副刊如何代表工人说话，反映城市工人的劳动与生活，也摆在了副刊科面前。

经过陈荒煤、阿英①、方纪、孙犁等人反复研究讨论，在人手不足、情况不熟的情况下，决定利用报纸的文艺阵地尽快培养一批工人作者，让工人写他们自己所熟悉的生活。天津有 10 万产业工人，他们有优良的革命斗争传统，但要从中培养一批工人写作队伍，也并非易事，这是一个艰巨的任务。为此，父亲全身心地投入到这项工作中。这年 3 月，父亲与孙犁联手，在《天津日报》副刊创办了文学创作版"文艺周刊"，一经问世就不同凡响。它以繁荣现实主义文学为宗旨，以发现培养文学新人为重点，发表

① 阿英（1900—1977），即钱杏邨，安徽芜湖人。著名剧作家、文艺理论家。1926 年加入中国共产党，1927 年从芜湖逃亡到武汉后到上海，长期从事革命文艺活动，与蒋光慈等发起组织"太阳社"，编辑《太阳月刊》《海风周报》等，曾任左联党团书记。抗日战争期间，在上海从事救亡文艺活动，曾任《救亡日报》编委，《文献》杂志主编。1941 年去苏北参加新四军革命文艺工作，并领导宣传、统战工作。1949 年 6 月任天津市军管会文艺处处长；1950 年 3 月任天津市文化局局长，9 月兼任天津市文联主席，1951 年任华北文联主席。一生著作颇丰。

方纪在《天津日报》工作照

了许多思想性和艺术性高的作品。为了普及文化，在这年中，父亲先后写了《生活指示着他的未来——高尔基作品的启示》（3月7日《天津日报》）、《新生命的故事》（3月18日《天津日报》）、《小说、戏剧和诗——读书札记》（4月28日《天津日报》）、《艺术必须与人民相结合——看〈西伯利亚交响曲〉》（5月27日《天津日报》）。同年12月他还应邀在天津人民广播电台作了文学讲座《关于文学的语言问题》。《天津日报》"文艺周刊"的面世，为工人业余作者提供了发表作品的阵地，经过不懈努力，有了可喜的收获。不少工人热情地为报社送来了自己的作品。父亲在1949年6月11日所写的《略论工人的诗》一文中热情地写道：

> 到天津以来，因为工作关系，很幸运地读了上千篇的工人作品，而其中大半是诗。这些诗，已在《天津日报》副刊上发表了不少，并且受到工人群众的欢迎和知识分子的赞赏，说明这些诗起了一定的作用，是有提倡之必要的。当然，在目前，这是工人文艺的新生幼芽。不过这幼芽是长得如此之茁壮，一开始便使人感到它是这样健康、明快，充满着劳动的节奏和音响。以致使人不能不想到：当工人阶级一旦打碎自己身

上的枷锁，便不但在生产事业上将充分发挥无产阶级的创造能力，而且在文化生活上，也将迅速表现出作为近代生产主力的工人阶级文化之新的内容和形式。

父亲在这篇文章中充分肯定了工人诗的三个特点：一是"首先便是鲜明的阶级立场和高度的政治觉悟，因而使这些诗有了异常丰富的思想性"。二是"表现劳动，歌颂劳动，真实而具体地描写他们的生产过程"。三是表现方法上，"从对于劳动过程得到体验中，把自己的思想情绪溶解在劳动的形象里，给诗赋予人的生命，使诗活起来——这对于我们文艺创作是一个非常重要的启示"。在这篇文章中，父亲还分别引用了一些工人的诗作来加以分析点评。从中可以看出父亲在培养工人业余作家中做了大量实际、具体的工作，投入了大量的心血。随着工人作者的成长，一批工人业余作家出现了，如万国儒、阿凤、董乃相、大吕、腾鸿涛、从维熙、韩映山、房树民等，在全国产生了很大的影响。《天津日报》在培养工人业余写作力量的做法，不仅在全国起到了率先示范作用，并为全国提供了宝贵的经验，至今给人们留下深刻的记忆。

1949 年 7 月，第一次中华全国文学艺术工作者代表大会在北平召开，在这次会上，父亲得知胡风正在创作一首歌颂新中国的长诗，立即写信请胡风赐稿，希望胡风将他的新作拿到天津发表。作家林希在其长篇纪实文学《白色花劫》① 中写道：

> 1949 年 11 月一天的《天津日报》，在第四版的"文艺周刊"上以整版的篇幅发表了胡风的长诗《欢乐颂》，这在中国新闻报刊史上也是破天荒的事件。一家报纸以整版篇幅发表长达两千行的长诗，这不仅在天津成了一件重要事件，而且在全国也引起了巨大反响。这一天的《天津日报》被全国各地争相传阅，并作为重要的历史见证而被人们收藏。

———————
① 长江文艺出版社 2003 年版。

《到群众中去》书影

解放初期，随着大城市的相继解放，具有较高文化素质的城市民众急迫地想了解共产党领导下的文化工作和文艺作品，为此，中央要求各地书店要尽快出版一批解放区文学作品，以满足城市群众的需要，消除国民党反动宣传的影响。父亲作为来自延安的作家，义不容辞地接受了出版作品的任务。他利用工作之余，将以前所写的《纺车的力量》《副排长谢永清》《人民的儿子》《秋收时节》结集为短篇小说集《人民的儿子》，于 1949 年 10 月由天下图书公司出版，1950 年再版；这年 12 月上海《小说月刊》连载了他刚完成的小说《老桑树下的故事》，1950 年由三联书店出版，1954 年修改后又由作家出版社出版。1950 年 2 月上海文化工作社出版了他的《到群众中去》，收录了他写的 14 篇文学评论，1951 年再版。1950 年 6 月上海文化工作社还出版了他刚完成的中篇小说《不连续的故事》，此前曾陆续在一些报刊上刊发；同年 9 月天津知识书店出版了他的短篇小说与报告文学合集《阿洛夫医生》。

从 20 世纪 30 年代父亲在北平参加“左联”时起，就受到苏俄文学的深刻影响，以后他在延安又受萧三影响，深入研究普希金、托尔斯泰、高尔基、马雅可夫斯基等作家的创作思想和作品，发表过一些相关文章和译作。天津解放后，南开大学中文系为让学生了解尚比较陌生的解放区文学和苏俄文学，特意请父亲任客座教授，专门讲《中国现代文学史》和《苏俄文学史》。1950 年春，父亲穿着灰土布军大衣出现在南开大学中文系的讲台上。当时在南开大学中文系就读并即将毕业的师静淑在《岁月回首缅怀恩师》[①]一文中回忆说：

---

① 载天津市政协文史资料研究委员会编：《同心相知，同志相从》，中国文史出版社 1991 年版。

　　春季开学后，学校由寂静立刻显得热闹起来。新学年最大的变化之一是课程的改变，除了增加一门很重要的政治课——辩证唯物主义与历史唯物主义以外，最使大家兴奋的是增加了"中国现代文学史"。有的同学向我预告：讲授这门课程的是从《天津日报》聘请来的方纪同志，他是一位共产党员呢！这话使我非常惊讶。解放前我不曾认识一个共产党员，解放后也无心打听哪个同学是党员，反正老师中还没有一位是党员。我幼稚地想，共产党员在战场上打仗是可以的，上教室讲课恐怕不行吧。

　　共产党里面也有讲师、教授吗？我抱着好奇心前往听这第一节课。系主任冯文潜教授领进教室一位个子较高的三十来岁的教师，简单地介绍几句就走了。我只见方先生穿着一套灰棉布衣服，上身很长，快盖到腿部了，戴着一副黑框边的眼镜，嘴上叼着一个烟斗。他显得文静尔雅，举止潇洒，一派知识分子的风度。我一边听他讲课一边想：这就是共产党的形象吗？共产党员并不粗鲁啊，他们不是挺有文化的吗？联想解放前听到国民党那些反宣传，甚觉可笑。方先生除了给我们讲中国现代文学史，还讲苏联文学史，讲中外著名的那些作家：托尔斯泰、鲁迅、高尔基、契诃夫、普希金……讲得学生们都不愿意下课了。我们这班同学为数不多，只有六七名，可是为时不久，我发现每逢方先生讲课时，教室里的空位上逐渐多了些旁听生；再后来，有时连窗户外面也站了些学生或教师在听课。渐渐地，我被这位新来的老师所具有的渊博的知识吸引住了，我对方先生崇敬和钦佩，心悦诚服。我一直庆幸，能有这样好的机遇，认识的第一位共产党员就是这位好老师。

　　父亲当年教过的学生对我们说："那时南开大学文学系在六里台，你父亲每次去讲课都是坐一辆美国吉普车，在离学校比较远的地方就下了车，然后步行走到学校。那时共产党干部在这些小事上都很注意群众影响。"

　　1949 年 7 月 2—19 日，第一次中华全国文学艺术工作者代表大会（简称"第一次文代会"）在北平召开，出席这次大会的全国各民族文艺界代表共 824 人（筹委会原定邀请代表为 753 人），代表 7 万多名新文艺工作者以及数以万计的分散在广大城乡的戏曲和曲艺人员。这次大会是解放区、国统区和在北平的三方面文艺工作者的大会师，在新中国文艺史上具有里程碑的意义，它标志着我国社会主义新文艺历史的开始。

这次大会成立中华全国文学艺术界联合会（简称"全国文联"）；通过了联合会章程；选举了主席团和常务主席团，选举郭沫若为主席，茅盾、周扬为副主席。这是一次全国文艺工作者大团结的会议，大会把毛泽东的文艺思想作为新文艺的基本方针，号召文艺工作者为建设新中国的人民文艺而奋斗。会上，毛泽东、朱德、周恩来、董必武分别来到会场并讲话，鼓励大家做好文艺工作，文艺工作要服务于人民。经过热烈的讨论和交流，产生了"全国文联"和文学、戏剧、电影、音乐，舞蹈、美术协会以及戏曲改革协会、曲艺改进会等组织，至 7 月 19 日胜利闭幕。第一次文代会结束后，全国各地举行了地方文代会，贯彻全国文代会的精神，同时建立了地方的文艺协会组织，形成了全国性的文艺组织网络，并通过文联各级党组的设立，实现了中国共产党对新中国文艺的思想和组织领导。

在第一次文代会期间，父亲见到了很多老朋友，他们当年在延安分手时，不少人相约全国解放后一起在北京相会，因此在这次文代会上他们相见后格外亲热，也实现了他们相约的愿望。文代会结束后，父亲回到天津向市委汇报会议情况后，开始准备成立文联组织。同年 8 月 23 日天津市文联筹委会成立，阿英、方纪等 11 人为筹委会执委，阿英任筹委会主委。11 月 20 日，天津市文学工作者协会和天津市美术工作者协会成立。两会分别通过了会章，文学工作者协会选举方纪、李霁野、李辛人等 19 人为执行委员；美术工作者协会选举马达、刘子久、张映雪等 19 人为执行委员。1950 年 9 月 14 日，天津市召开了第一届文学艺术工作者代表大会，北京市文联代表老舍，全国文联及文化部代表沙可夫、周巍峙出席会议。会上通过文联章程，副市长刘秀峰作关于文艺工作的报告。天津市文学艺术工作者联合会正式成立（简称"天津市文联"），阿英任主席，李霁野、孟波、白云鹏、鲁黎任副主席。

第一次全国文代会后，先从天津开始进行戏曲、曲艺的改革。父亲受命参与这项工作。这次改革的目的，主要是让"旧艺人"学习党的文艺方针政策，统一思想认识，使他们逐步转变为"新文艺工作者"。与此同时，对旧社会遗留下来的分散的、个体的剧团、戏班、曲班等加以合并改造，使之成为适应新社会文艺工作要求的新剧团、剧社。

天津在历史上就是全国闻名的"大码头"，文化种类繁多，观众基础相当雄厚。剧种多，剧目多，名角多；中外文化荟萃，三教九流齐全，京、评、梆等剧种轮番献演，各种鼓书、琴书、评书、相声、杂技等应有尽有，有在剧场演的，有在茶馆唱的，还有在南市等处撂地的，打把式卖艺的更是多不胜数。电影院也星罗棋布，放映影片多是外国影片，以美国好莱坞片子居多。天津刚解放时，由于艺人们不了解共产党的文艺政策，都纷纷歇业息影了。1949 年 4 月下旬，刘少奇来津视察期间在听取了文化工作的汇报后指出："对书报、戏曲、电影的审查尺度要放宽，防止过急过'左'。"军管会文艺处根据刘少奇指示，对文化市场按有益、无害和有害做了一个简单规定，对文化市场加以规范和管理，始终没有随意禁戏，也没有禁演过一部美国影片，所以没过多久艺人们就陆续恢复演出了，电影院也重新开张了。

然而，改造旧剧团、旧艺人，是一个十分复杂而艰巨的任务，因为它涉及每个人的利益。曾有人回忆说，对旧艺人和旧剧团的改造，是一个相当艰巨的任务，特别是那些有影响、有名望的旧艺人，虽有很高的艺术造诣，但也有很多旧社会留下的旧习气，首先是思想工作要下很大功夫，就连让他们来参加政治学习，工作人员都要三番五次前往家里做动员，有时磨破嘴皮也无济于事。耍大牌、端架子，很难说通。所以要做好这个工作，必须十分注意政策，掌握好分寸，不能操之过急。

那时军管会文艺处干部丁原、何迟，还有熟悉曲艺、电影等方面情况的干部都参加了旧剧团改造工作。当年在曲艺工会工作的耿树青回忆说：那时的工作很难做，经过多次动员工作，好不容易在小梨园剧场把会开起来了。那天天冷，有穿貂皮大衣的，有穿皮袍的，也有穿绸缎棉袍的，却没有一个人正眼往台上看一眼。耿树青对我们说：那天你父亲穿着一件灰布棉袄坐在台上做动员，这些见过大世面的人，谁会把一个土八路放在眼里。没想到，你父亲讲话中冷不丁冒出《打渔杀家》中教师爷丁郎儿去索拿萧恩时的一句戏文：我要没有三脚猫两脚拳的功夫，也不敢前来讨税。当时全场一下怔住了，目光都转到了台上，接着有人窃窃私语地说："没想到共产党干部也懂戏。"因为这句台词在这出戏中实在太不起眼了。于是，台下的人开始安静地听你父亲讲话了。以后再开这种会，穿着打扮也改了，男的穿普通制服，女的是列宁装，也不涂脂抹粉了，首饰也摘掉了。耿树青说：当时大家对你父亲佩服得不得了，都说解放区的干部中也有能人！

在天津开第一家电影院"上权仙"的周紫云，人称"电影周"，在天津很有影响，特别是在南市一带，可以说是"跺一脚颤三颤"的人物，后来他的侄子周恩钰接替他继续经营影院，也是个有名的人物，人称"周四爷"，地面上艺人们有什么摆不平的事，都找他出面，所以他的朋友圈里戏称他为"南市市长"。周恩钰当过天津影业同业公会会长，他对我们说：那时你父亲，了不起！艺人们都爱听他讲话，说得合情合理，头头是道。那时我比较积极，又有号召力，所以艺人们有什么不好解决的事，你父亲都让我去办。

经过数月努力，这项工作顺利完成了，11月10日，天津市戏剧、曲艺工作者协会成立，通过了《天津市戏剧曲艺工作者协会章程》，选出阿英、何迟等37人为执委。为天津以后的戏曲、曲艺发展与繁荣，铺平了道路；也为成立文联组织奠定了基础。总之，解放初期，父亲的工作是十分繁忙又紧张的，也是相当有成效的。

这一年10月1日，父亲与阿英作为天津文化界的代表，在北京参加了天安门广场上举行的开国大典。下午3时，开国大典正式举行，毛泽东主席在天安门城楼上向全世界庄严宣告：中华人民共和国中央人民政府成立了！中国人民从此站起来了！天安门广场沸腾了，父亲的心澎湃如潮，激动得热泪洒满胸膛，他不停地用照相机记录着这庄严欢腾的场面。当晚，父亲写下了《十月一日，在北京》这首诗。他在诗的前面注明："十月一日，早晨我坐在去北京的火车上想，革命多少年，正是为了这一天啊！"他在诗中写道：

> 十月一日，在北京
> 一个巨大的声音震动天空
> 在中国人民的首都
> 在全中国的土地上

在全世界人民面前

庄严宣告——

"中华人民共和国中央人民政府于本日正式成立了"

十月一日，在北京

国歌齐奏，礼炮轰鸣

全首都的人民屏息肃立

全首都的人民抬起眼睛

全首都人民的心

和着同一的节拍跳动

看啊，中华人民共和国的第一面国旗

高高的，高高的升起在首都的天空

三、中苏友好协会的成立

在新政协筹备会议期间，中共中央就决定筹建中苏友好协会，因为那时中共已确立了新中国成立后向以苏联为首的社会主义阵营"一边倒"的方针，政治、经济、文化等各领域以苏联为榜样，全面借鉴社会主义苏联的经验与做法，从政府到民间加强与苏联的交流，不断加深"同志加兄弟"的情谊。1949 年 9 月 5 日天津市第一届各界代表会议隆重召开，在开幕会上通过的四项重要决议中，就提出了成立"中苏友好协会天津分会筹备委员会"，而且它的地位与各界协商委员会是相等的，可见当时成立这一组织机构的紧迫性和重要性。

天津一解放，军管会就设立了外事处，外事处的工作由黄敬市长直接领导，黄华任处长，章文晋任副处长。当时的主要任务是处理外侨与外资事务，肃清帝国主义在天津政治、经济、文化等各方面的控制干涉势力，为以后大城市的解放和处理外资、外侨企业提供可靠的经验。刚进城时，外事处设在军管会临时借用的承德道第一图书馆西侧小楼里。这里原是法租界公议局，抗战胜利后，在这个大楼前面的孟德斯鸠广场上曾举行过日军受

1949 年，天津市第一届各界代表会议关于成立中苏友好协会天津分会筹备委员会的决议

降仪式，后来国民党市政府曾在这里办公，以后又给了天津市第一图书馆。黄华和章文晋一进城便来到这里找黄敬领受任务，但已劳累不堪的黄敬趴在办公桌上睡着了。当时天津有美、英、法等国的总领事和希腊领事，他们以官方身份来访时，外事处没有接待，因为他们尚未与国民党政府脱离外交关系；后来他们以非官方身份再来，外事处就按侨民身份由一般干部出来接待，向他们说明人民政府保护侨民的安全，要他们遵守人民政府的法令。因为那时军管会外事处职责所限，对苏联的文化交流和友好活动，主要由中苏友好协会来承担。

1949 年 9 月 30 日，前来北京出席中苏友好协会和世界拥护和平大会中国分会成立大会的苏联文化工作者代表团 43 人，在团长、苏联作家协会主席法捷耶夫率领下来到天津，天津市副市长刘秀峰等 1500 余人至车站欢迎。10 月 2 日，天津市 30 万人在人民广场举行盛大集会，庆祝中华人民共和国中央人民政府成立。参加大会的有法捷耶夫率领的苏联文化、艺术、科学工作者代表团，朝鲜代表团和陪同代表团来津的刘宁一、李德全、许广平、曹禺等。黄敬市长在大会上号召全市人民坚决执行中央人民政府的一切指示，团结国际友人，建设新中国。父亲作为天津文化界代表参加了这次活动。

第二次世界大战结束后，由于冷战的兴起，威胁人民的和平生活，一些国际组织和著名人士发起召集世界保卫和平大会，反对侵略战争政策，要求无条件禁止核武器和大规模杀伤性武器。第一次大会于 1949 年 4 月 20 日至 25 日在巴黎和布拉格同时举行，出席大会的有来自 72 个国家的 2000 多名代表。大会通过了《世界保卫和平大会宣言》《告世界人民书》等 10 多

项文件，并选出常设理事会。理事会的主要成员是欧洲各国共产党及其和平人士。世界保卫和平大会主席是约里奥·居里（法国物理学家，诺贝尔奖获得者，著名科学家居里夫人的女婿），副主席为各国名人，郭沫若代表中国任副主席。新生的中华人民共和国为了参与国际事务并争取国际支持，于1949年10月2日宣告成立了"中国人民保卫世界和平委员会"（简称"和大"或"世和"），郭沫若任该委员会主席。

紧接着，中苏友好协会总会于10月5日在北京成立，总会明确了宗旨和任务，设立了一系列职能机构。同日，中苏友好协会天津分会筹委会、中共天津市委、天津市政府、天津市军管会，分别发出贺电，祝贺中苏友好协会总会成立。此时父亲已受命参加中苏友好协会天津分会筹委会的组建工作。

10月22日，天津市各界人民集会，欢迎以苏联作家协会主席西蒙诺夫率领的苏联文化、艺术、科学工作者代表团来津，随同前来的苏联红军歌舞团为天津人民表演了精彩节目，他们的演出给天津人民留下了深刻的印象。父亲参加了这次接待活动，并与西蒙诺夫相识，后来他们又在苏联再次相见。西蒙诺夫的中篇小说《日日夜夜》在二十世纪五六十年代的中国读者中很有影响，它描写了苏联卫国战争的壮烈场面。1969年国庆期间，已在内蒙古牧区插队的我和二弟，非常偶然地从苏联对华广播中听到由西蒙诺夫先生推荐，播出了父亲早年写的一首诗，这首诗是为纪念抗战时期在武汉会战中牺牲的苏联援华航空队空军烈士而作。这首诗播放了好几天，并对父亲与西蒙诺夫的友谊做了简单介绍。当时很多知青都听到过，并多次跟我们提及。在当时的政治气候下收听苏联对华广播会被扣上"收听敌台"的帽子，而且电台中播放的又是正在监狱中受审查的父亲的作品，我们只好装傻充愣，一问三不知。后来，我因为一把葱的事"得罪"了公社的公安干事，他硬给我扣上"收听敌台""破坏牧业学大寨"等罪名，并到天津调查我的"罪证"，最后因查无实据而不了了之，但始终将我定为"内控"对象。关于诗的事，后来我也曾问过父亲，但他自己也记不清楚了。这些都是题外话了。

1949年10月25日，中苏友好协会天津分会筹委会正式成立，筹委会召开首次全体会议，选举出黄敬等40人为常委。11月2日，苏联在天津设立总领事馆，吉多福为代理总领事。6日，中苏友好协会天津分会筹委会及天津各界人民举行了庆祝苏联十月革命胜利32周年大会，黄敬市长、苏联驻津代理总领事吉多福出席并讲了话。经过短短两个多月努力，中苏友好协会天津分会于12月20日正式成立，黄敬、吉多福、丁玲出席了成立大会并讲话。黄敬当选会长，黄火青、黄松龄等当选副会长；父亲兼任中苏友好协会天津分会总干事（即秘书长，直至1957年底）。

为中苏友好协会天津分会的成立，父亲特派人前往北京请兼任中苏友好协会总会会长的郭沫若先生题写牌匾，郭老欣然命笔，题写了"中苏友好协会天津分会"几个大字。这个牌子一直挂在中苏友好协会天津分会的大门前，直到1959年。

中国人民保卫世界和平委员会是团体会员制，而中苏友好协会成立之初则采取个人会员制，会员有证章并需要缴纳会费，1953年以后改为团体会员制。因此，中苏友好协会活动开展得更广泛些，在群众中影响更大一些。当时中苏友好协会天津分会在广泛团结和调动知识界人士积极性方面起了重要作用，它也是除各界协商委员会之外的又一个统一战线工作平台。根据当时"一边倒"的外交方针，这一时期中苏友协的工作重点是，以举办展览、放映苏联电影、召开纪念会、报告会、演讲会、座谈会、学习会、举行"中苏友好月"、举办酒会舞会等多种活动方式，向民众介绍苏联情况，进行中苏友好教育。例如：1951年2月天津市各界人民举行了庆祝中苏友好同盟互助条约签订一周年大会；7月16日，中苏友好协会天津分会、文化局、文联在第二图书馆联合举办了苏联宣传画、讽刺画展览会；11月6日，苏联对外文协驻津办事处向中苏友好协会天津分会赠送大批图书并举行赠交仪式。当晚，中苏友好协会天津分会举行鸡尾酒会庆祝苏联十月革命节，黄敬会长、周叔弢、黄松龄、黄火青副会长等百余人出席酒会。1952年11月7日天津市各界2000余人隆重集会，庆祝苏联十月革命35周年，中苏友好协会天津分会副会长黄松龄和苏联驻津总领事在会上共祝中苏两国人民友谊。天津同时举办了"苏联影片展览"，中苏友好协会天津分会还同时举办了为期半个月的"学习苏联先进经验展览会"。1953年11月6日，天津市隆重举办了庆祝十月革命36周年的"苏联电影周"，出席开幕式的有中苏友好协会天津分会副会长周叔弢、市文教委员会主任吴砚农、中苏友好协会天津分会总干事方纪、市政府外事处处长章文晋等，各界人士达 1300 余人。1954 年举办的"苏联电影周"也非常隆重，天津市党政领导人黄火青、吴德、周叔弢、吴砚农等出席开幕式，中共天津市委书记、中苏友好协会天津分会会长黄火青等还应邀出席了苏联驻津总领事馆

1951 年，苏联对外文协驻津办事处向中苏友好协会天津分会赠送图书，方纪（右）代表接收并致谢

举行的庆祝十月革命 37 周年酒会。从这些简要的记载中可以看出当时中苏友好协会天津分会的活动和工作是很活跃的。后来中苏友协还办了俄文补习班、合唱团，著名歌唱家李光曦那时就在中苏友好协会天津分会所办的海河合唱团里唱歌。很多全国知名的文化界、文艺界人士也莅临过中苏友好协会天津分会。

　　1950 年 5 月 10 日，天津举行了中国人民保卫世界和平委员会天津分会成立大会，会上通过章程，选举黄松龄为天津分会主席，李烛尘、刘秀峰等 12 人为副主席，委员 103 人。会议还决定发动全市人民展开保卫世界和平签名运动，到 5 月 31 日，天津市共有 74 万余人在和平呼吁书上签了名。中国人民保卫世界和平委员会天津分会与中苏友好协会天津分会合署办公，一套人马，两块牌子，内部有所分工。父亲同时也兼任"和大"天津分会总干事。同年 12 月 24 日，中苏友好协会天津分会举行第二届会员代表大会，通过了今后的工作方针。黄敬、黄松龄及苏联友人出席并致辞。会议通过了第二届正副会长及理事名单。黄敬为该会会长，朱宪彝、李烛尘、周叔弢、黄松龄、黄火青、张国藩、杨石先、资耀华、刘再生、罗云等为副会长，父亲任秘书长。

1952 年 4 月，保加利亚人民共和国图片展览会在天津第二图书馆开幕。保加利亚驻华大使彼得科夫来津参加揭幕典礼，方纪（右三）主持开幕仪式

那时以"和大"天津分会名义举办的文化活动也不少，如 1952 年 5 月 20 日"和大"天津分会等七个人民团体在天津第二图书馆主办了四大文化名人（阿维森纳、达·芬奇、雨果、果戈理）纪念展览。1953 年 1 月 26 日，澳大利亚代表团和缅甸代表团在出席世界人民和平大会后，来我国访问并到天津参观，"和大"天津分会副主席吴砚农设宴欢迎两国和平代表。1954 年 7 月 17 日，"和大"天津分会等单位举办了"世界文化名人契诃夫逝世 50 周年纪念大会"。诸如此类活动，在那些年还有不少。

第八章

在庆王府办公期间

一、搬进庆王府

中苏友好协会天津分会几经选址，最后将办公地点定在了重庆道 55 号庆王府旧址。此前，在选址过程中，天津永利碱厂总经理侯德榜先生提出，可以捐出永利在市内的两处房产给中苏友协办公，他几次写信给黄敬市长和父亲建议此事，但黄敬与父亲考虑到中苏友协今后开展各种活动会比较多，还是找一处宽大的地方作为办公地点比较合适。此时，在庆王府旧址办公的解放军天津警备司令部正要搬到位于鞍山道的原日本租界的合众会堂去，日本投降后那里被国民党警备司令部占用（天津解放时，国民党警备司令陈长捷就是在此被解放军俘虏），于是庆王府就交给中苏友好协会天津分会使用了。1950 年初我们家就随着中苏友好协会天津分会一起搬进了庆王府。

据天津刚解放时来接收庆王府的军管会干部杨慧阿姨回忆，她来到庆王府时，这里早已空无一人，只有几名旧王府的仆人躲在地下室里，整个楼里到处都是扔掉的绫罗绸缎、衣服、被子等物品。光是清点这些东西就费了好长时间。每个房间都黑乎乎的，有点阴森森的感觉。

庆王府是一座占地面积 4327 平方米、建筑面积 5922 平方米，坐南朝北、中西合璧式的深宅大院。主楼是天井合围式的二层楼，楼顶有后加盖的五间简易房。主楼四周有配房，还有一座很讲究的花园，里面花木繁茂，假山、池塘、喷泉、花房等一应俱全。这座宏伟的建筑最早是由清末皇宫太监总管小德张出资兴建的，整个建筑方案也是由小德张亲自设计的。小德张于1913年隆裕皇太后宾天后离开皇宫，先在北京住了几年，然后回到天津做寓公。1919年前后，他在英租界刚开始规划推广界（今五大道）时买下了这块地皮，着手为自己设计住宅。这片土地是用疏浚海河的河泥吹垫起来的，由于刚刚规划开发，地价很便宜，几两银子就可以买一亩，但不久价格就飙升到几十两、几百两，而且供不应求。到1922年底，这座恢宏气派的中西合璧式宅邸建立起来了，成为当时这一带最富丽堂皇的私人住宅。地板、门窗、楼梯是菲律宾木的，主楼大厅悬垂着一对巨型葡萄吊灯是在意大利订购的，西式家具也全部是进口的，中式家具则是清一色镶嵌着螺钿的硬木家具。我们小时候还见过这些考究的家具。

面朝北的主楼与大门之间有院子，大门是两扇对开的大铁门，大门上有铁艺的"五蝠捧寿"图案。两侧各有一排高大的平房，一边是给随小德张一起出宫的小太监住的，一边是留给小德张师傅崔玉贵的。小德张后人跟我说，这个楼建好后小德张特意把崔玉贵从北京接来住了一段时间，因崔玉贵腿脚不便，还特地把室内装修成日式风格，铺上榻榻米。平房顶子与主楼二层有一个宽大的通道相连接，形成了一个丁字形的大屋顶阳台，可以在上面散步、做操，甚至骑自行车。

主楼前有一个十七级半的高大台阶步道，进楼得拾级而上。台阶之所以定为十七级半，有不敢越级之意，因为"八"和"九"都是千岁爷、万岁爷用的数字，小德张哪敢造次？虽然他在皇宫中的身份是太监总管，总揽后宫一切事务，但毕竟不是皇亲国戚，地位再高也只是伺候主子的奴才。主楼下有半地下室，内有厨房、锅炉房等房间。主楼共两层，中间是一个宽敞的带罩篷的高大天井，大厅高约12米，面积350平方米，呈四方布局，是整个建筑的中心，所有的房屋在它的四周分布排开。两层房子内外各有一圈回廊，每侧回廊在中间位置有通道与内外廊相连，通道左右各有一门可进入房间。为了方便出入，楼内房子四角也各有一小门，能进入房间里。内、外回廊很宽敞，可以供人走动、游戏。内外回廊各以20根仿古罗马陶立克式水泥圆柱支撑，柱子之间以六角形彩色琉璃柱组成的围栏相连接，共计196棵，这是小德张的独创。主楼大厅里有一个可拆装的小木制舞台，唱堂会时

庆王府正门

主楼前的台阶步道
和内外回廊

改建后的庆王府花园

可拼装起来，不用时拆开放在旁边，大厅可以当舞厅或大型宴会厅。主楼一层大门两侧各有一个宽大的房间，是会客室和餐厅。餐厅里有传菜用的小升降机，直通地下室的厨房里。从大门到大厅，中间有一个非常讲究的二道门，这个用菲律宾木做的门是可左右对开的拉门，平时可将门推到中间，两边留出通道供人进出；进出人多时，可将门推入两边的门槽中，大门全开，直通大厅。这个门上半部镶嵌着进口彩色水晶玻璃，玻璃上雕刻着梅兰竹菊等图案，落款为"伴琴主人"，即小德张给自己起的雅号，这些图案是他亲手绘画的。

为了这个雅号，小德张在主楼外院子的东北角建了一排"三正两耳"中式平房，起名"伴琴斋"，这个平房屋顶与小太监的平房顶相连，但两者之间被大院偏门的通道隔离开。小德张平时就在这里练功、习字绘画，还研究中医药理。"伴琴斋"正房为一进两开，两边各有一间与正房相通的耳房，每间房都有暖气。正房前有带厦的前廊，前面有一个小院，小院用雕刻得很讲究的木栅栏围起来，与花院相隔。院子上方有一个高大的藤萝架，长满了藤萝。在东耳房前还有一个小跨院，有厨房、锅炉房、厕所。

花园的假山也很有特色，从东到西，连同山前的池塘，几乎占了半个园子。在其东侧的山石中，有一条琉璃瓦制成的龙，这条龙的头在小山顶上，尾在东侧山坡下，中间有一小段在山石上，给人若隐若现之感，设计非常独特。龙头中有一根水管藏在龙的舌头下面，打开连接自来水的龙头，龙嘴里便吐出水来，从山顶上直泻而下，在山洞前形成一个水帘，颇有水帘洞之感。山前的池塘里面种有荷花、蒲草、睡莲，人们可以站在池塘的小桥上观赏美景，或坐在山顶槐香亭中举目眺望。

1923年，小德张刚迁入新居不久，就在这里为其母唐老太太举办了79岁庆寿活动。大厅里装上小舞台，四周挂上了大宫灯，并从北京邀来曾与他同在清宫南府戏班中一起唱过戏的京剧名角李吉瑞、薛凤池、程永龙、小兰英等前来唱庆寿堂会。小德张住在这里时，除了办堂会外，还请了评书名家陈士和来家里说书。当年陈士和曾进宫给慈禧说过书，深得慈禧喜爱。小德张也喜欢听他说的《聊斋》，所以他来天津后便把陈士和请到家里说书，后来干脆让他住在家里，每日与陈士和切磋。

可惜好景不长，小德张在这宅子中还没住热乎，就被从北京来天津做寓公的王爷载振看上了，非要小德张让给他不可。小德张毕竟是太监，哪敢得罪昔日的主子，于是几经商量，最终卖给了载振。不久他拿这笔钱在今郑州道又按这个式样盖了一座比这个还大的宅子。20世纪50年代，小德张将这个宅子捐了政府，作为工人疗养院，可惜于20世纪70年代被拆除。

爱新觉罗·载振是庆亲王、内阁总理大臣奕劻之子，乾隆皇帝的玄孙。奕劻年轻有为，曾奉慈禧之命出国考察海军，并筹办北洋水师。但后因在天津与女艺人杨翠喜有染，被人弹劾。慈禧命袁世凯严查，最终袁世凯以"事出有因，查无实据"而不了了之。于是慈禧将载振交给奕劻处理，奕劻深感有失颜面，非常生气，对载振严加罚责，并命他辞去一切官职，从此不准再踏入官场。本来很有前途的载振，因为此事毁了一生，世袭罔替的庆亲王爵位也不能再继承。为此，心灰意懒的载振便于1924年来到天津当了寓公。1917年庆亲王奕劻病逝，此时黎元洪已继任了中华民国大总统，他按优待皇室条例，竟然又将庆亲王的爵位封给了载振，载振成为民国后的庆亲王。所以载振搬进这所宅子后，冠冕堂皇地将该宅邸称为"庆王府"。

载振住进来后，增添三楼房屋和一些平房，三楼的房屋专为祭祀、供奉祖太王爷的影堂，其余部分没有做太大改动。之后，携全家正式定居天津，载振住在这所宅子主楼的二楼东侧。载振在北京时，曾在前门外大街投资建了一个大商场名"劝业场"，有"振兴商业"之意。他来天津后，正好天津德商买办高星桥和商人张浙洲因在建大商场过程中资金不足而发愁，这时他们想到了这位富有的晚清遗老载振，于是请载振入股合办"新业公司"，载振投了30万元，成为大股东，使这座商场得以建成竣工。商场落成后，因地处法国租界，法租界当局建议以"法国商场"命名，但载振不同意，认为中国人盖的商场岂能叫"法国商场"？几经商量最后决定还叫"劝业场"，但为了与北京的"劝业场"相区别，中间加了一个字，即"劝业商场"。后来他们又在劝业商场对面建了交通饭店以及渤海大楼。

载振从1925年到1947年11月2日去世，在这里共居住了22年。他的孙女金婉茹回忆说："他晚年极少出门，家里也很少有宾客，唯一经常与他走动的，就是外祖父那桐。府里虽也是奴婢成群，但与当初在京城定阜大街的那个庆王府实不能比。他不喝酒，只喝茶，日常三餐也只是四道菜。虽然家里也有汽车，但他除了听戏外，哪儿都不去。就连皇族子弟们最喜欢的打牌他也不喜欢。平日里生活的主题就是听戏，此外就是养蝈蝈、养鸟。"

用了这么多笔墨来描绘庆王府，是因为我们居住在这里七年中，给我留下的印象太深刻了，所发生的事情太多了。

1950 年我们家搬进了庆王府，就住在"伴琴斋"。中间是客厅，有两扇高大、有玻璃格窗的对开中式木门；客厅两边各有一间明亮的房间，又各有一小门与耳房相连。这些房间的窗户与故宫房间形式一样，下半部是玻璃窗，上半部是可平开的木格窗。三间正房是水磨石地面，两间耳房是水泥地面，冬天又冷又潮，地面上铺着原有的旧地毯很薄，已磨得没有了毡毛。好在各屋都有暖气，东跨院有锅炉房，可以自己烧火取暖。每年 5 月，小院子的藤萝架上结满了一串串紫色的藤萝花，母亲便摘下来洗干净，给我们烙又香又甜的藤萝饼吃。

客厅不很大，中间只能摆一只三人沙发，两侧各摆放一个单人沙发。这组沙发是旧王府的，面料为金黄色，有些地方已经磨出了破洞，露出了里面的棉絮和鬃毛。母亲补了补，铺上旧布以遮丑。每当客人离开后，母亲便赶忙重新铺好。客厅两侧各有一个上下双开门的木质书架，里面是父母亲购买的各种图书，左边是中国古典和现代文学书籍，右边是外国文学著作和其他一些书，这些书籍也成了伴随我们从小到大的精神食粮。小时候我只找有图画的书看，中苏友好协会天津分会的资料室和图书馆里有许多俄罗斯的儿童图书，我不愿意去幼儿园了，就去那里看书。母亲也把我喜爱的书借出来，带回家讲给我们听。这期间，母亲为了学俄语，翻译了普希金的长诗《鲁斯兰和柳德米拉》其中的一段《弯弯的海岸上，有一棵绿橡树》。该书原版由苏联画家柯乔尔金绘制插图，母亲以林蘭的笔名翻译后，1957 年由天津人民出版社出版发行。我还记得里面的故事："在弯弯的海岸上，有一棵绿橡树，金锁链盘绕在橡树上。一只博学的猫，白天黑夜沿着锁链来回跑。向右走，唱一支歌；向左走，讲一个故事。"这本只有二三十页薄薄的书，是母亲送给我们四个儿子的礼物。遗憾的是，"文化大革命"中这本书和所有的书一起都被抄走了。

　　客厅两旁的房间，一间是父母亲的卧室，一间是我们弟兄们的卧室。西侧耳房是父亲的书房，只放下一张写字台、一把椅子，还有一张破旧的皮沙发，是给客人坐的。父亲20世纪50年代前期写作和1957年连续写的四篇短篇小说《园中》《晚餐》《开会前》和著名的《来访者》，都是在这间小书房中完成的。那时父亲也经常在这间书房中接待一些朋友，在这间书房中聊天、谈工作。冯文彬调到天津以后，常来家里与父亲谈往事。冯文彬喜欢喝茅台酒，

20世纪50年代，方纪与黄人晓夫妇在中苏友好协会天津分会

有时为了不打扰家人，他们就在书房中喝酒聊天。1956年父亲赴长江采访回津后，邀请采访时同行的诗人、作家徐迟和云南年轻诗人周良沛来天津小住，父亲安排他们住在中苏友协机关的客房里，他们每天来家里与父亲聊天。徐迟走后，周良沛又住了较长一段时间，他在回忆父亲的文章中写道：

　　那段日子，土地革命时期就负责共青团领导工作的冯文彬同志也从北京团中央下放到天津，周六、星期天，常到方纪处消度他失意时还不愿过得无聊的假日。他们讲话，遇到我在，从不回避，有时还特意叫上我。文彬同志知道我祖籍是江西永新，是土地革命时期他斗争过的地方，对我还有份特别的亲热。他从我还没出生的年月在我故乡的情景讲起，讲他亲身经历的革命历史，并以他的博学讲文学，讲鲁迅，是位对我影响很深的人物。

方纪与好友冯文彬（摄于 20 世纪 80 年代初）

作家林希在回忆文章《悲夫，方纪！》中写到最初在天津见到周良沛的情景：

> 方纪是才子，不仅他本人才气过人，更重要的是，他惜才，慧眼独具。方纪善于发现他人的才气，周良沛就是方纪欣赏的一位青年诗人。1956 年，方纪和徐迟结伴游长江，随后邀请徐迟来天津小住，同时也带来了青年诗人周良沛。那时候周良沛一身才子气，就在我们全是一身蓝制服的时候，周良沛西装领带，足登高筒皮靴。编辑部小聚，周良沛放声朗诵诗歌名篇，浑厚的戏剧男高音，真是倜傥风流也哉了。[①]

徐迟伯伯那时穿着一件深咖啡色开襟毛衣，右袖口有点开线，肘部也磨出一个小洞，母亲要帮他缝补一下，他说不用了，经常伏案写作，最费的就是袖口和肘部，补上过不了多久还会磨破。后来母亲索性用布在肘部给他补了两个补丁。所以徐迟伯伯这件深咖啡色毛衣给我留下了很深的印象。而周良沛叔叔瘦瘦高高的，穿戴讲究，谈吐风趣，充满激情，感觉他就像是苏联的大诗人马雅可夫斯基。因他总穿双高筒马靴，所以我们也称他"大马靴叔叔"。

那时父亲很多延安的朋友也常来庆王府相聚，如郭小川、朱丹、贺敬之、章文晋等。记得有一次郭小川和杜惠夫妇两人来时正赶上下大雪，他们和父母在花园里还玩起了打雪仗，像孩子一样开心不已。

---

① 载《上海文学》2016 年第 9 期。

我们的房间除了放一张小双人床外，还挤进去一张小铁床和一张破旧的双人小沙发。东侧的耳房是照看我们的保姆张大娘住的房间。张大娘是静海唐官屯人，丈夫因掩护八路军被日本人杀害了。她有两个儿子，有时带点玉米面、蔓菁来看看我们，又带点母亲送给他们的东西赶回去。张大娘一直照料了我们弟兄四个成长，她与我们亲如一家，她的户口就在我们家的户口本上。"文化大革命"开始后，街道上戴红袖章的妇女把她"护送"回家去了。

二、庆王府里的人和事

中苏友好协会天津分会搬进庆王府后，社会上都称这里为中苏友协或友协，而内部人多习惯称"庆王府"。

由于中苏友协的工作发展很快，吸收了很多工商界、知识界人士入会，黄敬为了做统战工作，常借各种活动机会来这里与他们会面聊天，听取意见，了解思想情况。随着工作需要，中苏友协陆续招收了一些南开大学中文系毕业生来工作，如涂宗涛、马献廷、赵秉炎（赵侃）、师静淑、王保林等，从事宣传、联络、资料等方面工作。现在依稀能记住的中苏友好协会天津分会其他人还有杨玉昆、陈春娥，俄文翻译夏志仁、杜立垣，英文翻译张明、喻娴悦，画家田景琪、谢平，美工王殿耀，会计张令英、吴志复，放映员赵禄、小丁，警卫员刘玉泉、刘英杰，司机刘春达等；原王府中留用人员有王保善（厨师）、梁大爷（花匠）、郭师傅（勤杂）等。母亲也从天津日报社调到中苏友好协会天津分会任宣传部主任，1959 年因工作需要又调回新华社河北分社工作，1962 年又调到天津日报社任副刊部主任。

中苏友协成立之初，工作非常繁忙，为了开展工作，大家骑着自行车跑路，父亲也不例外，那时能骑上自行车到处跑已算是很不错的了。虽然机关给父亲配备了一辆美国吉普车，但是他还是以走路或骑车为主。那时黄敬市长为了开展工作，学会了开汽车，有时开车去学校参加学生的篮球赛，有时到中苏友协或交际处去跳舞，他出席这些活动都是为了更多地接触群众，了解情况。黄敬还鼓励父亲学开车。我二弟出生时，正值国庆节假日，那天黄敬正来家里看父亲，看到母亲快要生产，便要亲自驾车送母亲去医院，父亲哪肯，忙让司机刘师傅开车将母亲送到了总医院。父亲受了黄敬的鼓励，在一次坐吉普车去南开大学讲课回来的路上，想尝试一下开汽车。那时从佟楼到南开大学六里台校区一带都是土路，几乎没有民房，往来车辆和行人也很少，所以父亲就大胆坐到驾驶位上手握方向盘开起来。走到半路上，车子突然偏离了土路，直接开进一片坟地，幸亏刘师傅眼疾手快，一脚踩住了刹车，没出事故。

新中国成立初期，为了培养建设人才，尤其是在科学、文化和教育领域，中国邀请了大批的苏联专家来进行专业培训。当时中央音乐学院就设在天津，他们邀请了不少苏联专家来给声乐、键盘、作曲等系师生讲课，所以联系这些专家成为中苏友好协会的一项经常性工作。为此，中苏友协邀请了几位通晓俄文的翻译，除日常翻译工作之外，还要组织机关干部学习俄文。母亲作为党支部书记，带头与大家一起学习。女翻译夏志仁也因此与母亲成为好朋友，我们都叫她夏姨。

夏姨精通俄语，水平相当高，是少有的翻译人才。中苏友协放映俄语原版电影时，她坐在最后排的麦克风前，可以一边织毛衣一边不假思索地口译出来，令人十分钦佩。夏姨1921年出生在海参崴，自小受苏俄生活影响，"洋气"十足。她毕业于北京辅仁大学，1945年嫁给律师赵光裕为妻，解放后搬到庆王府对面的剑桥大楼居住。她在中苏友好协会做俄语翻译时，享受高级知识分子待遇，基本工资150元（高于行政14级干部）。中苏关系破裂后，经市委文教书记王亢之协调，调到天津师范学院任教。

夏姨不但长得很漂亮，而且很有气质，冬天也经常穿着毛呢裙子，外面穿一件皮大衣。而且出门就喷香水，走到哪里都一片香味，我们有时叫她"香姨"。虽然那时有人看不惯她，说她是"资产阶级"作风，但她毫不在意，依然我行我素。她没有孩子，所以对我们特别好，常给我们吃巧克力或苏联糖果。她有时教我们几句简单的俄语，并教给我们一些与苏联人打交道的礼节，我们跟她见面时都要用俄语说"您好"，还被要求亲吻她的脸颊。1966年"文化大革命"开始后，学校造反派把她定为"资产阶级反动学术权威"，抄了家，受尽剃头、批斗、劳改、扣发工资等人格羞辱。1971年夏，她在劳改拔草时身体发烧，被送一中心医院就诊，医生以感冒症治疗。

　　母亲听说她得了重病后，让我们晚上悄悄去看她。只见她盖着一条毛毯弱弱地躺在床上，本来就瘦弱的身体更加骨瘦如柴，脸色黑黄，连说话的力气都没有。看见她这个样子，我们心里非常难过，没想到我们小时候心中"女神"般的夏姨竟然病成这样。没过几天听说她因昏迷被送进医院，确诊为蚊虫传染的脑炎，当时医院虽按市领导吩咐尽全力抢救，但已回天无力，于8月3日病故。一个翻译界难得的人才就这样走了，非常令人惋惜。

　　夏姨的爱人赵光裕，我们都叫他七舅，是天津有名的大律师。他对我非常的疼爱，无论什么时候，只要看到我，就抱起来，使劲亲吻我，带着我玩，用俄语跟我说话。七舅喜爱打猎，他养了一条德国狼狗，这条狗只听俄语口令，说中文毫无反应。七舅经常带着它背枪骑车去郊外打野鸭，拿回来就让夏姨做西餐给我吃。夏姨说，七舅的枪法好，每次出去只带两发猎枪子弹，只打两只野鸭。说以前他还养过一匹马，打猎时就骑马，后来马被国民党军征用了。父亲曾赞他是屠格涅夫《猎人日记》里的叶尔摩莱。

　　在剑桥大楼与夏姨、七舅为邻居住的，是杜立垣叔叔和他爱人郭阿姨，也是中苏友协的工作人员。杜叔叔出生于东正教教徒家庭，其父是天津伊诺肯提乙东正教堂的神职人员，因此他本人也是个虔诚的东正教徒。由于他有俄罗斯血统，俄语也相当不错。他们有一个儿子一个女儿，女儿在"文化大革命"中没有读完初中就到副食商店站柜台。"文化大革命"初期破"四旧"砸教堂时，东正教堂也被毁了，杜叔叔也因此一病不起。

　　庆王府中还有一个人给我留下了非常难忘的印象，他就是花匠梁大爷，也是父亲后来所写短篇小说《园中》的主人公"花把式"韩铭德的原型。父亲在小说中提到的庆王府大院中第一个称这位老仆人为"韩大爷"的孩子就是我。梁大爷是旧王府留下的仆人，个子不高，有点驼背，走起路来两脚擦着地，发出"拖拖"的声响；只要手里不拿东西，手臂总是垂在身体两侧。他灰白色的山羊胡子微微向前翘起，两只布满血丝的眼睛总是睁得大大的，很少见到笑容，看上去令人有些害怕。在我印象中梁大爷总是忙个不停，就像父亲在小说所写的那样，每天天不亮就能听到他"哧哧"的沉重的脚步声，在花园里忙来忙去，扫院子、浇花、剪枝、搭架、挪动笨重的大花盆……花园里有一个大暖窖，很多花是他在暖窖中培育出来的，一到变天时，他就将一些怕冻的花搬到暖窖中去。虽然梁大爷看上去脾气有些古怪，但由于我是大院里第一个叫他"梁大爷"的，并逐渐成为全院人对他的尊称，所以他很喜欢我，总爱领着我在花园里转，给我摘无花果、打枣，有时还会得意地把他"孵"的蝈蝈、蛐蛐拿给我看。当年庆王爷载振喜欢玩虫，所以梁大爷会"孵蛐蛐"，就在暖窖里"孵"，过去这在京城里可是个"把式活"，一般人干不了。上午梁大爷忙完自己的活后，会拿把椅子坐在太阳下眯一小觉，有一次在他睡觉时我伸手去拔他的山羊胡子，这可把他惹恼了，大概觉得侵犯了他的尊严，气得去找母亲告状，以后我再也不敢了。还有一次他抱着我年幼的二弟玩耍，没想到不懂事的二弟尿了他一裤子，他又气又急，吓得二弟直哭。尽管如此，他还是很喜欢我们这些孩子，我们和其他孩子经常在花园假山上跑上跑下地玩耍，只要不碰他的花草，他就在一旁忙他自己的事。

中苏友协是外事部门，也是对外文化部门，除了外国友人外，对会员也是开放的。那时每周都有一次音乐欣赏晚会，或者是招待苏联专家，或是播放音乐节目，节目单都是事前印好的。当晚播放的录音带都是开盘的大带子，有专业的录放设备播放，这些录音带和设备都是苏中文化交流协会赠送的。当时任天津广播电台台长的鲁狄经常派人来借一些唱片和录音带，在广播节目中播放。每当有晚会时，音乐爱好者们可凭票或会员证入场，进入大厅，椅子已经整齐摆好，不对号入座，大家都不争抢，很有礼貌地谦让着，音乐欣赏会开始后四周顶灯关闭，大家在安静的气氛中轻松地欣赏苏俄音乐。

除音乐欣赏会外，中苏友协几乎每周六晚上都有苏联电影欣赏会。新片子拷贝一送到，夏姨就在小放映室里预先观看一遍，晚上放映时，她就坐在放映室外，面前立着麦克风，戴上耳机，我帮她接好插头，乖乖地坐在她身后的窗台上看电影。夏姨翻译时不仅翻译对话，还插入几句对情节的解释，以便观众们理解。如果没有新的电影拷贝，就放映《乌兰诺娃和她的舞蹈艺术》，这是由《天鹅湖》《泪泉》和《罗密欧和朱丽叶》三部芭蕾舞剧组成的合集。

中苏友协也经常举办各种展览，介绍苏联文化、宣传抗美援朝等，也搞过文化沙龙，请一些文化人来做客。记得有一次专门邀请从美国回来不久的现代派诗人穆旦（查良铮），在沙龙上朗诵自己的作品。诗人周良沛在他回忆父亲的文章《近思方纪——极不规范的悼念之文》中写道：

> 后来被称为"九叶诗人"的中坚穆旦从美国回来，也是由他（方纪）介绍给我认识、谈诗、聊天、喝咖啡的。像方纪这样从老区来的作家，对"现代派"不说随时都保持对它批判、战斗的态度，也会说是头痛的。可方纪也是以他在那个位置的身份，除了对穆旦为自己有些作品是奥登的仿制品和距离读者太远的欧化语言所作的自我批评，是热忱欢迎外，对他艺术探索的精神又是充分肯定的。看得出来，并不是临时找点资料用来应付，他对穆旦 40 年代诗创作总体情况的把握，说得穆旦都有些吃惊。穆旦首先是把他看作新中国的文化官员，说他是作家，并没有读过他的作品，由此，穆旦又拿起了本来打算并不这么急于要挥动的诗笔。事过 40 多年，尤其是现在有些人以"炒"穆旦在"炒"自己的"开放"和"全盘西化"时，回过头来看方纪当年，比他等还真的不知要"开放"多少倍。①

招待专家，主要是请苏联专家们现场演出声乐和器乐，邀请中央音乐学院的专家学者和师生们观摩、交流，解答一些专业的问题。在十月革命节和中国的国庆节，还举办冷餐会，请中外专家们一同庆贺节日。每逢这些节日，中苏友协全体工作人员从上午就开始忙碌起来，清理大厅，打扫卫生，请起士林的厨师和服务员带着全套西餐餐具和食品过来。照例是市领导讲话，父亲举杯敬酒，孩子们不准进去。等待圆舞曲奏响后，才允许我们去二楼看他们跳舞。待到曲终人散，起士林服务员开始收拾碗碟准备撤离时，工作人员都出来协助清理。随后，大家便会把会前预留的食品、烟酒搬出来，高高兴兴地大会餐；父亲送走了客人也会回来和大家一起就餐，谈笑风生，庆祝节日。

---

① 载《新文学史料》1998 年第 4 期。

　　苏联和其他友好国家的文艺团体和知名人士到天津访问，如苏联的法捷耶夫、西蒙诺夫，智利诗人聂鲁达，苏军红旗歌舞剧团、小白桦艺术团，波兰艺术团等，父亲都参加接待。苏联小白桦艺术团来津在中国大戏院演出开始前，父亲发表了热情洋溢、诗一般的欢迎词，引起与会中外人士的赞叹。1952年11月苏军红旗歌舞团，在团长鲍·亚·亚历山大罗夫率领下，由我国舞蹈家戴爱莲、剧作家宋之的等陪同来天津演出。那是红旗歌舞团第一次来津演出，我还记得是在体育场搭起的巨大席棚里表演。消防队员头戴金黄色的头盔，挂一身消防器材站在一旁防范，给年幼的我留下深刻的印象。以后他们又来过一次，是在中国大戏院演出，父亲有接待任务，不带我去，我就守在收音机旁听实况转播。

　　这个时期，父亲在开展对外友好工作中做了许多具体事情，他将自己的才华与工作结合得非常完美，在社会上产生很大影响，很多人一提到去中苏友协参加活动或看演出，是很值得自豪和骄傲的事情。父亲在中苏友好协会天津分会工作期间，结交了很多天津各界朋友，特别是知识界、医务界、文化界和工商界的朋友，印象比较深的有李霁野、萧采瑜、李何林、邢公畹、华粹深、查良铮（穆旦）、王达津、俞霭峰、万福恩、朱继圣等，他们经常来中苏友协参加活动，也常来家里与父亲聊天或谈工作。特别是1951年父亲作为第三届各界人民代表会议代表，当选为各界协商委员会委员以后，社会活动更加多了，结识的人也更加广泛。父亲从各界协商委员会委员到以后天津市政协第一至七届常委几十年间，结交了方方面面的人，这还不包括他在全国文艺界的朋友。

　　1953年3月5日，早上一起来就瞧见大人面带悲伤地忙碌着，我跟着大人们到大阳台上，降下国旗又升到半旗，装上了扩音喇叭；大厅被清空，挂上了镶黑纱的斯大林像，庄严肃穆，我才知道是斯大林逝世了。人们把我放在传达室的唱片机旁，嘱咐我哪里都不要去，老老实实在这里帮助放唱片。在柴可夫斯基第六交响乐《悲怆》的乐曲声中，一批又一批的天津民众戴着黑纱走了进来，进入大厅去吊唁斯大林。不久，中苏友好协会天津分会举办了"纪念斯大林同志展览会"。

三、抗美援朝运动在天津

在我记忆里，留下的人生第一个深刻印象，就是坐在一堆抗美援朝慰问袋中，望着院子里川流不息来来往往的人群和车辆，耳边响着高音喇叭里传出的"雄赳赳气昂昂，跨过鸭绿江。保和平卫祖国就是保家乡……"的歌声。学唱的第一首歌是"嘿啦啦啦啦，嘿啦啦啦啦，天空出彩霞，地上开红花。中朝人民力量大，打垮了美国兵！"第一次看到母亲流眼泪，是在送别父亲去朝鲜的火车站站台上。那是1951年，父亲时年32岁，母亲27岁，我两岁。

1950年6月25日，朝鲜内战爆发。美国为维护其在亚洲的地位和利益，立即出兵干涉。6月26日，美国总统杜鲁门命令驻日本的美国远东空军协助韩国作战；6月27日，命令美国第七舰队驶入台湾基隆、高雄两个港口，并在台湾海峡巡逻，阻止中国人民解放军渡海解放台湾。接着，美国要求联合国安理会授权组成以美国为主导、由15个国家组成的"联合国军"开赴朝鲜，介入朝鲜战争。7月5日，美军参加了第一场对朝鲜的战役。

6月28日，毛泽东发表讲话，号召"全国和全世界的人民团结起来，进行充分的准备，打败美帝国主义的任何挑衅"。同日，周恩来代表中国政府发表声明，强烈谴责美国侵略朝鲜、中国台湾及干涉亚洲事务的罪行，号召"全世界一切爱好和平正义和自由的人类，尤其是东方各被压迫民族和人民，一致奋起，制止美国帝国主义在东方的新侵略"。7月2日，中国人民保卫世界和平大会天津分会也发表声明，痛斥美国武装干涉我国和朝鲜内政的行径。7月6日，周恩来再次发表声明，指出联合国安理会6月27日关于朝鲜问题的决议非法，中国人民坚决反对。7月10日，中国人民反对美国侵略台湾朝鲜运动委员会在北京成立，抗美援朝运动开始，于14日发出《关于举行"反对美国侵略台湾朝鲜运动周"的通知》，在全国形成第一次高潮。16日，天津市各界3万余人举行反对美国侵略台湾朝鲜大会。"和大"天津分会主席黄松龄出席大会并讲话，成立了中国人民反对美国侵略台湾朝鲜运动委员会天津分会，天津人民"反对美国侵略台湾朝鲜运动周"也从这一天开始。

1950年9月15日，美军第十军在朝鲜半岛南部西海岸仁川登陆，朝鲜人民军腹背受敌，损失惨重，转入战略后退。9月30日，周恩来发表讲话，警告美国"中国人民决不能容忍外国的侵略，也不能听任帝国主义者对自己的邻人肆行侵略而置之不理。"但是麦克阿瑟认定中国不敢出兵与美国对抗，所以美国不顾中国政府的多次警告，于10月1日越过北纬38°线，19日占领平壤，企图迅速占领整个朝鲜，并公然声称："在历史上，鸭绿江并不是中朝两国截然划分的、不可逾越的障碍。"同时，美国飞机多次侵入中国领空，轰炸丹东地区，战火即将烧到鸭绿江边。10月8日，中国应朝鲜党和政府的请求，作出"抗美援朝、保家卫国"的决策，迅速组成中国人民志愿军入朝参战。10月19日晚，中国人民志愿军在司令员兼政治委员彭德怀率领下，跨过鸭绿江，奔赴朝鲜战场，10月20日成立了中国人民志愿军总部；25日开始，志愿军发起第一次战役，初战告捷。

10月28日，"和大"天津分会与中国人民反对美国侵略台湾朝鲜运动天津分会合并，改组为"中国人民保卫世界和平反对美国侵略委员会天津分会"，推选黄松龄为主席，李烛尘、李华生为副主席，父亲任秘书长。11月2日，中国人民保卫世界和平反对美国侵略委员会天津分会召开工作会议，研究关于在全市开展抗美援朝时事宣传运动的具体事宜，由黄松龄主席主持会议。12月1日，中国人民保卫世界和平反对美国侵略委员会天津分会发出通告，号召全市人民进一步深入开展抗美援朝运动。12月2日，毛泽东主席电复天津市工商联主任委员李烛尘、副主任朱继圣、毕鸣岐及天津市工商业界参加示威游行大会的4万余名爱国同胞，对他们11月30日举行的抗美援朝、保家卫国大游行表示欢迎，并希望全中国一切爱国的工商业家和人民大众一道，结成一条比过去更加巩固的反对帝国主义侵略的统一战线。这一天，天津市工商界首批60余行业捐献大批慰问品，交中国人民保卫世界和平反对美国侵略委员会天津分会转送前方战士，并举行捐献仪式。

1951年3月1日，中国人民保卫世界和平反对美国侵略委员会天津分会召开第一届代表大会，主席黄松龄在会上报告了"天津抗美援朝运动总结及今后任务"，秘书长方纪和天津志愿医疗队队长万福恩分别报告了该会成

1950 年冬，天津人民举行的抗美援朝大游行

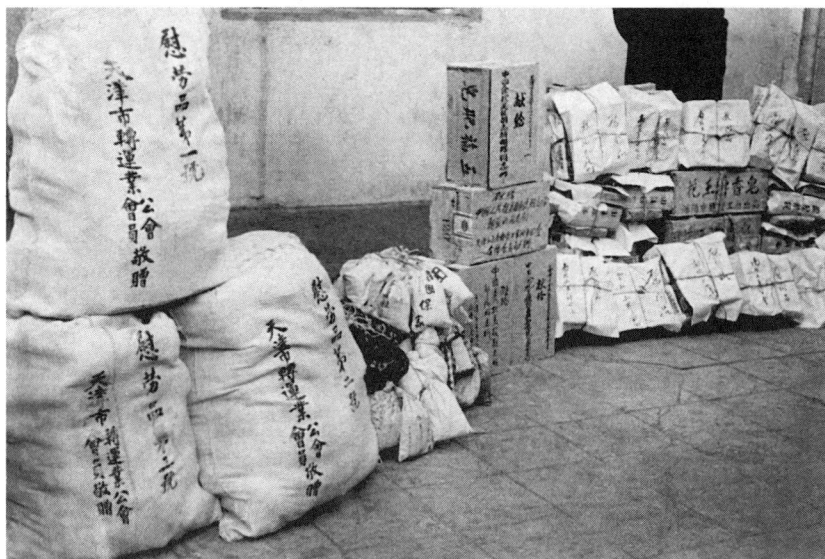

天津市工商界首批 60 余行业捐献的大批慰问品

立以来的工作概况和医疗队工作情况。会议通过了第二届委员会全体委员名单及《关于进一步深入开展抗美援朝爱国运动的决议》。

3月下旬，由中国人民政治协商会议全国委员会、中国人民抗美援朝总会组织的、代表全国人民的中国人民赴朝慰问团（第一届）及所属文工团一行575人，在团长廖承志，副团长陈沂、田汉率领下，从3月底至5月中旬赴朝鲜前线慰问中国人民志愿军、朝鲜人民军与朝鲜人民。慰问团在朝鲜期间，有四位团员因遭敌机轰炸扫射，不幸英勇牺牲。他们是：第五分团副团长、平原军区干部管理部部长廖亨禄；曲艺服务大队副大队长、天津市著名相声艺术家常宝堃（小蘑菇）；曲艺服务大队队员、天津市著名琴师程树棠；汽车运输连副连长王利高。父亲是第五分团副团长，该分团是华北地区团，由北京、天津、河北、山西、平原、察哈尔和绥远等地50位代表组成。慰问团初步组建时，总团、曲艺大队和各地分团都先到天津集中。在天津，除了正式成立中国人民赴朝慰问团外，廖承志和田汉还抓紧组织文艺创作工作。天津的管桦写了《慰问志愿军小唱》，这首歌最先在朝鲜演唱，以后一直传唱到全国各地，受到人们欢迎。3月20日，集中后的"中国人民赴朝慰问团"从天津出发前往沈阳，与东北地区的慰问团会合。第五分团是在北京集中的，出发前在鲜鱼口华乐戏院举行了欢送会，3月12日从北京出发，前往沈阳。在沈阳，慰问团全体成员换上了志愿军军服，不佩戴任何标志符号，个人物品全部留在沈阳。轻便的慰问品如手表、钢笔等则由代表们随身携带。随后，赴朝慰问团在安东市（今丹东市）集中并召开动员大会，总团长廖承志作动员报告，副总团长陈沂和田汉分别讲话。之后，慰问团总团、直属团和各分团，分别于4月初入朝。父亲随慰问团在朝鲜战场目睹了志愿军战士为保家卫国而同敌人浴血奋战的情景，听到了许

1950年，方纪赴朝慰问离津时在天津东站

多可歌可泣的事迹，切身感受着"祖国"二字的伟大力量，也深为这两个字所鼓舞。同时，他也目睹了相声艺术家常宝堃和琴师程树棠牺牲的场面。

常宝堃和程树棠所参加的"中国人民第一届赴朝慰问团总团曲艺服务大队"（简称"曲艺服务大队"），组建于 1951 年 3 月，主要由京、津两市的曲艺、杂技演员和中央音乐学院音乐工作团组成。该大队隶属慰问总团，但入朝在平壤进行慰问演出后，被分为若干小分队，与入朝的各分团随行去前线慰问演出。当时入朝的各分团分为东、中、西三路，分别前往"三八线"附近前线慰问志愿军与朝鲜人民军。常宝堃、程树棠等随第五分团沿西路进行慰问演出。

常宝堃，3 岁随父亲常连安变戏法，因其口齿伶俐，后改习相声，在华北一带颇有名声。在张家口卖艺时，观众常因他年龄尚小而称其为蘑菇，遂得"小蘑菇"艺名。常宝堃 9 岁正式拜天津著名相声演员张寿臣为师，他刻苦学艺，博采众长，在长期的艺术实践中逐渐形成通俗流畅、诙谐风趣的表演风格，自成流派，蜚声艺坛，13 岁时已成为享誉京津一带的相声演员了。常宝堃具有民族气节和爱国主义思想，在日本占领时期，他编演《牙粉袋儿》等节目，讽刺日本侵略者的压榨。1949 年 7 月，常宝堃出席了全国第一次文学艺术工作者代表大会，受到了毛泽东、周恩来、朱德等党和国家领导人的亲切接见。他因此深受鼓舞，更加自觉、勤奋地致力于相声的改革和创新，编演了许多新相声，如《新灯谜》《思想问题》等，1950 年被选为天津市第二届各界人民代表会议代表。

父亲是 1949 年在天津市文联筹备会上与小蘑菇（常宝堃）相识的。当时常宝堃年仅 29 岁，父亲甚感惊奇，望着对方那红润白皙、朴实中透着谐趣的面容，情不自禁地说："啊，常先生你这么年轻，我以为你得有 40 来岁啦！"因父亲年轻时就听过他们父子合灌的唱片，所以有此"误解"。论及年龄时，父亲属羊，比常宝堃长 3 岁。父亲称许常宝堃为进步艺人，鼓励他跟上时代，为人民服务。他建议小蘑菇改用本名，常宝堃欣然同意。天津解放初期，常宝堃、赵佩茹常以新编相声《封建婚姻》《新酒令》《八大吉祥》等为各界义演，受到群众欢迎，父亲经常观看，称赞其在《新灯谜》中的创意："您这一家子工、农、兵、学、商都占全了！"父亲曾为常宝堃修改

《思想改造》，并在赴朝途中切磋琢磨，演出后获得战士喜爱，他对常宝堃的《建设新天津》《英雄颂》等未竟之作也给予有力支持。

常宝堃的长子常贵田回忆说："本来中央没有从天津抽调人赴朝，当我父亲听到慰问团赴朝的消息，立即向天津市文化局请求参战。当时局长是阿英，破格批准。家里人从我母亲、到祖父、到其他人，都支持我父亲去慰问人民志愿军。我母亲肯定是担心，但我母亲还是毅然决然支持他去。"朝鲜战场上，慰问团的队员们在敌人飞机的轰炸下穿梭于各个战场，深入前沿阵地，频繁为战士们演出，要把祖国人民的关怀和温暖送到每一个志愿军战士身边。担任慰问团曲艺大队副队长的常宝堃，常常在演出的空隙、行军的路上坚持创作。那时他已经构思好了一段讽刺杜鲁门、麦克阿瑟、李承晚和蒋介石到底是什么骨头的相声《揣骨相》，并开始创作以天津建设为题材的新相声。

为了避免敌机轰炸，在前线的慰问演出要等到黄昏时才能在树林里进行。在进行最后一场慰问演出中，常宝堃和赵佩茹说了一段《新酒令》，引起了满堂笑声。正在大家兴高采烈时，敌机突然飞来了，先扔照明弹，照得周围像白昼一样。而常宝堃依然淡定从容，继续演出。部队首长连忙让慰问团马上疏散，钻防空洞。常宝堃见战士原地未动，就问部队首长。首长说，他们有经验，他们不怕。常宝堃斩钉截铁地说："战士不怕我们也不怕，演！"战士们当然欢迎了，报以热烈掌声。常宝堃就使了个现挂："咱们得感

常宝堃在朝鲜前线
慰问演出

谢老美，天黑了，知道大家看不清楚，（一指天上）那个照明弹，给咱们安了几个临时电灯。"这样一个包袱，把紧张气氛一扫而尽。

4月23日，慰问团胜利完成了慰问演出任务，踏上了返回祖国的归程。慰问团走到"三八线"附近的沙里院，住宿在一个小村子里。上午，常宝堃在山坡上又给赵佩茹说了新创作的《揣骨相》，两人对了对词儿，准备一回到天津就上演。中午，他们正在房屋里休息时，忽然有四架美国飞机飞来，常宝堃担心大家的安全，站起来喊道："谁都不要出去，别暴露目标！"话音未落，敌机就开始扫射，随着"轰轰"巨响，房子里充满了浓烟和焦臭，屋顶上的茅草也烧了起来。过了好一会儿，与常宝堃同在一个屋内的赵佩茹从昏迷中苏醒过来，此时浓烟已经消散，只有屋顶上着火的茅草还在一团团地往下掉，他不顾自己胳膊上的伤痛，一边爬一边喊着常宝堃的名字。他先看到了已经牺牲的天津著名琴师程树棠，随后在门旁发现了常宝堃，但常宝堃的头部中弹，已经停止了呼吸。这位相声表演艺术家刚刚29岁，就献出了自己宝贵的生命。父亲当时在山坡的小树林里，目睹了敌机轰炸和常宝堃牺牲的场面，深感悲伤。父亲回忆说，敌机来得太突然，根本来不及躲避。

1951年5月10日，中共天津市委书记黄敬致电华北局并报中央，提出天津曲艺界名演员常宝堃、程树棠赴朝鲜慰问期间牺牲的善后办法，并提出扩大追悼，加强宣传，以推动抗美援朝运动深入进行。由于常宝堃是天津家喻户晓的人物，又是曲艺界领袖人物之一和市各界人民代表会议代表，人们对如何处理其善后非常关注。5月12日，常宝堃和程树棠两位烈士的灵柩被护送到天津。天津市人民政府授予两位烈士"人民艺术家""革命烈士"的光荣称号。父亲为两位烈士写了感人悼词和碑文，在他耳边回响着最后一场演出结束后常宝堃说的话："给战士们演出，我心里快乐。我多么想为我们这些最可爱的人多演几场啊！"

5月15日，在马场道第一公墓殡仪馆举行了公祭仪式。父亲特别请中央新闻电影制片厂来津拍摄公祭吊唁送殡的全过程。为了保证数十万民众沿途祭奠的安全，父亲还请市公安局交通大队协助维持秩序。当天，中国人民赴朝慰问团在团长廖承志、副团长田汉、陈沂率领下由沈阳乘专车抵津，出席公祭仪式和安葬仪式。那天一大早，灵堂外面就人山人海，前来参加祭悼的群众有 3 万多人。人们佩戴着黑纱，争先恐后地瞻仰烈士遗容。18 日，中国人民政治协商会议全国委员会隆重举行了廖亨禄、常宝堃、程树棠、王利高四位烈士的追悼大会；中国人民第一届赴朝慰问团总团和中共天津市委、天津市人民政府为常宝堃、程树棠二烈士举行了送葬仪式。追悼大会由廖承志主持，田汉主祭。几十万天津老百姓自发地扶老携幼走上街头，送别他们心目中可亲可敬、为国捐躯的相声大师最后一程。浩浩荡荡的队伍汇成了抗美援朝示威大游行。常贵田回忆说："那场殡葬太隆重了，我这一生就见过那么一次。廖承志担任治丧委员会主任，黄敬市长给拉灵，方纪致悼词。那天你知道送殡队伍有多长吗？打劝业场到东南角，多少人？他那个送殡队伍长度占了半个天津市，全国的相声演员几乎都到了。牺牲了既感觉可惜，但是也感觉光荣，也是我们相声界的光荣。他牺牲在朝鲜，有很多的天津老观众，甚至全国的观众、北方的观众，都这么说：'常宝堃生的是轰轰烈烈，死的是红红火火。'" 19 日，天津市各界人民集会，欢迎赴朝慰问团。廖承志团长在会上报告志愿军英雄事迹，号召全国人民深入开展抗美援朝运动，加紧支援前线。

"保家卫国，人人有责。"常宝堃等人的英雄事迹激励了全国一大批曲艺演员，他们纷纷报名前往朝鲜战场慰问志愿军战士，去接受血与火的严酷考验，用艺术和生命诠释对祖国、对人民的热爱。为了更有力地支援抗美援朝，天津又一次掀起了捐献飞机大炮，为抗美援朝作贡献的高潮。

1951 年 6 月 3 日，天津市各界人士发表谈话，响应抗美援朝总会关于捐献飞机大炮的号召，决心尽最大力量，争取抗美援朝早日胜利。5 日，天津市总工会、市妇联、市医务工作者协会响应抗美援朝总会号召，决定捐献"天津工人号""天津妇女号""白求恩号"飞机大炮。天津工商界仁立实业股份有限公司、久大盐业公司、启新洋灰公司、开滦矿物总局、耀华玻璃公司、永利化学工业公司等六大企业决定捐献飞机 5 架。6 日，天津市抗美援朝分会举行会议，决定召开抗美援朝代表会议，动员全市人民投入爱国运动新高潮。东亚公司、金融业工会等捐献飞机 7 架、坦克 1 辆。7 日，天津土城村农民热烈响应中国人民抗美援朝总会的号召，已捐献 200 余万元（旧币，下同），并建议天津市郊区农民捐献"天津农民号"飞机。到 9 日，五

1951 年 4 月，中国人民第一届赴朝慰问团第五分团在朝鲜举行四烈士追悼会

1951 年 5 月 18 日，中国人民政治协商会议全国委员会在天津隆重举行四烈士追悼大会

天中已捐献飞机 18 架，坦克 1 辆，大炮 3 门，高射炮 1 门。到 13 日，天津市工商业界捐献飞机已达 30 架、坦克 1 辆、大炮 6 门、高射炮 3 门。

6 月 13 日，中国人民赴朝慰问团团长廖承志等 30 余人再次来到天津，在津五天共举行报告会 156 场，听众超过 30 万人。7 月 20 日，以元东根为团长、金仁容为副团长的朝鲜人民访华代表团和以韩炳珏为首的朝鲜人民访华代表艺术团 104 人来到天津。转天，元东根团长等前往常宝堃家和志愿军烈属家进行了慰问。

7 月 18 日，天津市抗美援朝分会召开工作会议，决定继续加强抗美援朝运动，结合增加生产收入开展爱国捐献运动，成立专责机构，检查与推动优抚工作。10 月 20 日，天津市抗美援朝分会召开工作会议，讨论纪念中国人民志愿军出国作战一周年及加强抗美援朝工作问题，决定自 25 日起，开展为期一周的宣传活动。截至 24 日，天津市捐款已达 11.95 万亿元，为捐献百架飞机总款数的 79.1%。11 月 10 日，天津市工商界决定响应毛主席增产节约号召，再增捐飞机 20 架。到 17 日，天津市各界人民提前超额完成捐献飞机 100 架的计划，已捐款 15 万亿元。截至 1951 年 12 月 31 日，捐献款已达 20 余万亿元，可购战斗机 123 架。

1961 年，为纪念常宝堃烈士牺牲 10 周年，天津市举办了常氏相声专场，父亲建议由文化局专电邀请在外地部队文工团的六名烈士亲属参演。这次演出非常成功，获得观众好评。专场演出结束后，常连安向父亲提出了入党的要求，并请父亲对常家子女在政治上多给予帮助。父亲晚年时每每提到常宝堃，总是惋惜地说："他才 29 岁就牺牲了，他是文艺界、曲艺界、相声界的榜样!"

父亲参加赴朝慰问团回国以后，虽然已远离朝鲜战场的硝烟，但在朝鲜的日日夜夜让他夜不成寐，尽管他那时工作非常繁忙，但依然挤时间写了《志愿军和祖国》《志愿军和毛主席》《志愿军和朝鲜人民》三篇散文发表在《天津日报》上；并在天津、北京举办的慰问团报告会上，以及天津市各界人民代表会议上作了相关的报告、发言。后来，父亲所写的短篇小说《开会前》，描写了一位天津民族工商业者在出席首都抗美援朝大会时，当场捐了 15 亿元人民币的故事。这位工商业者当时与父亲一起参加了赴朝慰问团，任第五分团副团长。当他目睹了美帝国主义在朝鲜战场上的罪行和志愿军战士的英勇作战后，心中根深蒂固的"崇美""恐美"思想彻底破产了，因此他经过激烈的思想斗争，终于下决心为抗美援朝捐了款。该小说主人公原型是天津民族实业家、仁立毛纺厂总经理朱继圣，他为人热情，思想进步，后任天津市政协副主席。

1952年2月4日，天津市抗美援朝分会在第二图书馆举办了朝鲜前线实物和图片展。20日，天津市抗美援朝分会与人民广播电台联合举行广播大会，分会秘书长方纪在会上讲话，8万余听众收听广播。24日，外交部部长周恩来发表声明，抗议美国侵略军进行细菌战的罪行。25日，天津各民主党派、各人民团体发表联合声明，抗议美国侵略军在朝鲜进行细菌战的滔天罪行。3月1日，天津市文化艺术工作者协会工会工作委员会发表抗议书，抗议美国侵略军在朝鲜散布细菌的罪行。3日，为了以实际行动回击美国在朝鲜散布细菌的罪行，天津市医务工作者抗美援朝救护委员会特邀在津生物、细菌、昆虫、公共卫生专家集会，共同成立"细菌战防御专门委员会"，朱宪彝、刘璞、李允恪等22人为委员。9月23日，天津市抗美援朝分会邀请天津市生物学、细菌学、化学专家学者和各界代表举行座谈会，拥护国际科学委员会报告书，决心为制止美国细菌战而坚决斗争。座谈会由天津市抗美援朝分会秘书长方纪主持。

1952年11月23日，中国人民抗美援朝总会与天津市抗美援

1952年，方纪在天津市第四届各界人民代表会议上所作的《继续加强津市抗美援朝运动，认真做好一切拥军优属工作》发言

朝分会在津举行大会，欢迎中国人民第二届赴朝慰问团，郭沫若由北京来津亲自主持大会并致欢迎词。第二届赴朝慰问团陈沂副总团长及各分团代表，分别向天津市各界人民作了 40 余次报告，听众达 10 余万人。1953 年 1 月 27 日，抗美援朝天津分会和第一工人文化宫联合举办抗美援朝图片展览会。1954 年 1 月 5 日，抗美援朝天津分会举行第三届委员会会议，一致通过了天津抗美援朝分会各部门的负责人选，主席：吴砚农；副主席：李烛尘、于文、张国藩、潘长有、朱宪彝、方纪。1954 年 3 月 29 日，抗美援朝天津分会举行宴会，热烈欢送国际医疗服务队第 26 队全体队员，吴德市长致欢送词。

第九章

为繁荣天津文化呕心沥血

一、任市文化事业管理局局长

1951 年 8 月，天津市文化局（原军管会文艺处）局长阿英调任华北文联主席，由父亲接替他的工作。1952 年经中央政务院第 147 次会议批准，天津市正式设立文化事业管理局。由周恩来总理签署，任命父亲为天津市文化事业管理局局长（1955 年 4 月 19 日更名为天津市文化局）。解放初期，天津作为解放较早的北方最大的工商业城市，在各个方面都受到中央的高度重视，配备的干部也都是很强干的人。文化方面也不例外，阿英不仅是老资格的中共党员，而且也是新文化运动时期的骨干，是名副其实的党内文化人。这一方面说明了中央对天津这样一个文化多元、开放的大城市文化工作的高度重视；另一方面也能看出中央对天津文化事业的建设与发展是抱有厚望的。所以，用文化人管理文化，让懂文化的人领导文化似乎成了天津的一个传统。父亲调离文化局后，继任者同样多是文化人任局长，如李霁野（作家、翻译家）、黎砂（作家）、张映雪（画家）、曹火星（作曲家）、肖云翔（作曲家）等。

父亲调到文化事业管理局任局长时，还同时兼任中苏友好协会天津分会、"和大"天津分会的职务，这使他的舞台更加广阔。一方面，他借助中苏友协这个平台大力开展对外文化交流；另一方面，借助文化局这个大平台，大力发展繁荣天津文化。父亲在这个时期，倾其智慧、才华和能力，为天津文化基础建设、各项文化发展做了很多扎实、务实的工作。很多曾与父亲共过事的人，都对父亲的工作作风有很深的体会和印象，如作家王昌定说："他待人平等、亲切，没有'架子'。在一起的工作中，我们由上下级变成了彼此可以交心的朋友。"作家周骥良说："方纪是以工作为主的作家。"这个时期，父亲把领导文化工作、参加社会活动和从事文学创作有机地融合到了一起，他一方面全盘考虑天津文化建设和发展的问题，并且将其付诸实施；另一方面满腔热情地全身心地投入到具体工作中去，毫不计较个人得失与利害，在他心目中，只要是有利于党的事业、有利于满足人民群众的文化需要的事，就大胆去做。这也恰如孙犁对他的评价："他的兴趣，方面很广，他好做事，不甘寂寞。大量的行政交际工作，帮助他了解人生现实，在某些方面，也影响了他的艺术进展和锤炼。""方的才气很大，也外露。……他常常是党之所需，时之所尚，意之所适，情之所钟，就执笔为文，洋洋洒洒。"孙犁的评价虽然是指他的文学创作，但在行政工作中也亦然。这里简要摘录一些 1952 年至 1956 年父亲任市文化管理局局长时期，天津有关文化活动的报道，由此可以看出当时天津文化盛况之一斑。

1952 年，捷克斯洛伐克"维特·尼耶得利军队文艺工作团"来津演出，文化事业管理局局长方纪（右）到车站欢迎

1952 年 8 月 19 日，天津市学生暑期生活指导委员会举办第二次文艺讲座，邀请中国文联副主席丁玲来津讲演文艺问题。这次活动是青联和学联共同组织主办，父亲应青联之请，特意邀请丁玲来津为青年学生讲座，受到学生热烈欢迎。9 月 22 日，应邀来我国访问的捷克斯洛伐克"维特·尼耶得利军队文艺工作团"乘火车来津演出，天津各界 900 多人赴车站欢迎。11 月 23 日，苏联电影艺

术工作者代表团由团长费道罗夫率领来津访问，团员有拉迪尼娜、斯米尔诺娃、契尔卡索夫、契尔柯夫、彼得罗夫、巴甫洛夫等，文化部电影局秘书长田方、中国影片经理公司总经理罗光达、北京电影制片厂厂长汪洋等陪同来津。12 月 6 日，天津市人民政府委员会政府扫盲委员会正式成立，吴砚农任主任；梁寒冰、王一达任副主任，委员有王亢之、罗云、方纪、楚云、郭春源、翟新。

1953 年 4 月 1 日，天津市文化事业管理局召开首届文化工作会议，会期 7 天。局长方纪提出 1953 年天津市文化工作计划：组织创作，开展工厂文艺活动；整顿戏剧艺术与文化馆工作；继续整顿和建设图书馆、博物馆、通俗书出版社。5 月 18 日，应中央音乐学院及天津市文化事业管理局的邀请，参加第一届全国民间音乐舞蹈会演大会的部分各地艺人 64 人，来津进行了两场观摩演出，观众共 4000 余人。6 月 13 日，天津市文化事业管理局和市文联在中苏友好协会大厅联合举行了"纪念爱国诗人屈原逝世 2230 周年大会"，邀请北京大学游国恩教授作了关于屈原的专题报告，并举行了屈原作品朗诵会。15 日，应邀来我国访问和演出的波兰人民共和国玛佐夫舍歌舞团在团长米罗斯拉夫·德姆勃洛夫斯基率领下到达天津，并于 17 日在天津第一体育场举行演出。9 月 15 日，天津市文化事业管理局为了进一步贯彻"百花齐放，推陈出新"的戏改方针，巩固剧团，改进与提高演出质量，召开了天津市第一届戏曲剧团工作会议，各剧团代表 130 人出席，方纪局长出席并作报告。10 月 10 日，应邀来我国参加国庆观礼的罗马尼亚、捷克斯洛伐克、波兰文化代表团及德意志民主共和国科学、文化考察团代表共 42 人，在中央人民政府政务院文化教育委员会秘书长范长江陪同下来津访问。11 月 22 日，"天津市人民科学馆"在马场道津沽大学（今天津外国语大学）图书馆举行试展开幕典礼，馆长萧采瑜介绍了科学馆筹备经过。梁寒冰、方纪、王笑一及各界代表等百余人参加了开幕典礼。

1954 年 1 月 11 日，德意志民主共和国国家人民艺术歌舞团在团长汉斯·皮什纳教授率领下，由文化部联络处处长朱明陪同由京来津演出。1 月 15 日，天津市第二工人文化宫大剧场工程落成，全部建筑面积共 7000 平方米，有一个可容纳 1500 人的大礼堂，还有美术、戏剧、音乐等研究室和舞厅。这天，天津市第一届戏曲观摩演出大会开幕，参加大会的有天津市职业剧团演员、戏曲工作者、老艺人、文艺团体负责人、文艺工作者等 2000 余人。中央文化部副部长周扬到会并讲话。应邀参加大会的还有中央人民政府文化部艺术事业管理局局长田汉、副局长张光年，中国戏曲研究院院长梅兰芳先生。梅兰芳先生为工人和市民演出了《贵妃醉酒》《穆桂英挂帅》，盛况空前。10 月 20 日，捷克斯洛伐克、匈牙利、罗马尼亚和德意志民主共和国的作家、记者和捷克音乐代表团团员一行 10 人来津。天津市文化事业管理局局长方纪，文艺界人士李霁野、音乐界人士缪天瑞、新闻界人士邵红叶等前往东站欢迎。23 日，苏联国立民间舞蹈团在苏联人民演员、艺术指导、斯大林奖金获得者伊·莫伊塞耶夫率领下由北京来津访问，吴德市长设晚宴招待。11 月 11 日，天津市文化学术界人士方纪、李霁野、李何林、温公颐、王林、孙犁等 50 余人举行关于《红楼梦》的研究座谈会。这年 5 月父亲随中苏友好代表团访问苏联，其间所写散文、诗歌于 1956 年结集，由中国青年出版社出版。

1955 年 11 月 14 日，荣膺波兰劳动旗帜勋章的波兰军队歌舞团在军队总政治部文化部部长沃尔瓦中校、团长拉特科夫斯基上校率领下到达天津进行访问并演出。19 日，苏联莫斯科"小白桦树"舞蹈团在舞蹈团艺术领导人纳杰日金娜率领下到达天津访问演出。24 日，保加利亚艺术代表团一行九人，在团长米哈依尔·波波夫率领下从上海到达天津，天津市文化局局长方纪等 30 余人到车站欢迎。这一年由于文艺界开始了批判胡风的运动，各种文化活动开展较少。

1956 年 1 月 16—24 日，天津市文化局召开文化工作会议。会议根据文化部关于"积极发展，提高质量，全面规划，加强领导"的文化工作方针，号召大力发展文艺创作和群众文化事业。21 日，天津市文化局召开大会，宣布了进步评剧社、民艺评剧社等 14 个民间职业剧团，全部被批准为国营剧团。4 月 7 日，中国作家协会天津分会筹备委员会举行第一届会员大会，正式成立了中国作家协会天津分会。大会贯彻了中国作家协会第二次理事会关于繁荣文学创作，培养新生力量的方针，并决定出版《新港》文学月刊，定于 1956 年 7 月 1 日创刊。会议通过了中国作家协会天津分会章程和

《关于加强天津文学工作，发展创作的决议》，并选出方纪、王林、王雪波、阿凤、鲍昌等 13 人组成理事会，方纪任主席。这年 5—9 月父亲奉周恩来之命在长江考察。5 月 13 日，中国人民对外文化协会天津市分会成立，会长梁寒冰，副会长杨石先、张国藩、朱宪彝、方纪。6 月 1 日，应中国对外文协邀请，前来我国访问的苏丹文化友好代表团来津，对外文化协会天津市分会副秘书长王金鼎等前往东站欢迎。15 日，天津市文化局主办的"波兰宣传画和书籍插图展览"在天津解放路 311 号开幕。17 日，天津市文艺界及其他各界人士，集会纪念高尔基逝世 20 周年。7 月 3 日，由天津市文化局、团市委、市文联三个单位主办的天津市青年美术作品展览会在青年宫开幕。展出 241 位专业和业余美术工作者创作的各类美术作品 357 件。7 月 15 日，中国作家协会天津分会《新港》月刊创刊。19 日，"天津市戏曲剧目工作委员会"成立，何迟任该会主任；华粹深、韩俊卿等六人为副主任。其任务是发动各方面力量，有计划、有步骤地做好挖掘、整理传统剧目工作；贯彻"百花齐放，推陈出新"的方针，丰富上演剧目。8 月 28 日，天津市京剧团举行建团典礼，本市戏曲界演员以及天津戏曲学校师生共千余人到会祝贺。该团是以原北京宝华京剧团和天津市共和京剧团为基础，吸收其他京剧演员组成的，全团拥有演员和职员 160 余人。团长杨宝森、厉慧良，副团长丁至云、张利民和纪鹤峰。9 月 21 日，应中国人民对外文化协会邀请，来我国访问的希腊访华代表团到达天津，中国人民对外文化协会天津分会会长梁寒冰、副会长张国藩前往车站欢迎。20 日，印度尼西亚峇厘艺术友好访问团在津举行首次演出。天津市市长黄火青，副市长李耕涛、万晓塘、杨亦周以及中国人民对外文化协会天津市分会的负责人观看了演出。22 日，苏联乌克兰国家舞蹈团在天津第一工人文化宫举行访华期间的最后一场演出。天津市副市长杨亦周致欢迎词，预祝他们演出成功。12 月 2 日，应邀来我国访问的苏联大马戏团在团长阿萨诺夫率领下来津演出，至 31 日结束。苏联大马戏团的精彩表演，给天津人民留下了非常深刻的美好印象。

天津自 1949 年就成立了文学工作者协会，1956 年改为中国作家协会天津分会，并创办了《新港》文学月刊，在全国很有影响，至"文化大革命"前父亲一直兼任中国作家协会天津分会主席。1950 年天津市文联成立，阿英任文联主席，1951 年李霁野接任文联主席，父亲兼任文联党组书记。20世纪 50 年代天津作家群是相当有实力的，不仅作家人数多，而且很多作家在全国有一定的影响力。除父亲、孙犁、李霁野、鲁藜等人外，如王林、袁静、周骥良、柳溪、杨润身、孙振、李何林、任朴、石英等，还有一批剧作家，以及有一支影响较大的工人业余作家队伍，对繁荣天津文学创作起到了重要作用。自古以来中国就有"文人相轻"、搞"小圈子"的庸俗习气，对胡风文艺思想的批判运动中有一个重要内容就是"反宗派主义"，父亲作为天津作协主席，突出强调要克服"文人相轻"的陋习和名利思想，号召作家要团结一致，扎实深入生活，共同繁荣天津文学创作。那时很多作家真心实意地深入到火热的生活中去，向群众学习，积累了丰富的创作素材。1958年天津在全国第一个率先写工厂史，就是在父亲提倡下，以《新港》编辑部为骨干，深入工厂企业，与厂党委、工会和工人业余作者一起编写工厂史，后在文化部的推动下在全国普遍开展起来。那时戏剧、曲艺、美术等在天津已有很雄厚的群众基础，加之当时中央音乐学院设在天津，天津的群众文化活动也非常活跃，从"红五月"歌咏活动到"海河之春"歌咏大会，从相声大会到"海河说唱周"等，都搞得有声有色，在全国很有影响，对天津文化繁荣与发展起到了重要的推动作用。作家柴德森曾深有感慨地说：《荷花淀》的作者孙犁、《挥手之间》的作者方纪、《红旗谱》的作者梁斌、《没有共产党就没有新中国》的作曲曹火星、《歌唱祖国》的作曲王莘、相声《买猴》的作者何迟等，新中国成立后都长期生活在天津，为繁荣天津文化、扩大天津文化影响力都起到了功不可没的作用，这是天津的骄傲！

二、全面繁荣天津文化

1. 天津人民艺术剧院的创建

抗日战争时期，在晋察冀边区有一支非常出名的部队，它就是平山团。平山团是一支忠于革命、忠于党的铁血部队，以"父亲死了儿子上"这种前赴后继的英雄气概闻名于全华北。在这支特别能打仗的拿枪的"平山团"之外，平山县还有一支不拿枪的"平山团"，它就是 1938 年诞生于平山的文艺宣传队——铁血剧社。1943年铁血剧社改名为华北群众剧社，活跃在晋察冀边区各个抗日根据地，足迹遍布太行山麓、滹沱河畔，在唤起群众、动员群众、组织群众，坚决抗战到底的宣传工作中起到了重要的作用，产生了广泛的影响。1949年华北群众剧社随解放大军进入天津，参加了军管会的文化接管工作。1951年9月，根据文化发展的需要，天津在华北群众剧社和华北戏剧音乐工作委员会所属的音乐工作团的基础上，建立了"天津人民艺术剧院"，剧院分设话剧团与歌舞团，父亲兼首任院长，1953年由何迟接任。赵路为话剧团团长，曹火星为歌舞团团长，他们都是从华北群众剧社来的。王雪波从剧社创建时期就担任社长，肖云翔、王惠芬、王从信、张学明、齐玉茹、刘鹏、毛铮、甄光旺、顾平等人都是剧社里能歌善舞的活跃分子，有的人自13岁时就进入了剧社。天津人民艺术剧院成立后，为了尽快适应大城市群众的文化需要，他们勤奋学习，不断汲取，博采众长，逐步从"霸王鞭"、民歌小调的演出形式，走向大城市的正规舞台演出。父亲曾先后请来很多著名文化人、戏剧大师来剧院观摩、指导，如郭沫若、老舍、曹禺、焦菊隐等；郭沫若还亲笔为天津人民艺术剧院题写了院名。

话剧团团长赵路12岁就参加了铁血剧社，1950年在电影《白毛女》中饰演赵大叔一角轰动了全国，片约随之而来，但他为了挑起话剧团的重任，放弃了做电影明星的机会，也放弃了做名导演的似锦前程，把全部精力放在了话剧团的建设与发展上。1951年他随中国青年代表团赴柏林参加第三届世界青年和平联欢节后，又随中国青年文工团访问了德、波、匈、保、苏等近10个国家。天津话剧团队伍日益壮大，人才迅速成长，大型话剧一台接一台推出，有时两台三台同时推出，如《雷雨》《一仆二主》《家》《日出》《崩溃的堡垒》《甘蔗田》等，不到五年，天津话剧团便拥有70多名能独立担纲、"行当"齐全的演员队伍，拥有40多名称职的舞美设计人员，拥有中国第一流的舞美制作车间，拥有自己培养的九大主演、八大舞美设计和集编导演技艺于一身的一批英才，成为独立的天津市话剧院，并赢得了"中国八大剧院之一"的美誉。天津是中国话剧的摇篮，中国话剧界、电影界有很多著名导演、演员是从天津走出去的。新中国成立后，天津著名演员马超、颜美怡、路希、李起厚、郑天庸等，以及20世纪80年代以后活跃在银幕、荧屏、舞台上的著名演员陈道明、鲍国安、孔祥玉、王伍福、李秀明、张玉玉等，也是在天津市话剧院这个艺术沃土中磨炼成长起来的。天津话剧院很多保留节目至今仍在经久不衰地受到天津观众的喜爱，如《雷雨》《日出》《蔡文姬》《钗头凤》等，很多人仍对马超、严美怡等著名演员的表演津津乐道。

天津人艺老演员李郁文阿姨，新中国成立前就投身革命文艺队伍，是天津人艺著名编导赵大民的夫人。她1953年进入天津人艺话剧团，与父亲很熟悉，每每回忆起父亲与天津人艺的往事，都有说不完的故事。李郁文阿姨说："你父亲那时经常来团里，从来不打招呼，在剧团或是在排练场里总能见到他的身影。他没有一点架子，与我们演员都非常熟悉，不管年龄长幼，都叫他'方纪同志'，从来不称局长、部长；又因为他诗人气质很浓，我们偶尔也叫他'诗人'局长、部长，但这个称呼的意思是说方纪既有领导能力，同时又有浓厚的诗人气质，完全是出于对他的敬佩。他对演出抓得很细致，赵大民写的话剧《飞雪迎春》上演时，他连节目单的文字都亲自修改过。"李阿姨还说："1954年你父亲访问苏联期间写了很多诗，回来后他带着诗作来话剧团，我们这些年轻的演员们就你一首我一首拿起来朗读。我朗读的是《在沃龙涅什火车站上》：'在沃龙涅什火车站上／有一个卖书的姑娘／她面前淡蓝色的书架／沐浴着早晨的阳光／阳光透过树枝在书架上跳跃／普希金、托尔斯泰、高尔基／和沃龙涅什的民歌／一起闪耀着青春的光芒……'你父亲坐在一旁静静地听着，笑得很开心。我想，一个诗人听到别人在朗诵他的诗，心里一定会特别高兴。后来，他带我们去电台录音，电台将这些诗朗诵录音制作成节目播放了。播放时我们围坐在收音机旁，'现在是方纪诗作品朗诵会'，大家静静听着自己的朗诵，非常高兴。'文化大革命'后他也经常来看我们演出，每次来都是我去接他。每当演出结束后，演员们顾不上卸妆就都从后台来到剧场看他，他就拉着我们的手笑着说'好！好！''就是，就是。'我们都把他当作朋友、诗人、老大哥看待，从没认为他是什么官……"

歌舞团团长曹火星在群众剧社时从事音乐创作，1943年，19岁的他借用民间流行的民歌形式，在房山霞云岭乡堂上村满怀激情谱写了《没有共产

党就没有中国》，这首歌创作出来后，张学明是第一位歌唱者，大家都十分
喜欢，他先是唱给大家听，然后教大家唱，这首歌很快在华北各根据地传唱
起来。1949年天津解放时，曹火星随军入城，在天津市军管会文艺处音乐
科工作，任天津市音乐工作团副团长。1950年，毛泽东亲自在歌词中的"中
国"前加了一个"新"字，既体现了尊重历史的严谨性，同时也更准确地反
映出在中国共产党领导下创建新中国的伟大历史功绩。群众剧社开始没有女
演员，戏中的青年妇女都由曹火星扮演，他多才多艺，深受群众喜爱，是剧
社有名的"坤角"，以后他担任音乐队长，不再演女角，但仍然登台演戏。
曹火星与他的夫人齐玉珍曾在《宝山参军》中扮演王宝山与宝山妻。周恩来
看了他们的演出后，幽默地对他们讲："你们今天不只演送夫参军，还可演一
台兄妹相会。"曹火星为歌舞团的发展倾尽了心血，在他领导下，天津歌舞
团不断发展壮大，成为歌舞剧院，有自己的民乐队、管弦乐队、合唱队、舞
蹈队，以及精干的集灯光设计、舞台设计、服装设计等于一体的舞美队。既
能演出全台的歌舞节目，也能演出大型的歌剧、芭蕾舞。他们的很多保留剧
目，如《货郎与小姐》《西班牙女儿》《石义砍柴》等剧目，至今都让很多天

1981年，方纪参加天津人民艺术剧院建院30周年纪念活动。左起：刘汉、李郁
文、曹火星、赵路、方纪、齐玉珍、张学新

方纪为天津人民艺术剧院建院 30 周年题词

津老观众回味无穷。

父亲在担任天津人民艺术剧院院长及后来在市委宣传部工作期间，经常到歌舞剧院和话剧院去指导工作、观看演出，与编导、演员一起研究剧本、剧情，有时给他们讲文学课、美学课，帮助他们提高演出质量和表演水平，也与他们建立了深厚的友情，直到"文化大革命"后，虽然父亲因病行动不便，但话剧院有新剧目上演，父亲还时常去看他们演出，给予鼓励。我们小时候也经常到剧团看他们排练节目，有时到剧场躲在后台或灯光间看他们彩排。在这些耳濡目染中，我们对音乐、戏剧产生了浓厚的兴趣。记得那时听曹火星叔叔讲，在排练《西班牙女儿》时，很多从未跳过芭蕾舞的女孩子为了赶排这出戏，勤学苦练，脚都磨坏了，就这样还坚持排练。那时管弦乐队很多人没有学过西方音乐知识，大家就刻苦钻研……诸如此类的故事还有很多，可以看出那时中国不仅在经济上要走自力更生、艰苦奋斗的道路，就是在文化方面，要想学习吸收借鉴外国文化，也是很不容易的，也要靠自力更生、艰苦奋斗才行。过去父亲书柜中有很多关于戏剧、戏曲、音乐方面的图书，我们小时候也经常看这些书。我二弟有一年因病短期休学，竟然将父亲书柜中一些中外戏剧著作，包括河北梆子剧目丛书等全部看完了。我能有机会学习了一段时间的小提琴也是在那个时期，每周日去歌舞剧院向王庆泉老师学习半天小提琴；同时从王老师学小提琴的还有一对双胞胎兄弟，他们是北洋政府国务总理朱启钤先生的孙子，每次见面都很有礼貌地与我们打招呼，他们的姐姐是歌舞剧院舞蹈队的演员。我三弟那时也从歌舞剧院王进德、靳凯华那里学习了一段时间钢琴。这些学习给年少的我们增添了一些文艺细胞，使我们在潜移默化中受到了艺术的熏陶。

2. 繁荣天津戏曲艺术

天津在历史上是有名的戏曲、曲艺重镇，是全国公认的戏曲大码头，业内早就有"北京坐科，天津唱红，走遍全国"的说法。说天津"唱红"，不仅是说各种戏曲、曲艺，也包括话剧，都在天津这个大码头汇聚亮相，更重要的是天津有一大批会欣赏、懂艺术的观众基础，成为戏曲、曲艺、话剧艺术不断成长、提高、升华的雄厚资源。只有过了天津观众这一关，获得了天津观众的认可，演员们才有可能成名成家。久而久之，就造成了天津在全国戏曲界有着至关重要的地位和影响，新中国成立后天津的戏曲改革工作也成为全国戏曲界的风向标。

1949 年 11 月初冬，京剧大师梅兰芳到天津演出，这是新中国成立后梅兰芳第一次来天津。当时《大公报》（后改为《进步日报》）的一位记者去拜会梅兰芳，采访他对戏曲改革的看法。那时文化部的马少波、马彦祥、田汉、张庚等正在发动一场"改戏、改人、改制"的戏曲"三改"运动，这位记者是奉一位戏剧界领导之命去采访梅兰芳的。当时刚刚自香港归来的梅先生，尚不知文化部成立了一个"中央戏曲改进局"，因此他对记者说，改革旧的（戏），但规矩不能变，程式不能变。没想到这篇采访报道在有影响的天津《大公报》上一发表，马上引起全国广泛的关注，并成为当时著名的公案——戏曲改革应"移步不换形"。消息发表后，有人认为梅兰芳对戏曲改革有抵触情绪，欲写文章批判他。时任中宣部部长的陆定一知道后，认为梅兰芳是戏剧界最靠近党的朋友，一定要掌握好政策，如果简单从事，对戏曲改革和发展不利，也会在国际上造成不良影响。于是陆定一马上给天津市市长黄敬打电话，指示天津要把这件事解决圆满。黄敬立即找懂戏曲的军管会文艺处处长阿英商量解决办法，决定以欢迎梅兰芳到天津演出为由头，开一个座谈会，会上由梅兰芳自己更正一下，表示拥护戏曲改革，应该"移步换形"云云。这事在今天来看，完全是个艺术见解上见仁见智的问题，不同意见可以充分讨论、研究。身为戏剧理论家的阿英约父亲一起去做梅先生的工作。

住在利顺德大饭店的梅兰芳听说文化界领导对自己说法的态度后，已心情忐忑，好几天睡不着觉了。父亲本身是个京戏迷，从心底里对梅先生就

利顺德大饭店旧影

很敬仰，所以当时他对梅兰芳"移步不换形"的理解，认为是京剧无论怎么改，都还要姓"京"，而不是改成别的剧种。那天阿英与父亲对梅先生说了很多诚恳的话，尽可能地消除梅先生的不安心情。他们对梅先生说，现在正是戏改的动员时期，您的话有重要影响，是不是可以再进一步表明您拥护戏改的态度？经过充分交换意见，梅先生对戏曲改革的目的有所理解，心里也踏实了不少。11 月 27 日梅兰芳先生离开天津前，专门举办了欢送会，梅先生在会上表示拥护戏曲改革，使事情得以顺利解决。1960 年 5 月，梅兰芳再次来天津演出时，诚恳邀请父亲去看戏。当时父亲已调任天津市委宣传部副部长，全程陪同。没有演出时，他们就在中国大戏院的露台上，放张茶几，沏壶好茶，坐在藤椅上品茗聊天，许姬传在座，言慧珠也不时前来，或谈京戏，或言戏改，谈笑风生，非常融洽。其间，天津正在举办河北省青年演员戏曲会演。父亲告诉梅先生，全省有 8 个地区的戏曲学校和 16 个地方的戏曲剧团青年学员，共计 14 个剧种、1000 余人，要在天津演出 37 台戏，身兼中国戏剧家协会副主席的梅先生听了非常兴奋，欣慰地对父亲说："新中国建立才十多年，这么多剧种得到复兴，有了这么多的接班人茁壮成长起来，真让人高兴。"梅先生提出要去看一看天津戏校京剧班的学生们演戏，父亲便陪同他走到中国大戏院的后台，梅先生走到正在扮戏的吴绵绵同学跟前，指点她化妆应注意的事项，然后又特别和蔼地指导身边的学生何宝臣在戏台上如何扬长避短。临别时，梅先生送给父亲一张亲手签名的剧照，作为纪念。一年后梅兰芳在京病逝。

父亲任天津市文化事业管理局局长不久，就接到了文化部要举行全国戏曲观摩演出大会的通知，旨在检阅全国的戏曲成就。为此，父亲做了深入的思考，亲自策划如何使天津的剧目能在全国舞台上一炮打响。当时天津有十几个剧团，选择京剧，天津没有自己的剧目和有影响力的演员，与北京、上海比较明显薄弱；评剧有些媚俗，改造的任务过大，时间来不及，于是他将目光投向了河北梆子。河北梆子唱腔高亢，燕赵风格突出，剧目相对健康。为了进一步了解河北梆子，父亲就买票到剧场看戏。当时河北梆子还都是私家班社，家底寒酸，行头老旧，银达子虽声望很高，但已年迈；唯旦角演员韩俊卿的表演还颇有光彩。为此，父亲邀请南开大学教授、戏曲家华粹深先生为韩俊卿选剧目、说戏，最终确定了剧目《秦香莲》。这出戏不但能充分发挥梆子戏旦角的激越悲慨的优势，就内容而言，也有教育党员干部的现实意义。

1952 年秋，全国第一届戏曲观摩演出大会在北京隆重举行。天津的河北梆子《秦香莲》一炮打响，脱颖而出，引起轰动。京剧名家周信芳观后说"'铡美案'怎么也演不过'秦香莲'"。在这次戏曲观摩大会上，《秦香莲》摘得了剧目的音乐奖，主演韩俊卿获得了表演一等奖。父亲去后台看望韩俊卿，祝贺她获奖，说她是代表戏曲艺人得的奖，并鼓励她不要骄傲，希望她在戏曲改革中贡献力量。这位在旧社会饱受欺凌、没有地位的艺人，对自己能在北京这个大舞台上演戏，并能获得全国的一等奖，感动不已，她说自己在旧社会是一个没人看得起的"戏子"，而在新社会不仅成了国家的"文艺工作者"，还能获得这么高的荣誉，这要感谢党和国家对她的培养和信任，表示自己一定要努力演好戏，为人民服务。《秦香莲》获奖归来，天津的河北梆子士气大振，韩俊卿在戏曲界的声誉也越来越高。他们在华北戏院演出时，一些运输工人把三轮车停在门外，专门进剧场听韩俊卿的那段"见皇姑"，那悲惋而又高亢的唱段真可谓"余音绕梁，三日不止"。以后的事实证明，父亲是很有眼力的，韩俊卿身上蕴藏着巨大的潜能，她在政治上要求进步，要求成为国家的人，她积极申请成立国营剧团。1953年7月，天津市第一个国营戏曲专业剧团——河北梆子剧团成立。两个月后，父亲在赴朝慰问团名单中看到了韩俊卿的名字，十分担心这位在旧社会缠过足的女艺人在赴朝慰问中行动有所不便。但韩俊卿赴朝的态度十分坚决，还卖了首饰捐献给政府买飞机大炮。父亲对这位从旧社会走过来的女艺人坚决要求赴朝的态度和思想境界十分钦佩，批准了她的请求。这位缠过足的女艺人穿着一双童鞋，在朝鲜战场上奔波了40多天，用她那高亢的乡音慰问并鼓舞了保家卫国的战士们。

1954年8月，天津市第一届人民代表大会召开，身为人大代表的韩俊卿与老艺人银达子在大会上提交了联名议案——建立一所戏曲学校。大会将议案转至文化事业管理局，父亲看后认为这个建议非常好，有远见，特别是在戏曲人才青黄不接的情况下，对培养戏曲人才、骨干力量很有意义，马上将议案转到天津市人民委员会。在天津市委、市人民政府的支持下，父亲亲自参与天津戏校的立项和选址，天津戏校于同年正式破土动工，于1956年5月建成。父亲对戏校的工作亲自过问，认为要让有威望、懂戏曲的人去做领导，于是他派也是从延安来的戏剧曲艺作家何迟去当校长，并从南开大学请来著名戏曲研究家华粹深先生兼做戏校副校长。建立戏曲学校的决策是很有远见的，数十年来，这所学校已是全国最著名的戏曲学校，培养出大量的戏曲人才，从这个学校走出的杨乃彭、邓沐玮、李莉、宸万生、李经文、崔连润、孟广禄、王立军、赵秀君、张火丁等一批戏曲名家，成为不同时期天津以至国家舞台的中坚。

韩俊卿为使河北梆子后继有人，从农村招来一批有潜力的十几岁小姑娘、小小子，把他们当作自己的亲生孩子一样，一字一句、一板一眼、一招一式地教他们唱、念、做、打，并尽可能给他们创造登台实践的机

著名河北梆子表演艺术家韩俊卿

会。后来在父亲和李耕涛副市长建议下，她效仿"童伶班"创建了一个由这些年轻演员组成的剧团，命名为"小百花河北梆子剧团"。此后，韩俊卿对"小百花"剧团的发展倾尽了心血。很快，剧团成了气候，他们清纯的嗓音、一丝不苟的唱作，每次演出都引得满场喝彩。"小百花"剧团在北戴河专门为毛主席等中央领导做了一次汇报演出，毛泽东、周恩来、朱德等领导同志看后赞不绝口。以后，"小百花"两下江南演出，学习吸收南方其他剧种的精华，为河北梆子艺术更上一层楼奠定了基础。

父亲对"小百花"剧团极为关心，不仅经常去团里看望这些小演员，而且给他们讲课、说戏。为了提高他们自身文化素质，父亲要求剧团干部要给演员读报纸，要教他们学文化，这后来也成了对其他剧团的普遍要求。"小百花"剧团专门请了文化教员为演员们补习文化；父亲还鼓励他们利用练功之余多看书，并要求他们读古诗、练习写毛笔字，以提高文化修养。有时父亲去剧团，还亲自检查他们的作业，给他们判分。

韩俊卿不仅在戏曲改革中努力创新，而且在政治思想上也积极要求进步，终于，她提出了加入共产党的愿望。在发展韩俊卿入党的问题上，当时有些人由于头脑中一些"左"的思想作祟，对韩俊卿的入党申请漠不关心，甚至有人提出一些莫须有的理由加以阻止。韩俊卿一度很感苦恼，她认为自己对党始终是信任和坦白的，自己历史也是清白的，为什么不能入党？父亲和市委文教书记王亢之得知此事后，亲自过问，并提出"如果你们不介绍她入党，我们来当她的入党介绍人"。父亲说，对从旧社会过来的老艺人，不能要求他们历史清白，在那样污浊的社会不可能清白，清楚就可以，重在实际表现。韩俊卿的入党问题这才得到解决。这个关于"清楚清白"的说法，后来也成了天津文艺界一句名言，它不仅是对旧社会过来的艺人的尊重，而且也体现了党在组织发展中公正、客观、实事求是的原则和作风。令人十分痛惜的是，这位德艺双馨的艺术家，在"文化大革命"中被迫害致死。

20世纪50年代初河北梆子剧团成立后，在市委领导下，父亲又着手其他剧种剧团的改造与建立。天津文艺界人士普遍认为，父亲在对专业艺术团体的改造、建设和管理方面，可以说是当时为数不多的内行领导，功不可没。1953 年 4 月，父亲在文化事业管理局文化工作会议上提出，将综合宣传队性质的文工团改变为专业化性质剧团的方针，即表演艺术团体要走专业化道路，要建立"剧场艺术"。之后，天津人民艺术剧院将话剧团和歌舞团分开，变为独立建制的两个专业文艺团体。随之，天津市评剧团、解放初期自上海移植来的天津市越剧团、天津市曲艺团等艺术剧团相继成立，逐步建立起"剧场艺术"，以满足广大人民群众对文化艺术日益提高的欣赏需求。对艺术团体的管理和建设，父亲提出：领导者要从外行变为内行，要把办公桌搬到排练场和剧场（后台）；剧团干部要看戏，要懂锣鼓经；办团要依靠艺人等一系列要求。

1955 年，四川的共和班来天津演出，一炮走红。津门戏迷欣喜地惊呼：真没想到，又出了一位"李少春"！文的、武的、红生、猴戏全能来，唱得场场精彩！父亲听说后专程去看了共和班厉慧良的演出，前演《盗宗卷》，后演《闹天宫》，文武兼长，精彩绝伦。

父亲知道厉慧良的戏是在 1950 年冬，那年厉慧良作为西南代表团的重庆代表，到北京参加了新中国成立后的首次全国戏曲工作会议。会议间隙，他观摩了李少春、唐韵笙和昆曲前辈侯玉山的演出，还为抗美援朝演了两场义务戏，一场是《挑滑车》，一场是《战宛城》，这是他第一次正式在京剧的诞生地北京公开亮相，京剧艺术大师梅兰芳亲至后台当面夸奖与鼓励，使厉慧良备感欣慰。

厉慧良的父亲名叫厉彦芝，原籍北京，是满族旗人，自幼酷爱皮黄，常到票房里去"票戏"过戏瘾。年轻时曾与小达子（李少春之父李桂春）等合作演出，也为金少山操过琴。厉慧良五岁时即随父母到更新舞台戏班演戏，首次登台扮演一个不起眼的小猴儿。厉彦芝和李桂春是挚友，两个人各有一个特别钟爱的儿子——慧良和少春。也许是受了小达子刻意培养少春的启发，厉彦芝也决心把自己的爱子慧良培养成一名文武兼做、昆乱不挡的全才演员。他的目标很明确，让儿子文学马连良，武效杨小楼，同时还要把南方短打武生的本事学到手。1936 年 10 月，以号称"厉氏五虎"的慧斌、慧良、慧敏、慧兰和慧森为主的"厉家班"正式在宁波成立，他们又被誉为"江南第一童伶京班"，台柱子是大红大紫、挂头牌的厉慧良。那时候只有

14岁的厉慧良，不仅扮相清秀，而且有副好嗓子，主要演文武老生戏，兼演武生戏、红生戏和猴戏。抗日战争全面爆发后，厉家班辗转于芜湖、长沙和汉口等地，巡演中特意编排了《风波亭》和《抗金兵》，以鼓舞人们的抗日士气。武汉会战开始前，已具相当规模、拥有上百人的厉家班，也不得不溯江而上西行入川。1939年至1944年，厉家班应邀前往贵阳和昆明演出。这时，厉家班更名为"斌良国剧社"，厉慧良以头牌主演兼任副社长，演出了许多有声有色的好戏。在重庆，他结识了许多文化人，如郭沫若、田汉、赵丹、白杨、张瑞芳、谢添、阳华等，在潜移默化中提高了个人的文化素质。同时，他还观摩了大量的川剧演出，汲取了川剧中不少"绝活"的表演手法，大大丰富了他的舞台表现力。而最令他终生不能忘怀的，是在1945年重庆谈判期间，厉家班有幸受邀为国共两党领导人献艺的事。新中国成立那年，厉慧良年仅26岁，正是一个人的黄金年华。厉慧良更为自己从一个"下九流"的"戏子"转变成了新中国的"文艺工作者"而由衷地感到自豪和高兴。新政权、新社会的一切新举措，都使他感到新鲜。他能和共产党干部们平起平坐，在一起开会，听到人家亲切地管他叫同志，觉得自己真的成了新社会的主人了！

父亲让京剧界的人与厉慧良接触，问他是否愿意留在天津？天津距北京一箭之遥，这个九河下梢五方杂处的大商埠，历来是京剧艺术的大码头。这里的观众多，很懂戏，鉴赏力高，演得好，真捧；演砸了，当场喝倒彩。因此，北京乃至各地的演员都把天津看作一座大考场，天津观众看过眼去就畅行无阻了。厉慧良焉能不知道天津？怎不想闯一闯天津这个大码头？

厉慧良早就听说过天津有座富丽堂皇的京剧艺术殿堂——中国大戏院，梅兰芳、周信芳、李少春等诸多名角都在这里唱过戏。因此，厉慧良提出要留在天津就进中国大戏院。在谈工资时，厉提出，北京的李少春月薪1000元，他要950元。厉慧良这个条件谁做得了主？父亲听后便向主管财经和文化工作的副市长李耕涛请示汇报。天津市戏曲研究所研究员甄光俊在一篇文章中这样写道：

李耕涛同志对厉慧良的艺术水平并不了解，他也考虑工资不低，但

厉慧良剧照

又怕人才流失，遂决定亲自到剧场看个虚实。他由方纪局长陪同，一连看了两场戏，顿时被厉慧良文武兼备的非凡功力所吸引，他认定厉慧良确实是一位难得的好演员。他让方纪尽快把北京、上海的名演员工资情况调查准确，然后再作定夺。文化局很快把摸到的情况向李副市长作了汇报，李耕涛把厉慧良的各方面情况与外地名家作了比较，心里有了谱。他嘱咐文化局写一份报告给市财政局，征求财政方面的意见。

最后经李耕涛同志亲自做工作协调，以950元的月薪把厉慧良留在了天津。

1956年4月26日，在天津市市长、副市长第四十二次联席办公会议上通过了《天津市文化工作几年来的概况及目前工作中存在的问题的决议》，决议中强调：文化局应重视戏剧工作，加强思想领导；今年可建立京剧团、话剧团各一个；指定专门剧场作为本市大型剧团的固定演出地点，并定期作巡回演出；在旧剧目上不要限制过严，应在演出中逐步改进，关于文化事业的经费预算，决议责成市计委、财政局和文化局专门开会研究解决。很快，天津市京剧团组建起来了，杨宝森率宝华剧团全部人员从北京并入天津市京剧团，厉慧良也调入天津市京剧团。甄光俊在文中写道：

> 翌年，由厉慧良、杨宝森两位艺术家并列头牌主演，创建了天津市京剧团。1957年，厉慧良奉调进京，为到我国做国事访问的苏联最高苏维埃主席团主席伏罗希洛夫演出。演毕，毛泽东主席陪同伏罗希洛夫登上舞台会见了厉慧良和演出人员。厉慧良主演新编的近代史剧《火烧望海楼》，1961年应邀赴京，参加纪念辛亥革命50周年演出，在各地产生强烈的影响。
>
> 天津市京剧团建立后，因厉慧良与周围某些人关系欠睦，引出剧团

内部对他的议论。当时已担任天津市市长的李耕涛听到反映后，对文化局的负责同志说："旧社会过来的艺人，难免有些艺人习气，我们要一面团结、一面教育。共产党能打败国民党八百万军队，难道不能接纳一位旧艺人？"

厉慧良留在天津，不仅使天津京剧艺术很快发展起来，并使天津市京剧团成为具有全国影响力的剧团；而且他本人也因为有了天津市京剧团这块沃壤，使他的才华得到更大的展示与发挥，并使他成为声名显赫、独树一帜的京剧艺术家，载入中国京剧史册。然而，这位著名京剧表演艺术家在"文化大革命"中，遭受迫害。直至"文化大革命"后落实政策时，坐了 14 年又三个月牢的厉慧良才"提前"出狱，理由是"反革命分子"的结论属不实之词。天津市京剧团郑重其事地派车接他回团，恢复了他的工作。其时，他已56 岁，步入老年了！但是，天津人没有忘记厉慧良，厉慧良也没有忘记天津的舞台。他在天津广大观众的期待中又再次登上舞台，演出引起极大的轰动，天津京剧迷们深夜排队买票。父亲特意挂杖前去观看，演出结束后，父亲在家人的搀扶下走到后台看望厉慧良，尚未卸妆的厉慧良一见到父亲，两个人就拥抱在一起，热泪盈眶。

继厉慧良之后，父亲又为天津市京剧团引进了程派名角林玉梅、著名琴师杨宝忠等人。为了满足天津观众欣赏豫剧的需求，1960 年父亲与河北省委宣传部商量，将邯郸豫剧一团调归天津，改组为天津市豫剧团。为了配齐阵容，父亲又同河南、河北两省商量，将有"豫剧梅兰芳"之誉的陈素贞和郑州市豫剧团青年主演董玉兰调到天津市豫剧团来。陈素贞是豫剧"六大名旦"之首，也是生、旦、净、丑等各行当艺术功底俱全的豫剧大师，她在舞台演出中可以边打边唱、边唱边舞，唱、念、做、打、舞样样精湛。这样一个不可多得的艺术人才，在 1957 年被打成"右派"，到河北省邯郸戏校任教。父亲非常惜才，先是将她借调到天津，1962 年正式将她调到天津市豫剧团。这个移植到天津的地方曲种，成为天津文艺队伍的组成部分，该团除在天津演出外，还到河北、河南、山西、宁夏等地巡演，传统戏与现代戏并举，如传统剧目《义烈风》《凌云志》《日月图》，新编剧目《春风烈火》《朝阳沟》《南海长城》等，很受欢迎。"文化大革命"开始后陈素贞被迫离开心爱的舞台，全家被下放到天津东郊区军粮城落户，单位停发了她的工资，生活十分艰难。当她得知父亲被关进监狱后，曾多次偷偷来家里看望母亲……

3. 重视天津出版与文博事业的发展

天津人民出版社的前身是天津通俗出版社，而天津通俗出版社的前身是 1950 年 5 月由地下党领导的知识书店和读者书店合并而成的华北人民出版社，1954 年改为通俗读物出版社，父亲是首任社长。他为出版社制定了出版方针，建立了正规的工作制度、编辑工作流程及三审五校制度等。1956 年通俗社改为天津人民出版社，1958 年在该社文艺编辑组基础上成立了以出版文学读物为主的百花文艺出版社。1954 年为抢救杨柳青年画，在父亲的建议下，将原有私营年画出版业改造为国营的天津美术出版社，由张映雪负责筹办。张映雪曾在延安鲁艺学习版画，他与原华北社美编室主任郭钧（延安鲁艺学生）商定，将所属美术组赵泮滨、曾景初、孙世涛等五人调过来，共同创办成综合性的美术出版社，从而使天津的版画、连环画等有了正式的"娘家"。1956 年张映雪领导的美术工作室也并入美术出版社，增添了于化鲤、赵兵凯、邵文锦等一批编创骨干。在私营工商业社会主义改造运动中，又吸收了私营年画业及出版连环画专业的中联书店部分编辑出版人员。此后，美术出版社的编创工作步入了正轨。这期间，赵泮滨抓住国画价格低廉机遇，在张映雪的支持下，大量收购中国近现代名家的作品，借以提高编辑业务水平，同时增辟了稿源，在短短的两三年时间里，就陆续收藏名家国画达 1500 幅之多，其中也有被鉴定为属于国家级文物的古画。利用这批国画，美术社先后出版了齐白石、张大千、刘奎龄、陈少梅、任伯年、赵之谦、扬州八怪及近人黄胄等知名画家的画集。此外，还将齐白石、刘奎龄、徐悲鸿、蒋兆和等名家的国画作为年画出版，在全国有很大的影响。

赵泮滨，即前文提到在承德文化夜校教美术课的赵竟。他是 1938 年入党的画家，两次进入延安鲁艺学习，在延安时为毛泽东绘制了不同时期的画像。1945 年他离开延安时改名为赵竟，解放后才又恢复本名。由于他改了名字，后来承德党史部门认定他在南下任四野文工团团长时牺牲，所以在党史资料中都以烈士身份对待。天津美术出版社创办后，赵泮滨在该社任编辑室主任，有一天母亲在路上偶遇赵泮滨，非常惊讶，因为多年来始终没有他的消息，以为他真成了"烈士"。当母亲得知他的情况后，觉得凭他的资历当编辑室主任有点"屈才"，而赵泮滨却笑着说："我只想画画，不想当官。"

杨柳青年画是天津民间艺术的瑰宝之一，有着 300 多年的历史。天津杨柳青画店老经理盛玉洪和赵泮滨回忆说：在新中国成立之初，父亲曾和邓拓一同到杨柳青实地考察，看到年画木版受损很严重，于是他们联名向中宣部、文化部提出大力抢救民间艺术遗产的报告。1954 年，父亲在全国文化工作会议上，再次向中宣部、文化部建议出版传统内容的杨柳青年画。之后，在父亲帮助支持下，由张映雪主持组建了杨柳青年画店，并要求美术出版社和杨柳青画店把抢救杨柳青年画作为压倒一切的重点工作。天津美术出版社组成了年画技法研究班子，并组织采风小组到全国收集原创年画资料和画板。画店招收了 60 名青年艺徒，办训练班，让年画老艺人讲课，传授制作经验。在父亲的指导下，画店用抢救出的一批旧画版印制了群众喜闻乐见的传统年画，1963 年出版 350 种之多，印数达 50 万张，发行全国，有些出口到国外。除传统年画外，杨柳青画店每年都有很多反映新时代新面貌的新年画问世，大量发行到农村，很受群众喜爱。当父亲见到这样可喜的局面时，对大家讲："杨柳青年画全世界只有中国有，中国只有河北省有，河北省只有天津市有。我为你们抢救了中国文化遗产感到骄傲！"

一次，在杨柳青年画准备出国外展送审时，见到一幅传统年画中一个儿童手持官印被改成了手持绣球，父亲在批示中说："要刀下留人，手下留情，保护好原始年画艺术。"在父亲的建议下，杨柳青画店把许多历史文化价值极高的年画原始画版于"文化大革命"前夕送到艺术博物馆收藏保管。1984 年父亲为建天津杨柳青年画艺术馆的事，还专门给文化部有关领导写了信。

积极抢救天津传统工艺美术，是父亲任天津市文化事业管理局局长后着重做的几件事之一。除了抢救杨柳青年画，他还委托张映雪抓紧抢救泥人张、风筝魏、剪纸等民间艺术。张映雪在延安鲁艺时学习版画创作，在这方面是行家里手。他不辞辛苦，深入到杨柳青等地去搜集传统年画和年画木版，并加以认真研究、整理，很快就编出了杨柳青年画的画册，并出版。同时，大力扶持处于奄奄一息状态的泥人张、风筝魏恢复制作，使这些传统手工艺重现生机。记得我们小时候，父亲的书房里摆放着两尊泥人张的作品"武松打虎"和"黛玉葬花"，很引人注目，父亲从不让我们用手触摸，只能观看。

父亲还与张映雪去家里拜访刘奎龄、刘子久、刘继卣等人，鼓励他们出版画集，天津人民美术出版社出版的《刘奎龄画集》、刘继卣的连环画《武松打虎》等在全国引起很大反响。刘奎龄的动物国画在国内可谓首屈一指，可惜解放前没有被人重视，天津美术出版社从介绍地方文化的角度出发，将刘奎龄作品以画集、年画、图片、小画片、书签等多种形式推向社会，提高了刘奎龄的知名度。1958年郭钧继任社长，他与赵泮滨同是鲁艺同学，又是华北社的老搭档，工作配合很默契，由赵泮滨主持编辑的《刘奎龄画集》出版时，郭钧要求印品质量一定要符合原稿，北京新华印刷厂十分重视，有的画幅竟用了14道颜色。国际书店看到精装样书后，赞不绝口说：作为个人画集，印装质量如此之高，前所未有。我至今还记得当年美术社出版的《刘奎龄画集》，非常考究，精装，印刷质量上乘，画中动物的皮毛丝丝可见，令人叫绝。而刘继卣所画的《武松打虎》连环画更是我们百看不厌的小人书。这个连环画最早好像是刊发在《天津画报》之类的刊物上，那时就很吸引我们的眼球。

解放初期，天津著名武侠小说家宫白羽失业在家，生活无着。因天津沦陷期间他曾在日伪所办的《庸报》当过记者，所以没有人敢用他。有人跟父亲说起此事，父亲觉得对这样一个有才华的旧文人，还应该尽量发挥他们的才能与作用，于是将其安排到出版社工作。著名武侠小说家金庸非常推崇宫白羽的小说，他曾说自己就是受了宫白羽的《十二金钱镖》的影响，才走上了武侠小说的创作道路。

新中国成立前天津有很多书店，其中最有影响的当推杨大辛先生创办的知识书店和李秉谦主持的读者书店，这两家书店都是天津地下党领导的进步书店。新中国成立后，国营的新华书店建立起来，统一图书发行市场。而新华书店以发行新书为主，一些古籍书、古旧书仍以私人销售为主。为了解决一些古旧书籍的发行问题，周叔弢先生建议父亲在新华书店之下成立一个专门销售古籍书的门市部，以满足读者需要。1956年6月，天津新华书店成立了古籍书门市部，该门市部的职责是收售我国历代有学术价值的文艺古籍，有关古代文化和历史的研究资料及古代碑帖、字画、美术作品等，以发扬祖国文化遗产，推动学术研究。古籍书店成立后，成了周叔弢和父亲经常光顾的地方，他们经常在闲暇时去那里"淘书"，在那些故纸堆里一待就是好几个小时。可以说，古籍书店的成立，给天津爱好古籍、历史文化的读者开辟了一个很好的天地。经营了一辈子古籍的书店老职员雷梦辰先生曾对我说："文化大革命"前你父亲是这里的常客，一来就走不了了。有时和周叔老一起来，二人一起研究版本。

1949 年天津刚解放时，一天有位客人到天津日报社来找父亲，反映自己的工作问题。父亲听说此人名叫夏鼐，忙起身下楼去见。夏鼐在中国考古界是位大名鼎鼎的人物，曾荣获英国学术院、德意志考古研究所、美国全国科学院等七个外国最高学术机构颁发的荣誉称号，人称"七国院士"。夏鼐于 1934 年清华大学历史系毕业后，去河南省安阳参加殷墟发掘工作，后在甘肃省敦煌、宁定、民勤、武威、临洮、兰州等地对新石器时代、青铜时代、汉至唐代的遗址和墓葬进行过调查发掘。1945 年，通过甘肃阳洼湾齐家文化墓葬的发掘，第一次从地层学上确认仰韶文化的年代早于齐家文化，从而纠正了原来关于甘肃远古文化分期问题的错误判断，成为中国史前考古学的新起点。1948 年底，夏鼐来天津北疆博物院查询资料，因平津战役交通断绝，滞留在天津。此时他原在单位中央研究院历史语言研究所已随国民党政府迁到台湾，他失业了，工作和生活没有了着落。军管会接管天津后，夏鼐急于解决工作问题，来请父亲给予帮助。父亲马上给刚调到文化部工作的挚友朱丹写了封信，请他想办法给夏鼐在故宫博物院或相关部门安排个工作。朱丹立即帮夏鼐先安排了一个可以拿工资解决生活问题的地方，1950 年又推荐他到刚成立的中国科学院考古研究所工作，后来夏鼐成为考古所的副所长、所长。

当时，因天津没有专业的历史博物馆而未能将夏鼐这样的人才留在天津，父亲对此深感遗憾。所以他任文化事业管理局局长后，对建立历史博物馆的问题很重视。

天津是中国最早出现博物馆的城市之一。1904 年，由英国基督教伦敦海外布道会创建的华北博物院，是天津第一家博物馆。1949 年天津解放时，尚存四座博物馆，即河北省立天津博物院、天津广智馆、天津市市立艺术馆和北疆博物院。天津解放初期，河北省立天津博物馆由天津市人民政府教育局接管，改名为天津市市立博物馆。1950 年 3 月，天津市军管会文艺处改为文化局。11 月，根据市人民政府关于将市教育局接收的博物馆移交给市文化局的决定，天津市市立博物馆、天津广智馆、天津市市立艺术馆改属市文化局，文化局决定将天津市市立博物馆更名为市立第一博物馆，天津广智馆更名为市立第二博物馆。市文化局接收三个博物馆后，按照文化部"暂继现状，逐步改革"的方针，对各博物馆进行整顿和改造，对博物馆的专业队伍也进行了整顿和充实。1952 年 7 月，新更名的天津市文化事业管理局正式接收北疆博物院，并在此基础上建立天津人民科学馆，由著名生物学家、南开大学生物系主任萧采瑜任馆长。当时，该馆有各种自然标本 20 余万件，其中有 1000 多件是国际模式标本，这在当时全国博物馆中名列前茅。同年 10 月初，"一博"和"二博"合并的工作基本就绪，随即迁至新拨的馆址——七区（今南开区）二纬路杨家花园 34 号办公，馆名改为天津市历史博物馆。10 月下旬，市文化事业管理局决定将天津市市立艺术馆并入天津市历史博物馆。至此，接收并改造原有博物馆的工作完成。

　　1953 年 5 月，天津市历史博物馆正式对外开放。同年 11 月，天津人民科学馆的基本陈列《古生物及矿物岩石陈列》《脊椎动物陈列》《无脊椎动物

天津广智馆于 1925 年 1 月成立，1950 年 11 月更名为天津市立第二博物馆

陈列》《农业专室》开幕并对外开放。1956 年 6 月，天津市历史博物馆迁至马场道原华北人民博览馆旧址（后改为天津工业展览馆）。8 月 1 日，天津市艺术博物馆筹备处成立，办公地点移至和平区解放北路 77 号，并在此举办了历代绘画、天津地方民间艺术等展览的试展。该馆建筑是一座非常漂亮的巴洛克式建筑，原为法国东方汇理银行。

1957 年 6 月 11 日，经市人民委员会批准，天津人民科学馆更名为天津市自然博物馆。同年 12 月 10 日，经市人民委员会批准，天津市历史博物馆艺术部独立，正式成立了天津市艺术博物馆。该馆副馆长韩慎先（夏山楼主），是全国有名的文物鉴定家，尤其擅长鉴定瓷器、书画，也是著名的京剧票友，抗美援朝时他曾义演《李陵碑》，受到观众喝彩。韩慎先为天津艺术博物馆购进了很多有价值的藏品，为该馆发展作出了很大贡献。父亲曾聘他为天津市文化局顾问、戏曲学校顾问。

记得我们小时候经常去人民科学馆，那里离我们家不远，步行去很容易。该馆展出的各种动植物标本让我们感到非常新奇，我在这里第一次看到猛犸象骨骼标本，令我大开眼界。在这个馆筹建过程中，南开大学生物系主任、昆虫学家萧采瑜和同是昆虫学家的夫人綦秀蕙先生经常来家里与父亲研究建馆的事情。那时原北疆博物院留下了大量珍贵的动植物、昆虫标本，其中有很多是世界级的模式标本，要整理这些标本并非易事，特别是那些差别细微的翅目科标本，所以父亲一定要请专家来做。萧采瑜夫妇为整理、鉴别这些标本不辞辛苦，付出了大量的精力和心血，历史应该记住他们。

1953 年 6 月 27 日，天津市文史研究馆成立。文史馆属于政府序列中的一个机构，中央设立文史馆之初的意图，是将社会上没有所属单位的有社会名望、有影响、有专长的但又没有固定生活来源的文化人组织起来，发挥他们的专长，为社会做些有益的事。当时有人将有资格成为馆员的人戏称为"文、老、贫"，即够一定年龄的、有名望的、没有工资的文化人。天津市文化事业管理局作为政府主管文化的职能部门，在天津市文史研究馆成立之初，代为管理文史馆日常工作。成立那天，天津市文教委员会主任吴砚农、文化事业管理局局长方纪及来宾等 40 余人出席了成立大会。市政府任命天津文化耆老、甲骨文专家王襄为馆长，聘请馆员 20 人。

王襄先生是天津著名的文化人，对中国传统文化、国学、金石书画等都有很深的研究；他还是中国最早发现甲骨文的人，父亲对王襄先生很尊重，逢年过节都会去看望他。王襄先生曾以金文写了四条"虢季子白盘铭"全文送给父亲，父亲非常珍爱，时常挂在客厅中欣赏。据说王襄先生一生中只写过两幅钟鼎文的"虢季子白盘铭"，一幅送给了父亲，一幅送给了他的好友弟子杨鲁安。杨鲁安是天津人，后到内蒙古工作，是著名的金石书画家和文物收藏家。王襄还曾以金文写过一副对联送给父亲，联曰："出土遗龟考卜事，沉沙折戟识前朝"，表达了他一生研究甲骨文的心迹。

那时的天津文史馆馆员大多是很有学问又低调的文化人，真可谓是藏龙卧虎。继任馆长陈邦怀先生也是甲骨学、文字学专家，与父亲也有很多往来。时任文史馆副馆长的张羽石，是1932年入党的老干部，精通古典文学，擅长书法，因工作关系与父亲来往也比较多，他们也常在一起鉴赏馆员书画文玩，父亲曾称他为"党内高级秀才"。"文化大革命"初期那么激烈的日子里，父亲有天晚上还悄悄去梁斌家中与张羽石等一起鉴赏碑帖，1968年他因受父亲案件牵连，被迫害致死。

父亲为了充分发挥文史馆馆员的作用，决定借助文史馆这个平台为天津市文化发展做些有益的工作。于是他委托文化局文艺处处长、戏曲理论家何迟抢救陈士和的评书《聊斋》；委托曲艺理论家陈笑暇整理常氏相声；委托曲艺史、曲艺理论家倪钟之整理张寿臣先生相声。为此，文化局特意买了录音机，并组织观众到场观看。可惜的是，陈士和的评书还没抢救完，他就因病去世了。王襄先生的后人王成在其所著《我的祖父王襄》一书中，记述了当时王襄先生去文史馆参加陈士和评书录音的情况，说王襄虽已高龄，但对这件事十分重视，每次录音都必到现场观看，而且穿戴整齐，以表示对艺人和录制人员的尊重。我们小时候看过陈士和说书演出，确实不同凡响，令人难忘。后来这些抢救下来的曲艺段子，大多整理成文字出版了，并且还被改编为《聊斋》系列连环画，一直出了50多本，成为天津美术出版社的"看家书"而享誉全国。

1954年，父亲随以柯仲平为团长的中苏友好代表团前往苏联访问，因他过去受苏俄文学影响较深，所以他对能来到这个早已向往的美丽的国家感到异常兴奋和激动。在访问中，他们从莫斯科乘船沿伏尔加河前往列宁格勒（今圣彼得堡），高尔基、列宾等作品中的景象不时地在他脑海中划过；他穿行在列宁格勒的大街上，去寻找托尔斯泰、普希金、契诃夫笔下圣彼得堡的生活。他写道：

> 当飞机飞临莫斯科的时候，我凝视着隐藏在青色浓雾里的莫斯科，寻找克里姆林宫的尖塔，飞机降落了，克里姆林宫的红星，迎着初升的太阳似烈火般地燃烧起来，我默默向她致敬。在苏联，我们拜谒了列宁墓，瞻仰了托尔斯泰故居，参观了工厂、集体农庄，饱览了俄罗斯风光，耳畔回荡着"我们的祖国多么辽阔宽广……"的歌声。

父亲与柯仲平早在延安时期就认识，那时柯仲平任陕甘宁民众剧团团长，父亲受聘担任民众剧团教员。教员共五位，除父亲方纪外，还有刘白羽、柳青等人。

陕甘宁民众剧团是 1938 年在延安师范学校教员马健翎创办的乡土剧团和延安群众业余剧团基础上组建起来的。那年 4 月，在陕甘宁边区工人代表大会组织的戏曲晚会上，毛泽东观看秦腔《五典坡》（又名《五家坡》）、《升官图》等节目时，时在文协工作的著名诗人柯仲平也在座。毛泽东对柯仲平说："群众非常喜爱这种形式。群众喜爱的形式我们就应该搞。就是内容太旧了，应该有新的革命内容。""要搞这种群众喜闻乐见的中国气派的民族形式。"

晚会一结束，柯仲平就怀着极大的热情找到酷爱戏曲艺术、在延安师范任教的马健翎，商量如何落实毛泽东的指示。第二天，他们就开始着手筹建陕甘宁边区民众剧团。新成立的剧团由柯仲平任团长，刘克礼任副团长，张季纯、马健翎任剧务主任，隶属陕甘宁边区民众娱乐改进会。这是在中国共产党领导下诞生的第一个革命戏曲团体。

毛泽东很关注民众剧团的发展方向，除了经常观看民众剧团的演出外，还要求柯仲平等人以秦腔做试点，由点及面，由浅入深，对传统戏曲进行改造，使其成为革命文艺的组成部分，最终建立符合中国革命需要的崭新的民族戏曲艺术。

为此，民众剧团始终坚持"运用旧的民族形式，创造新民族形式"，即"中国大众的喜闻乐见"的新秦腔。用老百姓的话说："它既能叫我们娱乐，又能教我们懂得打日本的事。"艺术家们给这个形式取了个名字叫"老百姓喜闻乐见的中国气派"。民众剧团的团歌唱道："你们从哪搭来？从老百姓中来。你们又往哪搭去？到老百姓中去。"剧团团旗上写着："大众艺术野战兵团。"舞台两边贴着对联，上联：中国气派，民族形式，工农大众，喜闻乐见；下联：明白世理，尽情尽理，有说有笑，红火热闹；横额是：团结抗战。陕北老乡用《信天游》来赞颂剧团："鸡娃子叫来狗娃子咬，咱们的民众剧团过来了""一杆大旗硷畔上插，我把你亲人迎回家""黄米馍馍就酸菜，我把你剧团没错待"。

1943 年秋，毛泽东在枣园接见了民众剧团的柯仲平、杨醉乡、马健翎，对民众剧团从诞生到成长、从剧目到演出、从生活条件到工作环境、从创作方法到艺术道路给予了高度评价，肯定了剧团的发展道路和方向。直到今天，延安民众剧团仍然活跃在群众中，其旧址为宝塔区文物保护单位。

20 世纪 50 年代初期，父亲积极贯彻中央有关发展文化的指示，落实中共天津市委对发展天津文化事业的各项决策，为天津的文化建设发展不遗余力，亲力亲为，从改造旧剧团、开展工厂文艺活动、培养工人作家、培养艺术人才，到大力推动文学、戏剧、美术、出版、文博以及工厂史写作等各项事业的繁荣发展，可以说废寝忘食、呕心沥血。很多当年听过父亲作报告的人都说：50 年代方纪在中国大戏院、第一工人文化宫等剧场作报告或文学讲座时，都是爆满，讲到中午 12 点也没人起身走，好像都忘了饥饿，足见他口才之好，讲得多生动了。那些年，父亲常常在文化行政领导与作家的角色转换中度过冬去春来的不眠之夜，创造性地为天津市文化事业的全面发展奠定了坚实的基础。作家周骥良曾不无感慨地说："在天津文化界又搞文学又搞行政，还肯负责的只有方纪。"

1956 年 7 月 30 日，父亲在中共天津市第二次党代会上当选中共天津市委候补委员。

第十章

衣带渐宽终不悔

就在父亲满怀热情、全身心地投入天津文化事业建设与发展时，文艺界的政治运动一个个接踵而来了。20世纪50年代政治运动接连不断，每次运动几乎都是从文艺界开始。究其原因，在进入社会主义初期进行物质建设阶段中，人们的思想意识还未完全跟上时代的步伐，尤其在反映人们的精神生活的文化方面，封建没落思想和资产阶级文化仍旧根深蒂固，没有得到根本的转变；新的思想意识还没有完全成为主导人民前进的精神力量，并常常受到旧思想意识和思想方式的羁绊。因而，如何正确解决经济基础与上层建筑的关系，成为这一阶段的矛盾焦点。父亲作为天津文化界的领导者之一，对党的事业十分忠诚，一贯坚持党性原则，对上级的指示和工作部署都坚决贯彻执行，从不考虑个人利益。因此，在一些涉及文艺批判的运动中，他作为具体执行者，都"奋不顾身"投入其中，并难以置身事外。很多熟悉他的人都说父亲是个心地坦荡、是非分明、惜才爱才、光明磊落的人，待人接物热情，工作忘我投入，但这往往使他因不计后果将自己置于"两难"的尴尬地位。正如他的好友孙犁所说，方纪"有好几次站在危险深渊的边缘，幸而是没有跌下去"。

在经历了20世纪50年代初期的风雨洗礼后，1956年周恩来总理提名，让父亲以人民日报社特约记者的身份，参加长江流域规划办公室和长江河流水文查勘队的工作。当时，在上讫长江源头的通天河，下达吴淞口的入海处，已有成千上万的人以不同方式参与到综合利用长江的巨大工程中。

"五一"节前后，周总理约见了父亲和另外几位作家，亲切地询问了他们的生活和创作情况，然后语重心长地勉励他们说：抗日战争时期我们出了一部《黄河大合唱》，激励了民众的抗日斗志；现在我们搞社会主义建设了，能不能写一部反映建设长江的作品，写出更激动人心的长江大合唱，鼓舞人民建设社会主义的干劲。

父亲怀着激动的心情，带着周总理的嘱托，踏上了考察万里长江的旅程。5 月 15 日前后，父亲与作家徐迟一起，随同一个专家查勘队登上了"民众号"客轮向长江中上游溯流而行，去目睹长江水利规划建设的宏伟蓝图，领略正在长江沿岸辛勤踏勘水利地质工程建设者的风采。

自新中国成立后，父亲就一直在行政工作岗位上忙忙碌碌，虽然 1951 年赴朝慰问和 1954 年访问苏联两次短暂的出国后，仓促地写了一些散文、特写、诗作等，但他始终感觉自己深入生活不够，特别是在经历了两次政治运动后，父亲更想到火热的实际生活中去呼吸一下新鲜空气。因此，这次长江之行，给了他一个放飞的机会，令他心情无比舒畅。在长江之行途中，他看到了毛泽东在 4 月 28 日中央政治局扩大会议上的讲话，其中提出"百花齐放，百家争鸣"的方针，他认为文学创作的春天来了，作家们可以放手去写作了。他写道：

> 我只是觉得，在这次旅行中，恰像一个在教室坐久了的小学生，一下子跑出到操场上，空气阳光，一草一木，都是新鲜的，强烈的！生活的气流，像风暴一样鼓荡着我……因此，哪怕我的胸膛是空的，也会发出像边疆上佧佤人的木鼓一样的简单的咚咚的声响；何况，那里面还跳动着一颗心！

> 这次的旅行，更坚定了我这样的想法：生活是美好的。我至今不明白，为什么有些人一定要把我们的生活分成两部分：一部分是要作家去歌颂的，而一部分是批判的对象。在我们国家里正在发生的一切事情——尽管还有一些是令人不愉快的，但就连这些在内，不是都值得作家从作家心灵里，鼓起最大的热情，去推动它，鼓荡它，使它净化，升华，变得纯洁而透明么？……

一、长江行

新中国治理长江的伟业是从荆江分洪工程开始的。长江自湖北枝城至湖南洞庭湖口的城陵矶河段称为荆江。由于荆江河道弯曲，洪水宣泄不畅，故极易溃堤成灾，有"万里长江，险在荆江"之说。1950年2月，长江水利委员会主任林一山①提出兴建荆江分洪工程的计划，国庆节期间，毛泽东听取了汇报。在各方面达成肯定的一致意见后，毛泽东亲自审查了设计书，批准立即开工兴建，并题词："为广大人民的利益，争取荆江分洪工程的胜利!"1952年4月5日，工程全面开工，30万军民参加了工程建设，仅用了75天就竣工完成，比预定计划提前了半个月。1953年2月，毛泽东乘"长江舰"从汉口到南京，专门就长江流域规划、三峡工程和南水北调等问题一路同林一山谈了三天。最后，毛泽东指着地图上的三峡问林一山："就先修那个三峡水库，怎么样?"从此，筹建三峡水库工程的规划工作开始逐步进行了。

对于三峡问题，毛泽东非常慎重。1958年1月，他在亲自主持南宁工作会议期间，用了几天时间专门研究三峡工程问题。在他的主持下，1958年3月，成都会议通过了《中共中央关于三峡水利枢纽和长江流域规划的意见》，指出："从国家长远的经济发展和技术条件两个方面考虑，三峡水利枢纽是需要修建而且可能修建的;但是最后下决心确定修建及何时开始修建，要待各个重要方面的准备工作基本完成之后，才能作出决定。估计三峡工程的整个勘测、设计和施工的时间约需十五年到二十年。现在应当采取积极准备和充分可靠的方针，进行各项有关的工作。"从1953年2月乘"长江舰"视察到1958年1月南宁会议不到五年时间，毛泽东为了三峡工程和长江水利建设问题先后六次召见林一山。他对三峡工程的考虑，深入细致地提出了很多关键性问题：一是如何解决泥沙淤积;二是国力能不能承受巨额投资;三是怎样解决防空问题，同时要考虑防原子弹的问题。1958年夏，毛泽东

---

① 林一山（1911—2007），山东文登人。水利部原顾问。1931年在济南上中学期间，积极投身抗日救亡运动。1934年6月参加革命，1935年9月进入北平师范大学读书，1936年1月加入中国共产党。新中国成立后一直从事长江水利规划建设工作，被毛泽东称为"长江王"。

1956 年，方纪跟随马帮前往金沙江

又请林一山到武汉专门汇报长江的防泥沙问题，这是关系到三峡水库寿命的问题。林一山汇报说，据他的计算，假定三峡以上不修其他水库的话，三峡水库使用寿命可达 400 年，至少也可达 200 年。毛泽东沉思了很久，告诉林一山："这不是百年大计，而是千年大计，只两百年太可惜了！"按照毛的指示，水力学和研究泥沙的专家们结合古代、国外的资料，最终找到了水库长期使用的途径。①

1956 年是新中国进入社会主义建设高潮的一年，长江规划建设在这一年也进入大规模地质勘探阶段。父亲在这个时候作为特约记者，参加了长江河流水文查勘队的工作，见证长江建设起步阶段的蓬勃景象，这让他感到十分兴奋。他写道：

当新的一年——1956 年开始前后，我们"国家的政治形势发生了根本性质的变化"，进入社会主义革命高潮之中，繁荣创作的口号也提到国家生活的日程上来……

一个作者，到生活中去寻找新的题材……也许不是太困难的，但要给生活加进一点什么新的东西，那可不太容易。我真正地祈望，生活会给我新的启示，给我以新的力量……跟着生活，走向新的未来。

这次采访，父亲随查勘队从武汉出发，溯江而上，先是乘船到成都，以后又跟着马帮的队伍一直到达通天河。在四个月的奔波考察采访中，他收获满满，积累了丰富的创作素材。旅途中，他先后写下了有三个组诗共计 20

① 夏佑新：《毛泽东对三峡工程顾虑重重：这不是百年大计，是千年大计》，人民网－文史频道，2011 年 5 月 31 日。

首诗的诗集《不尽长江滚滚来》和包括 10 篇散文特写的文集《长江行》。后来，他又写出了长诗《大江东去》，共 14 章。关于这个时期的创作，父亲这样写道：

> 在四个月的风雨长江行中，新鲜的、强烈的生活气息，像风暴一样激荡着我，推动着我，写出了 25 篇叙事诗和抒情诗，《大江东去》14章，还有《长江颂》歌词 3 首。此外，还写了 10 篇散文和 1 篇报告文学。后来相继出版了组诗《不尽长江滚滚来》、长诗《大江东去》和散文集《长江行》。中央新闻电影制片厂根据《不尽长江滚滚来》，拍摄了同名纪录片。

此外，他还根据苏联专家在长江参与建设的情节，参加了中苏合拍彩色故事影片《风从东方来》剧本的部分案头工作。

在这次旅途中，1956 年 6 月 14 日，父亲和徐迟刚从岷江转回重庆，就听说前一天的《人民日报》发表了毛泽东主席 4 月 28 日在中央政治局扩大会议上作的报告，于是他们立刻四处找报纸，仔细阅读领会报告精神，特别是其中关于"百花齐放，百家争鸣"的方针，父亲写道：

> 好不容易找来一张，我们把它一分两半，两人谁也不说话，想一想，再读，再想，再读……我在上面密密麻麻地划满了点和线。到晚上，我们又交谈了很久。我的心情异常激动，仿佛看到了一个美丽的世界——我们的祖国"会变成美丽的花园，天空中飘荡着音乐，花园里百花芬芳，百灵鸟也纵情歌唱……"我把《蓝图》结尾的诗行抹掉，写上了这四句诗。

早在 1951 年，毛泽东就曾为中国戏曲研究院题词"百花齐放，推陈出新"；1953 年，他又就中国历史研究问题提出了"百家争鸣"的主张。到1956 年 4 月 28 日的中共中央政治局扩大会议上，毛泽东明确地提出，艺术问题上的"百花齐放"和学术问题上的"百家争鸣"，应该成为我国发展科学，繁荣文学艺术的方针。他还强调"百花齐放""百家争鸣"是一个基本性的同时也是长期性的方针，不是一个暂时性的方针。到 1957 年他在《正确处理人民内部矛盾的问题》讲话中，对"双百"方针再一次做了完整的阐述。

关于父亲的长江之行与创作，时任长江水利规划办公室秘书的成缓台[①]在父亲去世后所写的《方纪的三峡情结》一文中，有比较详细的记述。这里节选其中一部分：

> 他（方纪）以极大的兴趣，投入了这次查勘，从成都出发，去灌县看了都江堰，给他的印象是，"既然我们的祖先，在那样的条件下，还能凿离堆而导岷江，制服了沫水，灌溉了川西平原的千里沃野，使之成为天府之国，那么在我们这个时代，还有什么事情做不来呢？"这次的路程够长的了，够丰富的了，他一直处于兴奋之中，经新津、过彭山、眉山、夹江，到乐山。在九顶山上，观看了大渡河和岷江汇流的情形；再到五通桥、犍为，查勘了岷江上的两个坝址，然后到了岷江与金沙江汇流的宜宾市，开始进入干流了。

1956 年，方纪考察长江途中

他随着查勘队爬山过岭，到钻机上，到悬崖边，听取了工程师们展开图纸向他介绍的一个又一个的支流上的水利枢纽和三峡水利枢纽布置图，进行一些比较。他仿佛看到了西陵峡里的三峡大坝，上游是浩瀚千里的水库；森林般的输电铁塔；能使万吨船队爬上山的船闸；巨大的水轮发电机组把电能送到北京、上海、兰州、昆明，把大半个中国照亮。他

---

① 成缓台，1950 年到长江水利委员会工作至退休。长期从事宣传、新闻出版工作，主持编辑报纸、文艺刊物，并通过文学作品和影视作品宣传长江建设和三峡工程。

还想到长江中下游根绝了
水患，消灭了血吸虫病；
南水北调、灌溉华北大平
原，引水到京、津；还讲
到了那个时期规划过的南
北大运河。

这次不算太短的实地
查勘，使他深入访问了一
批各种专业的技术人员，
见到了那些在烈日下奔跑
的工程师们；那站在高山
上，用一把伞遮住水平
仪，而自己站在太阳下进
行测量的测量队员们；那

1956 年考察长江时，徐迟（左一）、方纪（左三）
与长江水利查勘队专家在现场合影

些在断壁悬崖上开动钻机钻取岩芯的钻探队员们；那些腰间挂着水壶、
手里提着地质锤满山奔跑的地质师们。他被这些长江建设者们的崇高思
想和敬业精神深深地感染了，"忽然觉得，这些人都像是孩子一样的幻
想家！"但是，他又深深叩问自己，这是幻想吗？是的，但是科学的，
有根据的幻想。正是那些地质师、工程师、钻探队员和测量队员们，为
把幻想变成计划，把计划变成现实，而昼夜不停地工作着⋯⋯一次浪漫
性的长游，使他加深了对长江文化积淀的认识。

方纪在长江上访问、查勘之后，对长江建设，对三峡工程的热衷
一发不可收拾，不久便与著名诗人徐迟结伴同行，做了金沙江的长游。
1956 年他在《人民日报》上连载了长篇报告文学《长江行》，引起了广
大读者的关注。接着他又在著名刊物《旅行家》上发表了长篇连载《到
金沙江去》，更加引起人们的瞩目。这篇长篇游记分 12 个章节，记叙他
们从昆明出发，经大理下关，过苍山洱海，访丽江古城，远眺玉龙雪
山，遥想三峡工程。沿途所见所闻，举凡自然风光、地质地理、历史文
化、民族风情、古迹考证、社会政治等等无所不包，充分显示了他的广

博学识，聪敏才华和文化功力。

云南是我国少数民族最多的省份，有 26 个民族在这里聚居。《到金沙江去》一文中，从战国时代起直到明清，特别是条分缕析地介绍了南诏和大理的历史发展，说明了"在云南历史上的民族关系中，金沙江起着重要的作用。""金沙江——长江，这伟大的河流，正是中国各民族坚强团结的象征。"

在这次长游中，他见到了金沙江的汹涌澎湃，见到了石鼓大拐弯，见到了虎跳峡口的玉龙雪山。这些世界奇观，给他的心灵产生了强烈的震撼。

1958 年当我就《到金沙江去》一文与他交谈，十分惊叹他对金沙江的历史文化了解得如此深刻，向他请教时，他不无遗憾地说，那次旅行前，长办对金沙江的规划和虎跳峡的能源开发，还没有比较具体的介绍，"否则，虎跳峡我是一定要进去看看的。""但是，那一次，我们遇上了长办的水文人员，带着仪器来测量金沙江了"，他还高兴地说，"那次金沙江之行，确实加深了我对金沙江——长江的文化底蕴的认识，这对于我对三峡工程的热爱是关系极大的。"

就在这次长游中，他们十分幸运地遇上了撒尼人的"火把节"，于是，他和徐迟激情勃发，写下了新闻特写《欢乐的"火把节"》，并以电报拍发，刊在 1956 年 8 月 5 日的《人民日报》上。那个时期，1000字的长文，用电报拍发，是需要一定魄力的。

……

1958 年秋，方纪又来到长办，住在长办惠济路招待所。这次不是短期采访，而是应文化部之约创作一部中苏合拍的《长江——伏尔加》纪录片剧本，一部由中央新闻纪录电影制片厂拍摄的《不尽长江滚滚来》的剧本，打算在长办完成采访，写出初稿的。同行的还有新影导演沈蓉，制片兼秘书吴均。当时，他们的生活和采访，林主任要我负责安排。作为秘书，来宾接待是我的职责，接待方纪更使我喜出望外。我每次去了解他的采访要求，了解他们的生活情况时，他都热情和我交谈，我也不揣冒昧地把我发表的小文请他指教，他常常循循善诱地提出中肯的意见，并鼓励我深入生活，多多写作。他多次流露长江三峡是取之不尽的创作的宝库！

方纪在这段时期，文思泉涌，创作颇丰，除了上述两个电影剧本以外，还写下了许多脍炙人口的散文，一部短诗集《不尽长江滚滚来》，一部长诗《大江东去》，这部长诗以周穆王驾八骏，游天下的故事，写到长江，写到对三峡工作的向往，表现了革命现实主义与革命浪漫主义的巧妙结合，读来令人荡气回肠。他的长江之行的创作丰富，被文艺界誉为佳话。

值得一提的是，他就在这里写下了著名的《三峡之秋》，这篇报告文学写的是由著名地质学家、中国科学院地质研究所所长侯德封主持的关于三峡枢纽坝址地质鉴定委员会的一次有历史意义的会议，方纪倾注了巨大的热情，不仅参加了这个有关大坝生命的石灰岩地质坝址喀斯特处理问题高层次、很专业的科学会议，而且通过几个地质人员实地查勘、讨论研究的活动，写得惟妙惟肖，深入而浅出，揭示这些为三峡工程而献身的少男少女和须发皆白的工程师、科学家们的心灵秘密。信心，信心，坚定的信心！工作，工作，执着的工作！他们不畏艰险，以苦为乐，"就是要工作，一直工作到大坝建成那天，看着水头从天空中滚下来，半个中国都放出光明——连我们去过的那些没有人烟的地方。"

这篇作品，情文并茂，大气磅礴，当时引起很大的反响。天津作协的《新港》杂志还开展了有关这个作品的讨论。

从此，我和方纪结下深厚友谊，成了忘年交，时有书信来往，还有一些托我转给林主任的信件，表达了他对三峡工程的关心，他希望在工程开工前后，能到工地深入生活。他的信件，热情似火，文采飞扬，笔力遒劲，可惜毁于"文革"，否则，倒是有些保存价值的文学珍品。1961年初，他的挚友、诗人、作家徐迟辞去诗刊社副主编职务，举家南迁，到长办落户，担任《万里长江》编辑部主编。不久，方纪正式要我转给林主任的信中说，周恩来总理在一次会上，对方纪说，抗日战争时期，我们有一部《黄河大合唱》，鼓舞着千千万万的军民，取得抗日战争的胜利。今天，我们在社会主义建设时期，应该有一部《长江大合唱》。方还说，徐迟同志已经到了长办，这项任务，他完全可以胜利完成。林主任对周总理交代的这项任务，十分重视，找了徐迟和我们，研究了好几次，并亲自组织由徐迟作词，著名作曲家罗忠贤作曲的《长江大合唱》，曾在武汉剧院公演。①

　　周良沛当时作为云南的青年诗人，父亲与徐迟沿长江考察来到云南时，省文联派他全程陪同考察，安排生活问题。这样周良沛与父亲成为忘年交，也有了周良沛后来到天津住了一段时间的事情。周良沛在他纪念父亲的文章中记述了当年考察的情况：

　　　　尤其横穿南北，与他（方纪）同行，沿途都可听到他从每个落脚的地名说出一串有关的历史掌故和古典诗词中的名篇妙句，不是展示自己的渊博，全是惊喜地发现，是以童心的天真交错于今与史的印证，是在亦梦亦幻的时空错落感中所获得的欣喜。他和徐迟在一起，完全是一对大小孩，听了一个建设规划，是一边互证，一边手舞足蹈，对一个还有争议的建设方案，他俩也各执一词地会争得脸红耳赤。他虽然不像徐迟那样有口流利的英语，但吃法国大菜，饮俄国伏特加，他都是真会享受；他讲的食文化，大菜制作与品味的细腻和白酒的烈性之反差，会让人嚼出他在杯盘旦添加的温馨。

　　　　可他也真能吃苦，从小汽车里出来，行路、爬山、雨淋、路滑、坡陡、迷路，大皮鞋陷进泥泞脚拔不出来，迷路山林饿得浑身无力，摔得一身泥巴他倒哈哈大笑……战争年代，人还年轻，这又能算什么，人到中年，进城做了官还能为写作这样生

1956 年，方纪（后中）与徐迟（后左）、周良沛（前下）在昆明石林

---

① 载《中国三峡建设》2003 年第 11 期。

活，就很不易了。跟着马帮住进野庙，拾柴拢火，一身湿淋淋的，倒在只丢了一把草的地上，被身上爬满了跳蚤死咬得无法合眼，就傍着火用那点光亮写起东西来了。他写逃亡奴隶的《奴隶之歌》，事后从文本看，可推敲之处也多得是，可从他激情难遏，人与文发出助威的呐喊"跑啊，跑啊，／快快地跑啊！／奴隶主叛变了，／奴隶主在杀人……"所看到的，是他一身上下都被诗，诗也被他一片赤诚所浪漫化了。由此，也引出了徐迟的《赠方纪》——

方纪与徐迟在云南安宁"天下第一汤"温泉留影

如果我们出门旅行，

和一个相知的朋友；

旅行在河川山林，

和一个亲切的朋友；

旅行得无忧无虑，

和一个热情的朋友；

倾谈得自由自在，

和一个豁达的朋友，

眺望山外的山外的山外山，

和一个凝视深思的朋友；

看飞瀑下的飞瀑下的飞瀑飞，

和一个爱诗爱词的朋友；

啊，现在有情况正是如此，

和一个有才华的朋友同行；

在美丽的生活中行吟，

和一个朋友，啊！智慧的朋友！

从精神上看，在方纪盖棺之后是可以这么说的，这是他一生，起码是解放后的最佳状态，是生活还他一个诗人原生貌的入世又免俗的洒脱、超逸，也是他作为作家，写得最多，也是较好的一个时期。不论文本还有什么不足，它都是作家心灵快乐和自由的呼吸。

当时能写出这样的诗的徐迟，也同样是徐迟，起码是解放后在他最佳的诗态中的作品。这位解放前以"现代"崛起诗坛的诗人，将他的"现代"与诗所贵的真情，又是"现代"所拒绝的"浪漫"结合得这么天衣无缝，真是徐迟诗的奇迹。应是他的代表作之一。

关于父亲写长江的作品，林希在他的《悲夫，方纪！》一文中有这样的记述：

1956年方纪从困扰中解脱出来，满腔热情希望回到文学创作道路上来。他出访江南，希望开阔视野，激发创作灵感。不久，我们就看到了方纪创作的长诗《不尽长江滚滚来》。

我是最早读到这部长诗的小编辑。这首长诗，情感充沛，气势磅礴。在中国诗坛一片歌颂新中国、新气象、新生活的大环境下，这部长诗令人眼睛一亮。我们听到了发自诗人内心的歌声。

《不尽长江滚滚来》摆脱了旧体诗格律的束缚，更没有屈从当时提倡的民歌形式。这首长诗沿着中国新诗自由奔放的语言风格，带给读者全新的艺术享受。

1957年2月27日，毛泽东在最高国务会议上发表了著名的《关于正确处理人民内部矛盾的问题》的讲话。毛泽东在讲话中指出："百花齐放、百家争鸣的方针，是促进艺术发展和科学进步的方针，是促进我国的社会主义文化繁荣的方针。艺术上不同的形式和风格可以自由发展，科学上不同的学派可以自由争论。利用行政力量，强制推行一种风格，一种学派，禁止另一种风格，另一种学派，我们认为会有害于艺术和科学的发展。艺术和科学中的是非问题，应当通过艺术界科学界的自由讨论去解决，通过艺术和科学的实践去解决，而不应当采取简单的方法去解决。为了判断正确的东西和错误的东西，常常需要有考验的时间。"与此同时，毛泽东还提出辨别"香花"与"毒草"的六条政治标准。紧接着，在 3 月 6 日至 13 日举行的中央宣传工作会议上他又指出："'百花齐放，百家争鸣'是一个基本性的同时也是一个长期的方针，不是一个暂时性的方针，不能收，只能放。"同时指出："我们现在思想战线上的一个重要任务，就是要开展对修正主义的批判。"在当时，可能人们对"双百"方针比较关注，而忽视了六条政治标准和对修正主义批判的重要任务，因此在毛泽东号召全国人民帮助党开展整风后，大鸣大放，各种言论就不断出现了，这就引起了"反右"运动。

父亲参加了这次中央宣传工作会议，聆听了毛泽东的讲话。会议期间，父亲还受到毛泽东的召见。父亲回忆道：

1957 年 3 月 8 日晚，我和刘白羽、于黑丁①、巴金四人被召进中南海，受到毛泽东主席的接见。当时在场的还有彭真、陆定一等同志。接见时，毛主席静静地从左侧的一扇小门走进来，和我们一一握手。毛主席握着我的手对我说："你是少壮派哟！"接见时，毛主席谈笑风生，博古论今，他讲了当时的文艺政策问题，并专心地听我们发言。他手拿着一支铅笔，在一张洁白的纸上不断地记些什么。可惜当时的记录底稿在"文革"中都被毁掉了，但我清楚地记得当时毛主席讲的一句话："百家争鸣要争，百花齐放要放。"当时心中忽然涌现出一段诗句：

一盆盛开的水仙，在他背后，
雪团般的梅花散发出清香。
他的眼光温暖了我，
他的声音在我心中激荡；

①　有文章说此次召见中有赵丹等人，但方纪本人说是黑丁。是否因他当时有病记忆有误，或是另有一次接见，有待进一步核实。

　　"百家争鸣要争，

　　百花齐放要放！"

　　当天深夜，我写下了《在毛主席身边》的诗篇后，忽然想起了郑板桥的那句诗："删繁就简三秋树，领异标新二月花"。我彻夜难眠，激励自己，要在文学创作中进行新的开拓。

　　1957年3月17日毛泽东主席来到天津，当晚在人民礼堂向全市党员领导干部作了关于"百花齐放，百家争鸣"方针的讲话。4月1日，天津市800多名处长以上的党员干部，开始学习毛主席在最高国务会议上关于正确地处理人民内部矛盾问题的讲话和其他文件。自3月29日到4月18日，中共天津市委召开了宣传工作会议，传达了毛主席在最高国务会议和全国宣传工作会议上的讲话。中共中央政治局候补委员康生出席会议并讲话。市委第一书记黄火青作了报告，市委书记王亢之在会上作了总结。

二、《来访者》的风波

　　1957年11月，父亲在中共天津市第二届二次党代会上当选中共天津市委候补委员，并调任天津市委宣传部任第一副部长，虽然干部职级没有变化，但岗位职责不一样了，是从更高一个层面来分管全市文化艺术工作。父亲自1956年实行干部级别工资制度时，就是行政十级，此后一直未变动过。对此，父亲并不在意，他始终认为自己没有参加革命早的老同志吃苦多、贡献大；而与那些抗战后参加革命但在前线流过血的人相比，自己已是很幸运的了，所以他从不在个人职务高低等方面计较利益得失。他就喜欢做事，不管在哪个岗位上，只要能让他做点实际工作就行。与官场职务相比，他更看重的是文学创作，他想用自己的实际行动去实践"百花齐放"，为中国现实主义文学创作探索出一条更广阔的"题材多样化"的道路，宁肯撞墙，也百折不回。所以他时常用屈原的诗句激励自己：路漫漫其修远兮，吾将上下而求索！1956年他在考察长江路过秭归的屈原祠时，曾写下了这样的诗句：

呵，诗人，你怎样来到这个地方？
是乘坐那颠簸在风浪中的小舟
溯流而上？还是用你的双脚
走过了那长满荆棘的山岗？

你且吟且行
歌颂了祖国伟大的山川；
你且行且吟
唱不尽去国怀乡的忧伤！

　　1957 年父亲在十分繁忙的工作间隙中，穿插地写出了三篇短篇小说，即《园中》《晚餐》和《开会前》。这三篇小说描绘了三种不同的人物，一篇是写旧社会王府中一位"奴才"在新社会的转变；一篇是用反讽的笔法描绘了几位资本家的一次晚宴；再一篇是写一位爱国实业家在朝鲜战场上见证了美军的狂轰滥炸后发生的思想转变。在当时作家们都在写些战争中的英雄与敌人或土改中的农民与地主时，父亲则选择了新中国成立后城市中不同阶层的人，以他们走进新社会时思想所发生的变化为题材，试图反映新时代新面貌。从文学创作角度看，这是在"双百"方针下创作"题材多样化"的一个大胆尝试和探索，并无其他意图。就是从父亲一生的革命经历看，他也不可能有其他意图，不过是一种尝试而已。三篇小说发表后，他于当年底又完成了《来访者》的短篇小说创作，于 1958 年发表在《收获》文学月刊第三期上。这篇小说的创作宗旨与前三篇是一样的，但从写作风格、表现手法等方面，比前三篇都有很大升华。正如周良沛所说的：

　　《来访者》写的可是我知道的真人真事。写得有点像苏联的波列夫依①

---

　　①　波列夫依（1908—1981），苏联新闻记者、作家。1928 年毕业于特维尔工业技术学校，从事新闻工作。1941—1945 年卫国战争时期，作为《真理报》记者随军采访，参加过莫斯科战役、斯大林格勒战役，最后随攻克柏林的部队进入柏林，并到纽伦堡采访对纳粹战犯的审判。这期间他完成战地采访近 100 万字，总题目是《随军采访四年》。1953 年 10 月起任苏联作家协会书记处书记。1956 年访问过中国，写有《旅游中国三万里》，中国读者最熟悉的作品是《真正的人》。

式的"特写"。故事很像张恨水《啼笑因缘》中有钱人家的大少爷樊家树和一个卖艺姑娘的故事。不过，最后写的是极端自私的个人主义者的爱的幻灭。当中写了不少旧演艺圈内一些旧人旧习。50年代重演20年代的爱情悲剧，自然有它令人深思之处，要是又以"难道派"的那种标准，对它大惊小怪，小题大做，既可以说大可不必，又可以说是不正常的情况下而很正常的事。

关于父亲为什么写《来访者》这篇小说，父亲生前我们也曾多次问过他，但因他语言表达所限，我们始终也不得而知。前不久看到天津研究近现代文学的倪斯霆为纪念方纪诞辰百年所写的《方纪的〈来访者〉当年为何受到"批评"与"争议"》一文，他根据史料做了一些分析，特摘录如下，供读者参考：

　　知道方纪这个名字是在"文革"期间。那是上小学的1970年，我从大街上漫天飞舞的纸片中，捡到一张有"批判"方纪内容的《文艺革命》小报。归家后，我问从事文艺工作的父亲①，方纪是谁？父亲当时一脸沉重，没有作答。又过了几年，我年纪稍长，从一些报纸、杂志中，又时不时地看到有"文艺黑线在天津的代理人方纪"的词句，当我再次询问父亲时，父亲终于说："是个好人，懂业务。当年我整理张寿臣等老艺人舞台经验时，他是文化局局长，给过我支持和帮助。"并随手从抄家发还的书堆中抽出一本名为《不尽长江滚滚来》的书，递给我看。这是方老1958年在长江文艺出版社出版的一本长诗集，记得他在后记中写到，生活使他发出了声音，而使这声音成为乐曲并形成旋律的，是同他一起游览长江的诗人徐迟（大意）。也就是从这时起，我记住了方纪这个名字。
　　我当年没看过《来访者》，便问方老这篇小说写的什么，"来访者"是谁？方老没回答，或是说了我没听清楚，现在只记得，他随手从书架

---

① 本文作者倪斯霆之父倪钟之，天津著名曲艺艺术理论家、评论家。

上拿出一本《方纪小说集》送给我。

……

归家后，我便急不可待地翻开最后一篇《来访者》。只一看开头，我就被小说那神秘的氛围和那个名叫"康敏夫"的"自述"所吸引。随着情节的进展，我愈发对两次"自杀未遂"的知识分子康敏夫的境遇产生同情。然而看到结尾，我才知道，这个"来访者"康敏夫"和那些右派分子，在精神上，是那么相像。"然后再看篇尾这部小说的写作时间，竟是"一九五七年十二月"，而其故事主人公康敏夫的"来访"，则是"发生在今年六月初。正在'大鸣大放'，右派分子猖狂进攻，反右派斗争还没有开始的时候。"而且"以后，没有几天，六月八日，《人民日报》的社论发表了，整风形势急转直下，工人说话了，反右派斗争开始了。"（本段以上引文均摘自《来访者》）

在那个敏感年月选取如此敏感题材又以康敏夫这个敏感人物作为主人公，而且又是用一种"现在进行时"的笔法去"现身说法"，身为"右派"集中地而又参与领导"反右"的文艺界高级领导，方纪的《来访者》究竟要告诉人们什么，当时我没看明白。好在弋兵（马献廷）在该小说集的编后语中有所解读：

"从方纪的作品看，小说的数量不多，但是在他断断续续二十多年的小说创作过程中，总是伴随着批评和争议"，"这就给人们提出了一个问题：在方纪的小说创作道路上，究竟发生了什么问题？难道真像有人所说的那样，一个曾用大量诗歌、散文对党的事业做了那样热情洋溢地赞颂的作家，同时却用小说去抒发自己的阴暗感情？"

对此，弋兵谈到，方纪小说的一个突出特点，便是"他勇于塑造各种人物典型，也敢于尝试各种表现方法。这一点，他在他的当代同行中，应该是表现得比较突出的。""从方纪的小说中也可以看到，他是把为工农兵和写工农兵这两个概念相区别的。他坚持工农兵的方向，却并不把工农兵作为自己小说中的唯一的主人公。""特别是《来访者》中康敏夫这个人物及其悲剧的处理，是有其很不平凡的意义的。它告诉人们，新的社会制度的建立，并没有也不可能一下把旧制度加在人们思想上、精神上的枷锁统统粉碎，甚至这些枷锁依然深深地勒在一些人的灵魂上，使得他们无法摆脱本来在新社会中可以摆脱的生活悲剧。康敏夫的遭遇可能是偶然的，但制度留在人们思想上、精神上的枷锁会制造新的悲剧，这却是必然的。作者怀着一种复杂的、甚至是矛盾的感情向人们揭示这个悲剧的社会意义，可以看出，作者对康敏夫的感情是鄙夷的，但对他的遭遇却是无法掩饰自己的深深同情。正是由于作者敢于面对这个很不平常的题材，并敢于对它做了很不平常的艺术处理，这就使得《来访者》成为方纪小说创作中一枝奇葩。"

如果说以上对《来访者》的认识，还仅仅停留在弋兵"编后语"的解读上，那么今日今夜在写这篇文章时，我对方老写这部小说的"创作思想"又有了新的发现。因为就在近日的一次淘书中，我竟在旧书摊上淘得了由中国文学艺术界联合会编辑的《文艺报》1956年全年合订本。在这个记录新中国"十七年"中难得一现的知识分子"早春天气"的合订本第5、6期合刊里，我看到了一篇方纪的发言，而这个发言恰恰由他自己回答了他的问题所在。

1956年2月27日至3月6日，中国作家协会于北京召开了第二次理事会。面对周扬、茅盾、刘白羽等人所做的《建设社会主义文学的任务》《培养新生力量，扩大文学队伍》《为繁荣文学创作而奋斗》等报告，会议在第三天和第四天进行了小组讨论，而就在这次讨论中，方纪作了发言，他谈道："在会议期间，我翻阅了五种选集中的小说和散文中的若干篇，联系到平时的一些印象，使我产生了这样一种感觉，我觉得：在许多新作家的作品中，和像我们这一辈作家（包括我自己在内）的作品比较起来，有这样一种区别——我阅读着新作家的作品，能分明地感觉到浓厚的生活气息，感觉到是生活本身在讲话，作家的思想感情完全溶解在生活之中了。如像'黎明的河边''不能走那条路''一面小白旗的风波''陕北札记''跋涉者的问候'等等。而在读我们这一辈作家的有些作品时，却觉得所看到的不是生活本身，而是生活的复制品；虽然他们在技巧上比较成熟，复制得相当精致，但总能够看出作家是站在生活的旁边欣赏生活，对生活发出感叹，却感觉不到生活的力量。"

"如果我这种感觉还有一点道理，那么，这是什么缘故呢？是不是因为在我们有些作家身上发生了对生活的倦怠、懒惰，和在创作中发生了害怕真实的毛病，因而选择了抵抗最少的路线呢？"对此他指出："必须表明：公式主义和自然主义，是和文学艺术创作的规律不相容的，是破坏文学艺术的社会效果的。必须积极克服这种阻碍我们当前创作发展的有害倾向。"发言最后，他号召："同志们，让我们满怀信心地工作吧！既然我们有了这样丰富的生活，我们就一定会有同样丰富的文学；既然这个光荣的任务落在了我们的肩上，就让我们勇敢地担当起来吧！"

会上他是这么说的，返津后他也是这么做的。于是我们便看到了在一年多后，他那有着"浓厚的生活气息"，让"生活本身在讲话"，"积极克服""公式主义和自然主义""障碍"的《来访者》了。然而，他"勇敢地担当"的结果，却是和1957年下半年及此后许多年的"文学艺术创作的规律不相容"，因此他的作品出现"总是伴随着批评和争议"的"问题"，便也就不足为怪了。

倪斯霆的分析是有道理的，反映了父亲当时创作的主导思想。这也说明，《来访者》的问世并非一时冲动和心血来潮，而是父亲在做一种新的尝试和探索。但这种探索并非有意试探"双百"方针的底线，因为他没有那个必要，自延安文艺座谈会之后，他的创作完全彻底并自觉地接受了歌颂光明、写工农兵、为工农兵而写的思想。在这一点上，他与参加革命前就在国统区或敌占区从事写作的作家是完全不一样的，他是先有了坚定的信仰，而后才开始拿起笔创作的。

1957年第7期（5月19日出版）《文艺报》发表了由总编辑张光年起草的题为《新的革命的洗礼》社论，社论指出："国内阶级斗争基本结束了。社会主义社会前进的动力的生动表现——人民内部的矛盾变得突出了。新的时代提出了新的任务，用阶级斗争中的老办法来解决文化革命、技术革命中的新问题，越来越行不通了。"同期还发表中国作协书记处第一书记刘白羽的文章《文学的幻想与现实》，他说："我们不赞成庸俗社会学的先生们的意见，把文学描写的对象给以狭窄的限制，把全人类、全海洋一样广阔的文学世界加以人为地割裂"，"而'百花齐放、百家争鸣'这方针，这口号，反映了千百万群众的要求，它成为时代前进的主导力量"；"在目前这时刻……如果谁保守，踌躇自满，裹足不前，谁就看不见新的要求，看不见新时代的飞跃前进，而自己变成落后的人，当然这不能不说是悲剧。"代表中国文联和作家协会党组声音的《文艺报》发出的这样的号召，在今天看来实际上是文学创作解放思想的动员令，它无疑使父亲受到鼓舞，并获得创作的动力。

父亲之所以在 1957 年写了那几篇以城市各阶层人物为题材的小说，就是想表现新中国在党的领导下，城市中不同阶层人物思想中残存的旧意识、旧思想、旧习气是如何被共产党改造过来的，这同他所写的《老桑树下的故事》和《不连续的故事》完全一样：农村中充满封建意识、小农意识的农民在土地改革中思想是如何转变的。只是在当时还没有作家敢于触摸城市题材，父亲抢先写出并发表了这些作品，所以成了"枪打出头鸟"的牺牲品。也正因为如此，当父亲得知已挥舞大棒打击了不少老作家的姚文元发表了批判《来访者》的文章后，他有些沉不住气了，可以说是怒不可遏。关于当时的情景，在场见证的成缓台有如下记述：

> 早在 1958 年当他住在长办惠济路招待所，当时，他的函电都是由我转送，一次方的夫人黄人晓给他一份电报："姚批来，望冷静处之。"我马上送给他，八个字的电报，他看了许久，一反往常爽朗健谈的习惯，一手拿着电报，一面招呼我坐下，说是想马上回天津，我忍不住问他，是怎么回事。他说，上海不久前发表了他的小说《来访者》，现在有的报刊发表了姚文元文章，批它为反党反社会主义的大毒草。在当时全国反右接近收尾的政治背景下，这可非同小可。……他由低头深思而勃然大怒："姚棍子（指姚文元）打到我的头上来了，真是岂有此理，我要反批评！"我一时不知所措，稍停便提醒他，刚才电报上还让你冷静处理，他望了望放在桌上的电报，缓缓地说，你能不能问问林主任，我想打扰他，听听他的意见。我如实地向林主任汇报，林说可以，并要我把那篇小说找来看一下再谈。我找来了《来访者》，但未找到姚文元

的评论，林主任花了半天工夫，把这篇二万多字的中篇小说看完了。然后他要我约方纪同志谈一次。

会见是在一个阳光明媚的下午，我也在座。林主任首先问了电影剧本创作的情况，还有什么问题，生活习惯不习惯，招待所条件差，请原谅等等。方表示一切都好，接着就谈到正题上来。方说，姚批评我是反党、反社会主义，当时方似乎还强调姚的文章有背景云云。林主任不知道姚文元是何许人也，方便介绍姚是上海一个单位的宣传干事，一个写文学评论的青年人。林说，文章我看了，作品有缺陷，调子低沉了一点，这是创作上的问题，由作家们去讨论，但和反党反社会主义挂不上的。你先不去管他，把中央交给你的剧本任务完成好。方的心情似乎好多了，两个人又兴高采烈，天南地北地谈起来了。

在这个问题上，虽然中共天津市委与林一山主任并没有往来，也没有任何工作关系，但天津市委对这件事的看法和态度与林一山主任是一致的。天津市委打电报将父亲叫回天津，以冷处理方式让他在家里好好反省。此时，本是直辖市的天津已并入河北省，万晓塘担任中共天津市委第一书记，李耕涛任天津市市长，王亢之任天津市委书记处书记，主管文教工作。这年的3月3日至5日，中共天津市委宣传部邀请了100多位作家、音乐家、美术家、戏剧家座谈"文艺创作能不能跃进"问题。市委书记处书记王亢之、市委宣传部副部长方纪分别在会上讲了话；29日，天津市哲学社会科学学会联合会成立，梁寒冰为主任委员，方纪等七人为副主任委员。4月25日，中国作家协会天津分会邀请一部分工厂党委宣传部负责人开会，研究编写"工厂史"的工作。会议由作协天津分会主席方纪主持（到1963年10月，天津先后出版了棉纺厂、发电厂等五部厂史，即《海河红浪》《第一座发电厂》《野火烧不尽》《大地回春》《一九二五年的风暴》，共发行186500册）。5月22日，中共天津市委宣传部召开文艺评论工作会议，宣传部副部长方纪传达了全国作协评论工作会议精神；25日，天津市召开第一次工人写作会议。8月5日，中共天津市委宣传部召集工人业余作者近40人举行座谈会。中共中央宣传部副部长周扬，中共河北省委书记张承先，作家田汉参加了座谈会。10 月 22 日，河北省文学艺术界联合会在天津召开全省文艺界代表会议，选举田间为省文联主席，方纪为副主席。

这一年，在 8 月中旬前（即《来访者》受到批判之前），父亲写了一些报告文学和散文、诗歌，并相继发表，它们分别是：《江山如此多娇——李可染〈水墨山水写生画集〉序》（散文，载 1 月 19 日《人民日报》）；《一天二十四小时》（报告文学，写于 3 月 10 日）；《跟班生产的刘二囤》（报告文学，载 4 月 4 日《人民日报》）；《学习高尔基那样关心生活》（文学评论，载本年 4 月号《新观察》）；《一个有风格的作家》①（文学评论）和《大跃进》（短论，载本年 4 月号《新港》）；《东风歌》（诗，载本年 4 月号《诗刊》）；《东风小辑》（诗，载 4 月 24 日《天津日报》）；《写在〈农村壁画范本〉前面》（载 5 月 18 日《河北日报》）；《古元作〈农村壁画范本〉序》（载 5 月 30 日《天津日报》）；《总路线街头诗》（诗，载 6 月 3 日《人民日报》）；《日出东方》（诗，载 6 月 11 日《人民日报》）；《一天等于二十年》（诗，载 6 月 13 日《人民日报》）；《走访麻城万斤棉》（诗，载本年 8 月号《诗刊》）；《干将的后裔》（报告文学，载 8 月 21 日《人民日报》）。8 月中旬以后的作品有：《自谴》和《读史有感》（旧体诗）；《九月六日夜》②（载 9 月 8 日《人民日报》）；《杨柳青游记》（散文，载本年 9 月号《文艺月报》）；《新立村观水稻》（诗，载 10 月 1 日《天津日报》）；《历史的记录——记海河大坝合龙》（诗，载 11 月 19 日《天津日报》）；《关于建设共产主义文学和文艺创作放卫星》（讲话发言，载本年 12 月号《新港》）。

从上述的史料可以看出，1958 年父亲不仅写了大量的作品，而且他并未像外界所传闻的他在受到批判后一蹶不振，如何如何。在父亲受到批判后，中共天津市委出于对他保护之意，确实让他少出面，在家反省，但还是让他做一些工作，如审查节目、继续主持编写工厂史工作，并深入生活积累创作素材等。此时减少了很多行政工作的父亲，一方面对自己的文学创作做深刻反思，一方面从天津著名画家孙其峰、孙克纲学习画画，练字；有时也

---

① 该文是一篇对孙犁文学作品长达两万字的文学评论，当时孙犁的小说《铁木前传》受到批判，方纪在深入阅读了孙犁全部的小说作品后，对他的文学创作给予了充分的肯定和高度评价。

② 该诗是方纪观看了明定陵开墓的纪录片后有感而发写的诗作。

去钓钓鱼，以涵养心境。同时他还在
构思长篇小说《程门立雪》和《同时
代人》（可惜都未能完成）。

　　父亲爱钓鱼也是出名的，他的
钓友、曾任天津市人委交际处处长的
石英曾对我说："我和你父亲从天津
解放初期就经常一起骑车去钓鱼，那
时天津周边水洼很多，哪都可以钓到
鱼。钓鱼可以养性，以后才有人陆续
加入我们的队伍里。"记得那时父亲
虽然经常空手而归，但心情很好，后
来我们才理解，他是以这种方式在给
自己"解压"。父亲身体偏瘫恢复后，

1958 年，方纪在韶山毛泽东故居前留影

我还陪他去钓过鱼，可见他对钓鱼兴致之高。20 世纪 90 年代的一个国庆
节，二弟钓回来两条大草鱼，兴致勃勃地给父亲做了条清蒸鱼，还没等其他
菜上桌，父亲已兴高采烈地将鱼吃完了，二弟又连忙把另一条鱼蒸上。后来
这事成了父亲晚年经常说起的一件趣事，有时他一生气，我们就说："爸爸，
吃鱼。"他立马就转怒为笑，没事了。

　　1959 年父亲写了《原子能二首》（诗，载 1 月 27 日《人民日报》）；
《春天》（载 2 月 5 日《人民日报》）；《不尽长江滚滚来》（纪录片脚本，载
本年 3 月号《中国电影》）；《去熟悉新鲜的事物——关于诗〈原子能二首〉
的信》①（载 3 月 20 日《人民日报》）；《工厂史大有作为》（载 3 月 24 日《天
津日报》）；《长江颂》②（歌词，载本年 4 月号《诗刊》）；《轻舟出南津关》
（散文，载本年 5 月号《收获》）；《关于儿童文学的一点浅见——序〈小黑
马的故事〉》（载本年 8 月号《新港》）；《海河，你为什么这样美丽》（散文，
载 9 月 17 日《人民日报》）；《每逢佳节倍思亲》③（载 10 月 5 日《天津日

---

　　①　与著名科学家钱学森的通信。

　　②　为电影《长江—伏尔加河》写的歌词。

　　③　此文是应《苏维埃俄罗斯报》之约而写。

报》）；《百万雄师》（诗，载 9 月 24 日《天津日报》）；《大江东去》（长诗，载本年 10 月号《新港》）；《中国工人阶级的光辉历史——〈工厂史作品选〉序言》（载本年第 23 期《文艺报》）。

从 1959 年下半年开始，全国开展了"反右倾"运动，到 1960 年达到高潮。在这次运动中，宣传文化部门又是首当其冲。当时天津批判了李何林等人，有人趁机企图将父亲作为"写人性论"的代表人物也打为"右倾分子"。但中共天津市委第一书记万晓塘和市委文教书记王亢之多次强调，对待一个作家，不能重犯历史上曾经出现过的"残酷斗争""无情打击"的错误；同时让父亲"将功折罪"；到工厂去深入生活，用报告文学的形式去写新的生活、新人物。此后，父亲写出了多篇报告文学——《萧德训不断革命》《李之珍攀登高峰》《吊钩》《第一千炉好钢》；写了《城市公社红旗飘》纪录片解说词（载本年 6 月号《电影艺术》）；还有脍炙人口的著名散文《挥手之间》。

1961 年，父亲因在考察长江途中腰部受了伤，在中国作家协会的安排下，住进了北京友谊医院治疗腰椎病，所以这一年他没有写东西，也没有外出。这年初，经天津市委宣传部批准，中国作家协会天津分会成立了文学研究所，父亲兼任所长。一贯重视理论研究的父亲，强调文学所要加强文学基础理论研究，尤其是对美学的研究，提高文学创作水平。天津市社会科学院享受国务院政府特殊津贴的研究员、天津美学学会会长徐恒醇在其《发展中的天津美学》一文中曾这样写道：

作为富有理论感的作家，方纪力主文学所应重点开展美学研究，并把《中国美学史资料选编》和《马克思主义美学史纲》作为长远的科研项目。当时这一构想得到孙犁的支持。在我市已有一位资深的美学学者，南开大学图书馆馆长冯文潜教授。冯文潜先生（1896—1963）是我国早期专攻西方哲学和美学的少数学者之一。他于 1917—1920 年在美国葛林乃尔大学获得文学学士，1920—1922 年在美国芝加哥大学研究院，1922—1928 年在德国柏林大学研究院专攻哲学和美学，回国后历任中央大学、西南联大及南开大学教授。方纪同志曾委托吴火代表他拟请冯文潜兼任文研所副所长。

……

对于美学研究的重要性及其与文艺发展的关系，方纪曾经做过精彩的阐发。他说："要想捅破从一般作家到大作家的这层'窗户纸'，只能依靠美学。"这就是说，美学研究涉及艺术创作的深层原理和精神境界的升华。方纪的上述工作构想，后来由于形势变化未能实现。但是，他在天津播下的美学种子，为日后的发展做了必要的准备。

父亲在提高文艺创作水平问题上，很推崇周扬所提倡的，作家要"一手伸向古代，一手伸向外国"的主张，学习和借鉴中国古典和外国的优秀文学作品，以此发展社会主义新文化。然而，这样的主张当时为"宁左毋右"的文艺主张所不容，因此父亲也曾蒙受不白之冤，但他仍坦然处之。

1962 年他带领天津小百花河北梆子剧团去广东学习演出期间，又写了《广州杂诗》（三首，载 2 月 23 日《羊城晚报》）；《访端溪》（散文，载 4 月 20 日《人民日报》）；著名的散文《桂林山水》（载本年 7 月号《人民文学》）；《两篇散文——夜读随笔》（评论，载 9 月 14 日《天津日报》）。这一年夏天，父亲以中国作家代表团副团长的身份，出席了在蒙古举行的亚洲作家理事会会议，会后访问了蒙古人民共和国。父亲将他在蒙古的访问和感受，写进了《草原印象》（载本年 7 月号《新港》）之中。在出访蒙古期间，中国驻蒙古人民共和国使馆安排父亲一行看望了在乌兰巴托援建的中国建筑工人，得知这些长期生活在条件比较艰苦的蒙古的援建工人，文化生活非常贫乏，他们很希望能看到国内的文艺作品和文艺演出。回国后父亲向有关部门反映了这个问题，不久，建工部文工团来找父亲，希望天津能支援他们一些演员。父亲欣然答应，从天津有关文化团体抽调了十几名演员加入了建工部文工团。

1963 年春天，父亲和严文井、杜宣作为亚洲作家常设局的代表，先后访问了锡兰（今斯里兰卡）和印度尼西亚。在锡兰他们拜会了班达拉奈克夫人和一些知名作家，在雅加达他们拜会了印尼共产党总书记艾地并合影留念。回国后，创作了散文《电光在夜空中闪耀》（载本年 4 月号《人民文

1962 年，方纪在蒙古国阙特勤碑前留影

1963 年，方纪与严文井（中）、杜宣（右）出席亚非作家会议时在斯里兰卡留影

学》）；《梭罗春水》（载 6 月 13 日《人民文学》）；《浓郁的芬芳》等。1978年，班达拉奈克夫人的一个侄子苏布哈斯·班达拉奈克在南开大学留学，与我在南大就读的二弟成为好友，曾来家里看望过父亲；苏布哈斯回国后曾在斯中友协工作，后任斯里兰卡对外友协主席。1980 年父亲在广州治疗养病，当时正在广州中医学院就读的班夫人的侄女，受班夫人嘱托，带着鲜花专程来医院看望了父亲。

　　1963 年父亲等在印尼出席亚非作家会议，回国时，在会议上因强烈谴责和抨击西方殖民主义的苏丹作家凯尔先生受到人身威胁，根据国内指示，父亲一行将凯尔安全带到中国来。他们在出行、住宿、转机等过程中，对凯尔进行了严密的人身保护，连吃饭时都要替他先尝第一口。在香港转机时，为了避开英国特务的跟踪，在有关部门的安排下，他们开着车在香港大街上兜圈，以甩掉"尾巴"。父亲说，这让他想起了在桂林和重庆"八办"时摆脱特务跟踪的情景。回到北京后，他们发现托运的行李箱都不见了，连忙查找，幸亏重要的东西都随身携带，而未造成损失。数天后他们的行李才在开罗机场找到，待他们拿回自己的行李箱后，发现皮箱都被开箱检查过，不过，里面都是私人衣物，闹了一场虚惊而已。

三、关于小说《来访者》

小说《来访者》是父亲创作生涯中有着重要影响的一篇作品，在此之后父亲虽有其他文学作品问世，但小说创作到此就中止了，这并不是因为父亲不再想写小说了，而是后来因外事出访、参加"四清"运动等原因，直到"文化大革命"，再没有机会进行小说创作。1964年父亲已列出了长篇小说《同时代人》（又名《暴风雨时代》）的详细提纲，计划完成后约120万字，为此他还专门设计了三种稿纸，一种是使用钢笔的，一种是使用毛笔的，还有一种是为了书信而用的，并自费印刷了几千张。但在当年完成了十几万字后，因与河北省委宣传部副部长远千里等人同赴天津市南郊区参加"四清"而停笔。"文化大革命"中所有文稿均被"造反派"抄走后散失。"文化大革命"后父亲遭到摧残致使身体瘫痪后，就更没办法从事写作了。为了让读者进一步了解小说《来访者》的风波，这里对小说《来访者》从文学角度作些专门介绍。

父亲的小说《来访者》在1958年《收获》第三期上发表后，立即受到姚文元的诽谤和攻击，在全国造成了很大的影响。10年后，姚文元在1968年臭名昭著的"二二一"黑讲话中，再度对《来访者》进行指责，加上"四人帮"在天津黑干将在向"中央文革小组"报送的"黑材料"中给父亲扣上了莫须有的"黑会""黑戏"总后台罪名，于是，父亲和他的作品一并遭到了"四人帮"的残酷打击和迫害。

小说《来访者》描述了一个小资产阶级知识分子与唱大鼓的女演员之间的爱情故事。由于女演员的养母和旧社会的恶棍王掌柜对他们的恋爱横加破坏，加上康敏夫自身存有严重的个人主义，两人感情破裂，最后女演员离开了养母和康敏夫，康敏夫经不住这个打击，两次服毒自杀，造成悲剧，最终以"右派"之名被送去劳改了。

1980年第一期《河北大学学报》上发表了天津作家、文学评论家盛英

和高维晞写的一篇名为《重评〈来访者〉》的文章，文中是这样评述的：

在故事的具体描写中，作者的态度十分明确：对主人公康敏夫，有批判，有同情；对女演员持热情讴歌、赞颂态度；对那个养母和王掌柜，则予以无情的鞭挞。作品通过这个故事意在指出：在社会主义新中国依然存在封建势力，它阻碍着社会前进，毒化着人民光明的生活，必须予以清除。至于资产阶级个人主义，则为万恶之源，它不仅使人迷失正确的政治方向，甚至可能毁灭个人的幸福生活。《来访者》就是这样一篇从生活中来，又如实地反映生活的现实主义作品，尽管它确实存在某些缺点、毛病，但其基本倾向则是应该充分肯定的。

姚文元指控《来访者》是一篇有毒的作品，他断言"作者的政治立场有错误"，又具有严重的资产阶级人性论观点。姚文元斥责"作者的政治立场有错误"的依据是什么呢？据他说有两条：其一，《来访者》同情"右派分子"康敏夫，"美化了康敏夫这个坏蛋。"其二，作品丑化了社会主义社会。

如果对作品作一点实事求是的分析，不难看出，姚文元的"论据"纯属诋毁和捏造。康敏夫确实是一个比较复杂的艺术形象，作者又用了浓墨重彩去描绘他，但是，他毕竟不是什么右派分子或坏分子。从政治上看，他接受过党的教育，参加过土改运动，是解放后毕业的大学生。从思想意识来分析，他既有淳朴善良的一面，又有自私、虚荣和软弱的一面。当他第一次观看女演员演出后，为她所塑造的"光明的性格"所激动，竟然产生了对她的爱情。但是，当他同女演员结合后，却又不让她再去从事艺术工作，甚至害怕周围同志了解到"她的来历"。当他发现女演员在养母控制下的悲惨境遇后，他表现了真挚的同情，甚至以侠义的助人精神，去帮助她，但是他缺乏同恶势力斗争的勇气、力量和经验，因而最后只有屈从与让步。当女演员发现他的思想弱点，不愿意同他再生活下去时，他竟然发誓要"使我们的地位恢复原来的样子，证明我的存在的价值"，暴露了隐藏在灵魂深处的"高人一等"的观念。此外，再从对爱情的态度来看，他对爱情专一、真诚，除女演员外，他别无他爱，但又陷入了爱情至上的泥坑，把女演员的爱情作为唯一的生活希望，失去它，就是"失去了一切！"最后，竟然走上自杀的道路。总之，康敏夫是一个没有树立革命人生观的、小资产阶级的知识分子形象。在生活顺利的时候，他可能是个佼佼者，但在复杂的阶级斗争中，他无力识别斗争的前途，遇到挫折，更难以支撑，只能成为生活中的弱者。归结康敏夫这个形象的本质，他政治上并不反动，从精神上也找不到反党反社会主义的渊源，他怎能被划为右派呢？

同样，我们也看不到康敏夫有被划为坏分子的根据。他和女演员的关系是恋爱关系，并看不出他有侮辱妇女、玩弄妇女的意思，相反，尽管他没有树立革命的恋爱观，但对女演员的感情还是真诚的、朴素的。至于他和女演员未婚先同居，这确乎是个错误，应该受到严厉批评。但他们都是未婚青年，后来他还一再要求和女演员登记结婚。这里，同样是不能根据他和女演员的恋爱、同居而定为坏分子的。

姚文元对康敏夫这个艺术形象的责难是多方面的。他认为作者为了美化他，运用的是几十年前陈旧的故事。为了包庇他，掩盖了他政治上思想上的反动性。这种责难，使我们清楚地看到，"四人帮"那一套文艺评论，离开作品实际，包括作者的艺术构思和创作个性，也包括作品的具体环境和人物性格发展，以主观要求去衡量作品中的人物，给人物作鉴定。这种脱离作品、脱离艺术形象的穿凿附会、捕风捉影的批评，正是形而上学的典型表现。

……

姚文元强加给《来访者》的另一条罪名是"渗透着资产阶级人性论的文艺思想"。按照姚的解释，第一，作品离开了人的社会性、阶级性描写爱情，强调爱情的曲折性"必然会产生人性论的倾向"。第二，小说中反复地描写女演员的眼睛和声音，不去揭露康敏夫政治上的反动性，这又"是人性论的一种表现"。这是多么奇怪的逻辑！

首先，《来访者》并没有孤立地、抽象地去表现康敏夫与女演员的恋爱关系，相反，通过他们曲折的爱情纠葛，控诉了以养母、王掌柜为代表的封建恶势力，批判了康敏夫的资产阶级个人主义和爱情至上思想，并大胆地颂赞了女演员。女演员在这场恋爱悲剧中是受害者，也是胜利者。她是作为在新社会成长起来的革命文艺战士，向封建势力、资产阶级腐朽思想进行较量、抗争的代表出现的。从她身上，可以看到新生活的阳光。《来访者》所写的爱情故事包含着丰富的社会内容，它绝不是什么人性论，而是地地道道的阶级论。

在这里，姚文元以极左的面貌声称，修正主义文艺常常从"个人色彩很重的环节（主要是爱情）下手，用资产阶级人性论来代替无产阶级的阶级论"。这种把爱情描写与修正主义画上等号的说法，纯属无稽之谈。人类自古以来，一直存在着两性之间的感情关系，爱情与婚姻历来是社会生活的组成部分，成为文艺的描写对象。阶级社会中，爱情和婚姻当然地受到阶级关系、阶级感情的支配和影响，具有深刻的社会性。凡是懂得一点马列主义的革命作家，无不具备这些常识。在一个作品中，只要爱情描写是人物形象的有机部分，它服从于主题思想需要，符合情节发展的内在逻辑，又有利于人物形象的塑造，那么，这种爱情描写是无可非议的。就是像《来访者》那样，根据作品主题要求，以爱情为中心来进行艺术构思，也是完全应该允许的。

再次，对女演员音容笑貌的形容，更不能当作人性论来表现。《来访者》形容女演员的眼睛"像一泓秋水一样明亮"，"坦白而深沉"；声音"透明、发光"，像"秋天小溪的流水"。这些比喻，本来是为了表现女演员天真、单纯的性格和高超的艺技，属于艺术技巧范畴，与"人性论"风马牛不相及。但姚文痞竟然把两者强拉在一起，足见其用心之险恶。

对于女演员形象，我们愿意多说几句。在过去评论中，人们往往把她忽视。其实，她是一个很重要的人物。她虽然处在一个十分复杂，甚至颇为龌龊的环境中，但她能洁身自好，出淤泥而不染，和养母之流作坚决斗争。即使和康敏夫同居，也出于真挚的爱情，对美好生活的向往。一旦发现康敏夫不再让她"上园子"，"到底不是一样的人"后，（她）毅然离开了他。她不仅天真、温柔，还富有刚毅、坚强的个性。这样的艺术形象，在解放以来的文艺作品中还是不多见的。

　　……

　　从艺术反映生活的规律和作品的客观效果来考察，小说的前半部分都是具体、形象的描绘，令人信服，有艺术感染力，基本上完成了对各个人物形象的塑造和主题思想的表达。而后边结尾的议论，只是一种概念的传声筒，是多余的蛇足，艺术效果也不好。那么，前后不一致的毛病是怎样出现的呢？我们认为，这大概是方纪同志为"拔高"作品的思想内容所造成的。事实上，方纪同志对康敏夫这个形象的特性，是有自己的见地的，但因反右派斗争的扩大化，使他难以明朗地倾诉出来。在一种相当矛盾的情况下，作者为配合中心运动，不得不尽力在结尾进行硬性的、议论式的"拔高"，结果艺术形象的完整性与真实性都受到一定损害。这不能不看成是个深刻的教训。

　　盛英和高维晞这篇写于1980年的文章，从分析到评论是很客观、也是很到位的，有理有据，实事求是。不仅有力地批驳了姚文元的无理指责和其一向以打棍子、扣帽子、定罪名来打击作家及文学作品的本质，同时也指出了作品本身在表现手法上存在的一些问题。特别是小说结尾的写法与前面不统一的问题，对此我也曾问过父亲创作时的想法，父亲以不连贯的话语说，这个结尾是当时根据编辑的意见修改的，因为那时正在"反右"运动尾声。父亲还说，对康敏夫这样的人物，不能一棍子打死，因为不是敌我矛盾，还要给他出路。这样，在当时的历史背景下，父亲笔下这个人物的唯一出路只有自己去"劳改"了。

　　2007年第11期《文艺争鸣》发表了一篇署名张勐的文章《从拯救者到零余者——方纪〈来访者〉透视》，这篇文章也对《来访者》做了深入的分析，这里摘选其中主要论述如下：

　　1957年岁末，方纪写毕《来访者》。小说讲述了青年知识者康敏夫因无力承受与一位女艺人情感的聚合离散遂自虐自戕的故事。无论从哪个角度看，这篇后来发表于《收获》杂志上的小说都是"十七年文学"中的一个异数：倘若将彼时创作的情感基调比拟为明朗阳光普照，那么《来访者》则酷似徘徊于明暗之间的一个幽魂。彼时主流题材在"工农兵"的一统领地里高歌猛进、乐不思蜀，《来访者》却遁入了"右派"题材的无底洞；彼时文学"正典"业已轻车熟路于"革命现实主义"的单向度历史叙事中，《来访者》却有意无意地逸出此种创作方法的路标，衍射出陀思妥耶夫斯基式的复调论辩光芒。因此种种的独异意味，笔者特将《来访者》从"十七年文学"的泛论中抽离出来，凭借文本细读，烛照彼时知识分子叙事那层层幽邃的暗影。

一、拯救者？沦落人？

《来访者》开篇，青年知识者康敏夫与唱大鼓的女艺人偶然邂逅，同坠爱河。令人不禁遥忆起 20 世纪 30 年代张恨水《啼笑因缘》中樊家树与沈凤喜的相知相恋。男主人公同是大学生，女主人公同为唱大鼓的民间女艺人，二作的人物身份何其相似。不只是人物身份契合，由此漾开的一个名谓"拯救"的母题竟也远隔新旧时代而黯然相通：《啼笑因缘》中的"拯救"彰显于外且贯穿文本始终，樊家树一心要将被逼为妾的沈凤喜从苦海中拯救出来，终因力不从心而长恨绵绵；《来访者》中的"拯救"情节同样贯穿文本却显得波折横生，暧昧交错。文本伊始，康敏夫自觉充当了将女艺人从其封建继母编织的精神牢笼里拯救出来的角色，然而随着情节推进，女艺人逐渐悟出自己已"是工人阶级"，自我才是真正的拯救者；不仅如此，知识者康敏夫反而身陷"个人主义"泥潭且不能自拔，最终被送至劳教，俨然成为需要众人拯救的沦落人。因拯救者角色置换而引发的吊诡在此发人深省。

《来访者》中究竟谁是拯救者？这一看似无足轻重的发问，拈连出时代对阶级定位的沧桑变迁。在某种程度上，启蒙与拯救是一巢之雀，《啼笑因缘》诞生的 30 年代，知识分子启蒙的火种方兴未艾，尽管樊家树最终陷于失败，似乎喻示着拯救力量的势单力薄，但知识分子是拯救者这一阶级定位毋庸置疑。

……

二、零余者

倘若将《来访者》里的康敏夫置于文学史人物形象的长河中，不难发觉他与"零余者"的血脉相承。

　　早在 20 年代，郁达夫便已完成了"零余者"人物谱系。康敏夫情感的炽烈、神经的过敏、肉身的孱弱自是郁氏《沉沦》一类小说中"我"、于质夫形象的移形；其在社会面前的孤傲、孤冷及至碰壁，亦显然承袭了"零余者"的性格与宿命。然而，笔者想要深究的是，置身于不同的时代语境，"零余者"内在意义所发生的变异。

　　……

　　言及 20 年代"零余者"产生的原因时，时论无一例外地将其化约为"时代病"，由是折射出生成忧郁症的社会母体。倘若说郁达夫创作零余者们的意义尚可用折射旧时代本身的病态做辩护，那么，方纪塑造新时代的零余者之举则难免被视为"居心叵测"，因其不自觉间影射了时代的病症。尽管方纪叙写康敏夫不证自明是新时代无可容忍的敌人——"我自杀了两次——这在你看来等于犯罪，不是吗？"在康敏夫的自述前，分明已兀立着跳离社会列车的自杀行径等同于敌人犯罪的主流意识形态镜像。《来访者》将拯救者与零余者捆绑一处意味着作者对时代先兆的敏感：如果说旧时代的知识分子尚可在社会中心振臂高呼"拯救"，或于时代精神领地的边缘位置徘徊，那么，此刻等待他们的则是被彻底地从精神领地放逐出境。

　　三、阶级意识？女性意识？

　　论及《来访者》，明尼苏达大学的学者戴克却另辟蹊径，分外关注康敏夫的男性知识者身份，其婚恋情变的故事亦生成了她女性主义的批评演绎。置于女性主义批评视阈，我们自然可对文本作如下解读：康敏夫与女艺人的情爱控制力是一个此消彼长的过程，女艺人自我精神力的渐次强大，意味着其女性独立意识的觉醒与萌生；她的娜拉式出走既未受挫也无回归，注释着新时代的女性已然提升地位，可以无须男性接济而独立生活了。戴克在分析《来访者》时，则指出小说中康敏夫"男性叙述者忏悔的口气、回顾的姿态听来或看来也许动人，却可能是种廉价的救赎手段"，以解脱他的不义。论文词锋犀利，直捣男权阵营。

　　然而细读文本，不难发觉女艺人出走前后判若两人：此前是温文尔雅弱女子，此后是言行铿锵女强人，于电光石火的瞬间蜕变完成，节奏之快恰似魔剧院中的"变脸"。然而它果真缘于女性独立意识的觉醒？试将焦点对准出走后的女艺人：果断的举动，坚定的语气，个体情感的收敛，外形内核分明叠印着彼时文学中的女革命者的影像。反观出走前的女艺人对男性拯救的期盼，不由让人联想到同时期小说《青春之歌》里那个刚出场时稚气未褪、天真柔弱的林道静。在某种程度上，《来访者》也规划出一条女艺人的"成长"轨迹，只是她的成长并未历经林道静式的漫漫长路，而是在作者瞬间的拟想中得以实现。昔日未经世事的女艺人成长为工人阶级的女斗士，应归结为她的阶级身份的自觉而非性别意识的萌生。

......

四、"右派分子"的精神剪影

小说一开始，身为"党委机关"干部的"我"初会"来访者"康敏夫，就不无"警惕"地将其与右派分子联系在一起："要知道，这事发生在今年六月初。正在'大鸣大放'，右派分子猖狂进攻，反右派斗争还没有开始的时候。"——"我"的第一印象既属感觉的"过敏"，更是理念的预设；尽管连彼时批判《来访者》的文章都觉得这种联系"十分生硬"，但作者显然出于配合时政的需要（亦未尝不隐含为笔下的知识者叙事、抒情赢得某种合法性的动机），及至结尾，还是让"我"最终不证自明地看穿了其"右派"精神面目："他和那些右派分子，在精神上，是那么相像。他生活的目的，只为了他自己；一切美好的，有用的，他都要占有；他损害别人，满足自己；占有别人的心，并把人毁灭掉！"

......

方纪所以没有"写实"，而选择了写意，一方面透露了所谓"右派分子"罪状的莫须有；另一方面恰恰折射出发动这场运动的隐秘心理：康敏夫个人意识强烈，心理"阴暗"，身为知识分子的他竟然不自量力想当"工人阶级"（女艺人自谓）生活道路的导引者，岂有如此之理？

五、主流意识形态叙事与知识分子叙事

《来访者》文本呈现在外的是一个嵌套式叙事结构。"党委机关"干部"我"是全文（或谓故事外）的叙述主体，康敏夫则以客体的身份在"我"的叙述、思索、评判中踽踽独行。而在"来访者"的回忆、陈述中，康敏夫又转换为嵌套在故事内的叙述主体，他不时地猜测、揣度作为客体的"我"的价值判断，不时地向"我""出于职务关系"养成的冷漠挑衅："你明白吗？""你不要总是对我摇头吧！""你不要笑！""对我的不幸，一点也不同情？"挥之不去的屏障与隔膜始终横亘在他们对彼此的读解中。康敏夫的主体叙述，时刻敏感着"我"的立场的无情；"我"在片刻感动于康敏夫的推心置腹后，最终还是理念先行，将他归属为第一感觉中的"右派"典型。对方始终以"他者"的身份出现在彼此的读解里，透露出主流意识形态话语与个人话语先在的沟通困境。

值得关注的是，在各自的主体叙述中，康敏夫与"我"都最大限度地敞开了彼此的"声音"，在主体声音强劲驰骋的话语声场里，作为主体的聆听者的"我"与作为被言说的康敏夫时刻"在场"，蛰伏在话语声场的幽深处。嵌套式结构形成的双叙述主体，以及客体与主体的潜在"对话"，有意无意地衍射出陀思妥耶夫斯基小说式的复调光芒。联系前文言及的方纪内心深处未泯的知识分子情结，似可推断出作者在执守主流意识形态立场、话语、视角时，无意中分身为二，难能可贵地保留了知识分子叙事的视角。

因此，在双重视角与复调结构的统摄下，形成了"我"与康敏夫在文本中的平等叙事地位。代表主流意识形态话语的"我"的误读、误判并不全然构成对康敏夫"声音"的抹杀，而是形成了文本内部的对峙与论辩、挑战与妥协。耐人寻味的是，因着文本的复调特性，话语的交锋并未构成彼此的削弱，反而在一定程度上彼此补充、彼此增强，共同丰富、拓展了文本的意蕴及张力。

……

对于"十七年文学"的研究，至今仍未彻底摆脱失之简化的泛政治话语评判，至今犹缺乏深刻细致的文化透视与审美阐释。其实，"十七年文学"文本中，政治意识形态并非总像某些研究者们臆想的那样压倒了一切，其与文学审美之间多有抵牾撕扯、相悖相克，同时却亦促成了某种潜隐暧昧的思想内涵、形式内蕴相衍相生。后者构成了"十七年文学"的"潜文本"。

如上所述，笔者运用散点透视的方式读解十七年期间公开发表的小说《来访者》，本意并不限于对这一久为历史尘灰蒙蔽之作的打捞拾遗；而恰是试图"以文为孔"，触探、穿透"十七年文学"中那些幽冥深邃的视景、盲区。笔者发现，因着作者创作心态的矛盾游离、笔下人物性格的多重混血、小说主题与二三十年代故事原型的呼应质诘、叙述主体与客体的复调论辩——有意无意间改写了作者源于彼时主流意识形态的既定创作意图，令小说平添出何其复杂、何其深长的文化意味与审美意味。

作者在文末注释中还这样写道："如果说，英国情报部门所编刊物《苦果》收录社会主义中国两篇半作品，其中一篇便是《来访者》，尚可视为出于不无偏至的西方政治动机，那么，此小说为观点相对平正的《剑桥中华人民共和国史》瞩目，则足以印证其引人思辨的文学史意义。"

天津社会科学院文学研究所副研究员王云芳在《名作欣赏》2016 年第 9 期上发表了一篇论文《戴着镣铐的舞蹈——方纪小说论》，文中关于《来访者》，她这样写道：

小说的独到之处在于在文本中隐藏了两种截然不同的叙述视角。其一为主人公"康敏夫"的自白，字里行间充斥着强烈的感情色彩，为读者凸现出了一个血肉丰满的小资产阶级知识分子形象：为了个人的爱情，他敢于反抗当时社会中残存的封建恶势力，然而他又是怯懦自私的，他将爱人看作自己的私有财产，既痴迷于她的演艺才能，潜意识中又看不起她卑微低下的出身。当爱人的精神人格日渐独立强大时，他失去了爱她的能力，在自暴自弃的疯狂中走向了灭亡。第二种是旁观者的视角，以小说中的"我"和那位管文艺的女同志为代表。这两位旁观者的叙述，潜在地折射出当时社会环境对小资产阶级知识分子形象的普遍认识。融合两种或多种视角于一炉的叙述技巧在新时期先锋小说潮流之后并不鲜见，但在当时的时代环境下却极为难能可贵，它是作家的艺术勇气与探索意识的最好见证。

王云芳在她这篇研究论文结尾部分这样写道：

二十世纪五六十年代，像方纪这样被迫或主动修订自己作品的作家不在少数，修订的次数以及修订程度依据当时审美规范的要求或政治环境的变动不断变化，它反映出主流意识形态对文艺创作的潜在规范已逐渐渗入作家主体意识的深处，促使其时时反躬自省，及时适应政治意识形态的变化。1957 年，文艺界展开了沸沸扬扬的反右派运动，《来访者》的创作适逢其时。尽管作者仍试图坚守文学层面的创新，然而，多年来的政治敏感又使其不得不有所顾虑。反映在小说文本中，塑造康敏夫这一人物形象时，小说插入了许多政治性的论断文字，造成了文本审美上的生硬断裂之感。即便如此，小说发表之后，仍受到居心巨测者的臆断与批判。姚文元在《论〈来访者〉的思想倾向》一文中，认为："整篇作品的环境是这样阴沉黑暗，康敏夫又被写成那样一个多情的反封建的'勇士'，实际上形成了对社会主义社会的控诉，在读者心理上引起一种对新生活的非常阴暗的怀疑情绪。"在那个特殊的年代，类似的批评文字常常并不限于纯粹的学术争鸣层面，它们会随着政治环境的风吹草动而突然演化成狂风暴雨式的政治批判，甚至是人身攻击。作家试图进行某种限度的艺术创新，也许需要付出极大的代价，甚至是生命本身。

整体看来，由于时代环境的制约，方纪的小说创作并未突破主流意识形态的审美规范。然而，他的创作姿态却是大胆热诚的，尽管戴着沉重的艺术镣铐，他也常常不自觉地逾矩而行，在主流政治意识形态规范模糊的边界迸发出绚烂多姿的艺术花朵。时代变迁、沧海桑田，当那些为政治而艺术的文字为历史的巨轮所抛弃之时，方纪的作品仍然熠熠生辉。

从以上引述的几位文学研究者所写的文章中，读者不难看出《来访者》小说的内容及它的文学与社会价值。这些以严谨科学态度所写的客观、实事求是的研究论文，是对父亲小说《来访者》最好的诠释与定论，也是对父亲在天之灵最好的安慰。更令人欣慰的是，2019 年在父亲诞辰 100 周年之际，天津市社科院和天津市作家协会共同举办了"天津与中国当代文艺 70 年学术研讨会暨方纪诞辰 100 周年座谈会"，有 10 余位专家学者以新的视角发表了关于方纪文学作品研究的论文，如南开大学文学院教授、博导耿传明所写《"文人性"与"战士性"之间的冲突与融合——方纪的自我调适及其小说创作的探索意义》，天津师范大学文学院教授、博导刘卫东所写《〈来访者〉与 1950 年代文学中的"爱情悲剧"》，河北廊坊师范学院教授李树德所写《现实主义道路上执著探索和创新——方纪小说浅论》，西南科技大学中国语言文学系教授袁洪权所写《革命故事的规训策略：革命青年如何成长——方纪短篇小说〈山城纪事〉和集外文〈意识以外〉的批判反思》，天津理工大学汉语言文化学院系主任、副教授杨会所写《方纪小说中的知识分子形象构建》，天津市出版研究室总编辑、编审倪斯霆所写《方纪因何写出遭姚文元"批判"的〈来访者〉》，天津社会科学院文学研究所副研究员王云芳所写《时代真诚的歌者——方纪论》等；还有研究方纪书法、领导才能等方面的文章。这是对父亲方纪最好的纪念。

第十一章

暴风骤雨的岁月

一、入住香港大楼

1957 年，父亲调到市委宣传部工作后，我们从庆王府搬进了香港大楼居住。这座大楼是奥地利建筑师盖苓设计的 4+1 层公寓式住宅楼，1937 年落成后，多为天津的工商界、知识界人士、社会名流居住，也有一些外国人，其中名人有银行家资耀华，其后人资华筠是著名舞蹈家；还有著名钢琴家刘诗昆等人，我们住的房子当年就是刘诗昆家。该楼后被天津市机关行政管理局接收，作为市委机关干部宿舍，安排了 15 位市委各部部长或行政十级以上领导干部居住，其中包括一位市委书记；以后又有市委办公厅的几位领导干部入住，所以那时有人戏称该楼为"高干楼"。

那时干部上下级之间都很平等，无论职务高低；大家同住在一个屋檐下，经常随意往来。住在香港大楼里的干部，除张淮三书记因工作需要市委配有专车外，其他人都是骑自行车或步行去市委上班。但淮三叔叔也很少用车，基本上也是步行或骑车去上班，他的司机卢师傅经常坐在传达室里。大楼没有警卫，只有传达室负责收发报纸、信件，登记来访人员，传达电话，打扫公共卫生。除淮三书记家外，全楼只有一部公用电话，各家接打电话都要到传达室，孩子们不许用；以后为了工作方便才在两个楼道的二楼半处又增加了两部电话。

干部子女之间相处也非常亲密友爱，没有互相攀比，也没有炫耀、显摆等那些庸俗低级的东西。孩子之间相互比的只有学习，而且谁在学习中遇到困难，都是互相帮助，不是抄作业，而是耐心讲解。高年级的帮助弟弟妹妹们，弟弟妹妹们遇到问题都跑去找哥哥姐姐们。课余时间大家一起踢足球、做游戏等，玩得不亦乐乎。夏天傍晚吃过晚饭，弟弟妹妹们就坐在后面的楼梯上听哥哥姐姐讲故事，一起唱歌。父辈们对我们这些晚辈要求都很严格，不论是哪位家长看到不管是谁家孩子做了错事，都会教育批评。

最重要的是，家长们都教育孩子：不管是在学校还是在其他地方，如果有人问起父母是做什么的，就回答说是勤务员；如果再有人追问，就说是人民勤务员。不仅如此，家长们还告诉学校老师，如果有子女在学校炫耀自己的父母，就严厉批评。

我们这些所谓"高干子弟"不敢有半点与众不同的"优越感"。所有的孩子在生活上非常俭朴，衣服都是哥哥穿了弟妹穿，衣服上都补丁摞补丁的。有一次父亲去干部俱乐部参加会议，带我们一同去了，让我们自己到花园里去玩。散会后，王亢之书记看见穿着满是补丁衣服的我们，惊讶地问父亲："这是你的孩子吗？"父亲答："是。"王亢之若有所思地说："这样好，艰苦朴素。"又说："穿衣有补丁不怕，只要干净就行。"我们常看见淮三叔叔帮拉着垃圾车上坡的清洁工推车；宣传部副部长侯苟一叔叔经常让我们把穿漏了底的鞋拿给他去钉鞋掌；父亲看见哪个孩子头发长了，就带他回家给他理发；曾当过中共七大代表的于致远伯伯是一位德高望重的老干部，平时话不多，可是对我们这些孩子要求十分严格，也时常给我们讲天津工人运动故事，要我们永远记着新中国是怎么来的。虽然这都是一些小事，但在耳濡目染中，我们也从父辈的言传身教中，潜移默化地学会了关心他人、助人为乐的品质。

后来，在"楼长"王佐叔叔的组织下，我们成立了"红色少年俱乐部"，自己选举俱乐部主任、副主任，自己管理自己。大家各自拿出自家的扑克、象棋、军棋、图书、皮球等东西捐给俱乐部，与全体孩子共享；我们还从市委机关拉回一张旧得不行的乒乓球台，用三四个破条凳一架，每天放学后打球打得不愿回家；我们从少年儿童图书馆借来各种图书给大家阅读；逢年过节女孩子们就自己编排节目，给大家演出。王佐叔叔还组织我们假期到工厂参观；周末到街对面的副食店去参加劳动；或组织大家打扫楼道公共卫生……让生活既愉快又充实，我们从中也学会了自律、勤劳和艰苦朴素的作风。而今，几十年过去了，我们这些当年的孩子们，依然保持着俭朴、本分的生活；大楼中成长起来的数十个孩子，没有一个人因违纪违法而获罪的。

在全中国遭遇严重困难，节粮度荒、瓜菜代时期，干部和群众完全一样，谁家也没有特殊照顾。对面副食店凭本供应的大白菜就储存在大楼的地下室内，没有一个人去偷偷拿回家。副食店卖完了菜，母亲就经常带着我们去捡拾落在地上的菜帮和菜叶，洗干净后吃。张淮三身为市委书记，他可以吃小灶，机关给他派了厨师，但他家人口多，有六个孩子，却没有一个违反规定跟他一起享受小灶待遇的；身为行政八级干部的于致远伯伯家不仅孩子多，还有老人，每天也是吃着窝头白菜。金爽阿姨怕孩子们消化不良，买了很多酵母片给他们吃。因粮食定量有限，每次吃饭父母也是先让我们吃饱、吃好。有一次父亲感慨地开玩笑说："俗话说半大小子，吃死老子。我有四个小子，我这个老子得吃死几回呀。"

那时学校每年都安排学生下乡劳动锻炼两周，父亲就教我们打背包和一些行军的知识，让我们学会照料自己的生活。1964 年，父亲去农村参加"四清"后，大概他预感到今后上山下乡可能会成为一种趋势，所以他一面鼓励我们要努力学习，争取能上大学；同时也让我们做好思想准备，万一升不了学，就要做好到农村去的思想准备。他也曾说：如果将来你们真的都去了农村，我也跟你们一起去，去过田园生活。父亲总是教导我们一定要学会自立，学会独立生活。他还用孟子的"故天将降大任于是人也，必先苦其心志……"这类的话来激励我们，让我们明白"生于忧患，死于安乐"的道理。他还常对我们说"要夹着尾巴做人"，"名利都是身外之物，赤条条来去无牵挂"，"要坦然面对人生各种境遇"。他也经常给我们写一些名言警句，如"思无邪""多思""业精于勤荒于嬉，行成于思毁于随""纵浪大化中，不喜亦不惧"等。后来母亲也参加了郊区的"四清"工作队，为了让我们受到锻炼，在寒假中让我和二弟两人到她搞"四清"的生产队去，去体验"三同"（与农民同住、同吃、同劳动）。虽然只有一周的时间，但那次确实让我们很受益，第一次单独住在农民家里，第一次与工作队去访贫问苦，第一次跟工作队去查账……这些为我们后来到艰苦边远地区下乡插队奠定了基础。现在回想当年的那一切，对我们的成长真是非常有益的，对我们一生都是难得的宝贵财富。

二、参加小站"四清"

1964 年从天津小站开始的"四清"运动，由于陈伯达的直接插手，成为全国"四清"运动中典型事件之一，父亲是这一事件的亲历者。

1963 年至 1966 年上半年，在中国经济刚有所恢复不久，即在全国范围内展开了一场大规模的社会主义教育运动。运动从一开始的"清理账目，清理仓库，清理财务，清理工分"发展到后期的"清政治、清经济、清组织、清思想"，因此人们简称它为"四清"运动。

对广大农村干部和群众进行社会主义教育，一直是毛泽东心中始终关注的一个大问题。从 1960 年起，先后在农村开展了"三反"（反贪污、反浪费、反官僚主义）运动和整风整社运动。1963 年 5 月，毛泽东在杭州主持召开有部分中央政治局委员和各大区书记参加的会议，讨论制定了《关于目前农村工作中若干问题的决定（草案）》（简称《前十条》），并于 20 日下发。

但是，这场运动是在八届十中全会关于阶级斗争要"年年讲、月月讲、天天讲"的"左"的思想理论指导下开展的，对于当时的阶级斗争形势看得过于严重了，甚至已把党变修、国变色、全国发生反革命复辟看成是面临的现实危险，这就严重脱离了当时党内和社会实际情况。在"阶级斗争，一抓就灵"的声浪下开展大规模群众运动，势必会混淆两类不同性质的矛盾，扩大打击面，难以达到运动预期的目的。

1964 年 1 月，根据中共中央关于在全国农村地区开展社会主义教育运动的部署，1 月 14 日，天津市委召开郊区区委书记会议，部署"四清"工作，决定把南郊区所辖的小站地区（包括小站公社、北闸口公社和小站镇）列为首批试点单位。1 月中下旬至 2 月中旬，区委派工作队先后进驻小站地区。

小站地区在天津市的南郊，以出产小站稻闻名。小站也是近代中国北洋军阀的摇篮。1895年（光绪二十一年），袁世凯受命到小站编练新军，将"定武军"扩编为新建陆军，由此拉开了清军军制从封建绿营、八旗转向近代化新式军队的序幕，中国军队从此开始从冷兵器时代走向热兵器时代。

父亲搞"四清"的地方在北闸口公社的西右营村，从村名就可以知道这里当年是定武军的驻军营盘之一。3月下旬，中央派时任中宣部副部长周扬来到西右营村蹲点。为此，河北省委派宣传部副部长远千里、天津市委派宣传部副部长方纪也一同去蹲点，南郊区委宣传部部长陈喜荣自然也陪同参加。四级宣传部部长在西右营蹲点搞四清，当时被人们称为"'四进士'下西右营"。周扬来西右营就住在村党支部书记张凤琴家里。张凤琴解放前当过童工、讨过饭。解放后积极参加土改运动，1952年组织了西右营村的第一个互助组，翌年又组织了西右营村第一个初级合作社。她先后担任村、乡妇联主任，初级社、高级社社长及区委委员、市妇联执委等职，曾出席河北省党代会和全国妇女代表大会，多次被评为天津市农业劳动模范，1960年荣获全国"三八"红旗手称号。

1964年3月26日，当时正在天津做调查研究的中共中央政治局候补委员陈伯达来到小站地区，分别到西右营和小站公社、小站镇走马观花地转了一下，在西右营了解"四清"情况时，先听了工作队的汇报，然后去看周扬住地张凤琴家。陈在张家只待了20分钟，跟张凤琴谈了一会儿话，又在屋里屋外转了转，看到了张凤琴住房的双层玻璃，"政治嗅觉敏锐"的陈伯达发现了"问题"。原来张凤琴当时新盖了三间"穿靴戴帽"（即下铺砖上铺瓦）的土坯房，屋里存有一些稻谷。陈伯达回到工作队就武断地下结论说："张凤琴不像贫农，她当了支部书记发了财，成了全村的首户，双层玻璃暴露了张凤琴。我看她贫农不贫、劳模不劳，是个政治化了的人物。"他无中生有地认定张凤琴有重大贪污问题，张凤琴仅有的卖稻草的70元钱也被没收了。当陈伯达听说没有从张凤琴家挖出贪污款时，对工作组说："这么多人搞一个人，才搞出70块钱来，太可怜了，这见不得人，讲不出口。秀才造反，三年不成……"他还说："张凤琴是个顽固的石头，不大好改。不要审查材料，光看她的房子，见她一面，就知道她是什么人，是敌人还是我们的人。""一眼就可以断定她是阶级敌人，你们搞吧，不会错的！"并且，他以此断言："小站地区基层组织严重不纯，不少村子的党政领导权落在坏人手里。"他竭力夸大敌情，说"这里的天下不是我们的"，是"反革命两面政权"，要求工作队同当地干部保持一定的距离。

当时，陈伯达因写"九评"①正如日中天，"党内理论家"的光环耀眼无比，人们都对这位中央的"大笔杆子"很是崇拜。既然身为中共中央政治局候补委员的陈伯达"指示"如此明确，驻西右营村工作队哪里敢不执行，于是在陈伯达"先定罪再收集材料"的极左思想指导下，匆匆忙忙地搜集了张凤琴政治上和经济上"四不清"的材料，罗织了莫须有的罪名，说她是"假贫农、假劳模"，"十几年来以反革命两面手法，欺上压下，骗取领导信任，取得合法地位……暗地里对抗党的政策，任用亲信，搞宗派活动，推行反革命的阶级路线，公开勾结地富分子，打击贫下中农"，并以此将她确定为斗争的重点对象。然而陈伯达仍不满意，强令天津市委收缩一批"四清"点，抽调力量，加强小站地区工作队。3月下旬，天津市委陆续抽调大批干部，市公安局局长也亲自带领50名干警，来到小站地区投入"四清"运动。在陈伯达的授意下，《红旗》杂志编辑部也派来10余名干部帮助工作。一场声势浩大、不达目的誓不罢休的围剿张凤琴"反革命集团"斗争从此展开。不久，工作队在陈伯达亲自指挥操纵下，很快完成了开展"夺权斗争"的舆论准备工作，开始进入实施阶段。陈伯达于7月12日、7月17日、9月23日三次去西右营找工作组和积极分子谈话。他在小站镇公开提出镇党委书记张玉仑"所把持的政权，是个反革命两面政权"，命令"在十天内，最多半个月内，撤销张玉仑的职务，夺回政权"。现在看，这一切似乎是那么荒唐、荒谬，完全是毫无法纪的疯狂，但在当时以党的化身、毛泽东身边最著名的

---

① "九评"又称"九评苏共中央公开信"。1963年7月14日苏共中央发布了《给苏联各级党组织和全体共产党员的公开信》。这封公开信主要就国际共运所涉及的一系列问题，对中共中央6月14日《关于国际共产主义运动总路线的建议》（简称《25条建议信》）进行了全面的反驳与回击，并对中共和中共领导人指名道姓地进行攻击。这一攻击就成为中苏论战的转折点，使中共在中苏论战中由防御转为反攻，由半公开不指名争论转为全面公开的指名道姓的争论，把中苏论战推向顶点和高潮。毛泽东从1963年9月6日至1964年7月14日亲自主持撰写了9篇评论苏共中央《公开信》的文章，指名批判赫鲁晓夫的修正主义。

政治理论家面目出现的陈伯达看来，这再正常不过了。

　　从 1964 年 3 月开始，陈伯达始终亲自指挥小站地区的"四清"运动。他初到小站只走马观花地"视察"了三个村子后，便立即断言："小站地区像国民党统治区一样漆黑一团，农村没有几个好干部。"据此，他发出所谓的指示说："小站地区 80% 以上的基层政权不掌握在我们手里，要利

"四清"中，方纪（左二）在田间调研

用三个月的时间开展夺权斗争。"他发出这个"指示"的时候，小站地区的"四清"工作尚未完全铺开，真不知道那个 80% 的比率他是怎么"算"出来的。

　　1964 年 7 月下旬，陈伯达通知小站地区三个点的工作队负责人到北京，编写姜德玉、张凤琴、张玉仑三个"反革命集团"材料。当时赴京的十来个人都住在西四武王侯天津驻京办事处，陈伯达每天都去武王侯讨论编写材料。仅用一周的时间，就编出了以姜德玉、张凤琴、张玉仑为首的三个"反革命集团"的社会关系分布图和三个"反革命头子"的历史大事记。我曾经见过那张图，那是由几张大纸拼接而成的，白纸黑字，赫然醒目。

　　8 月 4 日，陈伯达将"分布图"及"大事记"报送中共中央。陈伯达在给中央的信中说："送上天津小站地区以姜德玉、张凤琴、张玉仑为首的三个反革命集团的社会关系分布图，并附这三个反革命集团头子的历史大事记各一份。这三个反革命集团的成分问题和他们的罪恶活动，群众早有所反映……"陈还说："除了这些图表和大事记以外，工作组还准备写一篇叙述斗争发展过程的材料，但要过些时候才能写出。写出后，当即送中央审查。"中共中央于 8 月 12 日转发了陈伯达给中央的信和所附关于天津小站地区反革命集团问题的材料，发给省委、地委、市委和县委。中央批语说："现将

陈伯达同志给中央的信和所附关于天津小站地区反革命集团的材料，印发给你们参阅。"这样就给小站地区的问题定了性。

陈伯达在小站地区炮制"反革命集团"的活动之所以畅行无阻，还由于他的特殊身份。他不仅是中央领导人，还是党内名列前茅的"大秀才"，他来小站"蹲点"，直接插手干预中共天津市委的工作，甚至违反组织程序，越过天津市委，直接处理人事问题，给天津市委造成了很大被动。陈伯达指令天津市委改组南郊区委，天津市委虽很不满意陈伯达这种颐指气使的做法，但也无可奈何，只能采取拖延方式。于是陈伯达提出让王亢之兼任区委书记，王亢之哪里敢答应；拖了一段时间市委才另选派他人。陈伯达抓小站地区三个"反革命集团"，是为了进一步证实毛泽东关于"三分之一政权不在我们手里"论断的正确。陈伯达过去在中央没有担任过行政实职，下来只是做调查研究，处处以"小小老百姓"自居。这次他这个"小小老百姓"发号施令，亲手抓出三个"反革命集团"，以此向毛主席邀功。陈伯达在社会主义教育运动中的积极活动以及抓"小站经验"的所作所为，实际上为他在1966年获取"中央文化革命小组"组长的要职做了铺垫。

1966年2月1日，陈伯达为在全国深入贯彻毛主席提出的"农业学大寨"号召，指示父亲同《红旗》杂志编辑部的杜青等人前往山西大寨，调研大寨的记工分法和粮食分配制度。经过20多天调研后，他们于28日返回北京。当天下午，陈伯达电话指示父亲和杜青前去武汉向他汇报去大寨学习的情况。"陈伯达高度评价了大寨精神和大寨的劳动管理办法，指示要在西右营坨子地搞学大寨试点，并指示为保证公社干部参加劳动三分之一，北闸口公社搬到西右营，小站公社搬到坨子地。"

在父亲仅存的亲手写的回忆片段中，还能看到当时一些真实的情况：

> 3月5日，陈伯达要我和杜青随他去上海。在去上海的飞机上，陈伯达谈到天津时说："再也不到你们天津去了。你们天津市委不听我的话。"
>
> 陈伯达说："比方，我建议一条街上设两个垃圾箱，一个倒脏土的，一个倒钉子、木片、碎玻璃这类东西。这样，脏土做肥料，施在田里不

1966 年，方纪到
大寨调研时留影

扎农民的脚。还可以回收一些可利用的下脚料。我讲了四个月了，你们
还只在一条街做试验。"

陈伯达又说："以后河北省搬走了，天津的工作要做得更好。要搞
好同河北省的关系，为小站种稻用水问题，我给总理写了信，总理亲自
跟河北打了招呼。天津工作做不好，你们脸上无光，我也脸上无光。"

我感觉到谈话越来越严肃，向陈伯达表示："您这些重要指示，我
回去要向王亢之、胡昭衡汇报，并经过他们向市委汇报。"

陈伯达指示我回到天津向市委汇报后，要很快下去搞学大寨试点
时，我反映："在大寨我接到王亢之一个电话，说全国作协又决定我出
国，要我 2 月底一定赶回北京。"

陈伯达说："这些事以后你不要管了。你已经是农民，不是文化人
了。"又说："你看，在天津，农业的事，连去大寨这样的事，我找你，
工业的事，我找李树夫，我去大三线，还打电话叫他来。"

3 月 6 日，我和杜青向上海市委农村部和郊区各县负责农业的同志
介绍了大寨情况，晚上，陈伯达整理了一个关于大寨劳动管理办法的
材料。

3月7日，和杜青一起搭陈伯达的专机回北京。一到北京就给王亢之打电话汇报去大寨及向陈伯达汇报情况，及陈伯达指示精神。

王亢之说："听说周扬得了癌症，你去看过没有？既然到了北京该去看看，这是不治之症，又在西右营指挥过一段'四清'。"王亢之还让我去问问刘白羽，关于出国的事情怎么办。

当天晚上，先看了刘白羽，告诉他陈伯达给了任务，不同意我出国。刘白羽说，陈伯达的任务我们不好打搅，只好报告总理另找他人，因为这是总理亲自批的，并给我看了总理批示的文件，任务是到科伦波（坡）向苏修争夺亚非作家会议常设局，并把这一机构搬到北京。说他没有去看周扬。谈到文化部当时进行的整风时，刘白羽说彭真去讲过话，彭真"代表党中央承担了责任"。

3月8日上午，我去看了周扬。我看到他大病初起的样子，心里着实同情，问他："怎么样，不要紧吧？"周扬却满不在乎地说："死不了！"大有和谁生气的样子。谈到我出国的事情找过刘白羽，他说文化部"就只剩下了一个部长有文化，是作家。""看起来还是官僚主义好，文化部几个官僚主义部长都留下了，真正做事的部长倒垮了！"这是他在为夏衍叫屈。

3月9日上午，办事处办公室的人来告诉我"中宣部打电话来，说周部长叫你去一趟"。我便又去看周扬，他好像在专门等我，说他想听大寨的情况。我向他做了介绍，主要是大寨的"自报公议"评工记分方法。周扬听了说"那不是成了君子国了吗"，表示不相信。

3月10日，由北京回到天津。去大寨的十个人集中在睦南道招待所整理材料，后来出了一本"学大寨参考材料"，由天津市委印的，印出来已经是5月了，"文化大革命"就起来了。

三、在暴风骤雨的岁月中

1."文化大革命"之初

1965年11月10日，上海《文汇报》发表了姚文元所写的《评新编历

史剧〈海瑞罢官〉》，成为"文化大革命"的导火索。1966 年 5 月 4 日至 26
日，中央政治局召开扩大会议。会议于 5 月 16 日通过了《中国共产党中央
委员会通知》（简称"五一六通知"），并以"反党集团"的罪名对彭真、罗
瑞卿、陆定一、杨尚昆进行了批判，决定停止他们的领导职务。会议决定撤
销以彭真为首的文化革命小组，成立以陈伯达为组长，康生为顾问，江青、
张春桥等任副组长的"中央文化革命小组"（简称"中央文革小组"），使之
实际上成为不受中央政治局约束的、领导全国"文化大革命"的指挥机构。
此后，"文化大革命"异常迅猛地发动起来了。

　　"五一六通知"发出后，北京吴晗、邓拓、廖沫沙的"三家村"被定为
反党集团，批判更加猛烈。河北、天津的"知名人物"都要写文章声讨，天
津市委把父亲从西右营叫回市里写批判文章。当时，南京大学的匡亚明、北
大的陆平、清华的蒋南翔都成了"黑帮"，被登报批判了，他们与父亲都是
一二九运动时的老熟人，因而父亲心里也很不踏实；加之他觉得自己作品总
是受批评的，而现在"自己还批判别人？"心情是很矛盾，因此也不积极。

　　7 月 29 日，市委在河北宾馆（后改名天津宾馆）召开扩大会议，将父
亲从西右营叫回来。第二天，市委文教部部长王金鼎就上了报，戴上了"三
反分子"帽子，交给学生揪出批斗。王金鼎也参加过一二九运动，他家与我
家是邻居，两家来往很密切，他几乎每天都来我家闲坐一会儿。他突然被
"打倒"让我们都很惊讶和不解。不久，他的夫人邵姨因是中学校长，也被
学生剃了光头游街示众，回家后哭得非常伤心，母亲安慰了许久。随后，调
到天津没几年的市长胡昭衡也被"点名"。胡昭衡从内蒙古调到天津来当市
长，因他参加过北平的一二九运动，也喜爱写杂文，故常来家中与父亲一起
聊天、喝酒。他常说呼和浩特市容比天津好，绿化也很好，所以他来天津
当市长后大抓市容整顿、搞绿化和抓早点店卫生等，在市民中有很好的口
碑。"文化大革命"前常来家里做客的还有天津警备区司令员方之中、天津
市政协秘书长方复生，他们与父亲一起被人称为"天津三方"。方之中，开
国少将，黄埔四期毕业，曾参加过北伐战争，1927 年加入共产党，组织领
导过湘鄂西秋收暴动，担任过中国工农红军独立师师长。党组织遭到破坏后
他流亡到上海，因酷爱文学，在上海加入中国左翼作家联盟，与鲁迅、潘梓

年、田汉等有交往，有"儒将"之称，后去延安。解放战争中他曾独自指挥歼灭敌军一个团。新中国成立前后一直在军队任职，1959 年任河北省军区副司令员兼天津警备区司令员。方复生于 1925 年由萧楚女介绍加入共青团，后进入黄埔四期学习。1926 年加入共产党，曾在叶挺军中任职，参加过南昌起义。抗战中在贺龙领导的一二〇师任教育处主任、抗大七分校教育长；解放战争时期任三五八旅参谋长。新中国成立后曾任驻匈牙利大使馆参赞，1955 年调天津市人民委员会任外事处处长，1963 年任天津市政协秘书长。"文化大革命"中方之中因与田汉、周扬和父亲有关系，受到审查；方复生在"文化大革命"中遭受迫害致死。

在"宾馆会议"期间，会议室各门口、食堂、院子里逐渐贴出了大字报，冲破了会议简报的范围，言辞更为激烈。其中政法系统的大字报最为引人注目，矛头直指天津市委第一书记万晓塘。会议每天都受到红卫兵的冲击，逐渐超出了控制的范围。会议期间放了一次刘少奇 7 月 31 日在人民大会堂的讲话录音，其中说到"文化大革命怎么搞？我也不知道"。一场谁也不知道运动向何处发展的"史无前例"的"文化大革命"就这样展开了。无数人在惶惶不安中观望等待，也有无数人在热浪中躁动发狂。维持到 8 月底，市委就以贯彻《中国共产党中央委员会关于无产阶级文化大革命的决定》（即"十六条"）为名，发动干部到群众中去宣讲，中止了会议。那时市委工作几乎陷于瘫痪状态，此前父亲又一直在农村搞"四清"，在这种非正常情况下，没有人过问父亲的工作，反正人人都要检查过关，与其如此，干脆在家写检查吧。从 9 月到 11 月，整整三个月，父亲一直在家里自我反省写检查，一个是作品

20 世纪 80 年代，方纪与好友方之中在家中合影

问题，一个是和周扬的关系。

早在批"三家村"的时候，父亲就预感到一场大风暴要来临。他几次从南郊区回家，详细询问我们在学校里面的状况，一再嘱咐我们，不要人云亦云跟着乱喊大叫，要有自己的思想、分析和判断，"千万要记住：不要脑袋掉了都不知道是怎么死的！""宾馆会议"后，父亲多次让我或二弟陪着他"散步"，他一边看着因"破四旧"而不断飘落的灰烬和丢弃在街上被砸毁的东西，一边谈他自己的经历和作品，他说："万一我有什么不测，你们一定要相信，我一不反党、二不反社会主义，我的历史是清白的，也是历次运动中组织上审查过的；你们一定要坚信党，坚信组织，坚信毛主席的革命路线。"他还常说："你们也都长大了，要学会独立生活了，这样我就赤条条来去无牵挂了。"那时我们虽然都已上中学了，但对于人生、社会、政治运动还是一无所知，所以对父亲所说的一些话还不能深刻理解，但他所说的自己的革命经历，却牢牢记住了。

有一天傍晚在陪他"散步"时，他一言不发。走了很久他才说：听说老舍先生跳湖自杀了，在湖边只发现了他的手稿和眼镜盒……看得出来，他的心情十分沉重也十分复杂。他突然问我："如果有一天我死了，你们会相信我是自杀的吗？"对于这个突如其来、而且从未想过的问题，我一时不知该如何回答。他沉默了一下说："我不会自杀的，我是清白的，对党没有任何隐瞒，不会选择走这条路的，不管遇到什么困境，我都不会走这条路，你们一定要相信我！"

因为预感到这场运动的不寻常，父亲这次将他保存多年的照片、日记、重要会议记录、重要领导讲话记录，以及他自己的作品手稿都抱出来准备烧毁。父亲抱着自己的创作手稿犹豫不决，在母亲和我们的劝说下，才没有丢进壁炉里。但它们终究没有逃脱掉造反派的几次抄家，都损失了！

我因是"走资派子弟"，在学校中没加入红卫兵组织，成了"逍遥派"，早早就和几个同学"大串联"去了。我沿着父亲当年的足迹，去了武汉、长沙、广州、桂林、重庆，后来又去了延安，从中去品味他走过的路和他的人生。在外面，由于多是在途中，很少能接到家里的信，回家后我才知道，父母都到群众中去接受批判教育了。父亲说他到文联后被关在一间小房子里写检查材料，三周后开大会接受批判。检查了一天，受批判两天，"感觉是既然犯了错误，就要什么人的气都得受。一些人在'造反有理'的旗号下，图报复，泄私愤，徒逞一时之快。不过还好，我没有被戴帽，没有受过武斗，群众还是摆事实讲道理的"。这也许是父亲在安慰我们，但据知情人讲他被批斗得很厉害。

11 月，父亲因为心脏病在家休息了。这时他已经被停职反省，无班可上，也不能接触群众，也没有群众揪斗，等于置身运动之外，只有傍晚上街，看红卫兵抄资本家，看大字报。他得知周叔弢先生的家被抄得一干二净，书都付之一炬后，十分痛心，说："他不应该算是资本家啊！他是个文化人，是有名的收藏家，收藏了很多的善本书，给天津市图书馆捐献了不少。都给毁了，太可惜了！"他想到自己长期脱离党组织生活，什么精神也不了解，就连八届十一中全会和十月中央工作会议的精神，也还是从街上看大字报知道的。此时，他心里倒也坦然了，并做好了"挂冠归隐"的思想准备，也跟我们说过与他一起回老家当农民之类的话。我们也知道他早已厌倦了各种运动的心情，很想找个远离政治旋涡的地方过清净生活。我们居住的香港大楼成了"黑帮大楼"，几乎所有的干部都被"打倒"批斗，有的被隔离审查，有的人被"勒令"搬出香港大楼，整个大楼变得冷冷清清、凄凄惨惨，彼此之间也没了任何往来。

过了一段时间，天津红卫兵组织要搞"红卫兵成果展览会"。不知谁的主意，想起了父亲，于是以"批判"名义将父亲带走了，让父亲坐镇帮他们搞展览。父亲说没有得到市里的准许，不能够私自搞展览会。以后，父亲就在一些红卫兵组织中辗转不定，连我们都不知道他到底在什么地方，在谁手里。

1967 年初春的一天夜里，有一位工人业余作者来家里，说带我们去见一下父亲，我跟随他到了一个人家里，在那里见到了父亲。父亲为什么会在这里？当时我所看到的情况是这样：天津的工人业余作者是一支在全国很有影响的创作队伍，为纪念毛主席《在延安文艺座谈会上的讲话》发表 25 周年，他们想召开一个全国性的座谈会，请父亲出面组织并参加会议，父亲严肃地批评了他们，说："乱弹琴！召开全国性会议必须经中央批准，你们不能胡来！"而且父亲明确告诉他们，他现在的处境既不能出面组织，也不能参加这种会议，把他们的建议否决了。在父亲的回忆文章中有这样一段记述：

> 1967 年，市里建立革委会筹备小组，还指定我参加筹备领导小组。当时，天津文艺界的一些同志，要在天津第一工人文化宫召开全国文艺工作者座谈会，纪念毛主席《在延安文艺座谈会上的讲话》发表 25 周年。他们派人来找我，要我届时一定出席。对于这种不经过正常渠道召开的全国性会议，我根本不同意召开。我对来人说："你们作为群众组织，怎么做都可以，但我不能参加。"

然而，令人没想到的是，这个没有成为事实的会，后来竟以父亲是"黑会"总后台的"莫须有"罪名，将他送进监狱。

在著名作家石英所写的《方纪那些年》中，也有一段关于父亲当时情况的真实记述：

> 在这一阶段，由于我的处境比他（方纪）还要糟，整天东躲西藏，朝不保夕，根本没有可能见到他的面。唯一的一次是在六七年岁末的一个晚上，在天津美术界一位同志的家里，我与方纪邂逅。因为这天深夜，我要潜行回北京家里（白天不敢走），他也要转移到北京他的一个老姐姐家里。这位美术界的同志是自愿护送他的。
>
> 前半夜，那位同志在楼下，我和方纪在楼上小憩，没有灯光，却谁都睡不着，只是在黑影里夜话。以前，他是市委宣传部副部长、天津市作协主席，见面说话时我总是有点拘谨，而只有在这共同的受难中，心才能进一步贴近，双方也完全是一种平等关系。
>
> 他说：他一年前就有不祥的预感：这次运动怕是不死也要脱层皮，因为"中央文革"中，有两个重要人物都会盯着他的。一个是张春桥，过去他们共过事，深知此人心毒手辣；另一个是姚文元，一直视他为"特大毒章"的炮制者，尽管过去已批判过，今天也决不会放过他。
>
> 方纪说这话时，并没有很紧张，听起来语气十分坦然，然后他又轻

轻叹息说:"历史上的冤狱也不是绝无仅有的,没有什么奇怪。"

在这次夜话中,也涉及了文学问题。我们谈到了刘禹锡、杜牧和李商隐的诗,也赞赏了苏东坡非凡的文才。现在我想,可能这些诗人作品中的某些思绪引起了由衷的共鸣,才对他们的作品和身世有了深一层的体味吧?

下半夜两点左右,我们才一起离开了这里。方纪由这位同志用自行车带着,我和方纪的长子步行在后。方纪个头高,腿长,他坐在后座上,鞋底不时摩擦着路面,不得不每每提起双脚,才勉强到了火车站。

凌晨四时左右,在北京崇文门附近,我和他依依告别,他那颀长的身影消失在路西的一条狭窄的胡同口……①

1967 年初夏,陈伯达因受江青排挤,想到天津来当市委书记,为了了解天津的情况,他约王亢之和父亲去北京汇报。那天司机开着一辆墨绿色的华沙车从天津出发,路上父亲凭他过去对敌斗争的经验,发现有可疑汽车在后面跟踪,父亲怀疑是造反派。在车开到通县时,后面的车突然加速超过他们后,横在路中间将他们拦住。机智的司机立即转动方向盘,从道边上冲过去,然后加速猛跑,后面的车紧追不舍,就这样他们一前一后开进了北京。为了摆脱后面的车,他们开进一条小胡同,但没想到这是一条死胡同,经验丰富的司机师傅情急之下,掉转头向后面的车迎面开去,跟踪的车不得不避让,司机师傅趁机从夹缝中闯了出去,一直开到了中央党校。在中央党校办公室主任王平的安排下,他们躲进了中央党校档案馆地下室暂避。为了安全起见,在陈伯达的授意下,王平请北京卫戍区司令员傅崇碧设法保护。于是当晚 9 点,傅司令员打电话命令司令部某参谋立即前往中央党校,做好保护工作。那时造反派盘根错节、耳目灵通,还有可能找到党校,而党校的警卫部队只有一个班,不能保证安全。负责此事的某参谋觉得责任重大,便请示值班首长,要求把党校的警卫部队增加到一个连。凌晨 3 点钟,某参谋接到傅崇碧司令员命令,令他与北京军区招待所的人一起把王亢之和父亲护送到

---

① 载《中国作家》1987 年第 5 期。

北京军区招待所。在研究了护送方案、规定了联络暗号后，安排了车辆行驶顺序。某参谋坐车先慢慢绕党校一周，进行秘密侦察，一草一木都不放过。确认没有可疑之处后，鸣笛两声，两辆待命的小车从党校内开了出来。一车打头，一车断后，父亲他们被护送的车在中间，三辆车直奔八大处军区招待所……听说后来江青非常气愤地说："方纪、王亢之到北京来，竟然有人包庇、掩护，看来走资派的爪牙还不少！"指的就是这件事。幸运的是"四人帮"虽然不断插手军队工作，但未能控制北京卫戍区，没有追查到此事，组织这件事的领导未受到迫害、株连。

父亲这次在北京住了一段时间后才返回天津。也就在这期间，我和两个弟弟骑车到北京玩，住在画家刘迅家里。有一天，父亲忽然来到刘迅家，见到我们很惊讶，因为那时我们与父亲没有联系，也不知道他在北京。谈话中，刘迅的夫人问父亲："你们天津人艺正在北京演出《新时代的'狂人'》，搞得很热闹，你知道吗？"父亲一脸茫然地说："没听说过。"并反问这是什么戏？这个戏是天津话剧院一些人于 1967 年 5 月为纪念毛泽东《在延安文艺座谈会上的讲话》发表 25 周年，根据当时炒得沸沸扬扬的陈里宁《狂人日记》编写的一部话剧。没想到在父亲根本不知情的情况下，竟成了这个"黑戏"的总导演、总后台。

有了这个"黑戏"，连同前面说到的"黑会"，使始终抓不到父亲"现行罪"把柄的造反派如获至宝，给父亲捏造一个罪名就易如反掌了！于是便有了轰动全国、致使千余人受牵连的"二二一"事件，亦即"中央文革小组"1968 年 2 月 21 日对天津群众组织的讲话，简称为"二二一"讲话或"二二一"事件。

2. "二二一"事件

关于"二二一"事件，有些亲历者曾写过一些回忆文章，这里就此事件的来龙去脉做个简要记述。

1968 年 2 月 21 日下午，"中央文革小组"在北京京西宾馆召开大会，参加这次会议的有天津市革命委员会委员和天津市群众代表以及驻津部队、文艺系统代表千余人，大礼堂里楼上楼下坐满了人。但是会议内容没有人知道，也打听不出来。

出席会议的是"中央文革小组"陈伯达、康生、江青、姚文元、谢富治、吴法宪、汪东兴、叶群等人。会议由江青主持。她上来就说："我有证据证明，李树夫、方纪就是天津市公安局的车送到北京的！你们天津有变色龙！"她在会上不指名地骂"小爬虫""变色龙"，把《新时代的"狂人"》定为"黑戏"，点了王亢之的名，也点了胡昭衡的名。江青点了杨润身说："杨润身，我找你好多年了，原来你躲在天津！"

陈伯达在讲话中说："在我们国家内，有周扬为代表的一条文艺黑线，它在全国有相当的一个黑网。比如在天津，他就有一伙，像方纪、孙振、白桦、李超、董杨，等等。"陈伯达所说的白桦、李超并不是文艺界的人士。白桦是市委常委、宣传部部长，"文化大革命"开始就受到批判。李超原为市委组织部干部处处长，后任市委政法部副部长，他与文艺界并没有关系。陈伯达1964年在天津小站地区搞"四清"运动时，与王亢之、方纪、江枫都很熟识。他点名的几个人，是指前文所说的天津工人业余作者想以纪念毛主席延安文艺座谈会讲话发表25周年，在天津召开全国性会议的事，而这件事除董杨是工人业余作者外，与其他人都没关系。虽然他们当时想找父亲给予支持，但被父亲驳回了。

姚文元在讲话中重点批判了方纪及其作品《来访者》和孙振及其小说《战斗的青春》，并且批判了王昌定《创造需要才能》的文章。

江青讲话中点了天津文艺界许多人的名字，并说河北省献县、深泽县有大叛徒集团，诬陷王亢之等人是叛徒。她还说："由于方纪他们到北京来坐的汽车就是公安局的，我有确凿的证据，因此建议，上次我和总理就点过你们天津文化界、公检法，现在我着重地建议，公检法的问题应该彻底揭开。""这个公检法如果不把盖子揭开，害苦了人了，他们不是专了资产阶级政，他是专了我们的政……"

康生在讲话中批判天津搞"黑会""黑戏"，点了尹淑坤、李启厚的名字。而父亲竟然成了"黑会""黑戏"的总后台。

其实从他们的讲话中不难看出，所有的罪名都是"欲加之罪"，并无实质的证据。证据来源都是天津造反派和"四人帮"在天津的亲信凭空捏造的。但是这次大会之后，天津掀起了"砸烂公检法"和"彻查黑会黑戏"的浪潮，造反派到处抓人，各种大标语、大字报再次铺天盖地地出现在满大街上，一时间天津公检法和文化界陷入人人自危的境地，并且不断外溢到其他领域，进而扩大到全国范围。

这次会议结束后，王亢之、江枫等立即被关押审查。王亢之当晚死于安眠药过量，江枫1971年在监狱中死于心脏病。其他人也相继被监禁审查。

"二二一"讲话之后，造反派到处寻找父亲的踪迹，此前父亲早已被河北大学"八一八"群众组织带走并隐藏保护起来。这一天，父亲刚回到家里睡了一夜，不知道怎么就被歌舞团"东方红"造反组织侦查到了。我二弟说："那天中午我回家时，从后面楼梯上来，看到前面楼道里站满了人，认为不好，就急忙进家告诉父亲，让他从后门走。"但这时造反派已经发现了有后门，马上将后门堵住，用工具拧撬后门的锁。父亲坦然地说，躲有什么用，面对就是了。造反派从后门冲进来，将我二弟看住，并将前门打开，然后一边抄家一边将父亲用麻绳捆住。此时我骑车从学校回家，我在大门口看到一大一小两辆卡车停在楼下，站着一圈人，戴白口罩，没有红袖标。一个人指挥他们堵住了大门。我装作路过，把自行车靠在墙边，绕到后面的消防楼梯，看到家的后门也站上了人，听到前门楼上造反派的吆喝辱骂之声。我连忙又回到前门，只见父亲已经被他们两臂反绑着推搡了出来。父亲一眼看到了我，使劲用目光瞥了我一眼，没有一句话，就被几个人架起来扔到车上，一群人跳上去，把父亲围在中间，两部卡车呼啸而去。我也跳上自行车猛追，后面车上的人发现追车，便朝我扬手投掷出一枚土制手雷，我一扭车把，炸到我车轱辘旁……我一直追到歌舞团，要求见我父亲，他们却说"没有"。两天后，父亲站在台上被四个人强按着揪住头发弯着腰挂着大牌子的照片就出现在大街上了。

得知父亲被抓，三叔也从武汉赶来了。但歌舞团始终不让见。直到一个月后，歌舞团来人索要父亲换洗的衣服和粮票，我们才借机见到了饱受折磨的父亲，他头发长而蓬乱，胡子茬也很长，样子很疲惫。那是在二楼一个大房间里，旁边站着几个气势汹汹的造反派，这些人中有我认识的，过去这些年轻的演员都很和善，而此时却变得面目狰狞，在一旁奸笑。我们没理会他们，直奔到父亲跟前。这间屋子显然不是他住的房间，里面堆满了各式杂物。父亲似乎被造反派打坏了，他坐在椅子上一动不动，造反派也不让我们靠近。父亲低沉地对我们说："你们要相信党，相信毛主席。我的问题相信组织上会搞清楚的。你们要照顾好你们的妈妈……"

此次见面没多久，父亲就被转送到一个秘密监狱。父亲的回忆文章中这样写道：

江青于1968年2月21日在北京公开点名，说"黑戏""黑会"都是我一手操纵的。紧接着天津东方红歌舞团造反派十几个人便堵门抄家，把我揪到歌舞团，关在一间小屋里，同关在这里的还有施光南。在这里我几乎天天挨斗，不是"喷气式"，就是拳打脚踢，任你怎么解释，回答都是"革命群众不答应"。

这场由天津王曼恬等人一手策划、炮制的一场震动全国的冤案，直接牵连了26个省市，有数千人为此受到株连，各省市的众多文艺界同志因而受到残酷的打击和迫害，我被定为这一案件的主犯，于1968年3月被"永远开除出党"，关入天津的军事监狱。

这是一间只有六七平方米的水泥建筑，室内除了一张尺多高的木板床，一套被褥、一只恭桶，别无他物，就连漱口刷牙的用具都没有——不准用。天津市市长李耕涛在关押期间，因不让刷牙，他整个牙床都烂了。因为林彪说过："不死也得让他们脱层皮！"

我在这所监狱里被关了七年，挨了400多次批斗。他们用尽了摧残人格的种种恶劣方式，逼我屈服，让我认罪，他们不许我侧身睡觉，把铁屑、图钉、钉子、玻璃碴子掺进饭里让我吃。士可杀不可辱，我宁愿领受看守说的这种"慢性自杀"，也不肯低头，并在心里吟成一首诗《忆陈毅同志》："莫道浮云能遮日，曲者自曲直者直。"

我被关进军事监狱的数年后，他们才允许家属来看我，孩子给我带来了粮票和钱，还常常带来监外一些同志的亲切慰问。

父亲从监狱里出来后，拿出一个火柴盒给我们看，里面装满了碎铁屑、

碎玻璃碴和小铁钉，说这都是从给他们的饭食中找出来的，这仅仅是一小部
分，为了留个"纪念"。

石英在他的文章中写道：

> ……

> 有几次，我是同他一起被批斗的。在开会当中，他也不时地被打翻
在地，遭到拳打脚踢。我担心他会经受不住，谁知他是恁般的"扛打"，
而且从不吭一声，更不用说是哀号了。

> 我感到吃惊，也进一步认识了方纪。因为在我的印象中，他终归是
一个文弱书生，是很难经得住折磨的。可是，好像也就从这时起，我悟
出了一个道理：能不能在备受折磨时咬紧牙关不向肆虐者屈服，关键不
在于其人是否体壮如牛，而取决于他的骨气和坚忍性。

> 有一次，在批斗中伴以审讯，当从陪斗对象中拉出一个，问其一桩
所谓"反中央文革"的言行是否为方纪主谋，那人正支吾间，方纪抢着
应声："这件事没有别人的事，都是我自己所为。"

> 我由此又进一步认识了方纪，不仅是惊讶，而且是敬佩了。

> 不仅是我，就我所接触到的知情人都感觉，方纪在同时"出事"的
人们中，是最不左推右卸、最敢于承担"罪责"的一个。

> 这两年间，我没少看见方纪，但都是在批斗过程中。他来时，在冲
锋枪与冲锋枪的间隙中看到他那迷惘的眼睛；去时，在被推进吉普车时
的刹那间，看到他脑后那蓬乱的头发。

> 再就是他的声音，他不哀求，但经常"辩解"；他承认他做过的，
但对他没有做的，总是回答说"没有"，而不管周围的喧嚣声有多高。

> "方纪从来不胡说。"这评价在今天看来是起码的做人品格，但那时
在淫威下却不是每个人都能够做到的。

"文化大革命"结束后父亲被平反，专案组退回给父亲在狱中所写的
"交代材料"竟然有一纸箱之多！足足有几百万字！在整理这些材料时我发
现，每一页都被盖上页码印戳，有的语句被画上红线，同一个"问题"，今

天写完交上去了，几天以后又要他再写，就是要从中找到他的"前后不一致""矛盾"的"破绽"。但是，父亲始终是光明磊落，尊重事实的；并且，他的记忆力相当好，让审查人员找不到破绽的口实，总是悻悻而去。有些本来就是莫须有的，却一再要父亲必须"坦白""说清楚"，完全是在"逼供"，父亲对他们说，你们这样搞是"欲加之罪，何患无辞！"实际上父亲哪里知道，他所写的"材料"，都被经过仔细挑拣、断章取义摘编后写成报告，交到了上面。有一次专案组来家里找母亲谈话，说父亲很顽固，不肯交代问题，希望家属给他做思想工作。坐在一旁的二弟此时站起来说："你说他顽固不化，你们让他看报纸听新闻吗？不让他知道外界情况，他思想怎么能跟上形势？怎么转变？你们让家属做工作，但我们几次要求见面你们都不准，我们怎么做他的思想工作？"专案组的人无言以对，怏怏而去。

"独居"在不足10平方米的斗室里，整夜在白炽灯的照射下难以入睡，由于长期的拘禁和不断的折磨，加上长期营养不良，又有失眠症、腰椎病的他，在得知王亢之和江枫的死讯后，精神压力巨大，以致一度产生精神幻觉，仿佛看到我们就站在窗外，在跟他说话，他也会自言自语地跟"我们"交谈。虽然他那时不知我们的情况，但从外面喇叭的广播中，他猜想我们一定下乡到农村去插队了，为此他还写了一首诗（可惜遗失了）。

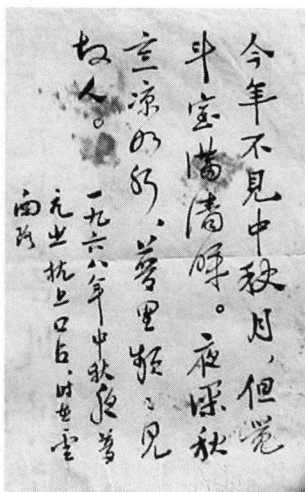

方纪在狱中右手所写悼王亢之诗

在父亲被关进监狱后，母亲也被关进单位的"牛棚"监管劳改，以后又让她去了位于郊区的"五七"干校，但不准回家。家里也多次被抄。抄家与停发工资在当时已成了被"打倒"对象的"标配"。那时父亲的工资完全停发，母亲只发30元生活费，这是全家六口人一个月的生活费。为了生活，二弟早晨带着小弟弟去对面的早点铺花两分钱买豆腐渣当菜吃。二弟下乡插队后，过年时回来，因没钱返回内蒙古，就去找造反派理论，还算不错，最后给了80元，二弟买了张短途车票走了，剩余的钱留给家里维持生活。后来每月给父亲发

15 元工资，作为他的生活费。以后，我们三兄弟相继都下乡了，只剩下一个年仅 12 岁的小弟弟一个人留在家里。他守着空荡荡的屋子，每天提心吊胆，怕造反派随时来抄家。这段生活给他幼小的心灵留下了挥之不去的阴影。

3. 出狱与平反

父亲在监狱里被关了整整七年，开始给戴了七顶"帽子"，以后改为五顶，被开除党籍，于 1974 年春被放出来，随即又被送往天津"九一九"农场"劳改"。正如石英叔叔所说："在那年头，一顶帽子就'死了'，何况是五顶！其实，我心里明白：只要随意加以罗织，十顶也是不费难的。"

父亲因在监狱里长期关押不能活动，加之营养不良，身体状况很差，双腿走路有些困难。但这样，依然让他去从事一些重体力劳动。后农场领导看他身体状况不好，改派给他一些相对较轻的活干。但在姚文元来该农场"视察"后，又让父亲与一位"历史反革命"住在一起，这位"同屋"经常欺负父亲，时不时地还拳打脚踢，边打还边说"我这个反革命就是要报复你这老革命"，有一次他故意用开水将父亲的手烫伤了。父亲对此已然不在乎了。

这年下半年，在一些朋友的鼓励下，父亲开始给中央组织部写信申诉，要求重新审查。这时也有人劝父亲"服软"，给江青写信，但遭到父亲坚定的拒绝，他表示，"我做人是有原则的，一向光明磊落，我忠于的是党，决不会向某个人低头！"他还说："我决不会为五斗米而折腰！"这年夏天，我因放马摔伤，回家养病，曾陪同父亲一起去中组部递送申诉材料，但那时中组部也在"四人帮"的把持下，当然不会有任何结果。

母亲"解放"得较早，她从干校回到市里后，也曾为父亲的事情想办法进行申诉。她曾让二弟到北京去看望一些延安的老同志，当时有些人已恢复工作，有些则还在家中等待"平反"。母亲在干校时认识了原天津铁路局局长、后任铁道部副部长的刘建章。1973 年邓小平第一次复出主持国务院工作后，回到北京不久的刘建章受委派到天津来了解老干部政策落实情况。母亲得知后到铁路招待所去看望刘老，并向他反映了很多天津老干部还未"平反"的问题，其中当然也包括父亲的问题。刘老非常重视，并亲自做了深入的调查。听说他后来向中央反映了这些问题，毛主席对此有过指示。据我所知，天津市原市长李耕涛就是在毛主席亲自过问下"平反"的。但他那时已身患脑出血，被从监狱中直接送进公安医院大病房，后由于毛主席的过问，他才被转到中医医院住进单人病房。我曾去医院看望过李耕涛伯伯，他躺在病床上，神志处于半清醒状态，听说我来了，他放声大哭，我心里非常难受。李伯伯对我们这些小辈人很熟悉，我们两家的孩子往来也比较多。有一次在北戴河，那天天气不好，阴天刮大风，但我们仍带着他女儿一起去下海游泳。李伯伯听说后，让秘书前来阻止，我们没听话，仍下到海里。李伯伯亲自跑到海边，很生气地把我们喊回来，并严厉地把我们"骂"了一顿。

父亲出狱后，虽然处境并不好，但每月都能回家了。一些关心父亲的老朋友听说他可以回家了，就来看望他，父亲也非常高兴地和他们聊一些近况和时政消息。尤其是对于邓小平的复出，大家都感觉到中国的前途仍然是光明的。父亲每次回家休息也不闲着，他拿出当年在端溪买的老石料，握着一把钢锯锯石头，为自己制砚，还给自己刻了一枚闲章——"磊落"；也给我们弟兄四个人刻了一方印章——"衡衡衍行"。其中的"衡"字是给我二弟取的名字，他说，这次对他的"军管审查"就是"为了衡量他的言行"。不过我二弟始终没有改用这个名字，依然用了以前的"兆麟"二字，他说公安派出所不给改，所以沿用了旧名。

父亲在家里，除去磨石头刻印章之外，就是看报纸，读马列原著，对报纸上刊登的一些科技新闻消息，他都会剪下来，贴在旧杂志上。而且告诉我们说，你们将来都不要从文了，都去学习科学技术。

父亲心情好时，从没下过厨的他居然还给我们做"水晶肘子"，他说这是1967年下半年他在"五七"干校时跟同屋一个人学的，此人的祖上曾在御膳房当过大厨，这道菜是他家祖传的拿手菜。一向不理家务的父亲不知怎么有了兴趣，学会了做这道菜，竟然做得还很好，受到全家称赞，特别是我小弟弟最爱吃父亲做的"水晶肘子"，一直念念不忘。石英叔叔在他回忆父亲的文章中曾这样写道：

> 到"文革"后期，方纪还是从监押处被放了出来，转到干校由群众进行专政。只是一会儿听说是在杨柳青，一会儿又说是在东郊。不过，

我还是松了口气，无论是几顶帽子，毕竟人还在，而且"出来"了。在一个厂休日，我冒险来到他的老住处——马场道香港大楼。也是碰碰运气，因为我不确知他是否还住在这里。

真巧，方纪也刚刚从干校回来，仆仆风尘还未掸扫，他带回一袋干校生产的大米和土豆，一副劫后余生的典型的神情，交织着难言的苦涩和孩童般的稚气，对他的老伴黄人晓说："尝尝吧，这米有小站稻味儿。"

我这时内心也交织着凄苦与庆幸的复杂感情：这就是我所熟悉的方纪吗？变成了这个样子？……但同时，我觉得他也懂得了生活的艰辛，为家人带来了在那个年代少有的好米和菜蔬，这对于进城后不事稼穑的他来说，也算是一个深含苦味的"体验"吧。

这年8月，我大姑把父亲接到了北京小住，后来他又在大姑的儿子、我的三表哥张志忠陪同下，回了一趟老家。三表哥是位知名画家，他在纪念父亲的文章中记述道：

8月间，接到大舅"出狱"的消息。接着大舅来了北京，计划到老家去住一住。一个是虽然出狱仍是"戴罪"之身的文坛前辈，一个是身无分文来日茫茫的美术青年。一老一少在那段日子倒也暂时忘却了头上的阴霾。我领着他有时候坐公车，还搭过马车，寻访那时一片荒芜的圆明园、寻访白家疃曹雪芹的故居，在路边的小饭馆吃两毛钱一份的份饭，我们一起谈时政，谈延安，谈大寨，谈文学，谈艺术，谈黄宾虹，谈齐白石，谈李可染，谈黄胄……他动情地许诺，如果条件好转，他会推荐我做李可染的学生。我知道他不是虚言，他同李可染先生有着很深的交谊。1959年李可染先生第一本大型画集就是由他作的序。他在艺术上的鉴赏水准和书法功力，也早已为文学艺术界称道。

我们乘慢车到石家庄，在铁路桥上，乘着入秋的夜凉，品味着小摊上买来的家乡烧饼，再换一班车，于后半夜到了束鹿县城辛集。穿过悄无人迹的老街，凭着感觉和方向在没人高的庄稼中穿行，摸到了佃士营，找到老宅，"梢门"已不见了，磨坊也不见了，"二门"还在。拍了两下，估计后半夜姥姥、姥爷、二舅都睡得沉，听不见，大舅往里走，绕到北房的后山墙那儿，在墙上拍了几下，没多会儿，院里有动静了，门开了，拿着手电筒的二舅开了门，慌乱中，我们进了院，上了北屋的台阶，姥爷已披着衣服出来，我看到了在我的记忆中高大、威严、从不苟言笑的姥爷那一刻见到大儿子突然出现在面前的激动和慌张。我也看到了大舅眼镜后的泪光。

大舅那一次在年迈的双亲的呵护下，在故乡的小屋里过了一段平静的日子。我能感觉到他是疗伤，在疗心灵上的伤痛。

1975年春节，在内蒙古牧区草原插队的二弟回来探家，带回来一整只冻得硬邦邦的大羯羊肉，于是我们准备一家人美美地吃一顿地道的涮羊肉，父母亲都很高兴。那天，我们全家忙碌了一上午，准备好了一切，就等一直在酣睡的父亲起床开吃。可是，不知为什么老爷子到中午时分一直没有醒，我打算叫父亲起床，母亲说："夜里老头儿写东西，睡得迟，再让他睡一会儿吧！"直到火锅里的水都要开锅了，我走到床前，轻声喊了一句："老爸，起床了！"他没有醒，再推推他，还是鼾声大作。我感觉不对头，就用力推，还是不醒！是不是煤气中毒了？我连忙喊二弟来看。二弟在队里是大队赤脚医生，由于他刻苦学习，医术很不错，远近闻名。二弟看了看父亲的口鼻，翻开眼皮，又摸了摸脉搏，大声说："不对！赶快叫救护车！"说完他就跑到附近的救护车站叫车。车来后，我们七手八脚地把父亲抬下楼，放进救护车里，将他送到一中心医院急诊部。医院挂号处的李丽是我们的朋友，直爽热情，她一面打电话联系医生，一面找人解决床位。但当时的病人很多，根本没有病床，最后将父亲安置在一个临时收住病人的大礼堂中，里面也住满了病人。

一会儿，李丽带着医院革委会的主任来了。他向接诊医生问了问病人的病情，翻着诊断记录，戴着口罩，翻着白眼，不耐烦地说："方纪？这在以前就该是收住高干病房的，现在……现在嘛……就是反——革——命！"李丽在一旁悄声提醒说："刚才已经给卫生局局长和文教部部长打了电话了。"主任问："领导们怎么说？"李丽不敢说，身旁另一位医生低声回答："局长请示了市委书记，书记说……""书记怎么说？""书记说，按一般病人对待。"

主任"啪!"地合上了病历夹,大声地向身边的人说:"这还有什么说的,按普通病人对待!"转身就走了。这个礼堂的台上,还有我一个同学的父亲,也是一位"被打倒"的干部,因脑出血进来的。父亲被诊断为脑栓塞,开始,他虽然没有了意识,但手脚还能动,但因那时的医疗条件太差,加之医院是"按普通病人对待",没有任何抢救措施,只给输液而已,所以病情越来越恶化了。为此,二弟找主治医生"理论",主治医生明知理亏,但也很无奈,问我:"你弟弟是干什么的? 好像挺懂医。"我说:"他是大队赤脚医生。"主治医生没再说什么,把输液的药换了一下,但也不过是尽点良心,任父亲"自生自灭"而已。

由于父亲身份特别,曾经跟他相当熟悉的老医生、老主任以大口罩为掩饰,悄悄来看父亲,有的匆忙写下医嘱,让自己的学生代为签字开药,便又悄悄离开了。这家医院心内科有位王金达主任。1968年"二二一"事件后,三弟在一个同学家里半夜被一伙人无端袭击,将脑袋打破,他戴着被鲜血浸透的棉帽来到一中心医院就诊,接诊的医生不给治,说必须去派出所开证明才行。这时正在值夜班的王金达主任看到头破血流的三弟,问他叫什么名字,三弟只说姓"方",王主任沉思了一下说:"我知道了,你跟我来吧。"他给弟弟处理了伤口,并做了缝合,临走时说了一句"我给你爸爸看过病",就让弟弟走了。这让当时处在冷眼相待中的我们,感到非常温暖,并始终心存感激!

三天后,父亲在急诊室的病床上睁开了眼睛。他望着我们,张张嘴,就是说不出话来,想抬起手来,可就是不能动! 急得他眼睛里涌出了热泪。在得不到积极治疗、听天由命的情况下,母亲和我们商量怎么办。二弟说干脆出院,回家治疗。按理说,脑栓塞急性期病人必须卧床,不能随意搬动,可是医院的条件实在太差,极容易交叉感染,与其这样还不如回家。二弟这个决定是比较冒险的,但总比消极以待好。

父亲在医院住了七天,我们便将他接回家了。二弟的针灸技术很好,他用此法治疗过瘫痪的病人,于是信心满满地给父亲施治。这时经朋友们介绍,有一位在天津一建某工区当保健医生的欧树津与朋友来家里看父亲。虽说她不是科班出身,但在针灸等方面也很有经验。于是她跟二弟商量,如何共同治疗父亲的病。商量结果，先是输液与针灸同时治疗，待有所恢复后再采取康复治疗。于是，我们兄弟们一起投入了为父亲治疗和日常护理的工作。同学和朋友们都非常关注父亲的病情，时常来家里看望帮忙。李丽几乎每天都过来看父亲，帮父亲买药、出主意，因为她在医院的朋友很多。

为了让父亲尽快恢复，小欧拿来刚面世的电针灸治疗仪，我们也托人买了安宫牛黄丸等药，经过小欧和二弟两个月的共同努力，父亲竟然能坐起来了，心情也好了，我们开始为他做康复治疗，尝试搀扶着他下床练习走路，但是要迈出这第一步是何等艰难。同学、朋友都轮流来照顾父亲，哄着他、逗着他，把他搀扶起来，先是缓慢地能站立，又帮助他抬脚、迈腿；给他捏手，活动手臂，按摩上下肢……有位医生听说后对我们说：你们也太胆大了，这种情况根本就不能动，万一造成二次栓塞就麻烦了。但为了让父亲尽快康复，我们也管不了那么多了。父亲就像小孩学走路一样，一切从头开始：从站立到站稳，从迈腿到走步，从走几步到在房间里走一圈，再到能够拄着拐棍自己走了！在北京的冯牧、朱丹等朋友听说后，都为父亲高兴，当时他们还没有"被解放"，不可能从北京跑来看他，就写信鼓励他，希望他能尽快恢复，重新拿起笔来写作，并派身边的孩子送来新鲜水果和贵重的药品。朱丹伯伯还让人把他珍藏了很多年从西藏带回来的麝香给父亲送来。

到了5月，父亲可以在我们的保护下，用左手扶着楼梯的栏杆，一步一步艰难地下楼了！我们在大楼门口放把椅子，让他坐下来休息，引起路人的关切。许多人过来与他打招呼，围在他身边，问候他、关心他、鼓励他……之后，他又伸出左手，自己慢慢站起来，吃力地抬起双脚，艰难地一步步上楼，嘴里还为自己数着数，鼓励自己上到三楼回到家里。父亲就这样凭着自己坚强的毅力，逐渐不用人搀扶，能独自慢慢上下楼了。冯牧叔叔得知父亲的病日渐好转后，逢人便说：方纪真不简单，方家老二救了他一条命。

冯牧叔叔对我们从小到大一直就很关心，像对自己亲儿子一样，我们去北京看他时就住在他家里，很随意。他不忙时就带我们去东风市场吃饭、去看他的朋友。有一年新疆生产建设兵团政委张仲翰将军到北京来谈拍摄纪录片《军垦战歌》，他常来冯牧叔叔家里，他也是位诗人，记得当时他激情地朗诵"塔里木河的流水，是我们的豪情在挥洒……"，这首诗后来成为这部纪录片的主题曲，被人们广泛传唱。他还对我们说："新疆是个非常美丽的地方，欢迎你们到新疆来。"冯牧叔叔从干校回到北京后，没事就刻图章，也曾给我们兄弟四人各刻了一枚图章。二弟那时在内蒙古，经常给他寄黄芪、小米等，他说没想到内蒙古的小米跟陕北小米一样好吃。他也经常给二弟寄文学刊物，虽然那时没什么像样的文学刊物，但也可以聊补精神空白。

1976 年春，大病初愈后的方纪

这年夏天，在武汉的二姑、四姑和三叔接父亲到武汉调养，我陪同前去，照顾他的生活。父亲再次来到久别的武汉，心情很是激动，也非常舒畅。经过一段时间调养，父亲很快就得到了较好的恢复。10 月底父亲从武汉回家路过北京，在大姑家停留了几天。冯牧叔叔来看望他，并详细给他讲述了电影《创业》风波等京城"小道消息"。两个人时而低语，时而高声怒斥，时而爽声大笑。这嬉笑怒骂中，充满了他们几十年为革命理想献身的信念，他们坚信"四人帮"总有一天要完蛋，中国绝不会断送在这几个无耻之徒手中！

1975 年秋，二弟被选调到内蒙古测绘局当测工，他走时在草原的"家"没来得及收拾，因为他还不能完全肯定测绘局这个"二级保密单位"会不会最终接纳他这个"可以教育好的子女"。幸运的是，经过培训，他进入了当时被评为全国测绘战线标兵队的第一测量队，还被选为队团支委，于是我于 1976 年初回到内蒙古草原去帮他料理善后。这时在二弟帮助下，我已经以"病退"方式回到天津了。1 月 8 日，当我从广播中听到周总理逝世的消息后，马上从草原赶到呼和浩特坐上火车回到北京。那天，正是为周总理送行，我也加入了百万人民十里长街送别行列，从王府井南口一路走到八宝山革命公墓。街道两旁站满了送别的人群，大家在凛冽的寒风里静静地等候着……当周总理的灵车经过时，人们悲痛的哭声响彻大地，震动着北京城！

压抑了 10 年的泪水，都在这一刻毫不掩饰地奔流而出。回到天津，父母亲心情尤为悲痛，在家里挂起了周总理的遗像，披上了黑纱，敬献了鲜花，他们满怀沉痛心情向我们讲述周总理的往事。

这年清明节前后，人民群众为了纪念周总理，遭到"四人帮"的压制，埋藏在人民心中的怒火终于爆发了！全国各地都有巨大的花圈纷纷送到北京天安门广场上的人民英雄纪念碑前，人们将积压在心中的对"四人帮"和"文化大革命"的不满，以这种方式痛快地宣泄出来了。这场自发的群众运动，被称为"四五运动"。

7 月 10 日，母亲被医生查出罹患了癌症。多年来，母亲身心一直承受着巨大的压力。但母亲十分坚强，总是强掩着内心的痛苦，默默地承担起一切。那时母亲已恢复了工作，在市科委电影组（后改为天津电影制片厂）任副组长，她在汉沽盐厂跟摄制组拍片子时总是便血，因为家里没有女孩，母亲自己的事情从来都不说。她自己去了医院，通过一位老朋友，请肿瘤专家王德元等人会诊，被确定为直肠癌，而且发展得比较快，要尽快手术。在当时条件下，这种手术后要做一个人工造瘘，以解决排便问题，很不方便。但母亲非常坦然地说："那我回家收拾一下就回来。"这时我们才得知她的病情。手术后，母亲被从手术室里面推出来，主刀的王德元医生告诉我们手术很成功，预后会很好。在家焦急等待消息的父亲知道手术成功后，才放下心来。二弟也请了几天假从内蒙古回来看望母亲。

没过几天，7 月 28 日凌晨 3 点唐山发生了 7.8 级特大地震。刹那间，楼宇摇动，床铺上下颠簸，我大喊一声："地震啦！"便一骨碌翻身下床双手抱头伏在地上。同时，小弟弟也钻到了床底下。只听见耳边呼呼作响，整个大楼在晃动，窗外泛着蓝白色的闪光……随后，一片吓人的寂静。我一边喊："爸爸！"一边站起来，摇摇晃晃跑向父亲的睡房。门拉不开了，我又跑向另一侧门打开进去，在黑咕隆咚中向父亲的床铺望去，又喊了一声，老爷子在床上低声回答："嗯，我在，没事。"我一把将他扶起来，匆忙给他穿上衣服和鞋子，把拐杖递给他，扶着他站起来向大门走去。四弟使劲撞开门，我和他让父亲坐在椅子上，抬起来慢慢地向楼下走。脚底下满是落下来的墙灰和碎玻璃，楼上楼下的邻居们也在向下跑，等我们站到街上时，天已经蒙蒙亮了，看到满街都是惊魂未定、穿着短衣背心或是披着毛巾被的人。

我又返身上楼，给父亲搬了一张藤椅下来，让他坐下；招呼四弟，让他给父亲抱来薄被、暖壶和茶杯，并告诉他："我得去医院看看妈妈，还不知道她那里怎么样了。如果三弟下夜班回来，你俩好好守着老爷子，哪里都不许去，也不许上楼！"有些惊慌失措的四弟，闷声不语地点点头。父亲平静地说："去吧，小心点。"

1976 年唐山大地震前，方纪全家合影

来到母亲住的病房，已经是空无一人，医生、护士、病人都不见了，我一下子蒙了。母亲因为直肠癌手术刚刚拆了线，行动还不方便，我于是急忙跑下楼在人堆里寻找母亲。终于看见她坐在一张木凳上，小护士站在一旁守着她。母亲看见我，很镇静地问了我家里和父亲的情况，我还不敢告诉她三弟因夜班没回来，尚不知道他的情况。母亲指了指小护士对我说："你回去吧，这里有她们照顾。"小护士也冷静地说："放心吧，我们会照顾好她。"

当天下午，街道上就搭起了五颜六色的塑料雨棚，没有人再敢回到屋子里去住了。震后第三天，一些在天津大学读书、常来家里的外地朋友们，将母亲从医院里接走了，他们把宿舍的笨重的上下铺床都抬到了操场上，搭起了一间间的"寝室"，让母亲住在里面，把她当成自己的母亲一样呵护着。

由于家里不敢住了，父亲问我怎么办，我说："那我们走，正定的三姑叫咱们赶快去呢。"于是，母亲由两个弟弟和朋友们照料，我们登上了开往石家庄的火车。三姑是在父亲资助下读完了农学院，在省农科所工作；三姑父是军医，参加过解放战争和抗美援朝战争。他们一家五口，两个姑娘一个儿子都还在念小学，居住在医院简陋的平房里，地震没有受到影响。他们给父亲和我腾出了一间屋子。三姑父为父亲做了一次体检，发现父亲的身体和体质都还可以，大家就放心了。三姑和她的孩子，一有空就陪父亲到医院隔壁的大佛寺散步。"文化大革命"初期"破四旧"中，很多珍贵的历史文物遭到了破坏，而正定大佛寺在周总理指示下派军队保护起来了。

在三姑家小住数日后，接到爷爷奶奶的来信，让父亲回家去住，于是我们又从石家庄转车去束鹿。在束鹿下了火车，找不到去佃士营的车。父亲说："不怕，很近，六里路。"我没想到，父亲竟然要走着回家。经过在正定几天的休息调养，父亲心情好了许多，走路也好些了。于是，我们沿着布满车辙的泥巴路徒步往家走。走到村口时，乡亲们打量着这位左手拄着拐杖、戴着眼镜、穿着一身褪了色的蓝色干部服、一拐一拐走来的人，一下子认不出来这是谁，一位老乡走到跟前，试探着问："你是……？你是羊子吧？"父亲兴奋地紧紧握住这位老乡的手说："我是羊子啊！"乡亲们围了上来，热情地问长问短。在乡亲们的簇拥下，父亲踩着家乡泥土，慢慢地向村中的十字街走去，老井的西边便是生他养他的家。

我搀扶着父亲迈进家门，爷爷和奶奶已经得到小孩子们的传报，忙不迭地拄着拐杖走到了院子当中。父亲见到了年迈的爹娘，连忙甩开我的搀扶，跟跄地向前走了两步，就想给父母亲行礼，却被爷爷一把抱住了，奶奶过来就把父亲搂在了怀中，父亲一头扎进奶奶的怀中，失声痛哭起来……在场的人们有的长吁短叹，有的赶忙去拿板凳，还有人赶忙搀扶着三个老人坐下来。

爷爷和奶奶望着父亲，上下打量着，询问着，父亲什么也说不出来，我就在一旁给爷爷奶奶讲父亲这些年的遭遇。奶奶含泪听了半晌，才想起来问我们"饥不饥？""想吃什么？"二婶站起来就去做饭。吃的还是家里最简单的饭食：玉米面蔓菁粥、窝头、馒头和咸菜。我也把带给老人们的吃食摞上了桌面。吃完饭，奶奶去洗碗，用那一点点清水，涮洗了盆碗，清淡的残羹剩饭倒进了鸡食盆。家中日子的清苦还是和从前一样。天黑之后，铺好了被褥，我把父亲扶上了炕。熄了灯很久了，父亲没有睡着，我也没有睡着，耳听到爷爷奶奶也没有睡着……这一夜，都有一番往事在心头萦绕。

天刚明，鸡才叫，爷爷奶奶就起来了。父亲听到动静也起来了。早饭仍

是稀粥、馒头、咸菜。吃过饭父
亲说要去街上走走看看。出门就
是村子的十字街口，北面有一个
水楼子，原先是一口水井，现在
修了机房，早晨村里的人都来这
里挑水，也就成了人们信息传播
的聚会场所。村民们看到父亲，
凡认识他的都是些上了年纪的，
围拢过来打探父亲的情况。这些
日子，父亲每天早晨5点钟便迎
着东升的红日，拄着拐杖围着村
庄转一圈；傍晚7点钟，迎着西
下的夕阳，再围着村庄转一圈。
到了夜晚，便一字一顿地给乡间

1976 年，方纪（前右）在正定与其三妹（前
左）和三弟（后）合影

晚辈讲一段战争年代的故事，且绝不重复，使讲的人和听的人兴致盎然。

　　经过一段调养，父亲不仅能甩开双手走路了，还可以出村几里地走到地
头，走到打麦场，甚至还能推着独轮车扭起来。这时，我收到母亲的电报，
说大港油田招工我被录取了，要我马上回去报到。我把身体已基本康复的父
亲托付给二叔，说等办完手续回来接父亲。

　　1976 年 9 月 9 日，毛主席逝世了。全中国的人们都无比悲痛。9 月 18
日上午，父亲和全体村民一同淋着雨，站在佃士营村的十字街口，参加村里
举行的追悼大会。父亲戴着自己缝制的黑纱，冒着大雨站在最前面，村民们
有的给他雨伞，有的送他雨衣，他全然不用，在大雨里一动不动淋了两个半
小时，让泪水和雨水一起倾泻，那悲痛的脸上不知是雨水还是泪水……乡亲
们说，父亲对毛主席的感情太深太深了。那天大会结束，他被人抬着回家
了，心情沉痛加上淋雨，高烧不退。

　　10 月 6 日晚，华国锋、叶剑英代表中央政治局，执行党和人民的意志，
对"四人帮"实行隔离审查。党中央公布粉碎"四人帮"的消息后，神州大
地一片欢腾。父亲得知后，发自肺腑地大吼了一声："好啊！"扔掉拐杖，唱

起了《国际歌》。

唐山大地震后，大港油田车队的车辆和教练员师傅们都往返在津、唐、塘之间参加抢救；毛主席去世后，我所在的大港油田汽车驾驶员培训队暂时放了假，我回到天津自家的地震棚。记得当时一位年轻人在路人的指点下找到我们，自称是中央音乐学院的学生，姓梁，是"冯老师"嘱托他专门来的。"哪个冯老师？""冯牧啊！"我们一听，就带他上楼，回到家。他这才跟我们说明，是冯牧叔叔特意派他来天津，向父亲转达一个特大的喜讯——"四人帮"被抓起来了！我们一下高兴地跳了起来！终于盼到了这一天！为了庆贺这个令人兴奋的特大喜讯，我跑到厨房柜橱里，翻出来父亲珍藏了多年的一瓶茅台酒，给在座的人斟满，开怀畅饮！小梁是学钢琴的，他跑到已发还回来的钢琴前，兴奋地弹奏了一曲《国际歌》和一首肖邦的"革命练习曲"。当我们回到楼下地震棚里时，母亲闻见我们身上的酒气，也听见了激昂的钢琴曲，就问我们为什么"疯"。我们掩饰着激动，小声地告诉母亲："四人帮"倒台啦！母亲也欣喜若狂。

高兴之余，大家想到了父亲，他现在还不知道呢，如何告诉他呢？母亲连忙提笔给父亲写了信，用了暗示性的词语，传达了这个令人鼓舞和激动的讯息。然而，没有等到这封信寄达，就收到老家的电报，告诉我们说，父亲"病危"！原来是父亲在听到逮捕"四人帮"的消息后，乐极生悲了！这可怎么办？老家的医疗条件很差，把我们急坏了。

这时我的三弟已与在大港油田医院工作的石莉联系了，问她能不能帮助找辆救护车，把父亲接回来。石莉是延安时期文抗作家石光的女儿，她一到天津工作后，便受其父母之托来看父亲，但那时父亲还在监狱中。尽管如此，她常从大港油田来看望我们，一来就住在家里，母亲待她就像亲女儿一样。在她的帮助下，当天下午，大港油田医院就派出救护车，载着石莉和她两个同学来港东接我，连夜开往辛集。路上，石莉说，父亲是从北京三表哥那里得知"四人帮"倒台被捕的喜讯后，在家里跟几个人喝酒欢庆，酒醉之后从炕上掉到地上，清醒后又失语不能动了，怕是又中风了。我们赶到老家后，石莉等给父亲进行了检查，感觉各方面还比较平稳，可以回津。我们把父亲抬上车，连夜赶回了天津，送进油田医院。

父亲在朋友们的积极抢救下，再次从鬼门关前逃了回来。然而，当父亲得知他的挚友郭小川在 10 月 18 日也是因为得知"四人帮"被粉碎的消息以后兴奋至极，夜不能寐，在意外火灾中去世的消息后，悲伤了很久。他为在这个胜利的时刻失去的亲密朋友，深感痛惜。

石英叔叔在他的文章中写道：

经历了大地震的浩劫和"四人帮"的被粉碎，我又一次去探望方纪。这时他全家都住在临建棚里。在昏暗的灯光下，我看到了那张憔悴的脸和扶着拐杖的微颤的手，但当我一提到"四人帮"被打倒，他立时就露出了喜色。那绷着的嘴巴用力地点着，加强着感情的表达。但当我不经意地提到新近郭小川同志的不幸早逝，他蓦地伤心地呜呜哭了起来。黄人晓同志直向我使眼色，不让我再说下去。原来，他病中脆弱的神经经不起过分的喜悦与悲伤。临去时，我还有所希冀：再过些时候，条件好些，经过再一番调治，情况或许能够改善。

江青反革命集团被粉碎后，全国人民都沉浸在胜利的喜悦中，人们都急切地盼望国家走上正确的道路，挽回"文化大革命"给国家造成的损失。父亲抱着更大的期待：早日得到"平反"和"解放"。事与愿违的是，"四人帮"虽然被粉碎了，但他们在天津的代理人依然给父亲的"平反结论"中保留了三顶帽子，留了一个"大尾巴"。1977 年 10 月，在获悉中共中央三令五申要做好老干部冤假错案昭雪工作的指示后，我又替父亲执笔写他的申诉书，投向天津市委和中央组织部，却杳无音信。

1978 年 4 月 5 日，《天津日报》第一版在头条位置刊登了一条长消息：市委组织工作会议决定，为"文化大革命"中几大冤案中遭受到迫害打击的干部和群众平反昭雪。这一天距父亲入狱已八年了。但那时"四人帮"的帮派势力在天津的活动仍很猖獗，拒不为蒙冤的父亲和其他一些老干部彻底平反，还留有不实之词的尾巴。

就在此时，第四次全国文代会组委会给父亲发来邀请函，请父亲务必参加"文化大革命"后的第一次的全国文代会的筹备会议，但天津市委仍不允

朱丹在咸宁"五七"干校时留影

许，北京方面说，方纪是中国文联理事，务请出席！朱丹伯伯听说了之后，非常生气，"天津市委怎么至今还没有完全落实政策?!"于是他奋笔写信向时任国务院副总理耿飚报告。耿飚同志听说之后，立即命秘书给时任天津市委第一书记解学恭打电话，责问为什么（对方纪）要留尾巴？解学恭在电话中不但不认错，反而狡辩说："如果给方纪平反了，'文化大革命'不是白搞了吗?"为此他受到耿飚同志的严厉责问，耿飚同志命解学恭先马上给方纪解决住院治疗问题，同时落实政策。当解学恭向耿飚同志回复已解决方纪住院问题后，耿飚同志仍不放心，认为天津在平反冤假错案方面存在问题，当即让秘书告诉解：让你们解决的不是方纪一个人，而是要查一下像方纪这样还未落实政策的老干部天津还有多少，要马上落实政策。不久，时任中组部部长的胡耀邦同志也对天津作了同样的指示。在此之后，中共天津市委原副书记张淮三、原副市长宋景毅等一些始终没有彻底落实政策的老干部，问题相继得到解决。解学恭虽也身为老干部，但他死心塌地追随"四人帮"，对天津老干部进行了残酷迫害，在天津受到迫害的老干部强烈要求下，解学恭被中央定为"三种人"，永远开除党籍。

1978年5月底6月初，中国文联在北京召开理事扩大会议开幕时，父亲还是"戴着帽子"参加会议的。文代会之后，父亲才被"推翻一切不实之词"、恢复名誉，得到彻底平反。9月8日，《天津日报》重新发表了他的散文《挥手之间》。1979年2月25日，《天津日报》发表父亲1972年2月14日在狱中所作《忆陈毅同志》。

第十二章

豁达人生

一、在坚强与顽强中生活

1. 参加第四次文代会和住院治疗

1978 年 5 月 27 日—6 月 5 日，中国文联第三届委员会在北京举行第三次理事扩大会议，宣布文联、作协、音协、剧协、影协、舞协正式恢复工作。

在这次会议期间，父亲见到了很多以前在延安时期的同志和朋友，也见到了很多后来文坛上笔友、工作中的同事。其中有德高望重的老人，有经历种种磨难、劫后余生的文学艺术家，还有后起之秀。无论是谁，坐到了一起，见了面，都是双手紧握，热泪盈眶，一切都在不言中……有些老友碰面后，也竟然恍惚不敢相认了，对视许久，才相互喊出对方的姓名。别看父亲几经折磨，又多次患病，他的记忆力还是很好的。比如，干学伟，1941 年在话剧《带枪的人》中饰演列宁，获延安鲁艺创作年会甲级奖，父亲一见到他便与他亲切握手致意。见到了陈强，他还没有认出父亲来，父亲隔着几个座位一下子就指着他叫："陈强！"陈强也喊着父亲的名字招呼致意。看到了何启君也是一样，何启君在桂林"八办"工作过，新中国成立后在天津担任过体委主任、教育局局长，他们一同哼唱起了《新编"九一八"小调》。台上台下那些参加会议的老文艺战士，有的坐着轮椅，有的挂着双拐，有的被人搀扶，还有的口齿不清、心有余悸的……都来了。会上父亲作了发言。当读到江青等人制造的"二二一"事件冤案，致使全国各地的几千人遭受迫害时，全场轰动了！很多人也都流下了眼泪。

老作家黎辛在《回忆与思考》中有一段忆述：

> 5月29日方纪大会发言，他由一个女孩子搀扶着走上讲台，我吓了一跳，刚刚五十多岁的方纪竟然老病成这个样子，他坐下后用手比画了几下，说了几句无法听清的话，就把发言稿交给那个女孩子。当那个叫姜湘忱的女孩子代他宣读揭露"四人帮"践踏文艺事业的发言稿时，代表们以热烈的掌声向所爱戴的老作家表达着由衷的敬意。

1979年10月30日至11月16日，中国文学艺术工作者第四次代表大会在北京召开。来自全国各民族的文学家、戏剧家、美术家、音乐家、表演艺术家、电影工作者和其他文艺工作者的代表共3000多人参加了会议。父亲坐在轮椅上出席了会议。大会开幕前，父亲在人民大会堂后面的休息室里，

方纪与"汉剧大师"陈伯华在第四次文代会上

方纪与好友徐迟在第四次文代会上

很多老同志过来与他握手问候。胡耀邦同志走过来，紧紧握住父亲的手说：
"你在'文化大革命'中受苦了。"此情此景，父亲百感交集，热泪盈眶。那
天，党和国家领导人叶剑英、邓小平、李先念等出席了开幕式。中共中央副
主席、国务院副总理邓小平代表党中央、国务院向大会致祝词。

自 1978 年中国文联理事会第三次扩大会议后，父亲精神为之一振，心
情非常舒畅。他在老朋友们的热情鼓励下，决心积极治疗，争取尽快恢复身
体，重新拿起笔写作。那次会议后，父亲被冯牧、朱丹、李世济等友人留在
北京，在朋友们的热情关心和帮助下，他住进了北京宣武医院，做脑血管搭
桥手术。这次手术主刀的王忠诚主任，是天津总医院脑系科主任赵以成的
高足。赵以成是中国神经外科的创始人。20 世纪 50 年代初，他奉周恩来之
命，为在朝鲜战场上负伤的李克农治病，经常往来于京津之间。后周恩来考
虑到北京当时还没有神经外科，而又急需神经外科人才，于是特建宣武医院
作为专门神经外科医院，任命赵以成为院长。当时赵以成还兼天津医学院教
授，培养了两位得意弟子，一位是王忠诚，一位是薛庆澄。宣武医院落成
后，赵以成将王忠诚派往北京，将薛庆澄留在天津总医院。为了能让赵以成
全力以赴投身中国神经外科建设发展事业，周恩来特地给赵以成的夫人汪培
娲医生做思想工作，让她放弃心爱的妇产科工作，全心全意照顾赵以成的生
活，汪培娲医生接受了周总理的建议。令人遗憾的是，赵以成在"文化大革
命"中受到迫害，心情郁闷，最后病逝于癌症，中国失去了一位非常难得的
神经外科专家。

李世济是著名京剧艺术家，是京剧程派艺术的传人，为人非常热情，她
与有"宣武医院一把刀"之称的王忠诚医生很熟悉，在她的帮助下，与王忠
诚主任取得了联系，为父亲做开颅搭桥手术。当时开颅搭桥手术还是一门崭
新的脑神经外科手术，手术前王忠诚主任对父亲说，做这种手术，父亲是他
的第五例。他了解了父亲的病史后说，因为从患病到手术已历时三年，预后
可能不太理想。但父亲很信任他，还对他讲起 1950 年与赵以成医生一起去
朝鲜慰问的事情。

开颅手术进行了八个小时！父亲从手术室被推出来时，王主任对我们
说，开颅后探查发现，左脑有 30 多毫米的脑组织已经软化了，供血停止，

但还是想办法为父亲搭上了一条供血通道。脑组织坏死后不能再生，因此还不能保证完全恢复正常。事后，正如王忠诚主任所说，由于病灶坏死时间太长，即使恢复了供血，也没得到完全康复。但父亲仍然以坚强的毅力坚持锻炼，走路、练习说话、尝试使用右手，一度看上去是很有希望恢复的。

2.《程门立雪》与李世济

父亲与李世济阿姨的相识，是在 1952 年 10 月第一届全国戏曲观摩演出大会上。那次大会在北京举行，全国 20 多个剧种的 30 多个剧团、1600 多名演员为大会演出了 80 多个剧目，开创了戏曲繁荣的新局面。父亲酷爱京剧，尤其喜欢余叔岩、梅兰芳、马连良和程砚秋等大师的戏。在这次戏曲观摩大会期间，父亲特意观看了程派传人李世济的演出。父亲在了解到唐在炘对京剧戏曲音乐的创新和李世济对程派唱腔的改进，以及他们跟随程砚秋先生学戏的前后经历以后，便萌生了写《程门立雪》小说的想法。到了 1958 年，书已成稿，但一直未发表，手稿在"文化大革命"中遗失了，这也就成了大家共同的遗憾。

我在宣武医院陪伴住院的父亲期间，晚上住在虎坊桥的《诗刊》编辑部，离李世济阿姨的家很近，李阿姨和唐叔叔夫妇就邀请我去他们家吃饭，那时他们的儿子小浩还小。一次饭后聊起父亲写中篇小说《程门立雪》事，他们很高兴地给我讲起了这件事的起源。

李世济阿姨说："我不是戏曲世家出身，也没有上过科班，用京剧的话来说，就是'外行'。我在上海长大，快五岁时，家里的姨妈请来一位老先生学戏，学的是《女起解》。我当时躲在方桌下面，坐在一个小板凳上跟着听，结果姨妈没学会，我倒都会唱了。姨妈很高兴，很快就带我在她工作的银行参加了票房演出，并且慢慢地经常在票界演出，我非常开心。后来我慢慢长大了，大概是 11 岁那年，我到一位老先生的家里，当时在场很多人都是戏迷，程砚秋大师也来了。人们把我介绍给程砚秋先生，我当场唱了一段《女起解》。程先生很高兴，拉着我的手问长问短。周围的人都觉得我跟程先生长得很像，建议程先生干脆认我作干女儿。没想到第二天，我下午四点放学回到家里，就看见程先生坐在家里，还带了认干女儿的礼物，有银饭碗、

银筷子、金镯子等，父母让我磕
头。后来妈妈又带我买了礼物去
程先生住处，这样便确定了我与
程先生之间是义父女的关系。从
那时开始，我每天放学后的时间
变得紧张起来，再也不能像以前
那样慢慢吞吞边走边玩，而是一
下课就骑自行车飞快回家，跟着
程先生学戏。"因李世济未正式拜
程先生为师，但又得程先生真传，
所以她既算是"私淑弟子"，也算
是传人。

李世济与唐在炘夫妇合影

　　唐在炘叔叔的父亲早年留学于英国牛津大学，回国后在上海电力公司任
工程师。唐叔叔却痴心京剧，琴技是自学成才。程派资深名票沈家宏先生和
唐在炘父亲同在上海电力公司任职，是好朋友。这样，唐叔叔在沈家得以向
程砚秋大师的两位琴师学京剧操琴，并与学弟、邻居组成业余京剧乐队，给
程派名票高华等伴奏。1946 年，唐叔叔在上海遇到程砚秋，向程砚秋学习
京剧艺术，并为程砚秋伴奏。程砚秋先生在沪演出时，收李世济为义女，当
时唐在炘叔叔和李世济阿姨都在上海圣约翰大学读书，程砚秋先生离开上海
时，嘱托唐在炘为李世济吊嗓。就这样，他为李世济伴奏了几十年，追随着
程砚秋大师走进了戏曲艺术的殿堂。

　　世家子弟爱好程派艺术，程砚秋自然是欢迎的。然而下海唱戏，却是
另外一回事。对于李世济的"下海"，程砚秋只撂下一句话："我只有学医的
干女儿李世济，没有唱程派的学生李世济。"程砚秋在梨园多年，当然深知
做戏曲演员之不易，更知票友下海有多难，何况还是女票友。这句话，是拒
绝，也是爱护。新中国成立后，程先生作为特邀代表参加全国政协第一届会
议，他找了一辆黄包车送他到城里开会。那一天下大雪，李世济阿姨穿了一
件卡其布的棉大衣，在程先生家门口等着他开会回来。这一等就是几个小
时，身上落满了雪，真是应验了"程门立雪"这句话。直到傍晚，程先生回

来，看到身披积雪的李世济站在门外面等他，两个人对看了半天，却谁也没有说话。进屋之后，程先生对李世济说："你学戏可以，但是，你不可以干这个。你一定要答应我，不要再为这事来了。"虽然程先生态度坚决，但是李世济还是下决心进入了唱戏这行。

李世济阿姨说："1957年，我和程砚秋先生以及一批当时卓有成就的表演艺术家作为新中国的文艺骨干代表被派往莫斯科参加世界青年联欢节。临行前，负责该活动的周恩来总理无意中得知了我多年来的夙愿，把程先生和我叫到一起，询问我们，并且表示等活动结束后他亲自做东，为我主持拜师之礼。程先生很高兴，我更像是天上掉下了馅饼一般开心。我们坐了九天九夜的火车到莫斯科，只要一有空，程先生就给我们说戏，说得细极了。并且告诉我，回去以后还要去找他说戏，要我既然干就要干好。我听了这话高兴坏了。莫斯科之行结束后，我与程先生都在外忙碌。过了一段时间，在我愿望快要实现时，突然有一天，马先生派人跟我说，快去医院，你老师没了。我顿时感觉就像一个轰天雷打下来，那心情没有办法形容，真是万万没想到，莫斯科之行就是我跟程砚秋先生的最后相处，我最终没有拜成师。"

李世济阿姨和唐在炘叔叔在"文化大革命"中也都受到冲击，1978年回到中国京剧院。1979年，《锁麟囊》在北京公演，以后又多次到天津演出，每一次父亲都拖着半残的身躯前去观看。台上李世济唱一句，台下观众就叫一个好，掌声雷动。那已经不光是掌声，而是心和心的交流，说明大家对传统戏曲还是那么喜爱。演出结束后，李世济阿姨来到台下看父亲，她对父亲说："谢幕之后我往台下一看，观众席里一片白发苍苍。这些老人今天来看戏不容易，但是中年人不多，年轻人就更是非常少了，可以看出我们的观众断档了。这时，我想起了周总理对我说的那段话——流派要随着时代的发展而发展。"他们夫妇二人都是有情有义之人，天津观众的热情让他们非常感动。有一次他们在天津演出时，因唐叔叔的伴奏非常精彩，台下观众一边热情鼓掌，一边高喊"好弦儿！"事后，李世济阿姨感动地对父亲说："天津观众不但热情，而且非常懂戏，连老唐的伴奏哪里好都能听出来，叫好并给予热烈掌声，这在全国是没有的。"

3. 为早日康复积极锻炼

1978 年 6 月底，父亲还在手术后恢复期间，母亲来北京探望父亲，并对我说："就要高考了，你要不要回去上课参加复习，另外换一个人来照顾？"1977 年刚恢复高考时，因父亲还没有平反，我怕政审不合格，就没有报名。这年，我三弟考入武汉华中工学院，四弟考入天津大学。而这次父亲已落实政策，是一次很好的机会，但眼前的状况是父亲身边不能没有人照顾，而且也来不及复习功课。我考虑了一下，对父母亲说：从实际情况看，只有我对父亲的起居和身体情况还是比较熟悉，换了其他的人来恐怕很不方便，也不利于父亲身体健康的恢复。于是，我放弃了这次高考机会。这年高考，我二弟考入南开大学。后来，在他们毕业以后，我考入了不脱产的电大学习。那时，我在全国文联的帮助下，已从大港油田调回市里工作，以方便照料父亲生活。

父亲因在"文化大革命"中深受"四人帮"迫害致身体偏瘫、失语，表达困难，很多人都非常同情他，每当他在楼下散步时，常常有认识或不认识的人来到他身旁向他表示敬意和安慰，其中也包括在"文化大革命"中整过他的人，虽然父亲有时总高声地喊"八年！八年啊！"意思是在监狱里被关了八年，以表示对"四人帮"的愤怒，但他也坦然地表示："过去了，过去了。"有一位曾在父亲手下工作、"文化大革命"中又不遗余力揭发他的人，几次向父亲表示歉意，但父亲都表示过去的事不提了，并欢迎他有时间来家里玩。我们当时有些不解，父亲说：对人要宽容些，他们也是身不由己。与此同时，父亲也对过去在"反右"扩大化中蒙冤受害的人表示道歉。有一次他拄着拐杖蹒跚着

20 世纪 80 年代方纪与长子方大卫

走进何迟的家，对当年这个经自己签字批准后被打成极右派而惨遭厄运的老同事、曾经的搭档，表示深深的忏悔和歉意。当年因创作相声《买猴》《统一病》而获罪的何迟已瘫痪病卧在家，父亲拄着拐进门来说："我看你来了。"两人紧握双手，看到何迟患病的样子，父亲与何迟拥抱着，二人落泪。父亲用不连贯的语言说："当年我受了极左路线的影响，对你进行了错误的斗争，造成了伤害，很对不起。"何迟说："咱们俩都是极左路线的受害者，我只是比你早了一步，现在党都给我们平反了，我们都是战友。"情绪平静了一些后，父亲又说："我看了你（新创作）的相声，你还在奋斗。"何迟马上说："我也看了你的左手书法，非常不错。我们所剩的时间都不多了，我们都多为党工作。"父亲难过地点点头。

有一天，父亲路遇戏剧理论家吴同宾。当时吴先生右派问题刚获平反，见到父亲时还有些局促，父亲招呼他与他握手，并关切地问："现在哪里工作？"吴答："还没有工作。"父亲说："要不要帮忙？"吴说："不需要。"父亲对吴同宾说："我对不起你。"吴同宾说："都过去了，不要说了。"

曾在"反胡风"运动中惨遭迫害的林希先生有这样一段记述：

> 在 1979 年的冬天，一位在剧院工作的朋友给我送来了一张票，拉着我去看他们演出的话剧《报童》，晚上我就自己到剧院去了。就在我才走进剧院的时候，我正看见方纪拄着一根手杖，十分艰难地站在大厅里和人们打招呼；当然他已经是一个失语的人了，一只手不停地抖着，完全看不出当年的风采了。本来我是不想过去和他打招呼的，有什么话好说呢？无论过去有什么恩怨吧，一场浩劫，大家一齐落到这个下场，实在也就没有什么话再需要说了。但是，就在我向剧院里面走的时候，我发现方纪正在盯着我看，我想他一定是在想这个人好像是在什么地方见过，方纪惊人的记忆力，我是知道的，我想也许他是认出了我，因为我也曾给他留下过深刻的印象。到这时，我已经不能不过去和他打招呼了，于是我就在人群后面，向他致意，无论他还记得或者是不记得我吧，至少我是在对他说，历史终于做出结论，我们都是无辜者。

> 果然方纪认出了我，他向我伸过手来，用那种已不具有表达能力的

语言，对我只说了两个字："就是。"

我的眼眶湿润了，方纪的样子实在太可怜了，年轻的方纪，那是何等的风流倜傥，博学、机敏又有丰富的情感和严密的思考。一次他出访回来和大家见面时，与众人的蓝布中山服比起来，他穿着一身笔挺的西装，那才真是让人嫉妒呢。然而20年的时光过去，方纪竟然变成了这个样子，可怕的摧残，就这样把一个才子毁掉了。

……

方纪才华横溢，但终生不得施展。打倒"四人帮"，新时期文学开始，可惜此时方纪已经失语，自然也不能写作了。茅盾先生去世，编辑部希望有一篇方纪的文章表示悼念，我去方纪家里和他谈到此事，他只能说两个字："就是，就是。"可是怎么写呢，我说我来代笔吧，写出初稿请您审定，他点点头，还是那两个字："就是，就是。"

父亲在北京宣武医院做了脑外科开颅搭桥手术后，为了进一步恢复身体，于1978年深秋时节，在母亲陪同下，南下广东到从化温泉去疗养。12月初，母亲打来电报说，父亲不小心滑倒摔伤了髋骨，住进了广东省人民医院。中国作家协会天津分会立即派诗人柴德森和我飞往广州，前去照料父亲。

为父亲治疗的是一位姓符的年轻漂亮的女主治医生，她向我们介绍了父亲的病情，说父亲只是右侧瘫痪的腿髋骨骨裂，不算严重，正在积极治疗，但入院五天来一直没解过大便，挺痛苦的。我马上请护士给我拿来一次性医用手套，用手指一点点地为父亲抠出了一截截变硬的粪便。之后，护士给父亲灌肠，不一会儿就通畅了。符医生在一旁看了很有些纳闷，问："你怎么会有这样的经验？"我说，跟随父亲久了，知道一些。后来，她告诉我，她名叫符红妹，是海南人，她的父亲曾经是琼崖纵队的参谋长。

符红妹医生与父亲熟悉后，有一次她问父亲："您的诗歌和散文都那么优秀，文字那么美丽，文章那么健康，可为什么就是一写小说就出问题，挨批判？"父亲因语言表达障碍，一时说不出来了，于是就用手指指我，又指指柴德森："说，你说。"

柴德森说："其实也没什么奇怪的。只是因为方老的小说往往涉及人性的问题，那年头，写人性常常是犯忌的。如果你仔细阅读方老的作品就会发现，他的文学创作涉猎非常广泛，题材也多样，他的文学作品不仅包括大量诗歌、散文和文艺评论，还有许多脍炙人口的小说。人是社会的产物。而小说，是把社会变迁中的事情，当事人处在那种环境里产生的矛盾心情，环境压力下矛盾的心理，和人物性格造成的言谈举止，以及采取的行动，都典型化，人成为典型环境中的典型人物。小说写人也就是写人的本性。方老的小说是真实环境里面的真实的人。他读过的古典文学作品很多，研究的文艺理论很深，尤其是对文化现象中进步思想的肯定和对落后腐朽意识的批判也都有过长期的经历和体会。这些，形成了方老独特的观察视角，因此，他往往看到别人看不到的东西，挖掘人性更深处的灵魂，也敢于采用不同一般的写作方法写旁人不敢写、不便表达的思想。"符医生问："是不是这样就不被读者理解？"父亲笑了。

和父亲同在一个病区里的有曾做过《文艺报》副主编的广东作家萧殷①伯伯，他与父亲是老朋友了。他俩经常在一起聊起延安的生活，也谈起1948年在河北以及后来从事文学创作、开展文学评论的事情和人物。从解放战争时期的通信中，也可以看出他们之间的亲密关系，他在一封给父亲的复信中写道：

> 好久没有写信给你，且一直没有去看你，知道你要骂我了。看你给小川的信，果然你怀疑我有什么不高兴。其实，你猜错了。我有什么理由不高兴呢？
>
> 近来，我除学习政策外，一面还写烈士诗。这之后，为了赶写，怕还要忙一阵。天天听先烈的英雄事迹，使我学习了不少的东西。

---

① 萧殷（1915—1983），原名郑文生，笔名萧殷。作家，文学评论家。出生于广东省龙川县。1932年开始写作。1938年入延安鲁艺学习，同年加入中国共产党。曾任《新华日报》编委、延安中央研究院研究员、《石家庄日报》副总编辑。新中国成立后，历任《文艺报》编委、副主编，中国作协青年作家工作委员会副主任兼文学讲习所副所长，暨南大学教授、中文系主任，中央中南局宣传部文艺处处长，广东省文联、中国作协广东分会副主席，《作品》月刊主编，中国作协第一至三届理事。著有短篇小说集《月夜》、文学评论集《论生活、艺术和真实》，有《萧殷文学评论集》《萧殷自选集》。

　　我一直没有动笔创作。最近变得更懒散了。没有充实的生活，我觉得很难写出较成功的作品。现在，我甚至连散文、故事也不愿意写。等政策学习结束后，我准备要求到前方去工作，好好地充实生活，锻炼自己，这是很必要的。

　　萧殷伯伯的女儿在《羊城晚报》工作，她经常来看望，也喜欢听两位老人闲聊过去的故事。萧殷伯伯少孤家贫，初中毕业后在小学任教，并从事业余写作。在短短几年中，就发表短篇小说30余篇。他说："任何一位大作家都不是天生的，都是从稚嫩的不知名的文学青年中产生出来、成长起来的。因此，发现、扶植、培养青年作者，是繁荣创作的一个根本性措施，不可忽视。"他女儿告诉我们，全国著名的作家，如王蒙、唐因、唐挚、杨犁、鲍昌、刘剑青、徐光耀、陈淼、鲁煤等，都是得到萧殷的扶植而成长起来的。广东省的陈国凯、王杏元、程贤章、孔捷生、吕雷、杨干华，以及易准、饶芃子等，也是在萧殷的关怀和培养下成长的。他在指导文学青年创作时，细心备至，将文学青年作品存在的不足和优点一一罗列，对文学与生活的关系讲得很亲切，所以是一个非常好的文学评论家，青年作者在他的评论中不断成长进步。

　　和父亲同在一个病区里的还有香港的著名作家唐人[①]先生，以小说《金陵春梦》闻名于世。父亲和唐人先生都是1919年生人，又有差不多的经历，因此两位老人时常在病区走廊里坐在一起，面对面地谈古说今，聊到很多的人物、掌故和传说。每当这时候，我就在一旁静静地听，给他们斟茶添水。符医生不忙或是不当班时，看到老人聊得高兴，也跑过来听他们讲故事。

　　我还在上高中的时候，就读过唐人先生写的《金陵春梦》，那个时候，一部唐人的《金陵春梦》，一部宋乔的《侍卫官杂记》，两位香港作家都在

———————

　　① 唐人（1919—1981），原名严庆澍，江苏苏州人。曾就读燕京大学中文系。1938年在长沙参加湖南文化界抗敌后援会，后赴邵阳战地书报供应所，1940年在邓县创办三一出版社，后任西安东南中学教师、上海《大公报》编辑，1947年赴台北建立《大公报》分馆，1949年赴香港任《新晚报》编辑主任、代总编辑，1950年开始发表作品。曾任第五届全国政协委员、中国作家协会广东分会理事。著有长篇小说《金陵春梦》等。

给蒋介石写传。还记得，书中写堂堂的"蒋委员长"由一个河南许昌郑家的儿子，因逃荒随母改嫁，成了浙江奉化蒋家的儿子。小说里描写，蒋介石就是郑三发子，郑三发子就是蒋介石！并说，当初到重庆寻亲的河南农民郑大发子，的确就是他哥。这样一来，蒋介石这个"拖油瓶子"的身世，犹如炸响的晴天霹雳，不单是故事发生地的重庆读者，全国读者无不瞪大惊奇的眼睛，都对蒋介石的身世之谜充满了好奇……全书最引人入胜的第一集，当初神秘现身重庆的那位古怪的河南农民，成了作家肆意挥洒的重要人物，一下子就抓住了读者的眼球。但这到底是不是真事？在我心中始终是个谜。这次见到作者本人了，我非得把这个谜搞清楚才行。

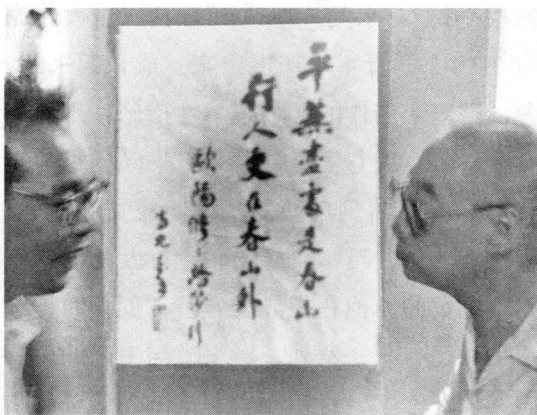

1978 年，方纪与作家唐人在广东省人民医院

两位老人听了我的疑问之后，都哈哈大笑起来。唐人先生边笑边讲："稀奇事一桩，东风过耳，不过是空了吹！自古以来，出于各种目的、扮着各种身份去攀附名人大脑壳的人多啦。传闻不同于传奇，后者有真实为依据，传闻则多是空穴来风，姑妄言之，姑妄听之。"

父亲在广东省医院住院期间，白云起叔叔也经常来看望他。白叔叔是河北平山人，新中国成立之初，曾在天津市十一区任公安局局

1978 年，方纪与白云起在广州合影

长，后来任水上分局局长，经他手破过很多棘手的案子，他与父亲很熟悉，以后因工作需要调到广州市公安局任局长。母亲说电影《羊城暗哨》的故事就是以他为原型写的。

1954 年夏，广州市公安局接到群众举报："有人想聚众闹事，劫持客轮到联合国告状，制造国际影响。"局长白云起得到情报后高度重视，立即指派民警展开侦查工作。侦查员们很快找到了举报人刘仁德。他是广州市东山区一家面馆的服务员。刘仁德反映，有一个以算命为幌子、自称"小神仙"的人，经常到他的面馆吃饭，一来二去混熟了，想拉他入伙，一起干一场轰轰烈烈的"大事"。计划是：于当年 10 月联合国召开大会期间，组织特务劫持一艘客轮，要求政治避难，制造轰动世界效应。"小神仙"算来算去，怎么也没有想到自己这一卦竟然算差了：选错了人。刘仁德虽然只是一名普通市民，但新中国成立后，看到中国发生了翻天覆地的变化，对共产党、新中国产生了由衷的爱。他不为金钱所动，立场坚定，决定举报"小神仙"吕薄冰，保卫新生政权。

白局长深感案情重大，立即向省公安厅作了汇报。省厅领导指示：让刘仁德利用"小神仙"对他的信任，打入特务内部，尽快摸清特务的组织、人员和行动时间。里应外合，务求将特务一网打尽。刘仁德成功打入了特务组织后，摸清了特务组织的基本情况，探知了他们的阴谋。白云起得到准确情报，立即与专案组研究制订了抓捕方案："先发制敌，客轮捉鳖。"待特务们随着旅客全部登上客轮后，公安干警一举将 38 名特务全部抓获。这一"肃奸反特"大案，在新中国成立之初产生了很大影响。时任广州市公安局办公室副主任的陈残云根据这个故事情节，写成了电影剧本，拍成了很有影响的电影《羊城暗哨》。

符医生很喜欢听他们讲的这些故事，她每次来查房也给父亲说些医患之外逗趣的故事；有时还特意给母亲煨了汤送来，说母亲好久都没有尝过地道的广东家乡饭菜了。符医生也是老革命子女，因此父母亲把符医生当作是自己的孩子看待，我也就自然把她当作姐姐称呼。符医生也常和父亲聊起中国画，说起广东有很多知名画家，广东的岭南派画家群是比较出名的。她也向父亲问起天津的画家情况，父亲说在天津的现代画家中，他非常欣赏天津大

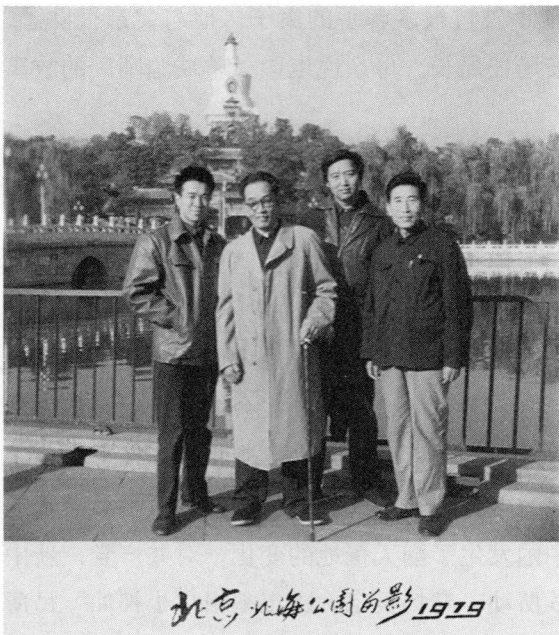

1979年第四次文代会期间，方纪与画家王学仲（右一）、冯骥才（右二）在北海公园留影

学王学仲的画作，作品中除了中国传统风格的水墨作品外，还有很多与西画相结合的艺术创新之作。在王学仲的油画作品中，有很多都属于印象派。符医生听了表示很想见一见这位画家。于是，母亲便写信邀请王学仲[①]到广东来走走看看，做一次旅行写生。符医生非常高兴，说她的姐夫时任海南行政区专署的办公室主任，可以安排接待。

王学仲飞来广州见到父亲后，我们俩就飞去了海口。符医生的姐夫陈主任特地派了一辆车和一位年轻的司机兼导游，带着我们绕岛一周。去看了海瑞墓，看了椰林，到了华侨农场，喝了咖啡，去了鹿回头，进了黎寨……一路上，王学仲叔叔看到了美丽的风景和特有的花草，都要拿出速写本掏出笔来细致地描摹写生。他还与当地村民亲切地交流，描绘少数民族的风土人情。当时的海南岛还没有成为旅游度假地，几乎不见游客，还是很封闭很闭塞的。我们也没有照相机，村民、渔民们也不会围观。那些被王学仲当作描摹对象的姑娘、小伙和孩子，有的提出了需要，他就毫不迟疑地慷慨地送给他们。

① 王学仲，别号夜泊（呼延夜泊），山东滕州人，诗人、书画家。1943年入北平京华美术学院国画系学习；1949年到国立北平艺术专科学校水墨画科学习；1951年转入中央美术学院绘画系，曾师从吴镜汀、徐悲鸿等书画家，也得到齐白石、黄宾虹、张伯英、李可染等人的指导，擅山水、人物、花鸟，被徐悲鸿誉为"诗书画三怪"。1953年后一直在天津大学建筑系任教。

4. 社会活动

20世纪80年代初，父亲身体有所恢复后，全国各地的文艺界老朋友只要来天津，都会来看望父亲，有些人即使不能来，也托人带来问候。天津市文化界更是不断有人来看望父亲，并多次希望父亲能出来继续领导文化工作。那时市委也给父亲恢复了文联党组书记的职务。当时刚调到天津任文教书记的陈冰，因个头、长相和说话的风度等都有些像父亲，而且又因他主管天津文化，所以很多人误以为父亲又回到文艺界领导岗位上工作了。陈冰是一位理论水平很高、很有能力的领导，他酷爱京剧和文学，也非常喜爱钓鱼，解放战争时期他曾在山东主编《大众日报》，以后到浙江工作，"文化大革命"中调到宁夏任职，后调天津。他来到天津后就到家里看望父亲，认真听取父亲关于天津文化工作的意见建议。后来因身体原因，他从天津市政协主席岗位上主动请辞，回到杭州休养。有一年二弟去杭州出差，想去看望他，他非常高兴，问："你在哪儿，我马上派车去接你。"但那时天色已晚，于是约好转天去拜访他。那天陈冰叔叔与二弟聊了很久，从父亲的近况到《资本论》《二十四史》，又到《红顶商人》、京剧音配像等。司机送二弟回宾馆路上说："今天领导特别高兴，一般情况下他会客不过二十多分钟，没想到跟你聊了一小时四十分钟。"

梁斌（右一）、方之中（右二）、方纪（右三）三位好友出席文联活动

方纪与天津评剧艺术家小花玉兰在天津市政协会议上

父亲虽然很想继续工作，但因身体原因和语言表达困难，只能在家里听别人介绍情况，提些参考性意见。有时话剧院的领导、编导、演员也来家里看他，希望父亲能对天津话剧发展提些建议。艺术博物馆有新展览，也请父亲去参观，父亲对徐世章收藏的砚台很感兴趣，那是徐世章后人捐给博物馆的。父亲每次去都细细地看，把玩赞叹不已。杨柳青画社也请父亲去参观他们收藏的一些作品。总之，那时父亲的社会活动很多，只是苦于没人陪他去，有时我们的一些朋友就陪父亲去参加活动。二弟妹小虹也经常陪父亲去，因为她是运动员，个子很高，所以很多人都叫她"大个子姑娘"。除了文化界的社会活动外，父亲还是政协常委，政协开会也请他去参加，不过后来领导看他上下楼梯很不方便，一般的会就不让他去了。直到1988年他才不再继续担任政协常委。

1981年4月4日，百花出版社编辑带着刚编完的四卷本《方纪文集》样稿请父亲审阅，父亲一下想到了茅盾先生此前为他散文集和小说集题写书名的事，而茅盾先生刚于几天前辞世了。父亲看着样书百感交集，由他口授，二弟代为写下了《深切的悼念》一文。父亲在文中写道：

> 全国解放以后，茅盾同志担任文化部部长，他从事多方面的文化工作和文学研究工作，但还兢兢业业地注重培养文学后代，要我们多关心青年作者，多帮助青年人，阅读和指导他们的作品，使他们有发表和出版作品的机会。

> 经过十年浩劫，满目疮痍的中国文坛亟待重新振兴。茅盾同志不顾自己年迈多病，又毅然担起重担，他身体很不好，工作又很忙，但他还时常惦念劫后余生的同志们。当他听说我已失去了活动和说话的能力，还特意托他的堂弟带一块家乡的金华火腿来探望我。出版社为我的旧作重编时，他又为我的散文集和小说集亲笔书写封面题字。茅盾同志是我的革命老前辈，是我的文学事业的老前辈，他的这种热情、谦虚、诚恳的高尚风格，使我深受感动和教育。

> 追忆往昔，哀思难抑。茅盾同志那清癯的面容，谈笑风生的情景，时时闪现在我的记忆中。万万没有想到，他竟会去得这么快，这

使我这颗由于久病、易激动而又脆弱的心感到难以承受。茅盾同志从"五四"新文化运动开始直至逝世，把毕生的精力都献给了中国的文学事业，真正做到了"鞠躬尽瘁，死而后已"。郭沫若同志在鲁迅先生逝世时曾说："大哉鲁迅！鲁迅之前未有鲁迅，鲁迅之后有无数鲁迅。"茅盾同志就是这无数鲁迅中最杰出的一个。他对文学的贡献将永垂青史，万古不朽！

1983年春，周扬和夫人苏灵杨来津看望老作家，请父亲和孙犁去见面，他们一起聊了很多往事，周扬也深表歉意地谈了自己反思后的感悟。他说："你们这些老作家应该好好写一下自己的回忆录，写自传也行，把自己所经历的事情写出来，要让后人知道我们所走过的路。"他还特意说："作家写回忆录应该与别人写得不一样，作家写的应该更有文采，而不能写成干巴巴的史料，要有可读性才行。"

1984年初夏，全国政协主席邓颖超来津视察，这期间她看望了一些比较熟悉的老人，出席了天津市政协常委会议。当她来到会场时，忽然发现父亲也在座，连忙走过来拉住父亲的手说："方纪，咱们可是老朋友了！"这句话在旁人听来可能以为是句客套话，但是对于父亲而言，他心里很清楚"老朋友"这三个字中包含了多么厚重的分量。邓颖超还对父亲说："方纪，请你给新创刊的《人民政协报》多提意见，你是老报人了嘛。"

1984年10月，国务委员谷牧来天津视察。因谷牧在20世纪30年代曾介绍父亲加入"北平左联"，并一起办过文学刊物，所以他来天津时希望见一下父亲。先是在市委副书记、政协主席陈冰安排下一起吃了顿饭，主要是聊当年"北平左联"的往事；后来谷牧返京前又专门来家里看望了父亲，他看到桌上放着父亲用左手刚写的字，对父亲的毅力和顽强精神连声称赞，并要了一幅字，父亲高兴地把20世纪50年代时齐白石给他刻的那枚印章，用力盖在了上面。

这枚印章是齐白石以单刀法刻的，很苍劲，很有力度。"文化大革命"中这方印被文化局造反派抄走，并用铁钉子在上面划了个十字叉，可惜他没有齐白石那个功夫，十字叉的痕迹根本盖不住齐白石有力的刀法。这枚印后

1984年，谷牧（左）到家中看望方纪

来被丢在煤堆上，被文化局一名好心的人悄悄捡走藏好，她心想：早晚有一天我会将这枚印亲手交还给方纪。果然，她终于等来了这一天。父亲平反后，她对我说："我要送给你父亲一个惊喜！"我实在猜不出会有什么惊喜，她说："你不用猜了，到时你就知道了。"那天，她来看父亲，当她拿出齐白石这方印时，父亲激动得热泪流淌，在他心里，以为这方印早已荡然无存了。

1984年5月前后，在延安文艺座谈会召开42周年之际，延安文艺研究会和陕西省文联在中国文联秘书长金紫光[①]的组织下，让部分当年参加过延安文艺座谈会、依然健在的一些文学艺术家重访了延安。年届65岁的父亲和草明、曾克、金紫光、于黑丁、胡采、何洛、李琦等数十人都回到了阔别数十年的延安，重温当年的延安生活。

父亲是坐在轮椅上被推着去的，一路上他的心情格外激动。先是在西安参观了七贤庄八路军办事处旧址、兵马俑博物馆、碑林等处。在西安博物馆，父亲在"昭陵六骏"面前观看了许久。昭陵是唐太宗李世民与文德皇后长孙氏的合葬陵墓，昭陵六骏是唐太宗李世民在削平群雄，建立唐朝的征战中所乘六匹坐骑的写真石雕，列置于昭陵祭坛，用以纪念他自己的丰功伟绩。遗憾的是，"六骏"石刻在战乱中流于海外，至今未归。父亲之所以对

---

① 金紫光（1916—2000），河南焦作人。历任陕西延安吴堡青训班艺术连艺术教育主任、延安泽东青年干校艺术部指导、延安中央管弦乐团团长、华北人民文工团秘书长、北京人民艺术剧院副院长、中央戏剧学院歌舞剧院秘书长、中央实验歌剧院秘书长、北方昆曲剧院副院长、研究员，北京市文联秘书长、中国文联副秘书长、国家文物局副局长、中国书画收藏家协会会长、中国戏剧家协会理事。

方纪在西安七贤庄"八办"

方纪与曾克（女）等在延安宝塔山

"昭陵六骏"如此感兴趣，是因为他在长诗《大江东去》中，一开篇便是以周穆王驾八骏之车巡游天下起首的：

> 八匹骏马在空中奔腾，
> 八朵彩云从空中升起；
> 舒卷着身子像矫健的游龙，
> 炳耀的毛色日光般绚丽。

在延安的那几天里，父亲更是神清气爽、毫不倦怠，他坐着轮椅流连于延安革命纪念馆，往事历历在目，深觉心旷神怡。我推着他，他坐在延河边听人们唱信天游，上宝塔山眺望延安城；进桥儿沟鲁艺旧址忆当年"讲话"，坐在枣园石桌旁访毛主席旧居；到中央医院讲与母亲的情话；爬党校三部看当年残破窑洞……大家吃了小米饭，喝了南瓜汤，饮了延河水，醉了高粱酒。来到杨家岭会议室，父亲在毛主席讲话的桌前停留良久，迸发出灵感的火花，他感慨万端地说："我创作的新起点就是从这里开始的！"父亲在延安应邀挥笔写下陈毅同志的诗句："八年抗战靠延安。"

这个时期，经常有人邀请父亲出席各种社会活动，去的比较多的地方是塘沽和汉沽，因为他念念不忘的是那里的工人版画创作和文学创作，也不忘当年他组织写工厂史的事情。历史上这两个地方是长芦盐场著名的丰财场和芦台场，特别是芦台场，以生产玉砂贡盐而驰名。近代以来，随着天津的开埠，塘沽的地位十分重要，它不仅见证了近代西方列强的侵略，而且随着港口兴起，也带动了天津近代工业的发展。早在 20 世纪 60 年代，塘沽碱厂和汉沽盐场的工人业余创作队伍就已经很活跃了，工人们在文学创作方面有小说、诗歌、工厂史等成果；在美术创作方面有数不胜数的反映工人生活的版画、国画、书法等作品，在全国很有影响。因此，父亲对这两个有着深厚文化底蕴的地方情有独钟，每次去都非常高兴地与工人作家、画家们畅谈，也给他们留下左手书法作品。塘沽工人作家米学如在《方纪与〈新港〉》一文中写道：

> 1987 年 6 月的一天，在天津市塘沽区委一楼大会议室里，洋溢着浓浓的欢快气氛。著名作家方纪偕夫人黄人晓，在这里与塘沽区的十多名业余作者进行着热烈的座谈。……
>
> 方纪老人是塘沽业余作者的良师益友，他在 20 世纪 50 年代曾多次来塘沽为业余作者讲课和辅导。新中国成立后天津的第一份文学刊物的刊名，由他定名为《新港》，足见他对塘沽这块热土地情有独钟。座谈会上，许多业余作者都深情地回忆了在《新港》这块茵圃上的成长经历……

类似的文章，还有许多人写过，他们对曾经受到父亲的文学培养，怀着深深的情感和怀念。父亲来自人民，热爱人民，因此他念念不忘的还是"到群众中去"。

1984 年，方纪（前右四）参加天津市首届干部工人书画展

20 世纪 80 年代，方纪与青年画家交谈

二、母亲唯一的一次探亲

在 1978 年父亲的问题被彻底平反后，母亲就很想回泰国探望自己年事已高的母亲，我们的外祖母。1972 年母亲从干校回家后，通过在广东台山老家的远房亲戚，与泰国的亲人恢复了联系，那年外祖母 81 岁。外祖母十分想念已离家数十年的女儿，很希望她能回泰国相聚。此后我们的姨妈和舅舅也不断来信让母亲尽快回泰国探亲，说外祖母身体每况愈下，思念母亲心切。那时中泰还没建交，在新中国成立时，泰国军政府就公布了一条法令：凡是在泰国出生、后回到中国投奔中共的人，一律不准回泰国。按这个法令，母亲是中共党员，泰国政府根本不会批准她回去。党的十一届三中全会后，中国走上了改革开放、发展经济的道路，给人们的思想和精神面貌带来了天翻地覆的变化，中国的国门也已敞开，中泰两国也建立了外交关系。母亲在泰国亲人的催促下办了去泰国的护照，并到泰国大使馆申请签证。1980 年 2 月泰国移民局到清迈家中做了取证调查，但因旧的法令还没废除，最终没有批准母亲的签证申请。虽然当时国内有些泰国华侨也曾回去过，但这些人都是新中国成立后回国的，还有些因为家里是富商，多花点钱疏通渠道也可以放行。

母亲自 1938 年从泰国回国参加革命后，与家里就断绝了音信，一直没有联系。20 世纪 50 年代初，泰国的家人在多次写信无果后，得知广东籍的中共高级领导人叶剑英负责侨务工作，便直接将信寄给了叶帅，请叶帅代为查找并转信。很快，母亲就收到了从叶帅那里转来的家信。这样，母亲与家人取得了联系。但没过多久，十分想念女儿的外祖父便因心脏病去世了。母亲非常伤心，可那时国内的政治气氛又不允许母亲公开表达自己的情感，因为在一些人头脑中认为，凡是华侨不是与资本家有关，就是与敌特有关。因此 15 岁就离家投身革命的母亲只能强忍着自己内心的悲伤，埋头工作，只有晚上独自一人拿出家人的照片默默地流泪。1961 年邓颖超陪同周恩来到天津，在看戏时见到父母亲，邓大姐拉着母亲的手关切地问："你还记得泰语吗？还会讲吗？不要忘记了，以后有用。"到了"文化大革命"时，母亲因有海外关系，被诬陷为"里通外国"，幸好母亲当年徒步回国参加革命的事人所共知，这条"罪状"才不了了之。

　　父母的朋友都知道母亲想回泰国探望亲人的心情，更知道泰国当局不允许她这样的人回泰国，所以都很关心这件事，也想了很多方式，如章文晋通过外交渠道、彭光涵通过侨办渠道，甚至还有人通过其他渠道，都未果。1978年第七届亚运会在曼谷举行，文化部派东方歌舞团前往演出，由著名歌唱家王昆带队出访。王昆阿姨与父母是延安时期的朋友，过去每次来天津都要来家里看望父母。"文化大革命"中她的儿子周七月与张仃之子张郎郎因受江青一伙的诬陷迫害，曾来天津住在我们家里。但最终还是没有逃出"四人帮"的追杀，以"叛国罪"等罪名被投入大狱。1976年王昆也因拥护邓小平复出，又一次遭到"四人帮"迫害。

　　在王昆这次带队出访泰国期间，姨妈特地去曼谷看望了王昆阿姨，并希望她能到清迈来。没过多久，王昆阿姨果然率东方歌舞团来到了泰国第二大城市清迈演出，王昆阿姨特意去母亲的家里代母亲探望了外婆。外婆像见到自己女儿一样，紧紧抱住王昆不放，并痛哭说："你能来，为什么我的女儿不能回来看我?"王昆阿姨回来后，将外婆请她转交给母亲的东西带给了母亲——母亲年轻时穿过的衣服和照片，母亲见到这些东西后伤心不已。在泰

1976年，著名歌唱家王昆（前左一）在泰国清迈与黄人晓母亲（前左二）及其弟妹们合影

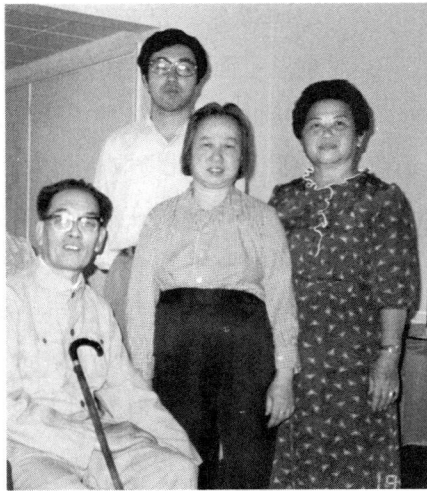

1985年，黄人晓（右二）与分别47年的妹妹（右一）在北京相见，左坐者为方纪

国的外祖母因过度思念女儿，一病不起，不久病逝，享年 91 岁。

1980 年初，母亲向泰国驻华使馆提交了探亲申请。5 月，母亲在加拿大的大舅和四舅随黄氏宗亲团回国寻根。因他们年事已高，来北方不便，就约母亲去深圳见面。母亲急忙买了机票前往广东。当时我们担心母亲独自一人去深圳有所不便，特别是她肠癌手术后行动不方便，便说陪她前去，但母亲怕影响我们工作，执意自己一人去。在赵师文叔叔安排下，广州市国安局派人为母亲安排了行程与接待，母亲与亲人顺利见了面。然而，这两位舅父只会讲英语和潮州话，母亲又不大懂潮州话，交流有些困难，但她还是听懂了两位舅父的意思，一是让她想办法尽快回泰国探望病重的母亲；另一个重要内容就是讲家史。这让母亲回泰国探亲的心情更加急切，但泰国移民局仍按当时尚未废除的法令，驳回了母亲的申请。

1983 年母亲突发脑出血，住进了医院。当时二弟在北京学习，三弟在北京工作，四弟刚刚去日本进修。母亲在医院经抢救病情稳定后回到家里，后来在二弟妹小虹的细心照料下做康复运动等，母亲又坚强地站了起来，并能自主行动了。为了实现母亲去泰国探亲的愿望，马京虹一有时间就陪她去附近逛花园、市场。母亲总在挑选一些真丝面料，并请人做成简单的小衣服，准备送给在泰国的妹妹。

1985 年，母亲的妹妹、我们的姨妈随旅游团来北京，她们姐妹二人在北京见了面。母亲离家时姨妈尚小，对母亲的记忆不太深；母亲也担心在机场迎接时认不出妹妹，因此总在念叨："我走时她还很小，不知现在长什么样子了。"在机场取行李大厅外面，母亲急切地仔细辨认着每一个人，生怕找不到妹妹。就在这时，姨妈忽然出现在母亲的对面，隔着厚厚的玻璃墙，与母亲的双手紧紧地贴在了一起！两人的泪水止不住地流淌下来。两人就这样在厚厚的玻璃两边，手贴着手，一步步走向大厅出口。

第二天，在姨妈的陪同下，再次来到了泰国驻中国大使馆，为母亲申请去泰国的签证，但泰国大使馆说需要报国内移民局研究，让母亲耐心等待。这次见面，让母亲很开心，也很得宽慰，回泰国探亲的念头也更加强烈。1987 年 2 月，母亲接到了泰国驻华大使馆的信函，告知泰国移民局没有批准母亲的申请。然而母亲并未灰心，更积极地想方设法去争取，很多人为母亲出主意想办法，章文晋伯伯也给予了很大帮助，终于在 1988 年获得了泰方的批准。

1988 年 9 月下旬，母亲终于踏上了回泰国探亲的旅途。二弟全程陪同，搀扶着母亲先飞到广州，然后乘火车到深圳，从深圳罗湖桥，母亲自己一步步地走过界桥，此时她急切的心情越来越强。飞机在曼谷廊曼机场上空盘旋下降时，母亲的脸紧紧贴在舷窗上往下看，她的心情是何等激动。我的表妹来机场迎接，并安排他们住下。转天，我姨妈、大舅、四舅等一行人来到曼谷，相见时的激动可想而知。接下来就是全家一起到泰南开心旅游了一次，之后，回到清迈住在姨妈家里。

姨妈、姨父经营着一家西装店，虽然不大，但因姨父手艺好在当地很有名气，定制西装、制服的业务很多。姨妈的女儿、儿子都在曼谷工作，家里只有两个未上学的小孙子陪伴着他们。在这期间，母亲行动不便，肠癌后人工造瘘又给她生活上带来一些麻烦，但她从不跟姨妈和其他人说，也不让别人照料，生活上的事情都要自己动手来做，非常要强，她的弟弟、妹妹既无奈又敬佩。

回到清迈的第三天，舅舅、姨妈们就带母亲去给外祖父母上坟。当离别父母 50 年后的母亲来到墓园时，坚决不让别人搀扶，自己一步步蹒跚地走到外祖父母的坟前，泪流满面地低声呼唤着：爸爸妈妈，你们的女儿回来

1988 年，黄人晓与次子方兆麟在泰国留影

黄人晓在家中

了！女儿来看你们了！……久久地跪在墓前不起。

那次回到泰国，是母亲一生中第一次也是唯一一次回到她出生的地方。当时中国改革开放后的飞速发展，令海外华侨深受鼓舞和兴奋，很多华侨高兴地对母亲说，看到祖国的发展和逐渐强盛，令我们的腰杆也挺起来了。在清孔（清莱市的一个镇，位于湄公河畔）经营日本本田产品的舅舅对母亲说："虽然日本产品质量不错，在泰国很有销路，但我更希望能卖中国的产品，我希望中国的汽车、农机产品能早日来泰国销售。"海外华侨对祖国的关心和期盼祖国强盛的心声，使母亲感到自豪与高兴，同时也更加惦念家中患病的父亲和我的四弟，因此她在那里住了一个月便要回国。当时泰国是亚洲经济发展的"四小龙"之一，一派繁荣景象。舅舅、姨妈都想留母亲长住，陪她再去其他地方看一看，但她坚决要回国，姨妈、舅舅们都感到不解，以为对姐姐招待不周，或是生活不习惯。母亲笑笑说："你们的好意我理解，很感谢你们。你们各自也都很忙，我不能太多打扰你们。中国虽然现在不如泰国，但那是我的家！"于是，她怀着依依不舍的心情，再一次坚定地告别了自己的弟弟、妹妹，回到了祖国。

母亲的爱国情怀一直都是很强烈的，有时我们聊天时说"中国如何"，她听了很不高兴，批评我们说："你们这样说好像自己不是中国人，中国有什么不好？"

三、读书习字度晚年

父亲的晚年生活内容基本是写字、读书和参加一些社会活动。有一篇纪念父亲的文章里写道：

常常，身边有一个人陪伴，略作搀扶，他手持拐杖，一顿一顿地走着，看戏，会友人，参加会议，参观展览，在一些文化活动中，常能见到方纪蹒跚地走来，微笑着，老友新朋上前寒暄交谈，成为特别的风景。熟悉方纪的人都能真切感到，"文革"后的方纪在性情上是有很大变化的。"文革"前作为天津文化界的领导者方纪是很有些官样派头的，清高，严肃，很有威严。晚年的方纪待人热情平易，他乐于做事的性情没变，有求必应。"文革"后，激情如火的性情化作绵绵不绝的耐力和定力，注入他的读写生涯。

此时的父亲，虽然身在书斋，但对国家的改革开放、经济建设、文化发展仍然关注着，每晚的"新闻联播"他准时坐在电视机前看，他关心着国家以及国际上发生的事情，抑或是观看京剧界老艺人的生前录像，也还观赏老评书艺人们的表演。父亲对文化事业满腔热忱，也是尽其所能以他的方式支持和帮助。当时曲艺名家骆玉笙提出要恢复"中华曲苑"，那地方在"文化大革命"中被当作封资修的阵地"砸烂"了，改成卖红宝书的书店，后又成了饭馆。"文化大革命"后百废待兴，恢复"中华曲苑"是顺理成章的事，但在当时却各有各的主张，迟迟定不下来。曲艺团领导找到父亲，父亲敏锐地感到中青年演员需要有实践的机会和条件，坚决支持恢复"中华曲苑"。父亲的支持很重要，"中华曲苑"终于恢复了，父亲出席开幕式和首场演出，并写了贺词祝贺。他的热情和坚定让曲艺工作者们深受鼓舞，后来天津曲艺舞台上挑大梁的著名演员，大多是经过"中华曲苑"的艺术实践而成长起来的。

为了能重新拿起笔写作，父亲开始练习左手写字。用钢笔不行，他就用毛笔。父亲以前就习惯用毛笔写字，而且他的右手书法很不错，可惜经过"文化大革命"，他一幅像样的右手书法作品也没留下。他买的一些好碑帖和好文房四宝等，在"四清"运动期间，也都被康生、陈伯达等人"借"去把玩了。父亲的右手书法是很见功力的，这是他从幼打下的功底。父亲从小开始临写颜真卿的大楷，后又临写柳公权的中楷和欧阳询的小楷，青年以后的书法以小楷行书为主，主要是写作需要。现存的右手书法有一页是他在狱中写的，是从"专案组"退回来的材料中找到的。那是父亲听说好友王亢之不幸去世的消息后写的一首诗，从中可看出父亲右手书法的功力，清秀、娟丽、飘逸和潇洒。

父亲在北京做脑部手术之后，老朋友朱丹来看望他。这位以狂草而著称的大书法家，亲手写了一本小孩子的描红字帖，让父亲练习写字。父亲非常感动，深谙老友的苦心，就尝试着学习。刚开始时，连笔都握不住，就捏着笔在报纸上用毛笔练习着画圆圈。他从画圈开始，以后才练习描红。父亲刚开始用左手练习写字时，字写得就像刚习字的小学生，七扭八歪，但经过一段时间后，就有很大进步了。因为是写着玩，他写完后随手就扔了，我们把它裁开，放在卫生间如厕时使用。有一次，一位研究中国戏曲和文学的法国留学生戴鹤白来家里拜访父亲，看到厕所中写废的墨迹，随手拿了一张。回到学校后，他神秘地拿给二弟看："你猜，我从你家带回了什么？"说着把那张纸拿出来，二弟不解，他笑着说："我要把它带回法国，让人们看看，中国大文豪家里连厕所中的东西都是艺术品！"说完，二人哈哈大笑。这也足见法国人天生的幽默性格。戴鹤白现在是法国有名的汉学家之一，他曾翻译了康有为的《大同书》以及张贤亮、刘心武等人的作品在巴黎出版，并潜心研究和翻译朱熹等人的著作，为中法文化交流做了很多有益的工作。

　　写字画画犹如练气功，因脑病而变得急躁、爱上火的父亲，随着书案前日积月累的墨迹逐渐厚了起来，不仅写字逐渐得心应手，心境也好了很多，对他的身体恢复很有效果。慢慢地，他的右手得到些许的恢复，也可以试着使用调羹吃饭了。

　　父亲生活很有规律，每天早晨他很早就起床了，然后便能听到他拖着一条不方便的腿一步一步走路的声音，这是他用一只手端着沉甸甸的大笔洗去厕所洗毛笔，他从不让我们替他做这些事。母亲说："你爸爸从年轻时就这样，自己的事都是自己做，每天睡觉前都要把桌上散乱的稿子、书籍收拾得整整齐齐，把烟灰擦干净，然后才休息。"早饭前，父亲坐在桌子前或读书或读帖；饭后，他就坐到临窗的大书案前的转椅上，开始自己一天的功课。

铺纸、研墨，然后挥笔书写起来。写毕，他感到满意，才落款"方纪左手"，钤印盖章。他自认为好的，盖上齐白石老人给他刻的那方印，稍差些的盖上其他的印。过去他有几方名家治的印章，如钱君陶、李骆公等人。一位爱好书法的年轻居士送给他一方"敏行慎言"的印，据说是李叔同年轻时在日本所刻，他很喜爱；有一位姓朱的街坊，还借给他一方"读书秋树根"的印，让他把玩，她说这是祖上朱岷留下的。朱岷，字导江，江

"读书秋树根"印文

苏武进人，清初著名画家。画山水得米法，兼善指画；行楷法苏、王，精隶书；好收藏，长于鉴赏。曾应查为仁之约客居天津水西庄展蕉轩，后久居天津，被推为津门画坛魁首。

晚年的父亲，过着淡泊平静的书斋生活，虽然不能自如地表达，但他不废思考。大书案上杂陈着纸墨笔砚，在他左手可及的地方摆放着他常常翻阅的一些书籍：屈原、杜甫、辛弃疾、郑板桥、龚自珍、苏东坡、陆游等人的诗文集及《史记》《弘一法师遗墨》等书籍，《容斋随笔》是他经年不释手的一本书。这些书中有很多他阅读时做的标记，可见他并非一般阅读，而是边看边思考。有时看到精彩之句，立即命笔摘录，有人来求字，他便慷慨地说："拿去，拿去"，让大家分享他内心的快乐。父亲的文人气质到晚年也没改变，而且更随和、更包容了。

1982年，时任中共天津市委书记兼市长的胡启立要去日本访问，行前他特意请父亲写两幅字作为送给日本友人的礼物。我记得其中一幅是唐代诗人张继的《枫桥夜泊》诗："月落乌啼霜满天，江枫渔火对愁眠。姑苏城外寒山寺，夜半钟声到客船。"访问归来后，胡启立特请办公厅转告父亲，日本友人非常喜欢，连声称赞父亲的左手书法。

父亲常说自己写字就是为了消遣，所以有人喜欢，他就很高兴。为此，经常有人来找他要字。父亲一般都是现写，而不是让人挑已写好的，他认为这是对求字人的尊重。有一年父亲在北戴河休养时，天天写字，人们都喜欢让他写"观海""听涛"之类的字，他就写了很多，觉得没写好的就扔进纸篓。没想到有人竟打起了纸篓的主意，每天主动来给父亲倒纸篓，于是得到了不少父亲的字，然后再找父亲来盖章。有时父亲不知什么时候写的，一问才知道是纸篓中捡的。这也算是一大雅趣吧。父亲住医院时，高干病房老护士长知道父亲爱写字，就给他专门准备了一张办公桌，供他写字用。医生、护士都跑来找他要字，我们总得去买纸、墨汁送到医院去。有时客人去看父亲，临走时总要带一幅字走，父亲高兴地说"拿去、拿去"。父亲的"左手书"渐为人知，亲朋好友和慕名而来求字的人，左手书家有求必应。常有这样的情形，素不相识的人敲开方家门，说明来意，父亲则欣然书之，自认为写得不好再重写。来求写条幅和匾额的，父亲不但分文不取，还要搭上纸墨。他每月所购宣纸要达几百元。

那时，父亲经常去古籍书店搜寻字帖，古文化街是他过一段时间就要去的地方。那条街不仅有古籍书店，还有杨柳青画店，在那里可以买书，买宣纸、毛笔等。常常是见到好宣纸、好书，总比预算的要多买一些，没有带够钱，就先赊账，然后再让我们把所欠款送去，那时天津也就是父亲能得到如此惠待。

有一次他找母亲要钱说去买纸，母亲说："你自己有钱还找我要？"父亲不高兴地说："就是没有嘛。"站在一旁的二弟妹小虹笑着说："妈妈说你有钱，你肯定有！"说着就在他衣兜中翻找，一会就找出一把钱，便逗他说："你看，你有这么多钱还说没有？"父亲像孩子一样开心地笑了。他经常是把钱放在哪自己也想不起来了。还有一次他托人买书，并说："我给钱。"说着拉开桌子抽屉要拿钱，却没看到钱，便有些着急，连声说"怎么搞的、怎么搞的"。我们一边劝他别急，一边帮他找，发现钱压在一摞纸下面，他又转而一笑说："就是，就是。"曾有一位天津的老艺人去看望父亲，说到了自己生活无着的困窘之状，父亲难过得落泪了，当即将身上的钱都掏给了老人，连同自己的几幅字。助人为乐使他感到充实快乐。

有一次，父亲因心力衰竭正在抢救中，一位我们不熟悉的老者站在门口，迟迟不肯离去，问他有什么事，他也不说。最后他说："我想求方纪先生一幅字。"我有些不高兴地说："您没看见他正在抢救吗？"他不紧不慢地说："我等。"几经劝说他也不走。父亲感觉稍好后，得知有人等着求字，立即起来给他写了一幅字，他才心满意足地离开。他走后，父亲批评我们说："对老同志不要这样！不管认识不认识，人家找来了，就应该满足要求。"父亲就是这样的人，热情好客，有求必应。但我们作为家属，不能不为父亲身体而担心。

左手书对于一个曾经在纸幅上笔走龙蛇、气韵非常、得心应手者来说是逆行，若达到心手默契，绝非朝夕可至。日复一日，年复一年，"方纪左手"用水滴石穿的功夫，写出了非凡的气象来。南开大学著名古典文学研究者、书法家王双启教授评价父亲的左书："朴茂苍劲"，是唐楷的功底，**魏碑的骨架**，挺拔有骨力，功底深厚。书坛大家沙孟海先生在言及父亲左手书法时

方纪左手题字

方纪在家中用左手习字

方纪抄录屈原、陶渊明、苏轼诗

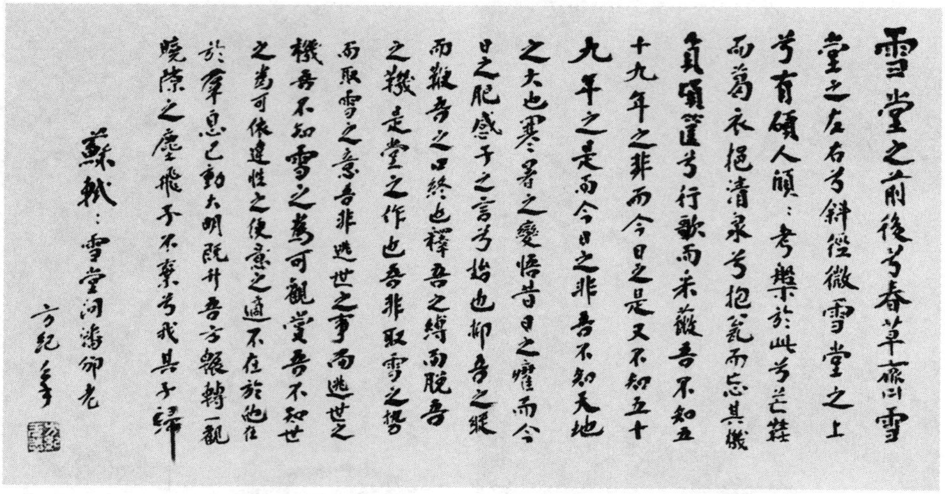

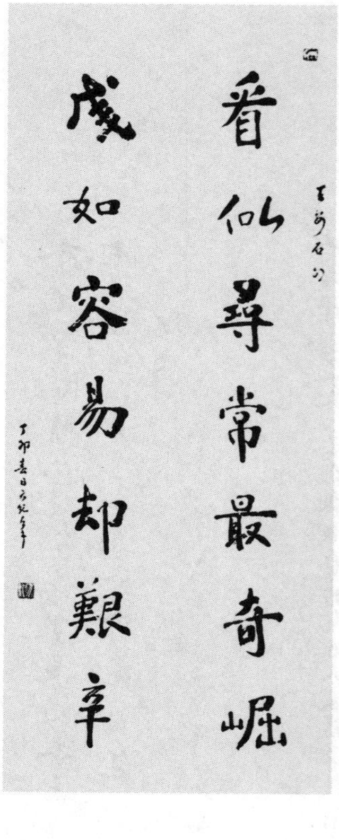

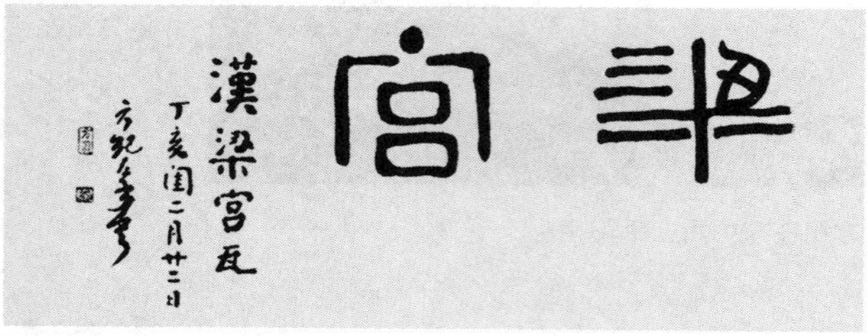

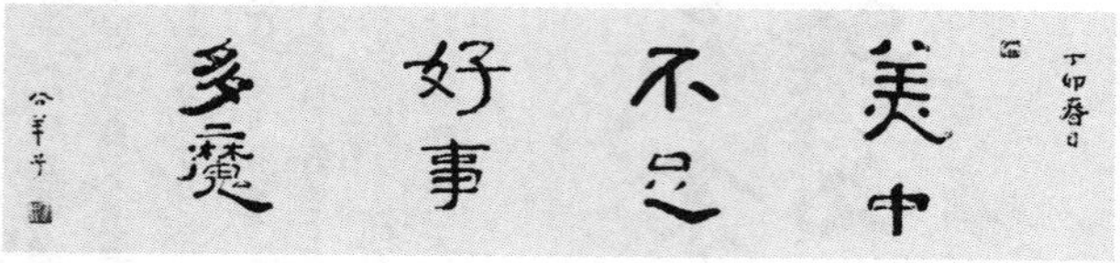

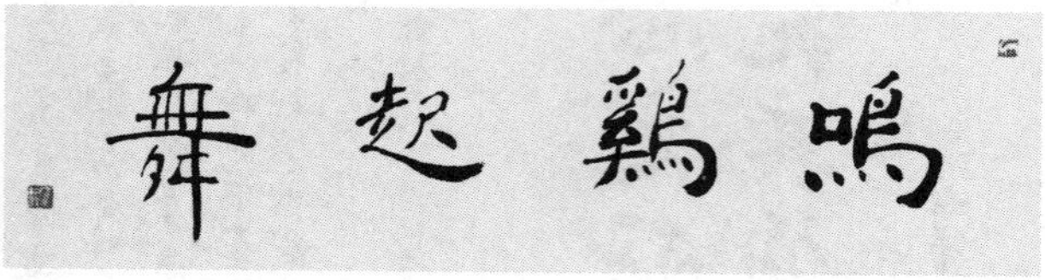

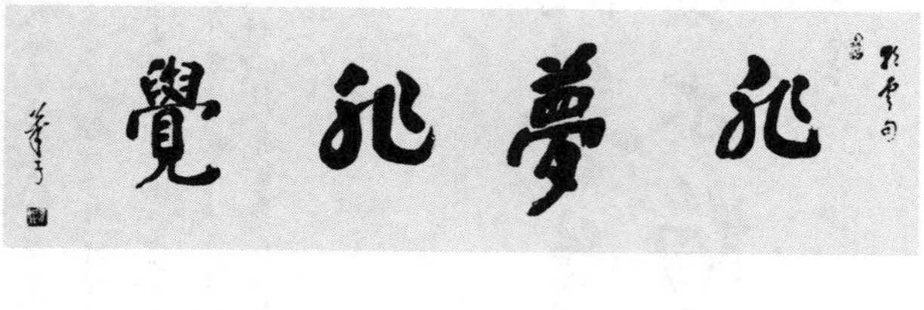

方纪左手书法作品

1987 年，方纪以天津世界语学会名誉主席出席天津市纪念世界语百周年报告会

说："古有高凤翰，南有费新吾，北有方公羊，三左如鼎，独步书坛。"茅盾先生生前在给父亲的信中说他"左腕写毛笔字尚能如此圆好，实得钦佩"。朱丹伯伯曾评父亲的字说："历史是无情的，凡能经得起时间考验的书法家，应该是学识渊博、个性鲜明、经历奇异、品德高尚和书艺精湛的共同组合。"朱丹伯伯晚年的淡墨狂草写得很是了得，每幅字都是一气呵成，苍劲有力，内容也都大气磅礴，大有"墨池飞出北溟鱼，笔锋杀尽山中兔"之感，我们都非常喜爱。那时天津有位年轻的书法家王逸夫，也经常来拜访父亲，与父亲交流书法、美学、佛学等，父亲也给了他不少字。他在纪念父亲的《赞方纪的书法艺术》一文中说：

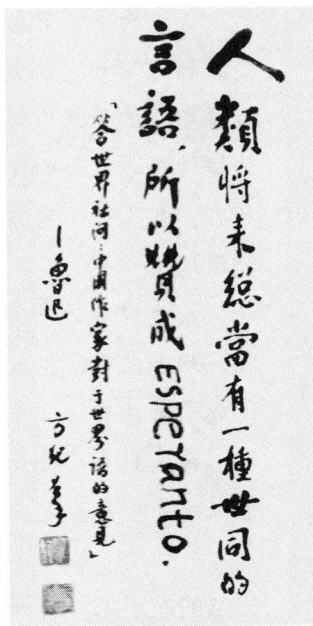

方纪为天津世界语学会题字

每日晨昏，在睦南道幽静的小楼里，在南窗下巨大的书案旁都能看到这位老人像小儿一般静静地用左手临帖：《张迁碑》《礼器碑》《曹全碑》《石门颂》，颜、柳、欧、赵、真、草、隶、篆，无不在曾经生硬的笔下渐趋老练、朴拙。被称为漆书的金农在老人的笔下活灵活现，怀素、张旭笔意跃然纸上。他热情地接待着新的来访者，谦虚地接受着书法学者的批评、指导，真诚地勉励着一批又一批后生晚辈。他的艺术生命没有结束，而是重新开始，很快在天津的文化艺术界中有一个新的称谓诞生了——"左手书家"。方纪先生以左手书法独步书坛。

整整十年、二十年静静的苦练，方老书法境界更趋成熟了。在1990年的秋天，左手书法大家费新我先生在拜读了方纪临《泰山金刚经》后，用饱含激情的笔触写下这样一段话："方公书法以左手入墨，雄浑、沉着、老辣练达处，为余所叹服。早知方君有文行于世，不晓其书法。今日捧读何幸如之，丹青墨妙实堪敬仰！"并以其书法"朴素天下莫与之争美"见赠。如此赞语为费老一生所罕见者。

现在很多大家在研究方纪的一生成就的时候，对于书法只是一带而过，并没有能认真加以探究，这是一件令人遗憾而可惜的事。与方纪的文章相比可谓"绚烂之极，归于平淡"，而书法的最高境界恰恰是在其近乎空灵的平淡中得到艺术的升华。从此可见老人的书法根基及对艺术的悟性。与方纪的文学造诣相比，其书法境界当更趋成熟、古朴。戋敢断言，在未来研究方纪的日子里，方纪的书法成就将成为一个崭新的研究课题。

人生有一次极致已属了得，而方纪先生以自己独特的方式挑战自我，刻苦求索，步入人生第二次极致的殿堂，并非偶然。他体现了中华民族子孙独有的"中和之美"。

蜀人张大千先生闲章有云"直到古人不到处"。此语我见甚妙，亦唯方纪先生敢当之。

父亲的左手书，曾经装满了两个大大的电视机包装纸箱，里面是他来不及自行整理的字幅。他自己写好的，自认为满意或者是得意的书法作品，都是由他自己整理好的。他用一只手慢慢地抚平，对折再对折，叠好，然后将这沓纸夹在左腋下，一步步走到自己的卧室，将它们整齐地放进书柜中。日积月累，书柜中放不下了，他又放进大纸箱里。后来我为父亲整理遗物时，用了很多天时间才将这些字整理出眉目。

父亲的款识自有他自己的规则：

1. "纪" + 齐白石刻的"方纪"名章，这是他自留的作品；

2. "纪左" + 齐白石刻的"方纪"名章，也应是他自留的作品；

3. "方纪左手" + 齐白石刻的"方纪"名章，大多是自己写就时心情绝佳的上品，送展送人之作；

4. "羊子"或是"公羊子左手"，多是自己留存的摘抄的好句；

5. "公羊子" + "方纪左手" + "方纪"名章，大多是送人之作；

6. "公羊子" + "半臂老人"，多数是他自己认为还过得去的作品；

7. 无款有识的，大部分是我在整理之时，由我加盖的印章。

以上识别，是我自己的理解，仅供存有父亲字幅的朋友参考研究。

1983年天津市书法家协会成立，父亲被推选为第一任名誉主席。天津书协首任秘书长毕开文先生深知父亲练习左书的历程与精神，说他"把自己的革命经历和文化经历都投放到书法中，使其深蕴文化内涵，一般书者没有超过他的广度和深度者，方纪的书法比他的文学作品更能写照诠释他自己。"

1991年，父亲因心脏早搏住进了总医院。此后，父亲就把他那间小小的病房当成了他的第二书房。稍有好转，他就向医生请假，出去买纸、买书，参加一些活动，晚饭前又回到病房。

1994年8月，母亲血压偏高，头昏，医生建议她马上住院。母亲说，回家拿上东西就来。回到家中，她准备先洗个澡。就在她弯下腰脱鞋的那一刻，昏倒在地，急送往天津医大附属总医院，经查是二次脑出血！她住在急症观察室中，与父亲同住在一个病区，相隔几扇门。开始怕父亲着急，没敢告诉他，但他发现我们兄弟几个频繁出现在医院里，感到很奇怪，我们不得不告诉他实情。父亲听了很着急，坐着轮椅来到母亲的病床旁，紧紧握着母亲的手，哽咽着，泪水夺眶而出，久久不肯离去，经医生多次劝说他才离开。母亲一直昏迷不醒，脑系科朱主任跟我们说：生还的希望只有百分之一。我们问有没有其他办法。朱主任说，目前情况只有切开气管试试，不敢说能维持多久。她征求我们意见。我和二弟说：只要有一线希望就抢救！朱主任点点头说："你们真是好儿子。"于是医生将母亲气管切开，插入输氧管，后来又插入胃管等。此后，母亲就一直依靠这两根管子，在护工精心照料下维持着生命。母亲苏醒过来，两眼直愣愣地望着坐在一旁的父亲，一句话也说不出来。就这样，父亲每天早上和傍晚就坐着轮椅去看望母亲。

这时父亲的挚友梁斌也住进了医院，与父亲相隔一个房间，两位昔日的老友这次又"同生死共患难"了。早在 20 世纪 50 年代，梁伯伯就经常来家里找父亲谈创作，讲故事，谈往事；父亲也常去他家里聊天。梁伯伯嗓门大，笑得很爽朗，每次来我们都能听见他们高谈阔论的声音。梁伯伯那时正在写《红旗谱》，写不下去的时候，便与父亲商量某段如何写，情节应该如何设置。令我们印象最深的，是梁伯伯写春兰与江涛的爱情，他反复写了几次也不满意，最后跟父亲说："你是洋学生出身，我是土包子，这段我实在写不好，还是你帮我改改吧。"于是父亲亲自动笔，将这些情节重新写过。后来在拍电影《红旗谱》时，导演崔嵬请父亲到现场指导拍摄，电影一开场崔老忠砸钟那段戏，就是在父亲指导下拍的。父亲的中篇小说《老桑树下的故事》中，正好描写了一段这样的情景，父亲有很深的生活感受。有一段时间，他俩经常一起去文物公司艺林阁赏字看画，遇到好的就买一两件。有时梁伯伯买到了好东西，就用布一包揣在怀里拿来给父亲看，一起欣赏把玩。党的十一届三中全会后，梁伯伯经常在家写字画画，不时给父亲送来，父亲也写字送他，记得有一年春节，梁伯伯以唐人崔护《题都城南庄》诗为题画了一幅画，并将这四句诗题在画上："去年今日此门中，人面桃花相映红。人面不知何处去，桃花依旧笑春风。"命儿子给父亲送来，表示拜年。父亲一见高兴得哈哈大笑，提笔写了"人生何须叹苦短，来日放歌走天涯"，让梁伯伯儿子带回去，以表回拜。这两位老头以这种轻松达观的文人雅趣保持着他们之间兄弟般的情谊。也许是梁伯伯太思念久病的父亲了，于是也住进医院来了。从此，这两位老头没事就你来我往，小坐闲聊一会就走，不一会又来了，继续聊天。父亲即便有时正在写字，此时也放下笔转过轮椅与老友面对面而坐。时而梁伯伯侃侃而谈，时而二人一言不发，直到梁伯伯坐够了，站起身来，唱一嗓"黑头"，推门而去。母亲住院后，梁伯伯十分惦念，经常去病房看望母亲，然后来告诉父亲"没事，我去看过了"，请父亲放心。当他听说母亲医药费出现问题，好几天休息不好，最后亲自提笔给市委领导写信，请予关照解决。梁斌伯伯于 1996 年在医院病逝，父亲难过了好多日子。父亲的挚友朱丹于 1988 年去世，冯牧于 1995 年去世，梁斌于 1996 年去世。他每想起这些老朋友心中十分怅然，有时会默默地独坐思念。

1994 年 10 月，父亲 75 岁生日这天，原中苏友协的老人们来看望他，送他一个大大的生日蛋糕，还请人写了一个"寿"字，父亲非常感谢大家，他提笔在"寿"字上给自己写了跋："心胸似海，意如松柏，锻炼身体，活过一百。"他对生活的爱和乐观跃然纸上。

1996 年，父亲因长期偏瘫致右下肢动脉栓塞，发展到右脚面瘀血发黑、肿胀，疼痛得不能卧床休息，只能坐在沙发上睡眠。医生看到这种情况，怕长期下去影响身体，说应考虑必要时截肢，父亲当然不肯，但他必须再一次接受这个残酷的现实。市委书记、组织部部长、老干部局领导多次来做父亲的思想工作，我们也不断劝说他面对现实。再后来，当病变扩散到要致命时，他也感到实在太痛苦了，才同意做右腿高位截肢手术。手术那天，推着他去手术室的护士心情很沉重，她们也不愿意看到父亲失去一条腿，更担心父亲在手术台上坚持不下来。但父亲很达观，微笑地对她们说：没关系，不会有事，会好的。护士听后都被父亲这种豁达乐观的情绪感动，落下了眼泪。

截肢之后，父亲以他的豁达豪爽之气，依旧乐呵呵地每日读书挥毫，时有友人来访，他乐观的笑谈也感染着朋友们，他在刚刚写就的字幅上提笔落款、钤印，说："拿去，拿去吧！"来人一看落款也乐了——父亲先是在他的书法作品上以"半臂老人"落款，此刻又以"独脚将军"自解。

1997 年是父母结婚 55 周年，人们称之为"绿宝石婚"。在病房，我们弟兄和医护人员一起，为父母亲庆祝了这个不平凡的纪念日，为两位病榻上的老人留下了难忘的合影。

1997 年，曾做过市委文教部部长的王金鼎因癌症手术也住进了总医院，王伯伯曾与父亲在同一时期任中国人民保卫世界和平委员会天津分会副会长、天津市哲学社会科学联合会副主任，加之我们两家在香港大楼又是门挨

方纪与王金鼎

门的老邻居，来往非常密切。"文化大革命"一开始王伯伯就被"打倒"了，受到严重迫害，但他是个很乐观、很豁达也很坚强的人，既很有文人气质，也是很光明磊落的革命者，20 世纪 80 年代以后一直任中共天津市顾问委员会委员。王伯伯住院后，常与父亲在一起回忆一二九运动和在延安的往事，一起唱着当年的抗日歌曲，那个烽火连天的岁月是他们共同的记忆。但没过多久，王金鼎于 1997 年最后一天与世长辞了。又有许多天没有见到朋友的父亲，想要去看看这位老战友，我们极力劝阻，但他执意要去，没有办法，我们只好告诉他王伯伯已经去世了。父亲闻之，坐在轮椅上久久垂头沉思，一言不发。

1998 年 4 月 28 日下午，父亲突然感到不舒服，经诊断是心力衰竭，四弟连忙赶到医院，当时正在抢救。二弟也赶到医院陪伴。晚上二弟看父亲精神好转，与他聊了一会儿，便要起身回家，父亲执意要二弟留下，似有话要说，但欲言又止。二弟又坐了一会儿，帮父亲安顿上床休息，说："明天一早我再来看你。"转天一早，二弟来到医院时，看见地下有几张刚刚写完、墨迹未干的条幅，问特护怎么这么早就起来写字了，特护说他经常如此。二弟看父亲精神好转，劝他这几天先别写字了，好好卧床休息。父亲吃过早饭休息了一会儿，护士来给他输液。二弟帮特护将父亲扶上床，就去上班了，临走时说："中午我再来。"二弟刚进办公室不一会儿，就接到医院电话，说父亲病危，让他马上去医院。二弟急忙找车往医院跑，路上堵车很厉害，当他赶到病房时，市委老干部局的一位处长已经到了，病房中医生、护士正在给父亲做电击。老干部局王处长将二弟拉到一边，说："这次很严重，你要做好思想准备。"并让二弟先在病房外等待。一会儿，抢救的医生出来摇摇头，对王处长和二弟说："不行了，已经没有生命体征了。"二弟急忙进去，看到护士们正在收拾抢救设备，父亲已经没有呼吸了。他的双目微睁，嘴巴也半张着，似乎还有话要说……二弟静静地看着已经离去的父亲，心中默默地说："爸爸，我们知道你心里还有很多话没说，你放心地走吧，我们会完成你的遗愿！"

这天，是 1998 年 4 月 29 日。以虚岁计，父亲走完了他 80 年的人生路程。

在清理父亲的遗物时，我们反复地看父亲当天早晨所写的条幅，我想这一定是父亲留给我们的最后遗言。条幅有四，每条一句五言诗，因当时并没有按顺序排列，所以要想解读父亲最后的心声，还需要一些时间。在朋友们的帮助下，最终找到了这四句诗的出处，并将它们排列出来：

倾耳无希声，在目皓已洁。

平畴交远风，良苗亦怀新。

前两句出自陶渊明的《癸卯岁十二月中作与从弟敬远》一诗；后两句出自陶渊明的《癸卯岁始春怀古田舍二首》中第二首。这四句诗虽出自陶渊明两首不同的诗，但苏轼在《东坡题跋》中都有点评；清代沈德潜在《古诗源》中也都点评为最佳诗句；也有人将其称为千古不衰的绝唱。父亲晚年特别喜欢读苏东坡和陶渊明的诗，特别是陶诗的脱俗的意境，与父亲回顾自己人生后产生了共鸣。在我们看来，父亲借前一句表达了自己磊落的人生，与"一片冰心在玉壶"有异曲同工之处；借后一句一方面表达了自己返璞归真的心迹，另一方面也表达了对自己孙辈的期盼。我们认为这四句诗中蕴含着他心中的理想，蕴含着他对真理的企盼，也蕴含着他对新生命的呼唤。也许，我们还没有完全理解父亲的思想境界，但不管怎么说，我们觉得父亲对自己将离开人世已有预感，所以那天一早他不顾自己的病情，写下了这最能表达他内心世界的诗句，这千古不衰的绝句，也成为留给这个世界的绝笔！

对于父亲晚年一边在与病魔顽强地斗争，一边又以坚强的毅力坚持锻炼身体、写字、读书、参加社会活动……曾有人感慨而又敬佩地说：方纪，就是当代的保尔·柯察金！

父亲去世后，每天都有很多朋友故旧，熟悉的与不熟悉的人来家里悼念，很多人讲述着父亲生前点点滴滴的事情。虽然父亲早已是芒鞋布衣，无职无权，但无论是单位还是个人送来的各种鲜花花篮、花圈，从三楼家里一直摆到一楼街上；各式挽联挂满了房间，而且挽词文笔之讲究、书法之精美，犹如笔会展览，有人说：方纪是一位有影响的文化人，连悼念他的挽联都充满了文化底蕴。就这样，每天还不断有新送来的鲜花，每天从早到晚都有很多人络绎不绝地来吊唁，可以看出人们发自内心地对父亲表达深切的哀思和怀念，我们至今都对此由衷地深表感激！并以此告慰父亲的在天之灵。

时任中共中央政治局常委、全国政协主席李瑞环送了花圈。时任全国政协副主席谷牧在唁电中说：

> 方纪同志是我的老战友，六十多年前，我们曾在一起战斗过，彼此结下了深厚的情谊，对他的逝世我谨表示深切的哀悼。

原文化部代部长、著名作家贺敬之和夫人柯岩在唁电中说：

> 方纪同志是忠诚的共产主义战士，优秀的革命作家，毕生为党的宣传工作，为社会主义文艺事业奋斗不息，作出了重要贡献。谨此向方纪同志致哀。

著名作家袁鹰在唁电中说：

> 惊悉方纪同志辞世，不胜哀痛。死亡对于死者并非不幸，对于生者才是不幸。四十余年谊兼师友，他永远活在我心中。

香港《大公报》副总编方凌与夫人虞锡圭在唁电中写道：

> 方纪同志革命战斗的一生，为我们树立了光辉的榜样。他留下的《挥手之间》等名作和歌颂长江的诗篇等巨著，为我们的新闻史和民族文学增添了无比光彩！他在"文革"中受到法西斯式的残酷迫害，但他

方纪同志千古
才华横溢名标北斗老桑树下有客来访惊疆梦
命运多舛心系故国大江东去无言挥手泣神州
天津市解放区文学研究会　敬挽

方纪同志千古
半个世纪领导知心唯方公
一代巨才作家诗人铭纪老
天津市作家协会　敬挽

方纪同志千古
轮椅困蛟龙有谁知当年才调惊风雨
宗师光河汉又岂料今日文坛殒巨星
天津文联　敬挽

沉痛悼念天津书法家协会名誉主席方纪同志
方舆长留正气　纪年永志文宗
天津市书法家协会　敬挽

方纪逝世后，天津市文联、作协、解放区文学研究会、书法家协会和各方朋友所送部分挽联

悼方纪老友　王雪波
噩耗遽闻魂震惊　文苑无端殒寿星
坎坷岁月犹欢跃　劳碌生涯倍艰辛
遗著长留映华夏　直以肝胆树文风
左书笔墨存正气　故园春草百年声

方纪同志永垂不朽
为国为民抗日救亡以笔代枪刺强寇是民族英雄
忠心赤胆政治波中身残志坚吐诤言真共产战士
津门俗子　七十四叟　李凤池　敬挽
一九九八年五月一日

方纪同志安息
妙笔谱成文苑绝唱　魁星殒(陨)落海河悲歌
梁斌文学研究会
南开区政协文史文化委员会
南开文学社　敬挽

文章笑傲春秋宇　豪情贯虹自洁清
千笔难为世间看　古今多许气后人
杨勇敬书　徐耀民　盖瑞　张广山　边疆　王天斗
臧海波　孙错　张志毅　梁燕生　贺振江　张瑞昕
李宝剑　郭伟　符朝　敬挽 (注：上款文字辨认不清)

方纪逝世后，天津市文联、作协、解放区文学研究会、书法家协会和各方朋友所送部分挽联不畏强暴，威武不屈，充满革命乐观主义，残右臂而成左书，截一腿而傲然屹立，这种真正的共产党人的正直品德、坚强意志和生命不息，战斗不止的革命精神，将永远是鼓励我们前进的动力。

唁电、悼文太多了，这里不一一引述了。不过，也有一封很特殊的唁电，在这里引述一下。在悼念父亲的日子里，我们收到一封不知来自何处、署名"某人"的唁电，电文这样写道：

> 惊悉文学界泰斗方纪先生不幸逝世，十分悲恸。我本是方纪先生的崇拜者，读过他的课文，读过他的散文。和众多的中国名作家一样，他是影响我们青年人学文学知识、学文化、学做人的重要名家之一。然而在"文革"中，在某些人的指使下，写过批判他的大标语，印过批判他的材料，参加过批斗他的大会。我虽然当时才 16 岁或 17 岁，但我不能原谅我的这些自己都不明动机的"听话"行动。尽管后来我觉悟了，但方纪先生所受的巨大的摧残，或许我有十万分之一。长时间的内疚折磨着我，我恳求方先生原谅我，并请方纪先生在天之灵接受我的忏悔。
> 顺致对方纪老先生的敬爱之情。

虽然父亲对这些往事早已释怀，而且从未放在心上。但这封代表了一些人发自内心歉意的唁电，也是对父亲一种别样的怀念与告慰。从以上充满深情的挽联、唁电中，可以看出人们对父亲的怀念和深切哀悼。

有一天，一位我们不认识的中年人来到家里悼念父亲，他一进门便对着父亲的遗像长跪不起，趴在地上大声哭泣地连说："方老，我对不起你！我来向你忏悔……"

父亲遗体告别那天，天气非常好，发出的讣告不过四五百封，而前来北仓殡仪馆参加告别的达千余人，有认识的，也有很多不认识的，大家怀着发自内心对父亲敬仰的心情，来为这位正直、坚强一生的作家、老革命送行。在场的人们感慨地说：方纪的一生是坎坷的一生，但公道自在人心！就在告别仪式刚刚结束，我们推着父亲的遗体走向火化室时，突然狂风大作，顿时

方纪与黄人晓在家中

天色大变，下起了倾盆大雨！直到火化结束，天气又变得晴朗一片……这正应了《苏三起解》中陈公道那句话：公道不公道，自有天知道！

在中共天津市委为父亲所写的讣告中这样评价道：

> 粉碎"四人帮"后，方纪同志得到了彻底平反，恢复了天津文联副主席、党组书记、市文联名誉主席、中国文联委员、中国作协理事等职。他坚决拥护党的十一届三中全会以来的路线、方针、政策，以强烈的事业心和责任感积极投入文化领域的拨乱反正、繁荣文学创作、恢复文联的工作中，为促进改革开放和社会主义经济建设作出了积极的贡献。
>
> 方纪同志患病后，从右侧偏瘫失语以及到截肢，他始终以博大的胸怀、顽强的意志和乐观的精神同病魔进行长期的斗争。他研习左手书法取得的一定成就，表现了他"生命不息，战斗不止"的革命精神和惊人毅力，使他身边所有的人都受到莫大的感染和激励，得到人们的敬仰。

作家石英在他纪念父亲的文中写道：

> 我没有忘记方纪，凡是与他相识的人也都没有忘记他；另有闻其名而不认识他的人也不时能够看见他——在天津食品街店铺悬挂的匾额上，在高雅静谧的古文化街文坊墨苑的楹联上，在文艺界一些会议的题词上，人们常能看到那苍劲厚朴的手迹：方纪左手。
>
> 人们在书店里，捧起四卷本的《方纪文集》，从插页上一瞻作家年轻时的容颜，也得见他年逾花甲扶杖凝眸的近影，欲仔细了解他在文学

道路上跋涉的足迹，最终决定买下，满意地走出书店大门……

方纪创造了他应创造出的有为的成果，也有着深长的遗憾——如果不是伤残，他肯定还将为自己更是为人民增添许多更老到、更有分量的作品，但既然这种遗憾不是他个人造成的，我在这里就不愿多说。

还是往前看，看一个共产党员老作家、一个具有半个世纪斗争经历的老战士在身残之后的生活态度——对晚辈们有所启迪这件事本身，就说明他仍作着可能的奉献。

虽然母亲一直处于"植物人"或半"植物人"状态，但母亲的心可能已经感知到了父亲的去世，那几天她状态也不太好，而且在默默地流泪。可能是心灵感应，也可能是她在半昏迷中听到了什么。过后，她依然平静地与病魔做着顽强的抗争。每周二弟与弟妹小虹，还有我的侄女方芳，风雨无阻地给母亲送去维系生命的营养汤；四弟照例给母亲送去她喜爱的鲜花。日复一日、年复一年，母亲靠胃管维持着生命，经过 13 年的寒来暑往，于 2007 年 8 月 25 日早晨也离开了我们，终年 84 岁。

四、余音

在这部书杀青之际，我的四弟方行在父亲忌日这天，饱含真情地写了一篇悼念父亲去世 21 周年的祭文，抄录如下：

今天是父亲的忌日，（父亲）离我们而去已经 21 年了。今年也是你诞辰 100 周年。1919，五四生人。你曾亲自为自己刻过一枚"五四生人"的印章，因为你与这个时代有着不可分割的联系，奠定了你一生走过的路。从求学到理想与信仰，投身的事业和文学生涯，以及为此付出的一切。"五四生人"这枚图章蕴含并浓缩了你一生的革命经历。

你是一位作家，你一生走过的路是那么的多舛。你挥手写就的大量的诗歌、散文和文学评论，留下了几百万字的文学作品，使自己的名字载入史册。

"文化大革命"时，家里只有我一个人了，偶然中翻出一本书，看到《读〈战争与和平〉札记断片》，写得挺好啊；又看《普希金作品的风格》《托尔斯泰及其〈安娜·卡列尼娜〉》……一篇篇地读下去，因为这些名著我大都看过了，这些文学评论是谁写的？合上书，封面是《学剑集》，署名方纪。我惊呆了！在这之前我没读过你的任何作品！我只知道你和母亲都写东西，但我不知道你还出版了那么多书。你和母亲从来都没有跟我说过，只记得我小学的课本上有妈妈写的《毛主席看望关向应同志》。当时家里也被抄得四壁皆空。我只记得你总是给我们买很多的书，订各种杂志，还有苏联出的《有趣的图画》，是俄文的。"文化大革命"时生活拮据，我去卖这些杂志和家里那么多黑胶唱片给收废品的，收破烂的人说这是"四旧"，你哪来的？害怕了，不敢卖了。记得每个周日上午，我们被要求打扫卫生，留声机在播放着这些古典音乐，我总是用摇柄上弦、换唱针，这些古典音乐给了我一生的享受、感悟和追求。

"文化大革命"中你在狱中关押时，因为我们不知道你在哪里？我找到当时的"市革委"（因为我每月里都去那领我的十五块生活费）。多次要求后终于允许我们兄弟四人可以一见。你被人押到了烟台道的"市革委一办"，终于我们在六年以后见到了你！（但不允许母亲见。哥哥们应该比我还长的时间，因为他们更早地就去内蒙古插队了。）你抱着流泪的我，让我要坚强。我已记不清你当时的模样了，只觉得你很消瘦，但依然在坚毅中闪烁着父爱，眼镜后的湿润眼睛看着我们……两个哥哥用蒙古语在说着什么，突然大哥用蒙古语大声激动地说了一句，是他在一个人放骆驼时训斥的话吧？我猜是！给我们的三十分钟却提前结束了。从此我们再也没有人说起过这件事。

你在监狱六年后出来被送到杨柳青农场劳改，患脑栓塞没有一个医院敢接收你，在一中心医院的楼道里躺了七天被逐回家。作为一个在北大求学，参加一二九运动，1936 年 17 岁入党，投身于你所坚信革命理想而为之努力奋斗的你，现在，你已经被永远开除出党，成了一个反革命修正主义分子，一个阶下囚，一个劳改犯，医院怎敢为你医治。回家后，到处找人从医院买回脉通液。我在上高一，也在那时学会了扎静脉给你输液。

"文化大革命"结束了，我们兄弟相继考上了大学，在假期一家人终于可以团聚了，这是十年浩劫不幸中的万幸。你恢复了党籍，但你落下了终身的残疾！你虽然被送到北京去做开颅搭桥手术，但是你再也不能用完整的语言和我们交流了。你的思维依然敏捷，却不能完整地表达自己的思想了。你急躁时总是说："怎么搞的！"你的内心是多么痛苦啊？你的才华再也不能完整地呈现出来了！我曾问过你，你受了这么多的灵魂的冲击与碰撞和凌辱之苦，你后悔吗？你坚定地说，不后悔！你，是有坚定信仰的人！

你生命中最后几年更多是在医院度过的。医生护士都喜欢你，你还是老习惯，起来就看书，早餐后就用你能用的左手写字，你的书法作品送给你身边和来看望你的人。你每次回家总是挑一些书带回病房。你就喜欢看书，你走了，留下了这么多的书却带不走……虽然这只是十年浩劫后归还的一部分。

在你生命中的最后几年，你受伤病的困扰不得不截掉了一条腿。医院通知了组织，市委书记和组织部部长来做你的工作，你从痛苦中坚定地接受了。他们佩服地说，这真是一个红军时期的老党员，从战争中走过来的服从组织的老革命！是啊，父亲作为历史变革中一个普通的人也是一位战士，你有革命理想，坚持党性原则和纪律，因此时代也造就了你的特立独行，充满矛盾的人生和你独特的人格魅力。手术那天，护士从手术室出来告诉我们，马上就手术了，方老血压脉搏一切正常，他是真让人佩服的一个老人。父亲，这就是你！

你离开这个世界前的两个小时，写下了：倾耳无希声，在目皓已洁。平畴交远风，良苗亦怀新。留下你的绝笔，告别了我们，走了……

二〇一九年四月二十九日

四弟方行的祭文刚编入，又收到三弟方衍在读了本书初稿后心潮起伏、连夜写出的读后感《与父亲在一起的日子》，文字情深意切，故一并收入进来。这样，不管各人文字多少，我们四兄弟怀念父母的心意和纪念都有了，放在一起，共同告慰父母的在天之灵。全文如下：

今年是父亲方纪100周年诞辰，也是离开我们的21周年祭。兄弟们早就商量着，趁着百年诞辰的日子出一本父亲的纪念文集或个人传记。其实，十多年前我就开始断断续续写了一些，想在清明节祭扫时读给父母听。可开了个头，才发现手头资料太少，记忆已经模糊，难以表达心中情感。岁月荏苒，万事蹉跎，年复一年，这个想法也就淡化了。今年父亲忌日，与二哥相约同去祭扫，二哥交给了我一份初稿，让我在上面补充写些东西，为了这不能忘却的纪念。

亲情父亲　油然而生

父亲去世后，我们才发现，对父亲的了解实在太少了。1966年"文化大革命"时我才13岁，少不更事。父亲给我印象是很少在家，不苟言笑。即便是在家，也是整日在烟雾腾腾的书房里用毛笔疾书，或接待各方的朋友。那种情景下，我们都不敢大声说话，生怕打扰了父亲的工作，顶多是扒着门缝看上几眼，有了客人就去向长辈问个好。"文化大革命"开始不久，父亲东躲西藏后被关押，我和两个哥哥也相继插队去了。一直到1975年，我从农村回城当了工人，父亲也刚从监狱回到家，还没有落实政策，有过两年多在一起相处的日子。1977年，我又考上大学去了武汉，毕业后一直在北京从事科技工作，与父亲过去的文化艺术圈几乎不沾边，最多也就是过年过节回家看望父母。如此算来，与父亲相处的日子实在是太少了，加上父亲早已被摧残得中风失语，想聊点陈年往事也很困难。因此，初稿的资料收集和编纂重任只能由伴随父亲时间最长、经历事情最多的大哥去做，再由南开大学中文系毕业、又是文史专家的二哥最后删繁就简润稿成书。拿到初稿，我马上认真地读下来，居然有近40万字，400页之多，前期工作之巨，可以想见。令人惊异的是，初稿内容完全超出我的想象，其中有很多我前所未闻或者重新唤起回忆的细节和故事，记录了父亲在各个历史时期的文学创作、工作面貌、精神思想和人格品质，并且把它们衬托在大时代背景下进行观察和解读，这些故事细节不仅代表着那个大时代下很多知识分子的经历的缩影，更彰显了父亲平凡而又独行、坚守而又矛盾的一生。虽然还是初稿，我一气呵成地读下来，仍旧引人入胜、耐人寻味。恍惚间，对父亲的理解和认识有了升华，一个在大时代背景下的令人尊敬、高大的、活生生的父亲形象在我眼前升腾起来，唤起我与父亲在一起虽然很短却弥足珍贵日子里的记忆，与此同时，一个普通的、亲情般的"父亲"形象油然而生，勾回了我几十年前的回忆。

书香熏陶　伴随始终

从很小开始，父亲对我们的家庭教育就非常严格，把书读好是第一位的。那时不像现在的学生有如此沉重的作业负担和考试，基本下午课后花上个把小时就把作业写完了，根本不费什么力气。回家的路上，在路边书摊逗留，看一会儿小人书，有特别喜欢的就会央求父亲给买。在买书方面父亲从不吝惜，以那时父亲文化人的身份，家里早已是四壁皆书。随着我们逐渐长大，就不再留恋那些色彩斑斓、栩栩如生的小人书，开始在父亲的书柜里找些力所能及能看懂的"字书"来读。从小学到初中，我囫囵吞枣地读完了《三国演义》《西游记》《水浒传》和《红楼梦》，对里面弄不懂的人物故事就去问父亲，父亲总会给予一些解答。有段时间，父亲大量研究《红楼梦》，购买了古籍本的《脂砚斋重评石头记》，在上面用红笔做了很多批注。我最喜欢问父亲"红楼梦"中的人物关系，他总是能讲出很多前因后果和曹雪芹背后的故事。在政治上失意的日子，他总在提起《红楼梦》第二十二回《寄生草》里的词曲"赤条条来去无牵挂""一任俺芒鞋破钵随缘化"。我感觉这两句词对他的人生影响很大，父亲70岁以后有段时间在读佛经，用毛笔抄录了很多词句，指着对我说："好啊好啊！"其实，我根本不懂其中之意。无怪乎，父亲走后，台湾佛教协会送了一个小花圈，据说意指"高僧"。

记得那时每隔一段时间，我们都会帮父亲清理书柜，经常蹲在地上在书堆里挑来拣去，找些自己喜欢的留下，其他就当废品卖掉了。在这样一个充满书香气息的环境中长大，也养成了我们爱买书的习惯。直到现在，虽然读的书大部分已经是电子书了，可家里的许多纸质书虽然很占地方，也很少再翻阅，但还是舍不得处理掉。看着书柜里的藏书，仿佛又回到父亲教我们读书的情景。

音乐文学　耳濡目染

除却读书，父亲还极力培养我们的艺术细胞。借着他在天津文艺界的关系，专门请老师培养大哥、二哥学了小提琴，我则师从天津歌舞剧院的靳凯华和王进德老师学习了几年钢琴。后来还专门给我换了一台"小约翰"牌的三角钢琴，让我好好学习。我自知自己不是那块料，反而把更多的时间用在了"航模"身上。可惜好景不长，"文化大革命"中，钢琴伴唱《红灯记》一出来，钢琴就被造反派抄走，等"文化大革命"后期发还之后，钢琴早就糟蹋得不成样子。记得我10岁那年，东方歌舞团的王昆阿姨来家里做客，父亲让我给王昆阿姨表演一曲，我很害羞，见到这位大歌唱家有点不知所措，记得是弹了一首《春之歌》。后来王昆阿姨还特别唱了一首脍炙人口的《白毛女》，由我来伴奏。现在回想起来，尽管学习钢琴并不成器，但还是在一定程度上培养了我们对艺术、对音乐的追求和爱好。每到周末，家里的留声机总会放一些古典音乐，在音乐的回荡中，我们知道了贝多芬、莫扎特、柴可夫斯基等一批古今中外的音乐家，让我们的成长环境有了更多的人文气息，教会了我们以更大的热忱追求美好生活，如何面对错综复杂的生活压力。后来，我读大学时的一个暑期，泡在天津图书馆里，还翻译了一本"施特劳斯"的传记，辗转搬迁，手稿也找不到了。直到退休，我又心血来潮，添置了一台钢琴，想把童子功恢复一下，可惜练习太少，进步不大，终不成器。无论怎样，我仍旧时时感怀父母对我们的希望和培育。

1959年庆祝新中国成立10周年大典，父亲受邀参加，我随母亲也一同登上天安门观礼台观赏了礼花表演。回来后，父亲让我写一篇观后感。我上学早，已经是小学一年级，认得一些字了，便诌了几句，当然是词不达意。于是父亲教我该如何形容礼花的绽放，记得有一句是"礼花从天上洒下来，像一串串紫色的葡萄"。这是不是也算是我儿童时代子承父业的一种文学创作呢?! 可惜，"文化大革命"之后，父亲已被整怕，不主张我学习文学艺术，让我步入了科学技术的领域。

艰苦朴素 培养情操

父亲对子女的教育既严格又严厉。小时候，父亲作为领导干部，享受些许特殊待遇，像公车之类，最多允许我们在上面玩耍一番，该去哪里还是要坐公交或骑自行车。三年困难时期，父亲有高级知识分子的营养补贴，可少量买点牛奶、红糖之类的，在定点商店凭票供应，父亲自己不舍得吃，留给我们几个正在长身体的半大小子。我那时得了肝炎，医生让多吃点糖。去哪儿买糖? 父亲想来想去，请在广州的杨朔叔叔买了包白糖寄来。那时父亲的外事接待活动多，有时候从天津交际处带回几个招待客人后剩下的"狗不理"包子，就成了我们四兄弟最喜欢的美食，至今回味无穷。那时我们的穿着都非常朴素，衣服都是哥哥穿小了弟弟穿，到了我（老三）这儿，已是补丁摞补丁。记得入大学时，还穿带补丁的衣服，快毕业才穿上皮鞋。可我们从来也没有在意过这些，觉得很心安理得。上中学以后，就开始学着自己用搓板洗衣服，当然偷懒的时候也有，顶多就是洗不干净呗。有时候，我们和父亲出去，这种打扮，让人家不敢相信这是"大作家""大知识分子""文艺界领导"的孩子。在父母的严格管教下，艰苦朴素、热爱劳动不仅成为家庭的传统和信条，也让我们能够顽强、乐观地面对后来经历的那些蹉跎岁月。即便后来环境变好，我们也成长起来，有一定的社会地位，但这种家庭教育留下的烙印始终不敢忘怀。

打骂是爱 钢骨柔情

1962 年，父亲率小百花河北梆子剧团去南方交流演出，我因肝炎休学，于是父亲就带上我一起。其间，一次出席广州方面的宴请，我淘气地抽掉旁边刚刚要坐下的一位阿姨的椅子，导致这位阿姨一个"屁股蹲"坐在地上，摔伤了骨头。父亲当场就罚我回房不许吃饭。宴会结束后，回到房间结结实实地给了我一通"屁股板"，还让我去给阿姨道歉。过了好几天，父亲气才消，我从此再不敢乱淘气。长大以后，每次见到这位阿姨，都会提起这件事情，让我好是尴尬。有一个时期父亲很喜欢钓鱼，有次带我同去，在甩鱼竿的时候，不小心勾住了坐在后面的我的眼皮。鱼钩有倒刺，怎么都摘不出来，这可吓坏了父亲，不知所措，直接带着鱼竿就上了医院。到医院，医生用剪子铰断鱼线把鱼钩褪了出来，还取笑父亲说怎么不先剪断鱼线而直接带着鱼竿就来了。虽然是虚惊一场，却表现出父亲爱子之心、钢骨柔情的一面。这后来又成为一段佳话。这倒是应了"打是疼、骂是爱，最爱就是用勾拽（用脚踹）"这句话。

劫后重逢　劳动光荣

"文化大革命"初期，父亲还没有受到猛烈的冲击，只是有时去文联看大字报回来，总是一脸严肃，他已经预感到了一场暴风骤雨很快袭来。果然，父亲很快就被造反派和保守派之间争来抢去，在各种批斗会上"亮相"。我还记得一次在民园召开的批斗会上见到的父亲，在枪的押解下，脖子上挂着"反革命分子"的牌子，蓬头垢面，一脸茫然。我没法接近，更无法说话。很快，上山下乡运动开始了，我们三兄弟相继插队，留下12岁的弟弟一人在家。那时，父亲已渺无音讯。直到1974年，我从农村老家回来，父亲也刚刚从监狱出来，仍被定性为"敌我矛盾"。7年没见过父亲，我已经从一个柔弱少年变成了壮实青年，长期的农业劳动，身体又黑又壮。见到父亲，可能是在监狱长期被摧残，显得萎靡不振，一脸的木讷。看到我，父亲非常惊喜，拉着我的手，捏捏我的胳膊，捶捶我的后背，说了一句："晒黑了，结实了，还是当劳动人民好！"父亲很关心地问起我在农村都干些什么，爷爷奶奶身体可好，乡亲们还有哪些他熟知的人，等等。我告诉父亲，我带走的三个箱子中有父亲珍藏的善本和珍本古籍书，在1973年一天深夜被从北京来的一伙人抄走了，后来得知是康生派人所为。父亲听后心疼不已，却无可奈何。还告诉父亲，1973年我在农村想考大学，在全县考了第二，但没有被录取，原因是父亲的政治问题没有解决。那时，我自认为考试成绩不错（那届考试其实很简单，但张铁生还是交了白卷还成了英雄），校方说只要证明父亲是"人民内部矛盾"就可录取。我很天真地给组织部写了一封信，希望他们能给开个证明。之后，我就天天到供销社门口等邮递员送信，终于有一天盼来了组织部的信，急切地撕开来看，一行字跃于眼前："方纪定为反革命修正主义分子，永远开除党籍。"我登时傻眼，把信撕得粉碎。那时觉得我这辈子只能当好劳动人民了。父亲听罢，觉得自己连累了我们，非常的愧疚，不知说什么才好。

重新生活　乐在其中

父亲一辈子过书斋生活，不善料理家务。从监狱出来后学着自己买菜做饭。有一次去街上买菜，带回了一大包食盐，回家便说："还是吃盐便宜啊！"那时的食盐不到 2 角钱一斤，父亲一下子买了 1 元钱的，真够全家吃上很长时间了。后来，父亲在干校劳动时学会了做"水晶肘子"这道菜，回家便开始操练：把肘子加佐料煮熟，放进大盆中，上面要用重物把汤汁挤压出来。那用什么当重物呢？父亲找到当年从广东肇庆带回来的老坑端砚原石，充当了挤压"水晶肘子"的重物。后来这道菜被全家喜爱，过年过节时就做上一道。发现了老坑的端砚石头，父亲又找到了新的生活乐趣：自己制作端砚。父亲买来锯子、砂纸等，戴着手套，每天锯石不止，乐在其中。那段时间，还见过父亲用刻刀自己刻了一些石头图章。这些东西如果能留下来，还真有点纪念意义，可以算作是父亲劳动改造的成果吧！

不要学文　要学理工

1977 年恢复高考时，我已经回城在工厂当了两年的学徒工。听到恢复高考的消息，弟兄四人都跃跃欲试，我却担心再次面临 1974 年因父亲政治问题没有解决带来不录取的厄运。那时，父亲还没有最后落实政策，但脑出血瘫痪允许住院看病了。听说这次高考不论出身、只看分数，分数够了就能录取。我决定一搏！于是，花了两个多月的时间，从初中二年级自学到了高中三年级。一有空，就伏案在父亲病房二尺见方的床头柜上学习数理化，一边还要盯着父亲头顶上的输液瓶。父亲为1974年因政治问题影响了我们不能上大学，一直抱有愧疚感，有了这次机会，非常支持我。在选择专业方向时，主张我们不要再学文了，还是学工吧！我非常理解父亲，解放后的历次运动中，文化界总是首当其冲，父亲在这个旋涡中被整得荡来荡去，几次险些掉了进去。所以他不希望我们步他的后尘，还是学习科学技术，以报效国家。这当然也符合我自己的兴趣爱好，于是我选择了电力工程专业。为了入学更加顺畅，父亲抱病千方百计联系到教育战线上已经恢复工作的老朋友、老战友，请他们出面帮助。记得有当时的南开大学校长臧伯平、天津大学李曙森、哈尔滨军事工程学院院长刘居英、华中工学院院长朱九思等人。幸亏，功夫不负有心人，我的分数通过录取线，顺利地考入了武汉华中工学院。入校后，还专门去家里代父亲看望了朱九思伯伯，他谈起解放战争时期他们在《冀中导报》和解放初期在《天津日报》一起办报纸的事情。

矢口走首　谨言慎行

父亲一生光明磊落，经常是思如涌泉，笔走龙蛇，热情高歌，直抒胸臆，却常常因文罹祸。从监狱出来后，他常常反思自己，对"文化大革命"中"欲加之罪，何患无辞"的做法深恶痛绝。一次聊天中问我，你懂得"知道"两个字吗？我茫然看着他，他说："知道两个字拆开就是矢口走首！知道了就会说，说了就会掉脑袋。'文化大革命'中我之所以被整成这个地步，就是得罪了江青、姚文元，揭发了他们的老底。"我顿感愕然，怎么也没想到中国文字如此精妙。他总是告诫我们，要谨言慎行，低调做人，少说多做，祸从口出；不该知道的事情，还是不知道好；不要说假话和违心的话，实在没办法选择不说话。虽有如此反思，但仍免不了"江山易改本性难移"。有人说，父亲在这方面吃过大亏，所以老天让他患了脑栓塞，右侧偏瘫，不能写字，又失语不能讲话。

父亲失语后，最多只讲两三个音节，如"好，好""就是，就是"

"不好，不好""还可以"，有时还会迸出两声"国骂"。虽然讲话不多，但反应敏捷，爱憎分明，意思准确。70岁以后，父亲的话越来越少，行动也不方便。之前，我们谈起社会上的腐败和不公正现象，父亲听到偶尔还会有两个字的"国骂"，再往后，对这类事早已置之不理，每天只是默默地写字、读书，偶尔听听京剧，完全进入了自己的精神世界，真的做到了谨言慎行。

乐观豁达　笑对人生

父亲乐观豁达，心怀坦荡，平易近人，一生有许多朋友。无论从他的文学作品，还是他的朋友、同事、学生的文章书信中都进行了淋漓尽致的描述。书中前面已有很多，此不再累述。"文化大革命"之后，父亲落实政策，恢复了工作，但由于两次脑梗得不到及时治疗，导致半身不遂和失语，可谓"哑其喉舌、废其右臂"，依然乐观。即便如此，父亲仍以满腔热忱，在家人和朋友的陪同下，参加各种社会活动，到家里来看望父亲的人也是络绎不绝。我们有时候担心他的身体状况，闭门谢客，父亲不允。让我吃惊的是，访客不仅多，而且各式各样：老友、同事、学生、后辈；请教的、求字的、采访的、聊天的；搞创作的、做工的、送牛奶的、扫卫生的；父亲来者不拒，用他那两三个音节的方式与他们聊天，脸上流露着开心、安详和处事不惊的神态。有人求字，或现写或挑几幅拿去。

到晚年，父亲读书写字，静养身心，写的字越来越有"禅味"，连他自己都说写字多年原来的白头发又重新变黑了。修身养性，真似活神仙。父亲的一生波澜壮阔，历尽沧桑，到晚年如此的乐观豁达，笑看人生，境界非凡，不能不说与他一生不断追求学问、探究本源密不可分。小时候，父亲给我们讲辩证法的"一分为二"，引用了庄子的"一尺之棰，日取其半，万世不竭"。等我们入了大学，知道了这就是数学的"微分"。他喜欢并曾给我写过成都宝光寺的一副对联："世外人，法无定法，然后知非法法也；天下事，了犹未了，何妨以不了了之。"可见，父亲把他经历的磨难，完全置之身外，一了百了。"世事洞明皆学

方纪之子，右起：方衡、方衡、方衍、方行（摄于 1989 年春节）

问，人情练达即文章"成了父亲一生的写照。

父亲的豁达，还表现在对疾病的态度上。晚年，父亲右腿脉管炎疼痛难忍，每天只能坐着睡觉，后来发展到黑肿坏死，医院说必须截肢。父亲那时已经 77 岁，加上心脏不好，能否承受手术风险，令人不安。考虑了几周，父亲同意截肢，从此义无反顾，积极配合治疗。记得手术那天，父亲神情泰然躺在推车上，进手术室前，伸出他那宽大有力的手掌与我们拉手，笑着说："放心吧，我没事。"那份乐观，那种豁达，能让我记住一辈子。手术后的父亲，从"哑其喉舌、废其右臂"，又加上了"刳其一足"。我们看着父亲遭如此折磨，心痛不已，可父亲依然乐观。正如他给梁斌伯伯写的一幅字："人生何须叹苦短，来日放歌走天涯。"

纪念父亲 未尽尾声

1998 年 4 月 29 日，我在北京接到大哥电话，说父亲走了！我大吃一惊，开车赶去天津总医院。逝去的父亲已换好衣服安详地躺在病床上，家人都来了，围成一圈，大哥正在给他剪指甲。看到桌上有四行字：倾耳无希声，在目皓已洁。平畴交远风，良苗亦怀新。说是父亲早晨起来写的，之后便掷笔而去，当时家人都不在身旁。看到这几行字，我知道父亲早有预感。字里行间既有父亲对自己一生的最后回顾，也表达了他对未竟事业的眷恋，以及对后辈寄予的无限希望。

灵堂里摆满了鲜花，四周挂满了各界人士送来的祭文，一批又一批的人来向父亲遗像鞠躬送别，花圈从三楼的灵堂沿楼梯摆放延伸至大街上，几周来，连续不断。这个时刻，我才意识到，我们对父亲的了解太少了，父亲到底是什么样的人？为什么有这么多的人远道而来为他做最后的送别？灵车启动了，我们坐在灵车上向后望去，一连串的车辆打着双闪跟在后面，远远看不到队尾。送别仪式庄严、隆重，天津、北京及其他地方的各界人士共1000多人参加。我们四兄弟在父亲身旁痛哭流涕、长跪不起。

父亲走后的20年里，每年都有纪念他的文章出来，或者是关于他的文学作品，或者是对他那个时代历史事件的研究，这才让我们更多、更真切地了解了父亲的一生，一个大时代背景下那个"挥手之间的人生"。然而，从"父亲"的意义上讲，生活中的点滴，如家庭教育、生活态度、做事方式、朋友圈子等，不仅对子女有着潜移默化的影响，也可以从另一个角度衬托父亲作为一个"社会人"的有血有肉的情感。

作为子女，我为20年来没有用文字方式纪念父亲一直抱有愧疚，现在终于有了这样一本书，让我在上面写了一些文字，表达了对父亲的怀念，但这并不是尾声。父亲特立独行的一生深刻地影响着我们的过去和将来。对于已奔向古稀之年的我们来说，需要更多思考、总结和完善，也能够让后辈们有所借鉴、继承和发扬。

下部

一个有使命感的作家

——浅述方纪的文学创作道路

本文以方纪创作道路历史纵线为主线，较为全面、概括地介绍了方纪各个时期文学创作的背景及主要作品特点。虽仍显粗浅，但基本上将方纪文学创作的脉络描述了出来，可资研究者参考。附录以王树人1980年编写的《方纪作品编年目录》和《方纪著作单行本及结集出版编年目录》为基础，并做了补充修改。

——题记

一、从延安起步（1939—1945）

方纪，原名冯文杰、冯骥，1919年出生在直隶省束鹿县（今河北省辛集市）。方纪是他正式从事文学创作后用的笔名。方纪在老家度过了自己的童年和青少年时期，在中学毕业前，因家中变故，无力再供他继续读书，他不得不放弃学业到北平谋生。

方纪的写作，最早是从给报纸投稿开始的，那是1935年他在北平皮货店当学徒的时候。失学的痛苦令他感到前途渺茫，而学徒的艰辛又让他倍感煎熬，在不满老板对学徒工的苛刻与压榨情况下，他愤而以化名写了一篇反映学徒生活之苦的文章，投给了天津《益世报》。当时《益世报》正关注这方面的社会问题，很快就将方纪的稿子发表了，方纪也因而被老板解雇。从失学到失业，对年轻的方纪来说是又一次的人生打击。正在他徘徊不知所措之时，他遇到了同乡老大哥、当时正在北京大学历史系上学的曹盼之。曹盼之得知方纪的遭遇后，非常同情他，把他带到自己的住处暂时安顿下，后又帮他联系到北师大附近一所平民学校补习功课，后参加了全市的会考。之后，又帮他进入了北京大学历史系做了旁听生。在这期间，曹盼之不仅在生活等方面给予方纪很多帮助，同时也给他介绍了很多进步书刊，这使方纪渐渐接受了进步思想。方纪进入北大三院后，同屋一位名叫屈洪涛的同学对方纪很关心，经常借给他一些苏俄文学如《铁流》等书籍看，方纪对苏俄文学产生了浓厚的兴趣，对他后来走上文学创作道路有重要的影响；同时，他也被书中所描写的革命斗争和理想所感染，使他深受鼓舞，从中获得了勇气与力量。在屈洪涛的介绍下，他经常到山东会馆参加一些进步文学活动。方纪在这里认识了刘曼生（谷牧），经刘曼生介绍，他加入了北平"左联"领导下的进步文学团体风沙文艺社，并参加了魏东明等人主持的进步文学刊物《浪花》《泡沫》的编辑工作。这期间，他以多个笔名在这些刊物及《北平新报》上发表过一些短文、诗歌，现已无从查考。

1935 年 12 月，北平爆发了声势浩大、震惊中外的一二九爱国学生运动。当时，在日本侵略者的步步紧逼下，"华北之大，已经安放不得一张平静的课桌了"，于是，北平的爱国学生终于在 12 月 9 日发出了抗日救亡的怒吼，他们手挽着手走上街头，要求国民政府"枪口对外，一致抗日"。面对军警的威胁与镇压，他们高唱塞克作词、冼星海作曲的《救国军歌》："枪口对外，一步一前进，不打老百姓，不打自己人……"在严寒中冒着军警的高压水龙和警棍的驱赶，冲破层层阻拦，向民众宣传中国共产党的抗日主张，号召民众积极参加抗日救亡运动，他们的爱国行动得到了全国各界的响应和支持。方纪也积极投身到这个运动中，他后来又参加了一二一六大游行和南下宣传队，这期间他加入了"民先队"；1936 年 3 月 31 日又参加了在北大三院举行的悼念郭清烈士大会和"抬棺游行"。之后，方纪加入了中国共产党。

1936 年春夏之交，方纪在北平西山参加了"民先"组织的夏令营，内容是开展游击训练，为战争做准备。训练结束后，方纪以"风季"的笔名写了一篇报告文学《游击战》，发表在《今日文学》（1936 年第 1 卷第 3 期）上，这是目前能查到的方纪的第一篇作品。在这篇作品结尾，方纪写道：

> 暴风雨怒吼着！中华民族怒吼了！这个怒吼，这巨响，将传播开去，传播开去，要震动全中国，全世界！
> 起来，不愿做奴隶的人们！……

同年 6 月，方纪受组织派遣，回到冀中家乡，先在武邑县一所学校以教书为掩护，秘密从事抗日宣传、发动群众工作。1937 年他到北平参加了"民先队"全国代表大会。大会后，他按照党的指示回冀中组织抗日武装。

1937 年 7 月 7 日卢沟桥事变后，日本发动全面侵华战争，中国进入全民族抗战时期。不久，淞沪抗战开始，方纪奉命带领所改编的抗日武装南下参加抗战。当方纪率领的队伍到达上海外围时，上海已失守，方纪率队向安徽屯溪一带转移。在那里，方纪将队伍交给李涛将军后，奉命只身前往武汉八路军办事处报到。此后，方纪先后在武汉、长沙、桂林、重庆等地八路军办事处做抗日宣传工作。这期间，他先后参加了十三军青年战区服务团赴徐州前线慰问和中国红十字会战地救护大队工作。在桂林"八办"工作期间，方纪以风季笔名写了一篇短评《开展反轰炸运动》，发表在《救亡日报》（桂林版）上。

1939 年秋，经中共中央南方局书记周恩来亲自批准，方纪从重庆八路军办事处来到他向往已久的延安。在重庆工作期间，方纪写了一篇小说《山城纪事》，未发表，后于 1946 年修改完毕，发表在热河省文联的文学刊物《热潮》上。方纪到延安后，先进入陕北公学学习，后到边区文协、文抗工作。在文协工作期间，他协助刚从苏联回国来到延安的萧三编辑《大众文艺》和开展文化俱乐部工作；在萧三的指导下，他写了一篇戏剧评论《关于〈蜕变〉——门外剧谈》，发表在《大众文艺》1940 年第 2 卷第 1 期上。《蜕变》是曹禺于 1939 年写的一部为抗战服务的力作，内容描述了抗战初期一家省立伤兵医院，如何蜕旧变新，由腐败走向振兴，从而使千百名伤兵得以治愈，重返前线奋勇作战的故事。该剧在延安公演后产生很大影响。除这篇剧评外，方纪还在中央青委创办的"文化轻骑兵"墙报上发表过文艺评论。可以说在这期间，作为著名作家、翻译家和早期革命家的萧三，对方纪走上革命文学道路有很大的影响和帮助。调到"文抗"工作后，方纪先是协助刘白羽从事党务工作，不久，开始走上了文学创作之路。

根据目前看到的资料，1942 年发表在延安《文艺月刊》第 14 期上的《意识以外》，应该是方纪正式发表的第一篇小说，写于 1942 年 1 月。很多当时在延安的老同志都读过方纪的这篇小说，甚至有些人还以为小说中所描

1942 年，方纪与黄人晓在延河边

写的女主人公是方纪的夫人黄人晓。小说的女主人公是延安某医院的一名护士，而黄人晓当时正在中央医院当护士，因而被一些人误读了。从小说发表时间看，方纪认识黄人晓是在这篇小说发表之后。而且当年在延安中央医院工作过的老同志韩明也讲，小说中的女主人公原型名叫蓝琳，是中央医院护训二班的护士，与黄人晓是同一班的，那时黄人晓名字是金星，与蓝琳的关系也很好。蓝琳是一位单纯又酷爱音乐的女学生，当年她背着小提琴满怀激情地从大城市来到延安，本来是想到鲁艺学习音乐的，但因工作需要，组织上将她分配到中央医院来工作了。开始她还是满怀热情、认真负责地做好自己的本职工作，久而久之，她对从事虽简单但又较为繁重的护理工作感到厌倦，思想上就产生了波动，内心深处的理想与现实工作环境发生了冲突，出现了激烈的碰撞。在得不到释放的情况下，她变得情绪低落和苦闷，甚至于出现抑郁。当时类似这样的事情，在延安并不是个例。那时，从四面八方来到延安的知识青年很多，但一些人在延安生活了一段时间之后，却发现个人的理想追求与艰苦的现实环境之间存在着很大差距，因此思想上发生了动摇。有些人离开了延安，有些人则在这种矛盾冲突中变得精神苦闷，以致影响了学习和工作，这也是导致延安抗大、鲁艺曾一度停止招收知识青年的原因之一。有这种现象存在，而当时方纪又正好读了厨川白村的《苦闷的象征》和弗洛伊德的关于精神分析学的文章，以及尼采的"超人"学说，因此，当他发现这个素材后，将其典型化，写了《意识以外》这篇小说。可以说，方纪是中国近现代文学中比较早将弗洛伊德心理分析手法用于文学创作的作家。

小说发表后，在一定范围内引起反响，也受到了丁玲等老作家的鼓励。这篇小说的内容大意是：一位满怀理想从大城市来延安的女知识青年，希望能够从事文艺工作，但却被组织上分配到当时更为需要人的医院去当护士，她服从了组织上的安排，每天从早到晚积极地完成本职工作。但由于理想与现实之间的巨大差距，她思想产生了矛盾，并将内心的痛苦埋藏在心中。由于精神上的苦闷和孤独，她也对这个医院的环境——"黑石门上"的"白字""秃了顶的老柳树"在院中映出的"黑影"，以及周围的人都产生了负面的情绪，最后导致精神失常……小说发表后，有人认为小说中一些负面的心理描写过多，突出人物个性追求，而忽略了个人利益服从革命利益的原则，这与当时延安的革命大环境不大相符。

实事求是地讲，在当时"文抗"作家创作以"批判现实主义"为总基调的大环境下，方纪所写的《意识以外》并不奇怪，何况在此之前丁玲也写过一篇相似题材的《在医院中》。《意识以外》这篇小说中所描写的追求革命理想的知识青年，当主观意识与客观实际发生矛盾冲突的时候，内心出现痛苦，产生了精神苦闷与孤独，这几乎是每一个走出校门步入现实社会生活的知识分子都要经历的必然过程，这在当时，即使在当代都是很正常的。《意识以外》这篇小说也恰恰反映了这个客观真实——它从另一个角度反映了知识分子要在社会实践中，在改造客观世界的同时，改造自己主观世界的必要性。不过，在这篇小说中，作者没能给小说的主人公指出一条光明的前途，使作品基调显得沉重而感伤，这与当时延安的革命、积极向上的大环境有些不相符合。后来方纪自己在谈到这篇作品时写道：

> 尽管这个小说的主人公确实是精神失常了，但在当时这样来表现，就使作品失去了积极的意义。经过延安文艺座谈会后，我才逐步认清了文学创作的方向，明确了创作的指导思想，要符合无产阶级根本利益和以无产阶级思想为指导。①

这一年，方纪还写过一篇评论《糖衣毒药——〈野玫瑰〉观后》，发表在《时事新报》（1942 年 4 月 8、11、14 日连载）；一首诗《马》，发表在

---

① 方纪：《新的起点——回顾延安文艺座谈会》，《新文学史料》1982 年第 2 期。

延安《谷雨》文学月刊（1942年第1卷第6期）。

1942年5月，方纪参加了延安文艺座谈会，聆听毛泽东的著名讲话，使方纪思想受到很大触动，解决了他在此之前思想中始终不够明确的革命文学"写什么""为谁写"的问题，令他对未来的创作充满信心，毛泽东在延安文艺座谈会上的讲话，也成为他一生创作和从事文化工作的指导思想和精神动力。可以这样说，毛泽东这篇讲话，是方纪从事文学创作真正的新起点。

延安文艺座谈会结束不久，方纪与"文抗"其他人一起进入中央党校三部学习，在那里参加了延安整风运动和大生产运动，在这一系列的学习实践运动中，方纪的思想认识有了很大的提高和转变。这年12月26日，周恩来特意从重庆给正在党校三部学习的方纪写信，信中鼓励他为大后方写出更多的作品。周恩来这封信使方纪倍受鼓舞，也使他更加自觉地深入实际生活，去书写反映工农兵生活的作品。延安整风结束后，方纪也结束了在中央党校三部的学习，于1944年调到延安《解放日报》副刊部工作，开始了新的生活。

1944年底，方纪写了一篇报告文学作品《阿洛夫医生》，这篇作品反映了在延安中央医院工作的苏联外科医生安德烈·阿洛夫的国际主义精神，以及他对于工作一丝不苟和对医疗技术精益求精的品格。

苏联阿洛夫医生

与此同时，方纪还写了一篇短篇小说《魏妈妈》（载1945年4月15日延安《解放日报》），小说描述了一位曾生活在国统区的农村妇女，因不堪国民党抓丁和派粮增税的残酷压迫，毅然投奔抗日根据地的故事。从小说《魏妈妈》的副标题"记谈话"三个字中可看出，这篇小说是根据一篇访谈而写的，但它又不是纯访谈记录，而是在真实访谈的基础上经过提炼而写成的文学作品，因此使这篇"谈话"在真实性的基础上，又具有了可读性。小说通过主人公魏妈妈个人生动的讲述，揭露了国统区的黑暗统治，歌颂了共产党领导下的抗日根据地的光明与幸福。方纪在作品中以国统区与根据地、黑暗与光明的鲜明对比和白描的手法，将一位普通农村妇女的遭遇和命运的改变生动地勾画出来，使读者很容易从中明白一个道理：共产党才是老百姓的大救星。从作品的语言风格看，方纪熟练地运用了朴实而生动的群众语言，使这篇作品成为老百姓都看得懂的通俗性纪实小说。由于这篇小说完全是以第一人称自述口气写就的，因此语言风格具有很鲜明的特点。小说一开篇便写道："你问我咋到咱边区来哩？喳，我跟你说：俺是河南的。……"鲜明的地方语言特色跃然纸上，令读者既如闻其声，又如见其人。在讲到她儿子被保长抓壮丁时，她说："我没钱，只得说好话，说好话挨了人家一鞭子；挨了鞭子还得磕头；磕头也不中！眼看人家从油坊里把孩子抓走了！你说，我可不哭咧……"短短几句朴实、直白、通俗的描写，既表明了自述者的身份，又凸显了她的性格特点，而且也讲明了事情的原委。类似这样的语言风格，也体现在方纪后来所写的另一篇短篇小说《张老太太》中。这两篇题材和表现手法相似的作品，可谓是姊妹篇。正如方纪自己所说的："就是要把那些方言当中特别富有地方色彩的好的语言提炼出来，应用到人物的对话中，这样可以使人物的性格特点特别突出，加深读者的印象……"①从这两个短篇小说中可以看出，方纪在认真学习《在延安文艺座谈会上的讲话》，深入工农群众之后，从创作题材到创作手法都发生了明显的转变。他在作品中能够用农民的语言去表现农村的生活，开始摆脱了知识分子的"腔调"，在"写什么""为谁写"的创作道路上迈出了可喜的步伐。

在这一时期，方纪利用业余时间去延安的外国语学校刻苦进修了英语和俄语，并积极翻译介绍苏联革命文学作品。从1944年底到1945年日本投降之前，他先后从英文转译了《为了乌克兰》（载1945年1月19日延安《解放日报》）、《亚历山大·马特洛索夫》（载1945年2月17日延安《解放日报》）和《一个女人、一个战士》（载1945年2月19日延安《解放日报》）等苏联文学作品，这些苏联文学作品对在中国战场上英勇抗击日本侵略者的八路军战士和人民群众起到了鼓舞作用。与此同时，方纪还写了全面介绍苏联作家阿列克塞·托尔斯泰的生平和写作的文章《对A·托尔斯泰创作

---

① 方纪：《关于文学的语言问题》，写于1949年，见《方纪文集》第4卷。

的一点介绍——纪念他的逝世》（载 1945 年 3 月 8 日延安《解放日报》）和介绍苏联文学大师高尔基的文章《生活指示着他的未来》（载 1945 年 6 月 18 日延安《解放日报》）。在全面介绍 A·托尔斯泰的文章中，方纪写道："A·托尔斯泰是一个贵族出身的知识分子，经过了两个时代的作家"，"阿列克塞·托尔斯泰困苦而坚决地走了过来，抛弃了那过时的反动的艺术形式，走近更直接地表现现代俄国人民生活的创作道路上来"。在介绍高尔基的文章中，方纪写道："高尔基小说里的人物是坚强的，美的。这些都是生活在苦难里的人物——流浪汉、妓女、偷儿、残废者……然而他们却并不向生活低头、示弱，屈服于自己苦难的命运。""这正是高尔基的伟大之处：他从这些生活在苦难里的人们当中发掘出生的真实意义。这能使他（她）们的同类受到鼓舞，生活下去；使另一些人们看到社会的罪恶，而使那些制造罪恶的人们战栗。"

现在，重新阅读方纪当年所写的这些文章，从中可以看出，他为什么会成为坚定的现实主义文学作家，他的文学作品中为什么写的都是不同阶层中的最普通的"小人物"？可以说，这两位苏联文学家以及他们的作品，对方纪文学创作的影响是很深的；同时，也是形成方纪文学创作思想的重要基础。

研究和翻译苏联文学作品，对提高方纪的文学创作水平起到了很大的促进作用。1945 年 4 月，方纪写了中短篇小说《纺车的力量》（载 1945 年 5 月 20、21 日延安《解放日报》）。这篇小说从思想内容到艺术的表现能力上都超过了 1942 年写的《意识以外》。《纺车的力量》以延安大生产运动为背景，突出描写了一位知识分子干部，在大生产运动中通过劳动实践，使自己思想得到改造的过程。这篇小说中对知识分子思想转变的描写，已经看不到负面的消极因素了。

从小说中对纺车的使用、纺线的技术和提高纺线产量的方法等细节的描写中，可以看出方纪本人对这个他从小就看惯了的纺车并不陌生，而且在延安大生产运动中，他也曾经历过这种实践的磨炼（他本人也曾成为纺线能手）。对沈平这个充满革命热情但也存有幻想成分的青年人，方纪以渐进式的写作手法，比较细致地刻画了他思想的逐步转变，将沈平从不会使用纺车，到会使用，再到熟练使用，最后到成为特等纺线突击手的全过程一步步勾画出来。特别是方纪将沈平的主观愿望与客观实际相互作用、相互转变的过程，巧妙地融合在纺线这个既实际又生动的生产实践中，以小说的形象化语言，描写了知识分子思想改造循序渐进的过程，可以说方纪文学创作的技法已有了很大的提高。

刘增杰主编的《中国解放区文学史》一书中对《纺车的力量》有这样一段评述：

> 小说的意义在于，它较为准确地表现了在特殊的战争环境下知识分子的心态：为了抗日战争的胜利，他们可以暂时牺牲自己的专业；为了民族的生存，他们可以从事任何原始的劳动，艰苦的工作。在他们身上，体现了解放区知识分子乐于战胜自己思想上的弱点，主动在实践中磨炼自己的优秀品质。在解放区以描写农民为主要对象的创作中，这篇小说对知识分子形象的刻画，具有一定的现实意义，是解放区文学创作中新的主题和新的题材的开拓。正如《解放日报》编者在开始发表讨论《纺车的力量》的文章时所指出的：《纺车的力量》的作者，"想表现出一个知识分子如何同一架极原始的纺车结合，又如何从劳动中获得思想的改造，而成为光荣的突击手。这样簇新的题材，是伟大的整风运动以后的革命现实的一个反映；旧知识分子在参加生产和整风运动中间，思想蒙受了改造，精神起了变化，逐渐把自己改造为一个健康的新知识分子，这是值得大书特书的，《纺车的力量》就是这样一篇富有主题积极性的作品"。编者的这一认识是相当深刻的。①

《纺车的力量》和《意识以外》这两篇小说一前一后，都是写初到延安的知识青年，题材大体相似。1942 年的《意识以外》中，表现的是知识分子到延安后心中幼稚的幻想与现实发生矛盾碰撞后内心的苦闷，作品中还带有悲观的情调；到 1944 年写《纺车的力量》时，作者笔下的知识分子则是在实践中碰到困难，经历了重重挫折与失败后，不再是消极地苦闷、彷徨，

---

①　刘增杰主编：《中国解放区文学史》，河南大学出版社 1988 年版，第 101 页。

而是努力战胜困难，最终获得了成功，并使自己的思想得到了升华。这篇小说的情调是积极健康的、光明的。从这两篇小说的对比中可以看出，经过延安文艺座谈会、延安整风运动和大生产运动后，方纪在文学创作思想上确实发生了很大变化，为他以后的创作奠定了坚实的思想基础。方纪个人在这个过程中的思想变化，也体现了延安文艺界整体思想面貌的变化。正如方纪离开延安前夕在《到群众中去》（发表于 1945 年 9 月 22 日）一文中写道：

> 经过了文艺座谈会与整风运动的延安文艺界，思想上已完全改变了面貌，这从近几年的文艺创作活动可以看出。虽然这方面还远远落后于实际斗争，落后于读者的要求；但从作品的思想上，从描写工农兵与为工农兵的努力上，以及从工农兵自己的作品数量增加上，与整风前的文艺活动作一比较，便可以知道这一差别是非常明显的。在这里，我们先不谈这一时期的成绩；但指出这一思想上的变化，看到这个本质的差别，则是必要的。

方纪的文学创作起步于延安，延安的生活、学习、实践，都成为他后来创作中巨大的精神财富，也是他在创作中始终充满热情和激情的动力源泉。

二、在火热的生活中（1945—1948）

（一）评论与短篇小说

1945 年 8 月 15 日，日本政府宣布无条件投降，中国的抗日战争取得全面胜利。不久，在党中央的号召下，陕甘宁边区培养的大批干部纷纷奔赴各地，深入群众，开展工作。方纪在这一年的 9 月 23 日，从延安出发前往东北，但在途经热河（今承德）时，因晋察冀边区也急需干部，方纪被组织上留下，在刚刚解放的热河和张家口开展工作。离开延安前夜，方纪心潮澎湃。他在《到群众中去》中这样写道：

这回文艺工作者的大批到前方，对于我们的文艺运动是一件大事。抗战八年，这样大规模的、有组织的、有思想准备的到实际中去，无论对我们解放区，以至全国的文艺活动来说，都还是创举。

……

抗战胜利了，但群众的时代并没有过去，反之它正在兴起。到群众中去，深入在群众斗争里，然后才能表现这群众的时代。

从 1945 年秋到 1946 年，他担任热河省文联副主席，同徐懋庸、塞克、赵竟等一起创办了建国学院和文化夜校，目的在于培养青年文化干部，提高青年学生和干部的政治思想觉悟和文化素质，为解放全中国准备人才。他们在热河期间，还带领学生参加社会调查、开展土地改革和打土匪等各项工作。与此同时，方纪创办了文学半月刊《热潮》，他一方面自己为刊物写稿，另一方面广泛地向一些老朋友约稿，当时在三野当随军记者的郭小川、在华野当随军记者的杨朔等延安作家都曾赐稿。这段时间方纪写的文章主要有：向解放区介绍茅盾文学作品的文学评论《〈腐蚀〉——读书笔记》；通讯《血泪凝成的数字》（载 1946 年 2 月 19 日《冀热辽日报》、《解放日报》1946 年 4 月 13 日转载）、《前奏》（载 1946 年 10 月《晋察冀日报》）；短论《介绍历史悲剧〈李自成〉》（载 1946 年 2 月 24 日《冀热辽日报》）、《承德纪念"五四"文化活动总结》（载《热潮》1946 年第 1 卷第 1 期）、《抗议国民党摧残文化暴行》（载《热潮》1946 年第 1 卷第 2 期），小说《山城纪事》（1939 年 8 月写于重庆，1946 年 5 月改于承德，载《热潮》1946 年第 1 卷第 2 期）、《张老太太》（载《热潮》1946 年第 1 卷第 3 期）、《李成》（载 1946 年 4 月 29—30 日《冀热辽日报》）；诗《哀诗——悼"四八"殉难者》（载 1946 年 4 月 21 日《冀热辽日报》）。

《李成》是方纪到热河不久写的报告文学，或者也可以说是有方纪独特风格的刻画人物的短篇小说，与《魏妈妈》《张老太太》一样，都是采访纪实式的作品。作品的主人公李成，是赤峰县头道河子村一位朴实憨厚的农民，军阀统治时期当过本村村正，1933 年热河沦陷后，他因不满日本侵略统治，逃离了家乡，四处流浪。直到热河解放后他才回到村里，经过土改成为本村农会主任。这篇小说也是采用了以主人公自述为主的方式，通过新旧对比，讲述了国民党的"假民国"和共产党的真民主，从而塑造了一个从苦难中站起来的热河人民新形象。作品虽显得有些粗糙、仓促，但发表后在当时尚比较闭塞、文化比较落后的热河地区来讲，令人有耳目一新之感。这是方纪在热河期间写的唯一一篇小说。

解放战争打响后，热河省会承德市于 1946 年 8 月 27 日被国民党军侵占，方纪奉调以随军记者身份，到张家口工作。1946 年 11 月国民党军队进攻张家口地区，人民解放军主动从张家口撤退，方纪与在《冀热辽日报》当记者的夫人黄人晓一起被派往家乡冀中地区。方纪先是在冀中区党委宣传部工作，后调冀中区文联，以后又到《冀中导报》社工作。

从 1946 年底到 1947 年，他大部分时间住在冀中的河间地区。在这一段时间里，他写了一些文艺评论、短论：《反映战争》《从思想上提高一步》《农民的诗》，这三篇都写于 1946 年 12 月；《关于新时代的题材及其他——答王鹏同志》，写于 1947 年 1 月；《一部真实的历史——介绍〈巴黎的陷落〉》（1947 年）。在小说创作方面，他写了两个短篇：《副排长谢永清》（1947 年 3 月）、《人民的儿子》（1947 年 4 月）。

方纪在河间所写的一些文艺评论、短论，都是在冀中区党委宣传部和冀中文联工作期间写的，目的在于组织、指导干部和群众的业余文艺创作，提高他们的创作水平。他从思想内容到创作题材提出一些个人看法，同时又对农民创作的诗歌加以推广和介绍。冀中的河间，有着悠久的历史，自古以来就有着丰厚的文化底蕴。西汉时期整理《诗经》的毛亨就是河间人，有《毛诗诂训传》30 卷（简称《毛诗》）流传于世，是古文诗学"毛诗学"的开创者，世人称为"大毛公"。汉景帝之子刘德，是汉武帝刘彻的异母兄，景帝前元二年（前 155 年）他被封为河间王。刘德在河间"修学好古，实事求是"，设立《毛诗》《左传》博士，对汉代古文经学的繁荣起到了十分重要的作用。另外，像东汉时期发明了浑天仪、地动仪的天文学家张衡和清代任《四库全书》总纂官的纪昀（字晓岚），都是河间人，被人称为"张河间""纪河间"。这些丰厚的历史文化积淀，使河间地区自古以来就有诗书传家的风气，诗歌创作在当地有着深厚的传统和影响。方纪利用这个难得的机会，在工作之余积极"采风"，向群众学习，在实际生活中汲取营养。在其《农民的诗》一文中，他充分肯定并赞扬了农民诗歌形式的活泼、内容的生动和语言的质朴与简洁，并总结了农民诗的几个特点：

> 第一是农民的诗多采取表现而很少叙述，即寓思想于形象中。这很合乎我们的所谓"艺术原则"。……
>
> 农民的诗的第二个特点，是思想深刻，语言精练。……
>
> 此外，农民的诗韵脚都很自然，很少有为了押韵，勉强凑上一些意思不准确的字句。不像有些自由诗和知识分子模仿的顺口溜那样蹩脚（韵脚）。……

方纪在文中还引用了大量当地的农民诗来说明他的观点，这种通俗易懂的文章对当地群众来说既亲切又明了，受到欢迎。

这个时期方纪写的短篇小说《副排长谢永清》和《人民的儿子》，都是在做随军记者时搜集的一些创作素材。这两篇小说乍看有点像通讯报道，但在刻画人物方面还是很有艺术特色的。这两篇取材于当时发生的真实故事的作品，比较生动地反映出解放战争中的两个不同的侧面。这两篇小说有一个共同的特点，即小说中的主人公虽然都是立过功的普通的解放军战士，但并不是那种高大、完美无缺的英雄式人物，而是有着这样或那样不足的普通人。如《副排长谢永清》中的战斗英雄谢永清，是一位爱耍小脾气、调皮捣蛋的人；而《人民的儿子》中曾立过功的队列参谋刘德明，却因违反群众纪律而犯了严重错误。在现实生活中，本来就没有十全十美的人，只是由于在过去的一些文学作品中，作家将主人公刻意美化了、拔高了，才给读者留下了正面人物都是完美无缺的模式化印象，而写正面人物的缺点或不足却反而会引起一些人的非议，这种现象其实违背了生活的常理。现在文艺作品中的"李云龙"式的人物比比皆是，而在方纪写作的那个时代，这是绝对不允许的。当时方纪选取了这样两个人物将他们写进文学作品，并非有意歪曲，反而是想通过这样两个人物形象，来反衬谢永清的作战英勇和刘德明在得到人民群众真诚的原谅后，内心所产生的震撼与深深的忏悔。下面我们来看一下小说中的描写。

副排长谢永清是一个二十几岁的年轻军人，在战斗中一马当先，英勇无畏，在坚守阵地时他置生死于不顾。然而，战斗停止后，他却因在冲锋时夺得的新机枪被兄弟连队拿去了而大闹情绪。他先是因胳膊负伤要求去休养，在得到允许时又要毛驴要担架，还要求带着党组织关系去养伤，这明显是在"闹情绪"，而这种故意"闹情绪"都是他为要回那挺新机枪而耍的"小聪明"。当高营长调查清楚事实真相后，要把新机枪还给他们排时，新的战斗又打响了，谢永清便立即带着伤又投入了新的战斗，并说要在战斗中再去夺一挺新机枪。作者在描写见到谢永清时这样写道：

> 当我正要到连上去进行访问的时候，进来了一个用绑带吊着左胳膊的伤员。他离得老远便立正敬礼，把右手举到几乎歪在耳朵上的帽檐边说："敬礼，报告营长……""什么事？谢永清，你这次打得不错呀！"高营长热情地说。"报告营长，我要休养去！""什么？"显然，这话完全出乎营长意料之外。……

这位看上去有点吊儿郎当的副排长一出场，确实显得有些与众不同。这种写法吸引人想继续看下去后面发生了什么事。接下去他就不断提出各种要求，当高营长耐着性子答应他提的各种要求后，他才说出心里早已想好的最根本的要求：要求把新机枪还给他们！这时高营长才明白他的目的，并开始愤怒了。但就在这时新的战斗又打响了，只见：

> 谢永清立刻把伤胳膊一甩，扯掉绑带，上前一步，笔直地站到营长面前。"报告营长，我要上去，再夺一挺机枪来，补充本排的损失。""你的伤……""不要紧！"说着，他跟在七连长后面，跑步去了。

在这篇小说中，方纪把谢永清这个人物写得活灵活现。看前面感到他确实有些无理取闹，但最后却像相声中"抖包袱"似的，将这个副排长的英雄本色掷地有声地刻画了出来。虽然这篇小说乍一看有点像通讯报道，但看进去还是津津有味、有声有色的，很具艺术表现力。

《人民的儿子》是一篇写真人真事的文学作品，它有个副标题"刘德明事件纪实"，因此说这篇作品是一篇报告文学或纪实文学似乎更贴切。这个事件发生在冀中蠡县郑村，曾在晋察冀边区广泛流传。方纪抓住这个典型事件，将它写得非常感人，催人泪下。故事的情节大致是这样的：队列参谋刘德明和通讯员张秀峰，在一次急行军中，为了完成紧急的军事任务，抓住一位老乡命令他带路。不想那位老乡确因有病，不同意带路而逃走。刘德明便命令张秀峰开枪，结果竟把这位老乡打死了。部队为了整顿军纪，在群众中挽回影响，判处了刘德明、张秀峰死刑，为受害的老乡偿命。然而，老区的人民，特别是受害者的家属，却一致要求不要处决这两名犯了严重错误的战士，提出留下他们立功赎罪去打蒋介石。这个故事既反映了人民军队纪律的严明，更突出反映了老区人民的高度觉悟和对人民子弟兵的真诚热爱之情。方纪在小说中写道：

> 郑村是一个大村子。抗属占百分之十，虽然离县城只八里路，但在抗战八年中，这村里没有出过一个当汉奸的，一直是我们最可靠的根据地之一。这里的人民，也像所有老解放区无数村庄的人民一样，在十年的艰苦斗争中，与人民的军队结下了血肉之缘。可是当这件事情发生以后，人们完全出乎意外的激愤了！"这能是八路军干的吗？"人们怀疑地问道。"也许是刚解放过来的伪军……"

这几句短短的背景描写，不但表现出当地的军民关系和老百姓觉悟，也给读者留下了一个悬念：当地老百姓会怎样处理这件事？如何看待共产党及其领导下的军队？当刘德明和张秀峰开枪打死农民的事件报告给上级首长后，旅首长立即通知刘德明所在团团长："为了挽回影响，整饬军纪，立即查明凶犯，绑赴郑村，召开公审大会，就地执行枪决！"在团政治处张副主任的押解下，刘德明和张秀峰被带往郑村。路上刘德明在"明晃晃的刺刀"面前心里还有些不服："我是为了执行革命任务才犯的纪律啊……"当他们到达死者家时，除了死者的父亲外，全家人已号啕大哭两天了。张副主任代表部队向死者父亲赔礼道歉和给予经济补偿后，宣布了部队"执行枪决"

的决定。听到这个决定后：

> 一直沉默着的董老敬，这个坚忍朴实的农民，从他儿子死他还没有掉过眼泪，可是现在忽然眼泪盈眶了。
>
> 在这一天一夜里，他听着全家悲痛的哀号，不断地反复思索着——已经死了，又怎么样呢？自己人杀了自己人……他把沉痛的悲哀，溶解在深深的原谅里了。
>
> "不能啊！"他执着张副主任的手说。"可不能这么做。死的死了，活着的还得去打老蒋呢！国家正在用人的时候……"
>
> ……
>
> 在旁边怔了半天的董老太太，仿佛刚刚明白了他们的来历，忽然带着满脸泪痕，抓住张副主任的手恳求道：
>
> "办不得啊，张主任！"她说。"我儿死也死了，再杀了他们俩，我儿也活不了啊！让他们活着吧，活着为国家出力吧……"

多么感人的描写！在这些质朴的语言中，流露着当地老百姓对子弟兵的爱戴之情，更表现出普通的农民群众以国家利益为重的崇高的思想境界！就是在今天，人们也不能不对他们这种思想境界肃然起敬！

但张副主任要坚决执行军纪。最后，村长说：让大家讨论讨论，开会表决。在全村大会上，张副主任宣布部队决定，立即执行的话音未落，"从会场的各个角落里，同时喊出了各种各样口号：'实行民主，保留性命！''反对再杀自己人！''留着他们打蒋介石去！'……在他眼前只见万头攒动，无数条手臂挥舞着，女人们流着泪，男人们涨红了脸，拥向台上，使他的一切制止都归于无效！"在"明晃晃刺刀"包围中的刘德明，被这个场面震撼了，感动了，他忏悔了，表示自己对不起人民，只有以死谢罪。"一位老太太低声说：'傻孩子，大伙正给你求情哩！'""正在这时，死者的父母亲忽然出现在会场了，两个老人蹒跚着、颤抖着，急匆匆地挤到台上，一齐跪倒在张副主任面前。他们齐声说，声音异常镇定而果决。'要杀他们，不如先杀了我们吧！'"最后全场百姓一齐跪下求情。但军令如山，张副主任不能不执行军令。村长跳上了台，向全体村民提议："把人交给咱们办好不好？"他的提议得到了全场的响应和如雷般的掌声。接着死者的姐姐跳上台，喊着"解放他们！"并亲手将刘德明的绳子解开，其他人也用剪子剪断了张秀峰的绳子。最终，死者的父母在群众的欢呼中认了刘德明和张秀峰为干儿子。他二人虽免于一死，但仍按军法判了刑。

　　这篇作品开头以叙述采访经过为铺垫，乍看似乎很平淡，但在描写整个事件处理过程时，则步步深入，吸引着读者想知道后面的结果。按常人的想象，军人违纪，开枪杀人，法理不容，后面无非是执行枪决。但令人没想到的是，全村老百姓的集体求情成为整个事件的转折点，矛盾冲突焦点的反转，改变了常人的思维，场面感人，令人震撼。真实，是纪实文学的生命力之所在，而真实再加上令人震撼的感染力，才能使纪实文学产生令人过目难忘的艺术魅力。《人民的儿子》这篇作品可以说是达到了这个效果。这篇作品以真实的情感讴歌了老区人民的觉悟，写出了老区人民对人民军队与人民子弟兵真挚朴素的深爱之情，作者的选材视角不能不说是很独到的。这篇看似平淡的短篇小说，实际上却阐明了一个深刻的道理：得民心者得天下！解放军战士误杀了人民群众，非但没引起人民群众的反感，反而得到了人民群众原谅，并将两位杀人的解放军战士性命保下来，其中的原因和道理是不说自明的：归根到底还是共产党和人民军队得到了人民群众发自内心的拥护与爱戴！这篇纪实文学所产生的深刻教育意义，是厚重而深远的。同时，从这篇小说写作风格中也可以看到，方纪在经历了随军记者立马可待的短平快写作锻炼之后，对新闻素材的把握和通讯报道写作的功力有了快速的提高，使得小说创作达到新的境界。

（二）中篇小说《老桑树下的故事》

　　从 1946 年底到 1948 年，方纪参加了冀中地区土改工作队，在饶阳县的影林村搞了一年多的土改运动。在这段火热的生活实践中，他通过访贫问苦，更深入细致地了解了农村各阶级的关系和他们的经济与生活状况，更深入细致地观察、体验了冀中老解放区人民的思想感情，更深刻地理解了农民群众的诉求和追求美好生活的愿望，为他的创作积累了大量真实的第一手素材，使他从生活源泉中获得创作的灵感和动力。他在认真学习、研究党的土改方针政策和认真分析各种素材的基础上，开始着手《老桑树下的故事》的写作。

因为这部小说是在1948年写成初稿的，反映的内容又是全国解放前夕老解放区的土改斗争，所以把它放到这一章里进行分析介绍。

《老桑树下的故事》全书仅10.07万字，故事着重从20世纪30年代中期开始写起，一直写到1948年土地改革完成，时间跨度长达十几年，内容十分丰富，从中可以看出方纪驾驭中、长篇小说写作的能力。其实，好的小说不在于文字的长短，最主要在于小说的选材视角、人物关系和情节设计，以及作者对内容文字的把握与表现能力。从《老桑树下的故事》这篇小说整体看，小说的"楔子·历史"从汉末王莽篡政、刘秀走国写起，到朱元璋时期跑马圈地，再到民国时期，用了不多的文字概括地讲述了"老桑树下"这个村名字的来历、演变以及地主霸占土地的历史情况，内容简洁，故事性较强，使读者对"老桑树下"有了初步了解。故事正式展开后，作者又用了不多的文字从民国二十三年（1934）所发生的一个地主欺压佃农周老四，并发生了人命案的故事写起，为后面故事的展开做了铺垫，并引出了小说的主人公赵大山、小霞以及其他几位主要人物——地主何恩元和他的侄子何文祥、侄孙何虎等。随着故事的推进，后面写了抗战时期老桑树下村与日本侵略者的艰苦斗争、抗日政权的建立和共产党所领导的减租减息运动，刻画出了共产党员老魏、老贫农何老明等其他一些主要人物形象。

因为这篇小说的写作重点在解放战争时期的农村土地改革运动，所以作者对抗战时期老桑树下的故事也没做过多描写，只是突出描写了与农民切身利益密切相关的减租减息运动，以及农民觉悟的提高和农村的新变化。全篇的重点是在土地改革运动，作者用了曲折的情节，将错综复杂的阶级斗争、各种人物之间的矛盾冲突、主人公的情感纠葛等不同画面的故事交织在一起，写出了这个时期老桑树下村不同阶层不同人物对土地改革的态度、思想变化以及土改后农村的新变化和农民新的精神面貌。正如方纪于1946年12月所写的《从思想上提高一步》文中鲜明地阐述道：

在这次土地改革运动中，全解放区的农民从封建地主的压迫下翻身了，这是中国历史上的一件大事。它首先从经济上、政治上，摧毁了几千年来地主阶级的封建统治；同时，也开始从思想上摆脱开几千年来封建主义的桎梏。

　　……他们懂得了谁养活谁的道理，知道了不是"穷靠富，富靠天"，而是"富靠穷，穷靠力"。并且亲手改变了地主独霸土地的"神圣权利"，把它拿回到自己的手里来。

　　这段论述其实就是《老桑树下的故事》的主题思想。这部小说从整篇内容看，没有惊天动地的事件或惊心动魄的激烈场面，而是以娓娓道来的方式描写了不同阶层的农民在抗日战争和解放战争、土改运动中各自不同表现以及他们之间的矛盾冲突，反映了那个历史阶段中国农民随着历史大潮而跌宕起伏的命运，以及他们思想和生活的转变过程。作者在小说中以文学的手法，真实地记录描写了从抗日战争时期冀中根据地农村实行的"统一累进税法""合理负担""减租减息"，到解放战争时期的土地改革、平分土地的全过程，读者可以从小说中了解到当时农村的阶级关系、经济状况的真实具体情况，同时从中感受到中国农民与土地的关系和深厚的感情。这篇小说看上去是写冀中平原一个村庄的故事，但作者将其放在经历了抗日战争和解放战争这个波澜壮阔的大历史背景下，用文学的手法写得情节跌宕起伏，人物思想情感生动细致，使老桑树下的故事成为当时整个冀中地区农村与农民发展变化的一个缩影，从而使这部小说成为反映解放战争时期冀中地区土改运动的一篇具有代表性的作品。

　　在塑造人物形象方面，作者运用了很多当地农民语言，将人物刻画得惟妙惟肖，例如在写到主人公赵大山的父亲赵老海时，作者这样写道：

　　这个赵老海，是村里有名的"地拱子"。论起庄稼活来，不管是场里地里，锄头上镰把上，没有一样不是干净利索。无论什么样的地，只要叫他种上，不出三年准见长出息。说到为人，更是一百成，老实忠厚，吃亏让人，凡事都讲个忍耐。他自己常说："咱有享不起的福，可没有吃不起的苦！"

几句通俗直白的描写，将一个"祖祖辈辈都是何家的'光棍佃户'"的朴实农民形象生动地刻画了出来。又如在写到卖杂面的何根造时，作者写道：

> 从打二十岁上他爹一死，自己就顶门户过日子，五口人守着十几亩地，刨种好了也够过的。可是他种地二五眼，老是年年打的不够吃，因此总想发点外财。除了对劲倒腾点粮食外，就一年到头背着个杂面箩筐，把手放在耳朵后面，瓮声瓮气地吆喝着："干杂——面啦！"这样，人们就叫了他个"杂面造"，其中含着轻蔑的意思。……平时可也不说，只是有时候叫急了，便把脖子一拧，脖筋暴起多高来，高声喊道："杂面不杂面，姜太公还卖过杂面哩！"

简单几句话就生动地将这个人物的性格描绘了出来，如见其人、如闻其声。

在环境描写上，作者同样是不多费笔墨，写得也很精练，如写到抗日战火燃烧到老桑树下村时，这样写道：

> 首先是何老明看见了"飞机下炸蛋"，轰炸了县城，便说要"天下大乱"了。果然不久，"中央军"经过老桑树下向南逃跑了，日本军队跟在后面，像一阵风卷过冀中平原。接着，到处是自卫军，到处是游击队。如同那时人们所说的："司令满街走，主任赛牛毛！"着实乱腾了一阵子。老桑树下的人们是带着恐慌和期待迎接了战争，但不知道战争将使生活变成什么样子！

这一段简洁、高度凝练的直白描写，将抗战初期冀中平原普通农村的乱象以及农民面对战争来临的恐慌状态生动地描绘了出来。从这些文字描述中，不仅可以看出作者对那个时代的冀中农村生活和语言风格非常熟悉，而且也可以看出作者运用白描手法和对文字的驾驭功力。类似的语言风格在方纪小说作品中屡见不鲜。关于这一点，方纪在1949年所写《关于文学的语言问题》一文中说："劳动人民的语言，是文学语言的唯一源泉，必须认真学习。"并写道：

在吸收和加工过程中，特别应该注意那些包含着劳动人民长期斗争经验，和正确反映他们思想状态的成语，同时要注意劳动人民语言中的语气、语势，因为那里面包含着说话者的情绪，和在一定情绪下语言的组织方法。

这些话体现了方纪文学创作观中要重视人民群众语言的理念。他在另一篇文章中也提到茅盾先生说过的一句话：艺术是生于民间而死于庙堂。这些话都说明了劳动人民的生活是艺术创作的本源的根本性问题。

总之，在《老桑树下的故事》这篇小说中，作者没有把现实生活做简单化和刻板化的处理，而是按照生活的本来面貌，从典型环境中的典型人物出发去架构故事。又通过动人的情节和故事的推移去表现人物思想情感的发展变化，从而凸显了人物的性格。这篇小说人物塑造与方纪其他小说一样，并没有"高大上"式的英雄主义人物，而是极普通的农民和各式各样的小人物，但历史正是由无数的名不见经传的小人物所创造的，他们才是真正的英雄，也应该是文学家特别关注的群体。

对于现实主义作家来说，任何一部文学作品，都是作家所生活的历史时代某一侧面的反映。有些作家可以站在历史的高度，以俯瞰的眼光来描绘那些搏击风云的重要历史事件和人物；有些作家则站在微观的平视角度，通过描写小人物在历史大潮激流中挣扎进退的命运，来反映时代对社会各个阶层的冲击、影响与变化。不论从哪个角度写，只要能够真实地反映出那个历史时代的特点，以及当时思想潮流影响下社会生活和人民群众思想深处所发生的深刻变化，都应当是成功的作品。尽管从整体上看，方纪在这篇小说创作中还没有完全充分展开他的想象力和创造力，使内容更加丰富，情节更加曲折复杂，人物塑造更加细腻生动，但在当时历史条件下这样一部紧跟时代、反映现实生活的现实主义文学作品，已经属于相当成功的作品了，这也不是任何一个作家都可以做到的。因此这部小说于1949年底首先在上海《小说月刊》第3卷第3、4两期连载后便受到读者好评，1950年由三联书店出版，1954年由作家出版社再次出版。从这篇作品中可以看出，方纪在写作中一方面借鉴了中国古典文学和苏联优秀文学中的创作思想和手法；另一方面，也是最主要的方面，他将自己在这个天翻地覆的时代变革中的亲身经历和切身感受，融入了作品中，从而使这篇作品充满了真实生动的生活气息，并达到了内容与形式、思想性与艺术性的完美统一。

三、走进新的时代（1949—1954）

（一）评论、散文与诗歌

1948 年底，在平津战役正在如火如荼的时候，为了迎接天津的解放，大批干部齐集霸县胜芳镇、堂二里等地，等待去接管新天津的各项工作。来自冀中的作家方纪和孙犁也在其内，那时他们已到坐落在胜芳镇张家大院里刚组建的天津日报社报到，方纪任副刊科科长，孙犁任副科长。在解放天津的战斗还未完全停息时，他们二人便迫不及待地骑上自行车向天津进发了。一路上，他们一边憧憬着未来，一边酝酿着如何用自己的笔去抒写新的天津。

天津解放的初期，《天津日报》由王亢之任社长，范瑾任副社长，把报纸办得十分生动、活泼。天津市是全国较早解放的特大型工商业城市，工人运动的发展和商业的成熟使得天津的文化有着自己深厚的底蕴。副刊部利用报纸的文艺阵地联系和培养了很多工人作者，一批工人作家，如万国儒、阿凤、董乃相、大吕、腾鸿涛、从维熙等，很快成长起来，并在全国产生了比较大的影响。在培养工人业余写作力量方面，天津为全国提供了可贵的经验。来自延安和老解放区的作家阿英、方纪、孙犁等，在培养工人业余作家过程中，从不同方面做了很多工作。方纪在 1949 年 6 月 11 日所写的《略论工人的诗》一文中写道：

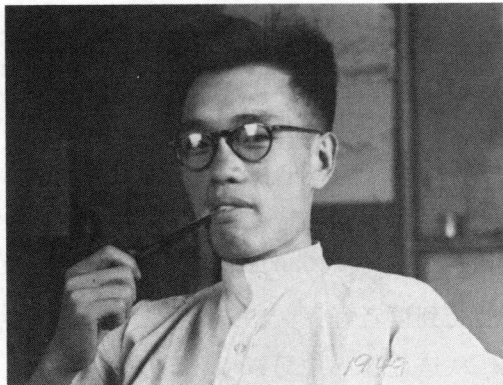

1949 年，方纪在天津日报社

到天津以来，因为工作关系，很幸运地读了上千篇的工人作品；而其中大半是诗。这些诗，已在《天津日报》副刊上发表了不少，并且受到工人群众的欢迎和知识分子的赞赏，说明诗起了一定的作用，是有提倡之必要的。

方纪在这篇文章中充分肯定了工人诗的三个特点：一是"鲜明的阶级立场和高度的政治觉悟，因而使这些诗有了异常丰富的思想性"。二是"表现劳动，歌颂劳动，真实而具体地描写他们的生产过程"。三是表现方法上，"从对于劳动过程得到体验中，把自己的思想情绪溶解在劳动的形象里，给诗赋予人的生命，使诗活起来——这对于我们文艺创作是一个非常重要的启示"。在这篇文章中，方纪还分别引用了工人的诗作来加以分析说明。从这篇文章中可以看出，方纪在培养工人业余作家方面做了大量实际、具体的工作，耗费了大量的心血。

这个时期，方纪没有钻到个人创作的艺术之宫，为个人名利去奋斗。他的性格是好做事，做好事，做实事，因此，他承担了大量的行政和社会工作，把革命工作放在首位，把个人的文艺创作放到从属的地位上。他对工人业余作者的稿件都是亲自进行审阅和修改，对作者给予热情支持和鼓励。他同时还兼南开大学中文系客座教授，讲授苏俄文学，也经常受电台等单位邀请去做文艺讲座，对这些工作他都认真准备。为讲好课，他对苏俄文学做了一些深入研究，写了如《学习普希金的单纯明了性》《读〈战争与和平〉札记断片》《高尔基的〈母亲〉》《托尔斯泰及其〈安娜·卡列尼娜〉》《关于〈红楼梦研究〉批判》等讲稿；写了一些文艺评论，如《普希金作品的风格》《抬起头来生活的人》（剧评，载 1953 年 5 月 23 日《天津日报》）、《评〈战斗里成长〉在天津演出》（剧评，载 1953 年 9 月 8 日《天津日报》）、《写在会演之前》（载 1954 年 1 月 15 日《天津日报》）等，也写了一些政论性文章发表在报刊上。这个时期他的工作相当繁忙，特别是 1950 年他担任中苏友好协会天津分会和保卫世界和平大会天津分会总干事（秘书长）、天津文协书记，1951 年又接替阿英担任了天津市文化局局长等一系列行政职务后，行政工作、社会活动都非常多。用他自己的话说，这个时期他身兼 16 职，创作的时间更少了，所以有些作品都是挤时间来写的，使他常常是为"党之所需，时之所尚，意之所适，情之所钟，就执笔为文，洋洋洒洒"（孙犁《方纪散文集》序，1979 年）。

解放初期，为向刚解放的大城市广大读者宣传解放区文学作品，方纪按党的要求，在百忙中将自己过去的作品加以整理，交由出版单位出版。他先后出版的书有：短篇小说集《人民的儿子》（天下图书公司 1949 年 10 月版），短篇小说集《阿洛夫医生》（知识书店 1950 年版），中篇小说《老桑树下的故事》（三联书店 1950 年版），文艺短论集《到群众中去》（上海文化工作社 1950 年版）。

在这些出版物中，两个短篇小说集和一部中篇小说，都是解放前的作品，前面都进行了分析和介绍。文艺评论集《到群众中去》，大多是过去的一些零星写作，共收录了他从 1945—1949 年间所写的文艺性短论 11 篇，其中，有宣传党的文艺方针、辅导群众写作的文章，如《到群众中去》《反映战争》《从思想上提高一步》《关于新时代的题材及其他》等篇；有介绍工农群众文艺创作的文章，如《农民的诗》和《略论工人的诗》等；也有文学研究方面的一些论文和讲话，如《关于文学语言问题》《小说、戏剧和诗》和前面提到过的对 A·托尔斯泰和高尔基文学作品的介绍。这些文艺评论，是他自己长期学习、研究的心得和体会，出版后在解放初期的大学中文系学生和业余文艺爱好者中产生很大影响，也起到了新文艺思想的启蒙和普及作用。

1951 年 3 月方纪参加了以廖承志为团长的中国人民第一届赴朝慰问团，来到了战火纷飞的朝鲜前线。慰问归来后，他于百忙中匆匆写了四篇散文特写：《志愿军与祖国》《志愿军和毛主席》《志愿军与朝鲜人民》《美丽的国家，勇敢的人民》，在这些作品中，方纪记述了中国人民志愿军的英雄事迹和他们对祖国人民、对毛主席忠贞不渝的感情；也记述了中朝人民血肉相连的兄弟情谊；歌颂了朝鲜人民不惜贡献生命，保卫祖国不受侵犯的英雄本色。关于这一组作品，方纪在《访苏诗文集》后记中写道：

> 1951 年，我参加了"中国人民第一届赴朝慰问团"到朝鲜去。时间虽短，但感受是深的。我一生也不会忘记，那些在"一口炒面一口雪"

中，英勇奋战，如今取得了胜利的人们……回国以后，想写的东西很多，而且确实是出于真心的激动，但终于没有能完全写出来，只是在无数次的报告中、讲话中，传达了朝鲜战场上的意志和自己内心的激动。所以现在剩下来的，就只有这四篇在报纸编辑同志督促下，匆忙写成的散文了。

1954 年 5 月方纪参加了中苏友好协会代表团访问了苏联，先后访问了莫斯科、列宁格勒、新西伯利亚、巴库等地，写了大量的诗歌、散文和访问记，作品中方纪以饱满的热情，歌颂了中苏两国人民之间的深厚友谊，以及对于当时苏联政治和人民生活进

1951 年 4 月，方纪（右）在朝鲜前线与志愿军第五十军一四九师四四六团二营五连副排长、特等功臣李光禄合影

行了评价；他作为文学工作者，抱着崇敬的心情瞻仰了俄国著名作家普希金、托尔斯泰等文化名人的纪念馆后写出纪实性文章。方纪当时作为中苏友好协会天津分会的总干事，在那个政治背景下文章中有些过誉之辞，是完全可以理解的。以上这些访朝、访苏期间所写作品后来以《访苏诗文集》之名，于 1956 年由中国青年出版社结集出版。《访苏诗文集》包罗的内容比较庞杂，其中散文 11 篇，诗 8 篇，后记 1 篇，共计 20 篇。[①] 诗作中还包括一首 1955 年写的《献诗——纪念我的外祖母》，虽然方纪自己也觉得似有不妥，"好像有些芜杂"，但由于是同时期的作品，按出版社的建议也一并

①　有关访苏的作品有四篇未收入《访苏诗文集》，一篇是散文《苏维埃人印象》，刊 1954 年第 22 期《文艺报》；另一篇是影评《壮丽的科学宫——看苏联电影〈科学宫〉》，刊 1955 年第 1 期《大众电影》；还有两篇是诗作《致西伯利亚诗二首》，刊于 1955 年 2 月 15 日《天津日报》；《列宁（二首）》，1954 年写于列宁格勒，发表时间不详，后收入《方纪文集》第三卷。

收了进来。

这里重点介绍一下这篇《献诗》，因为过去这篇作品很少有人提到。《献诗》是方纪深切地怀念他的外祖母———一位在艰苦生活中经受过磨难、非常慈祥、善良、坚强、为革命作出过贡献的普通农村妇女的作品；同时也是记述自己革命经历的作品。在这篇充满真情实感的作品中，方纪以诗的形式，追忆并歌颂了他的外祖母，记述了他自己在外祖母身边度过童年、青少年的生活和参加革命的过程。这篇作品为研究方纪的生平和创作，提供了有益的参考。

在介绍《献诗》这篇作品时，不能不先介绍一下方纪于 1953 年所写的一篇文学评论《高尔基的〈母亲〉》，因为从这篇评论中，可以看出方纪创作《献诗》的主题立意和两篇作品之间的内在联系。高尔基的小说《母亲》是中国读者比较熟悉的一部苏联作品，也曾被改编为同名电影在中国广为发行，因此对于这部小说的内容就不做过多介绍了。

方纪在《高尔基的〈母亲〉》中是着重从现实主义文学的美学观来介绍这篇作品的，他在文中写道：

> 这本书的题名"母亲"，就是因为其中描写了这样一个在社会主义思想光辉照耀之下的俄国工人阶级的母亲的觉醒与成长过程。

方纪在较全面介绍了《母亲》的小说梗概后，写道：

> 毫无疑问，母亲的形象是现实主义的产物。在工人运动的历史上，何止有千千万万的母亲，由于母爱，也由于她们自身的生活经验，同情过革命，帮助过革命，成为革命中的伟大力量。
>
> ……
>
> 每一个时代都推选出它那个时代中大家所公认的美的观点。在这些美的观点里，就集中了那个时代人民的共同思想和愿望。母亲的形象之所以有力，不仅因为她被社会主义的意识武装了起来，而且因为作者在她身上集中了、创造了这个时代的美学观点。母亲是谦逊的、克己的、

同情别人而勇于自我牺牲的。

……

　　母亲的谦逊克己，已经变为不只是被压迫的结果，而成了工人阶级在团结自己战胜敌人的斗争中不可缺少的道德力量。她的同情别人和勇于自我牺牲的精神，成了社会主义美学的最高标准。

　　"诗言志"，诗也是表达内心激情和情感的最好表现形式，方纪正是带着这样一种创作理念和他对社会主义条件下现实主义美学标准的理解，来写《献诗》的。从这个角度去理解《献诗》这个作品，就可以清楚地看出方纪在这首诗中所表达的思想感情，并不仅仅是从个人感情出发去追思自己的外祖母，而是在歌颂千百万个在艰难困苦时期、在祖国遭受外来侵略时期，将自己的儿女送上了革命之路和战场的母亲，在歌颂胸怀博大的母爱，也歌颂了每一位革命者在母爱的激励下勇敢战斗、勇往直前。诗中写道：

> 外祖母，我最亲爱的外祖母，
> 我一生最亲爱的人，
> 你死了已经十二年，
> 我却在这样的日子里
> 才写成这纪念的诗篇。
> 并不是我早已把你忘记，
> 不是，你可以相信；
> 只因为到今天，
> 我才懂得了你一生的苦难。
> 你在煎熬和期待中
> 度过了最后的日子；
> 满怀着希望，
> 在你剩下最后一口气的时候，
> 还把我的名字呼唤。

1937 年冬天，
当秋风吹落了黄叶，
我带着不穿军装的队伍
离开故乡——
你蒙着黑色的头巾，
一个人送我到村前。
你焦虑的心，严峻的脸，
深切的嘱咐，刚强的语言；
你要我保重身体——
为了祖国，
也为了回来和你见面。
秋风吹动你鬓边的白发，
眼泪滴落在你胸前……
……
你焦虑的心
像火一样把我燃烧
你严峻的脸
像旗帜一样引导我向前；
你深切的嘱咐温暖着我的心；
你刚强的语言
就像是祖国的召唤。
为了你，在党的旗帜下，
永远唱着歌儿向前，
我才战斗到今天。
……
你不怕危险掩护党，
你的家变成了党的机关。
我们在屋里开会，你在门前站岗；
我们夜里印文件，你白天去撒传单。

马同志来了你给他烧暖热炕；

王同志来了你给他烙饼下挂面；

李同志到苏区去的时候

你半夜送他上路；

他去了，你走回来，

听着村外的狗叫你一直坐到亮天。

……

苦难不能使你屈服，

饥寒也没有使你绝望；

只是那期待的心，

那母亲的爱，

那火一般的希望

煎迫着你的暮年。

……

你苦难的一生像是祖国的历史，

你的思想已变成了今天的语言。

你所希望的实现了，

你所等待的回来了，

可是姥姥，

你为什么不活到祖国的今天……

虽然以上诗句只是片段的节选，但从这些诗句中能感受到方纪对自己外祖母深切的爱和怀念，也能感受到方纪忠于革命事业的赤子之心。他正是在外祖母的影响之下，坚定地走上了革命的道路，并勇往直前。

（二）小说创作

1949—1950 年，方纪利用在土改工作中积累的素材，在繁忙中利用业余时间完成了短篇小说《秋收时节》和由五个短篇小说连缀而成的中篇小说《不连续的故事》，此后几年中由于繁重的工作他没有写小说。这两部小说依然是以农村为题材、反映土改主题的小说，与《老桑树下的故事》一样，小说中充满了浓厚的乡土气息。

1.《秋收时节》

《秋收时节》是写一个老区旧富农家的老太婆，经过抗战时期的"合理负担""减租减息"，成分下降为富裕中农；到解放战争土地改革和土地平分后，成分又降为中农。虽然成分降了是好事，但由于土地减少了，经济状况也随之下降了，因此这位老太婆心中充满了怨气。方纪正是抓住土改时期现实生活中的带有普遍意义的人物和事例，将其典型化，十分细腻地描绘出这样一位以前靠租地放账为生到土改后拥护党的政策的老太婆思想认识转化的过程；同时，小说中还塑造了两位生长在这个家中，因受到新环境新思想的影响、追求进步的青年人——老太婆的儿子小立和他媳妇的形象。由于同一家庭中存在着不同思想的对立，从而构成了小说的矛盾冲突。最终老太婆在儿子和儿媳的批评教育下，在领到土地证，并确认了中农身份后，认识发生了根本转变。

在当时的历史条件下，有的作家在书写反映土改运动的小说中，大都以树立受剥削压迫的贫雇农形象为主，以写农民与地主之间激烈的阶级斗争为主，而方纪却塑造了这样一个由富农下降为中农的人物，描写人物在外因与内因相互作用下的思想转变过程，这确实与众不同，在当时受到一些非议也并不奇怪。而在今天来看，方纪作为现实主义文学作家，其创作思想受到高尔基"文学即人学"的创作思想影响还是很大的。正如方纪在其多篇文学评论文章中屡次强调的：文学就要反映真实的现实生活。

小说中描写，刚见到这位老太婆时，她因为地被分了，怕粮食不够吃，经常哭闹，伤心不已。她儿子小立和儿媳总是批评她有剥削思想，是封建主义思想作怪，但她就是不听，反而对儿子说："我这都是为你们呀！"关于这位老太婆的形象，作者以她儿子的话，将她描写得活灵活现：

"俺娘，真是个古怪人。"他说："从我记事起，家里又是长工，又是短工，可也没见一天闲过！从早到晚，走东转西，支使得做活的喘不过

气来。有点钱，攒着；有两件衣裳，省着；有点粮食——'五一扫荡'
第二年大灾荒，你记得罢？人们饿得吃秫秸穰，找她借个一升半碗的，
就是不行！她可把粮食藏起来，埋烂了，自己捋野菜，掺糠吃。我说：
这可是为得什么？她说：我辛辛苦苦攒下点粮食，凭什么给他们吃！
看，她就是这么个人，苛刻人……"

凡熟悉那时农村生活的人，对这样的人物形象都不会感觉到陌生，会觉
得写得很生动。而这位老太婆在秋收之后，经过平分土地，将其成分定为中
农，领到了土地证，不但分到了地，还按政策退还给她三亩地，这使她的思
想发生了巨大的转变。她在发土地证的村民大会上主动要求表表心，她说：

要凭良心说，共产党对我可不是没有好处。……可是自共产党一
来，穷人越来越好，我的日子越过越不好过！早先我是财主，共产党来
了实行合理负担；我地多，他实行统累税；我出租地，他要减租；我放
账，他要减息；我雇做活的，他又要增加工资！这几年又是土改，又是
复查，又是平分，接二连三，就把我这个财主日子折腾干了！其实呀，
我省俭细相，我抠抠索索，日子过得死门拉户的，我不知道乡亲们背后
骂我？我不知道那是不好吗？可是那时候，唉，自己就想做财主，想支
使人！这会不兴这个了，兴人人有饭吃，人人有地种，大伙都能过好日
子。……可是，你们想想，要大伙都过好日子，我还能过好日子么？要
不我难受，要不我啼哭！
　……
这都是封建脑筋！共产党教育了我这些年，我什么不明白呀？……
这不是（她把手一举），我也领了新土地证，我的成分也改了，还退给
了我三亩地。……乡亲们，往后看罢，不用看我地少了，有种的就有吃
的。从今往后，我也得改改俺们赵家的门风了……

小说结尾主人公的这段自白式描述，不仅写出了她思想转变的过程，而
且真实地反映出土地改革中，属于这个阶层的农民内心世界的想法。在当时

历史条件下，以文学作品表现贫雇农容易，而要想从正面真实地表现这类人物是比较难的。方纪在这篇小说中不但大胆地塑造了这样一个人物形象，而且真实地描绘出他们的内心世界和思想转变过程，其真实目的不是颂扬这些人，而是颂扬党的土地改革政策的英明伟大，是在歌颂共产党对这些人进行思想改造方式和方法的力量。这篇小说以文学的手法，真实地反映出共产党的土改政策："这里必须注意两条基本原则：第一，必须满足贫农和雇农的要求，这是土地改革的最基本的任务；第二，必须坚决地团结中农，不要损害中农的利益。只要我们掌握了这两条基本原则，我们的土地改革任务就一定能够胜利完成。"① 从这篇小说可以看出，方纪在小说的创作中并不是以简单化、概念化的方式去塑造人物形象，而是从生活中去挖掘不同社会阶层中的不同人物其真实的内心世界，使人物鲜活地出现在文学作品中。

2. 中篇小说《不连续的故事》

《不连续的故事》是方纪小说创作中的另一部中篇作品，它是由五个可以独立成章的短篇小说串连到一起的，虽然各篇主人公不同，但是有两个人物却是始终贯穿全篇的——村党支书何永和工作组干部"老方"。而且，五篇的主题也是一致的，都是反映土改后的农村和农民思想面貌焕然一新。既然是新，就会有旧，新旧对比，才能看出小说主人公思想变化的过程和新的精神面貌。这部小说中的部分篇章曾于 1949—1950 年以短篇小说形式在《天津日报》和《人民文学》上发表，1950 年合集为《不连续的故事》，由上海文化工作社出版。1957 年再由作家出版社出版，并同时收入了方纪以前写的《魏妈妈》等短篇小说。

这部小说的第一篇名为《一个人怎样会变得聪明起来》，它塑造了一个被地主压迫和剥削多年的来自外乡的老雇农郭东成的形象。这个老雇农，给地主赵福堂扛了 22 年活，累死累活也没吃上过一顿饱饭，没挣到过一分钱，人却变得很木讷，连整句话都说不出来，因此人们说他是个傻子。他也丝毫没有反抗过，因而一直被人们认为他是赵福堂忠顺的奴仆。直到在土改运动

---

① 毛泽东：《目前形势和我们的任务》，《毛泽东选集》第 4 卷，第 1251 页。

中群众开诉苦会，他才被另一个雇农魏小苦的诉苦所打动，这个苦大仇深的老雇农才敢站出来，结结巴巴地控诉了地主赵福堂对他的剥削。闷在肚子里多年的苦水终于倒了出来，他心中的石头被搬走了，从此他心情也舒畅了，渐渐地从一个"傻子"变得"聪明"起来。当地主赵福堂怕自家土地被贫农分走时，便假装关心郭东成，说把守寡多年的兄弟媳妇嫁给他，郭东成一眼便看穿了这是地主赵福堂企图用这种关系继续盘剥他的花招，"他躺在炕上，越捉摸（琢磨）越不是滋味。等不到天亮，他就跑来砸何永的门子。"村党支部书记何永问老郭是咋想的，郭东成说：

> 老何，你怎么净逗傻子！咱打了四十年光棍，也不能寻这号人呀！早不给我说媳妇，晚不给我说媳妇，偏偏发土地证了，要我填上他们的名字？这里头，要没有鬼，才怪哩！你当我真是实打实的傻子呀！

结果，老郭在土改中分得了四亩地，每天精耕细作，秋收时他的地在全村收成最高，而且人们还给他说成了一个媳妇。土地，使一个"傻子"变成了"聪明"人。

这部小说的第二篇名为《仇恨和解了》。这个故事说的是，两家贫农何青臣和赵双印因为相连着的土地多年来被与之接壤的地主赵福堂在暗中一点点蚕食掉了，不明真相而一直相互猜疑，以致成了仇敌，打起了官司，结果两败俱伤，最终赵福堂"渔翁得利"，将他两家的土地全买走了，他俩却破产了。1945 年共产党实行"土地回赎"政策，他们两个人虽然都从地主手中要回了各自的三亩半地，但结下的仇恨却始终没有解决，依然争吵不止。直到土地改革时，两人还吵得不能编到一个小组里。工作组干部"老方"，把"天下农民是一家"的大道理给他俩讲了多少遍也没有说服他们。最后，还是农民出身的村支书何永，在土改中通过丈量土地，才把真相搞清，原来是地主赵福堂利用土地接壤之便，每年耕"地边"时，暗中从他们各自土地中挤占一部分，从而使这两家的土地不断减少。何永搞清楚真相后，将这两家贫农叫到一起，把事实真相告诉他们，他们这才恍然大悟，原来是地主赵福堂搞的鬼！他们之间的仇恨才终于和解。土改后两家各分得了八亩半地，过上了好日子，两家关系也走得近乎了。用支书何永的话说："早先打架，还不是地主逼的？现在分了地，天下农民是一家了。"

这部小说第三篇名为《懒人不是生就的》。写了一个被地主压迫的走投无路、一怒之下一把火烧了赵家场，之后又被地主赵福堂抓住吊打成残废的贫农陈二庄的命运转变。陈二庄在个人的反抗失败后，由于极度悲观失望，消极地变成了一个靠乞讨为生的出名的"懒人"。小说中写"老方"第一次见到他时：

> 身子蜷曲着，两膝拱在胸前，鼻子顶在膝盖上，双手抱住了脑袋，把脸揣在怀里。浑身上下，要说是穿着衣服，可找不到一块囫囵的地方；简直像一团烂布条丢在那里。要不是他那一双冻裂得像榆树皮一样的脚跟不时抽动，你简直不会想到，这是一个人！

从这几句生动的人物形象描写中，可以看出陈二庄的命运是何等悲惨，甚至连做人的自尊都没有了，因此村里人都认为他已不可救药了。到了土改分土地时，有些人不同意给他分地，认为即使给他分了地，他也懒得去种，甚至有人说"算他干什么！混吃等死，臭肉一块，还没猪有用哩！"然而，在斗地主的大会上，陈二庄在听了魏小苦、郭东成等人的控诉后受到教育，他在大家的热情鼓励下，也激动地上台控诉了地主赵福堂。当他心情平静下来后说：

> "我？……我懒，我偷，我不干活……我给谁干呀？我给赵福堂干！……干了十年，两间房子三亩地，都成了人家的，还倒欠三十块，现大洋……我给谁干呀？我不干了……"
>
> ……
>
> "我不干了！"他继续说，略略提高了声音。"我拼了！我放火……你打死我？打死我吧！……我活着，给你当牛马？……我不干了，我给谁干呀！"
>
> 说着，他忽然站起来，向前跟跄了两步，双手伸向何永——

"救救我吧，乡亲们！给我那三亩地，两间房……呸！"他突然转向赵福堂，吐了一口。

"让我干活吧！给自己干吧！"

分得了三亩土地、两间房的陈二庄，从此完全变成另外一个人，不但修好了房，也吃到了自己地里打下的粮食，还用冬天拾粪攒的钱做了一身新棉衣，并发自内心高兴地说："咱这会儿是给自己干呀！"

这部小说第四篇名为《"人心是块坏肉"吗》。在这个故事中，作者通过一些生动的细节描绘，刻画了一个小农意识很强、自私自利之心较重的贫农赵明云（外号"瞎孬"）的形象。这样一个人物，同样是个苦出身，但是多年的小本经营，使他内心中固有的唯利是图的意识更加深厚，因为他认定"人心是块坏肉"。为了证明他这个歪理，他竟然用历史故事来说事，说商朝的丞相比干之所以在死后被姜太公封为财神，是因为他不爱钱，而他之所以不爱钱，是因为他的心被纣王挖去了。按他的逻辑讲，只有把人心这块"坏肉"挖去，人才能不爱财、不自私。千百年来，地主阶级的盘剥压迫，和农民个体劳动的自给自足的生产方式，使农民这个弱势群体深感自卑，在心中形成的自我保护、自私自利的思想意识是根深蒂固的。"人心是块坏肉"这句俚语，在当时的农村里很带有普遍性。方纪从现实中选取了这一素材，塑造了赵明云这样一个把"人心是块坏肉"当成千古不变定律的人物，从而使这篇故事产生了普遍的教育意义。赵明云这个人物，虽然是贫农团主任，但因为自私心作祟，在分浮财的时候他作了弊，把地主家一件狐狸皮袍分到自己的名下。小说中这样写道：

"二百零三号！"

人们吃惊地望着他（赵明云）。只见话音未落，他把帽子往头上一扣，跳下了台阶，直奔了那件狐狸皮袄而去！

从此，人们就看到赵明云穿着礼服呢的狐狸皮袄满街晃了。但是不久，贫农团委员会第二次选举他就下台了。群众风言风语，都说赵明云作了弊。……

三言两语，就把赵明云为了皮袄而作弊的心态勾勒了出来。却又因为赵明云身为贫农团主任，作了弊之后又觉得心中有愧，便长时间躲在家里不敢出来见人。小说中写道：

> 只有赵明云，孤独地躺在家里，屋里阴暗，土炕冰凉，就连盖着礼服呢的狐狸皮袄都冷得浑身发抖。他有心出去晒晒太阳，又怕见人。
> "唉，人心是块坏肉啊！"他不平地想。"我才分了这么件子衣裳，你们就瞅着眼热！要你们分了呢？——人心是块坏肉啊！……"
> 他就这么孤独地躺着，不平地想着……

方纪用天冷、屋里更阴冷的场景，描绘出了主人公赵明云作弊后的心情。后来，直到平分土地，他的心灵终于被办事公道的村党支部书记何永的教育和贫农弟兄在平分土地时的光明磊落行为所触动，他坦白地说，当年他家分家时，他亲哥哥把家里 20 多亩地全占了，一垄都没给他；而后跟人做生意，他又被坑了个净，害得他老婆跑了，孩子死了，从此他心寒透了，所以认定"人心是块坏肉"。当说到皮袄时他说：

> ……让我坦白吧，我受不了啦！我弄鬼作弊，拿了大伙的皮袄，人们不斗争我，还叫我分地，让我自报，劝我生产，拉拨我往前走……我受不了啦！让我坦白坦白吧，那皮袄呀……

主人公赵明云受到了良心的谴责，"人心是块坏肉"的歪理不攻自破。皮袄交回贫农团后，人们将它卖掉，买回一头犍牛。大家提议这头牛也算赵明云一份，但他说什么也不要，他说："我还能要这个？这比骂我还难受哩！"他善良的本性又回归了。

这部小说第五篇名为《让生活变得更美好吧》。这篇小说完成后曾发表在《人民文学》1950 年第 1 卷第 5 期上。小说的主人公是一位年轻、漂亮的农村姑娘小环，她"能纺线，会演戏，嗓子好得不能提"，因此人们给她起了个外号"一枝花"，并说是"谁见谁爱"。小说中是这样描写小环的：

　　……周围三里五里，谁不知道小环线子纺得好？又白又光，又匀又细。仿佛那线子不是从她手里，而是从她心里纺出来的。她要上集上去卖线，就有一大群人围过来，争着要买她的。慢慢长大了，小环是青抗先、妇救会的积极分子；特别是村剧团，更少不了她。小环天生的能唱歌，会演戏；她那条嗓子呵，可真是远近闻名。有人说，小环的嗓子能听三里地。不管在家里，在地里，只要她一唱起来，人们就不由得侧起耳朵听；然后就不知不觉地合着她唱起来……因为这，难免就有人说长道短。但是小环不在乎——"随他说去，人的嘴还不是两张皮……"

　　这段对人物的描写，不禁使人想起《汉乐府·陌上桑》中对美女罗敷的描写："少年见罗敷，脱帽著帩头。耕者忘其犁，锄者忘其锄。来归相怨怒，但坐观罗敷。"诗中没有一句描写罗敷面容、身材是如何美貌的，但却令人能真切地感受到罗敷的美。方纪在这里一个字也没有写小环的容貌，却可以看出她确实是个人见人爱的姑娘。而且小环还是一位十分倔强又有反抗性格的姑娘，她不愿意屈从封建桎梏的约束，希望青年男女之间能够自由交往，有着强烈追求婚姻自由和个性解放的愿望。小说中有这样一个人物形象，本无可指责之处。但是这篇小说于1950年在《人民文学》上发表后却受到了某些人的批判，他们竟站在封建主义的立场上指责作者塑造了一个"浪荡女人"形象，说作者的创作思想中存在着严重的问题。这种空洞的指责和批判，并不是从真实的生活和艺术本身出发，对作品并不是提出善意的意见和建议，以帮助作者更好地完善提高，而是以简单粗暴的政治批判代替正常的文艺批评。这也反映了那个时代文艺批评的特征。

　　这篇小说最初在《人民文学》发表时，里面还写到了那时农村男女青年不能自由恋爱，婚姻得不到保证，以致影响了参军运动。因为那时《新婚姻法》尚未制定，在动员青年参军的问题上，尽管干部们讲了很多参军打仗是为了保卫胜利果实的大道理，尽管公布了聂荣臻司令员发出的参军动员令，但参军运动仍然没有很大的进展。直到小环与本村优秀青年、在抗战中立过功的民兵战士大群经自由恋爱并由村支书何永确定了婚姻关系后，参军动员才顺利开展起来，甚至超额完成了征兵任务。这段真实历史背景下的真实情节，后来在中篇小说《不连续的故事》出版时给改掉了，原因是作者把爱情力量强调得有些过头了。然而，熟悉当时冀中地区历史的老同志都知道，这样的事情当时是真实存在的，那时为了动员农村青年参军，各村群众组织齐上阵，帮助未婚青年找对象、说媳妇，甚至可以先结婚再参军，为的是保证可以传宗接代。这种人之常情，也恰恰反映出共产党所领导的革命军队是关心人民群众诉求的，而且是通过做这些具体细致的工作，解决了青年人最关切的自身问题之后，使得青年人自愿积极报名参军，这与国民党军队强抓壮丁形成了鲜明的反差。这种情况至今在历史档案中仍可以看到。所以，某些批评家在不了解真实生活的情况下，以主观武断的方式进行批判是毫无根据的。小说中写到小环的恋人大群没有报名参军，是因为他与小环的婚姻关系还没有确定，那时农村在没有"父母之命，媒妁之言"情况下是不能确定婚姻关系的。村支书何永在得知这个情况后说："我们平分了土地，消灭了封建剥削，还要消灭人们脑袋中的封建意识，你说是不是呢？党应该管这件事。明天我就找小环来公开承认他们的关系……"

"党应该管这件事"，多么朴实而又深刻的语言，真是掷地有声！这么简单的一句话，恰恰表明了党的"为人民服务"的宗旨体现在关心人民群众的每一件具体的小事上，而不是坐而论道，在人民群众面前当甩手掌柜的！正因为有何永这样的村党支部书记，影林村的参军归队工作很快就完成并超额了。这期间，自从何永找小环谈过话后，她变了，又活跃起来了。说也怪，只要她一出来，别的姑娘们也就热闹起来了。仿佛她们的命运连在一起，不可分开。这时候，就连平时不大赞成小环的人们都不由得说道："还是人家小环，是真行，没白受共产党的教育……"

这篇小说赞美了爱情的力量，但在当时却被批评为"小资产阶级情调"。爱情永远是文艺作品的"永恒主题"，有什么不可以表现的呢？更何况是来自真实生活的爱情故事。

从《老桑树下的故事》到《不连续的故事》，方纪这两部中篇小说作品基本上是同一历史时期、同一个地点、同一题材、同一主题的作品；在人物塑造方面，两部小说都是以基层农村的普通农民为主；但两部作品在取材和内容上有所不同，各具特色。前一部时间跨度较长、人物较多且关系较为复杂、故事情节较为曲折完整、作品架构近似于长篇小说；而后一部则是由五篇故事情节较为简单、人物较为单一的短篇小说组成，短篇小说的写法要求人物个性更鲜明突出，故事情节更集中紧凑，因为写作手法各自不同，所以这两部作品还是各有各的特点。

这两部小说在主题方面，写的都是解放战争时期在人民群众获得解放之后的土地改革过程中的人和事，反映了那个时期人们的精神面貌和党的土改政策，农村和农民从封建生产关系转变为新民主主义条件下生产关系的进步意义。其中最重要的一点，是写出了千百年来与中国农民息息相关的土地，对中国农民命运的重要影响。土地作为最重要的生产资料，中国历史上无数次大大小小的农民起义，无一不与农民赖以生存的土地有着密切的关系。进入近代以后，由于外来侵略，中国沦为半殖民地半封建社会，打破了千百年来自给自足的小农经济，致使大量农民破产，但土地依然是维系农民生存的最重要的生产资料。中国共产党最了解农民对土地的诉求，因而，在中国革命的历程中，领导中国工农群众开展了"打土豪、分田地"的土地革命运动、抗日战争时期的减租减息和实行合理负担运动、解放战争时期的土地改革和平分土地等运动，就是要从根本上实现千百年来中国农民所期盼的"耕者有其田"的愿望，这也是中国革命在中国共产党领导下最终能取得胜利的根本原因。正如毛泽东在 1947 年中央十二月会议上所指出的："中国土地法大纲规定，在消灭封建性和半封建性剥削的土地制度、实行耕者有其田制度的原则下，按人口平均分配土地。这是最彻底地消灭封建制度的一种方法，这是完全适合于中国广大农民群众的要求的。"① 从这个角度可以看出方纪这两部中长篇小说，是很具历史意义和历史价值的。虽然从文学创作角度看，小说内容还可以写得再丰满一些，人物塑造还可以再完美一些，故事情节还可以再生动一些，但它仍不失是一部现实主义文学的好作品，它真实地记录了那个天翻地覆的时代，真实地反映那个时代人们的思想转变和精神面貌，真实地表现出共产党领导下的土地改革的过程和取得的成果。

从这一时期方纪的创作成果来看，他的创作精力是十分旺盛的，创作的

① 毛泽东：《目前形势和我们的任务》（1947 年 12 月 25 日），《毛泽东选集》第 4 卷，人民出版社 1991 年版，第 1250 页。

态度也是严谨的。虽然当时受到了一些简单化的批评，但他在批评面前并没有气馁。从他以后的小说创作中，读者可以看到，他在创作题材的选择和在艺术风格的发挥上，仍努力探索，坚持独创精神。因为，他总是选择比较艰难的险路去攀登。所以孙犁评价说："别人不敢说的，他有时冲口而出。别人不敢表现的，他有时抢先写成作品。这样就有好几次站在危险深渊的边缘，幸而没有跌下去。"在文学创作上，他的这种顽强的探索精神和坚韧不拔的毅力，很值得提倡，因为文学本身就是个性化的创作，如果离开了作家个性化的创作，而千篇一律，千人一面，文学就会失去生命力了。

四、在"百花齐放"中探索（1955—1958）

1955—1958 年短短的四年中，在中国社会主义建设的历史上出现了三次大的政治运动，每一个人都在其中经受着严峻的考验。在这个阶段里，方纪担任天津市文化局局长，兼任天津市文联党组书记和中国作家协会天津分会主席，还是《新港》文艺月刊主编，1957 年又担任了天津市委宣传部副部长。他是这几个当时都在风口浪尖上位置的领导，在身不由己中，他既要坚持党性，又不能做墙头草；既要坚定正确，又不能落井下石。

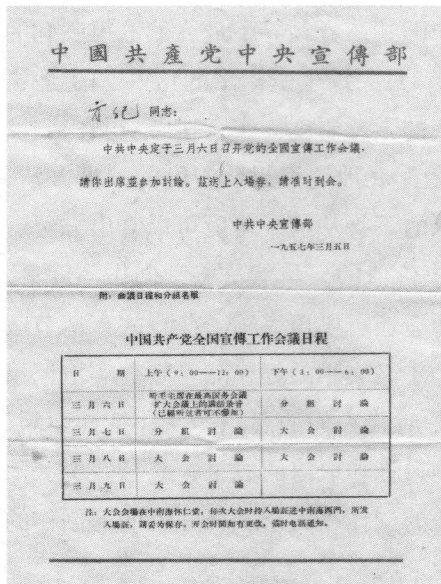

1957 年全国宣传工作会议入场券

1955 年开始的反胡风运动，天津市是一个重点。1949 年方纪在《天津日报》文艺部编副刊时，与胡风和阿垅曾有编辑和作者之间的业务联系，并有正常的书信往来，方纪与胡风在书信中有过关于文学创作问题的探讨；在对待文艺上的简单化批评方面，方纪与阿垅也有过相似的看法。这些，后来在"文化大革命"中都成为给其定下"漏网胡风分子"罪名的"依据"。但在 1955 年时，方纪作为天津文化界的领导，遵从党的指示和服从组织上对运动的部署，与这些人划清了界限，为此他写了批判胡风集团的三篇文章《评胡风的"现实主义"底哲学根据》《掀掉胡风集团在天津的地堡》《阿垅的嘴脸》，这些文章收录到 1957 年由天津人民出版社出版的文学评论集《学剑集》中了。《学剑集》共收入方纪所写文学评论等文章 12 篇，他自己在后记中这样写道：

> 这里收集了作者从一九五〇年到一九五五年的文学随笔之类的文章，包括一部分讲稿在内。这些都只能算是个人的一点学习心得，当然称不起什么理论的。虽然其中有些是用来参加当时文艺思想上的一些论争，但也只能算是反映了当时文艺思想上和个人认识上的一种状况。

至于为什么将文艺评论集定名为《学剑集》，方纪认为，以马克思主义的文艺理论为"利剑"，至少是可以防身的。他写道：

> 古人说："不学诗则无以言"，这原本是弄文字的人的本色；但"学诗"的人不"学剑"——不学一点马克思主义的文艺理论，一旦遇到敌人，不但无以应战，便连防身也不可能。

1956 年中国青年出版社出版方纪的《访苏诗文集》时，方纪也写了一篇后记，他这样写道：

> 1954 年，我又有机会参加了中苏友好协会的访苏代表团到苏联去。……时间虽短，却接触到了那种在我是 20 年来所曾向往过的生活。……也曾经想写很多东西，计划比现在写出来的要多一倍。但回国后不久，即展开了文艺界的思想和政治斗争，使我不仅从工作责任上，也从思想情感的要求上，必须放下原来的计划，参加到这个伟大的斗争行列

中来。因此这一段的生活，现在也就剩下了这样一些片段的诗和散文的记录。当新的一年——1956年开始前后，我们"国家的政治形势发生了根本性质的变化"，进入社会主义革命高潮之中，繁荣创作的口号也提到国家生活的日程上来……我的这些文章，便也只能到此为止了。

从这段文字中，可以看出当时的一些情况：一是方纪访苏回来后感受很多，但还没来得及将计划完全付诸实施，文艺界整风运动就开始了，他不得不放下笔，投身到政治运动中去。二是方纪对未能继续写访苏见闻，心中不免有些遗憾。三是1955年"反胡风运动"结束后，为了配合社会主义建设高潮——合作化运动和私营工商业社会主义改造的到来，中央于1956年提出了繁荣文艺创作的口号。从这段短短的历史记录中可以看出，当时中国的文艺界是在波浪式发展中曲折前进的。在写这篇后记时，方纪已接到新任务，作为《人民日报》特约记者，前往长江考察水利规划建设，因此他在这篇后记结尾意味深长地写道：

> 我真正地祈望，生活会带给我新的启示，给我以新的力量……让我用这本小书，结束一下过去；跟着生活，走向新的未来。

这几句话可以说真实地表达了他当时的心境。不久之后，方纪乘火车南下，前往长江去抒写反映长江建设的新面貌。他的心情就像放飞的鸟，他带着极大的热情投入了新的生活。这年，他创作了长江组诗集《不尽长江滚滚来》，于1957年2月由长江文艺出版社出版。同时，他写了大量反映长江建设与西南少数民族地区解放后新生活的散文作品，结集为《长江行》，于1958年1月由作家出版社出版。在考察长江这段时间，是他心情最舒畅的时候，正如他在《不尽长江滚滚来》的后记中所写的那样：

> 我只是觉得，在这次旅行中，恰像一个在教室坐久了的小学生，一下子跑出到操场上，空气阳光，一草一木，都是新鲜的，强烈的！生活的气流，像风暴一样鼓荡着我……因此，哪怕我的胸膛是空的，也会发

出像边疆上佧佤人的木鼓一样的简单的咚、咚的声响；何况，那里面还跳动着一颗心！

此外，他在《长江行》的后记中也写道：

> 在一九五六年，这"大革命的一年，大建设的一年"中，我有幸以《人民日报》特约记者的名义，旅行了祖国的西南。得以亲历目睹，在这伟大一年间革命和建设的沸腾的生活。

在 1957 年的"反右"运动中，后期"扩大化"的错误方针，伤害了很多无辜的人，在很多人心中留下了难以抚平的伤痛。那时方纪作为天津文艺界的主要领导者和执行者之一，在"反右"运动中不可避免地要贯彻执行上级的有关指示和部署，这时期他的一些讲话和所写的文章，也反映了他当时的态度，如《文艺界的反右派斗争必须彻底进行》的讲话，写的文章有《作家的歧路》等。

1958 年党中央制定了"鼓足干劲，力争上游，多快好省地建设社会主义"的总路线，在这个总路线的指导下，人民群众解放思想，极大地调动了建设社会主义的积极性和创造性，但也出现了违背社会发展客观规律的"大跃进"运动，在经济建设中提出"超英赶美""人有多大胆，地有多大产"等不切实际的口号；在"放卫星"等错误思想指导下，出现了"浮夸风""共产风"等令人啼笑皆非的现象。在文艺创作方面同样出现了违背客观规律指导思想，如提出脱离实际的"放文艺卫星"的口号和"领导出主题，群众出生活，作家出技巧"的错误方针。从方纪在这个时期发表的《关于建设共产主义文学和文艺放卫星》的讲话中，可以看出当时文艺"大跃进"的某些错误倾向；他那时写的《走访麻城万斤棉》《东风歌》《红旗歌》等诗中，也不同程度地反映出当时文学创作中的"浮夸风"问题。方纪在这个时期发表了赞扬"大跃进"的短论《大跃进》，发表了报告文学《一天二十四小时》和《跟班生产的刘二囤》，这些作品反映了当时人民群众思想解放、积极发挥主观能动性的新面貌。

在这三年里，方纪除出版了文艺评论集《学剑集》、创作并出版了诗集《不尽长江滚滚来》和散文集《长江行》之外，还于 1957 年创作了四个短篇小说《园中》《晚餐》《开会前》和《来访者》，并陆续刊发。

（一）诗歌与散文创作

诗集《不尽长江滚滚来》和散文集《长江行》都是 1956 年写成的。这一年，对中国文艺界、自然科学和社会科学界有着极大影响的一件大事，即 1956 年 5 月毛泽东主席在最高国务会议上作了重要报告，提出了"百花齐放，百家争鸣"的方针，广大文艺工作者和科学工作者感到无比欢欣鼓舞。这篇讲话于 6 月 13 日公开发表时，方纪正在长江考察，他在一篇题为《让鲜花开放满园》的文章中，写出了自己当时的心情。他写道：

> 我读到"百花齐放、百家争鸣"的报告时，正在旅行中。和徐迟一起，刚从长江口溯三峡走到重庆，又从岷江转回来。
>
> 先是听白羽同志过重庆时谈过一次那报告的内容，后来听到发表消息，便迫不及待地上街去买报。在重庆看《人民日报》要隔一天，当地报纸登出来也迟一天。那期待的心情，是可以想见的。……
>
> ……难道对于在一定历史条件下提出的这样一个重要的方针的反应，不应该是热烈的，倒应该是冷淡的，或者不冷不热才对吗？何况，说真心话，就是在最初，我也没有把它想象成——"大赦令"，如同据说像有些艺人对于发掘传统剧目所说的那样："开禁"！
>
> 我是把它当作阳光，当作熏风，当作水之对于自然界那样——是的，"百花齐放、百家争鸣"的方针，带给作家的，是心灵的温暖、滋润和鼓舞的力量。
>
> 真的，当时的心情是奇怪的——激动的。犹如小草也感受到阳光、熏风和水一样——全身舒畅，跃跃欲试……

可以说，这些文字真切地写出了方纪真实的感受和内心的想法。他也正是带着这种"被大赦"的心情开始了他新的创作，不仅是在长江考察期间的创作，也包括他其后的创作，特别体现在他探索式的小说创作中。下面，我们通过分析介绍方纪这期间所写的诗作《不尽长江滚滚来》和散文集《长江行》，来看他当时心中充满的热情和激情。

1.《不尽长江滚滚来》

1956 年 6 月，由周恩来总理提名，命方纪以《人民日报》特派记者身份，前往长江流域规划办公室，并随长江河源水文查勘队沿长江采访。周恩来总理对方纪说：抗日战争时期我们写出了一部《黄河大合唱》，鼓舞了全国人民的抗战斗志和勇气；现在我们建设社会主义，要写一部反映长江的作品，来激励和鼓舞全国人民建设社会主义的干劲和信心。

于是，方纪带着周总理的嘱托，先到长江流域规划办公室了解关于长江建设规划的情况，之后，便随水文查勘队从武汉出发，沿长江溯源而上，经三峡过岷江到金沙江，在四个多月时间里，他多次考察了长江上游的情况，并深入实地了解了沿岸的地理、历史、人文、民俗等情况，使他对长江风貌有了较为全面的初步了解与认识。

浩瀚的祖国大地，奔腾澎湃的长江，令他心怀顿开，灵感泉涌，奋笔而作。他首先写成了诗集《不尽长江滚滚来》，其中包括《三峡组诗》八首、《岷江组诗》六首、《金沙江组诗》五首，加上《序诗》和《尾声》，全集共由 21 首抒情诗组成。从这些诗中我们可以看出，作为诗人的方纪，这时他已经具备了很深的文学素养，并有着丰富历史知识的积淀。无论是抒情还是叙事，都是激情流淌，纵情挥洒，热情歌颂了祖国的美景和大好河山的壮丽。这部诗集完成不

1956 年，方纪拍摄的长江边地质勘探队工作场景

久，由中苏两国新闻电影制片厂共同拍摄了同名纪录片《不尽长江滚滚来》。后来，方纪在这部诗集的基础上，又进一步创作出由"神话""现实"和"理想"三部曲组成的长诗集《大江东去》，使他在关于长江的诗作创作上达到了高峰。这部诗集于 1961 年由作家出版社出版，臧克家先生为诗集写了序言。方纪飞扬的文采、创作的激情、广博的历史知识和深厚的文学素养，都在这部诗集中得到了充分的体现。

《不尽长江滚滚来》的"序诗"，原名《我又看到了长江》，最初单独发表在 1956 年 6 月号《长江文艺》上。这篇诗是作家刚到武汉采访时，看到长江建设规划蓝图以及正在建设中的武汉长江大桥和武汉钢铁厂等热火朝天的场面后有感而发之作。之所以名为《我又看到了长江》，是因为 1938 年抗战时期方纪曾在武汉八路军办事处工作过，诗作开篇便写道：

我又看到了长江，长江已不是先前的模样。江水浩荡，滚滚东流，"浪淘尽千古风流人物"；你只顾昂首自去，不问人间争战，历史兴亡！

随后，作家从现实主义和浪漫主义的创作视角，描写了正在建设高潮中的武汉，并将其与长江紧紧地连接在一起：

跨过你宽广的身躯，江上将出现一条万丈长虹；钢铁城涌出来千百艘船只，行驶在你坦荡的胸膛上……

我们有比你更顽强的性格，更大的力量，更骄傲的心；当三峡大坝将你拦腰斩断，给你科学的心脏，钢铁的臂膀，让你那霍霍的闪电，在祖国的土地上自由地来去！

这些描写很有气势，充满激情。

《三峡组诗》由八首诗组成，诗人以写景状物的手法描写长江三峡的历史、现实与未来。这八首诗分别是《在驾驶台上》《西陵峡口》《过香溪》《过屈祠》《巫山遐想》《夜泊奉节》《航标》《船上的晚会》，写得各具特色，诗中抒发激情与理想，却没有当时诗作中常见的口号式的豪言壮语；诗中描写既紧贴现实，又充满浪漫主义色彩，每首诗都在娓娓道来中抒发了诗人的胸臆。特别是诗中对三峡美景的描写，令人产生触手可及之感。

例如《在驾驶台上》，写的是作者所乘的"民众"号江轮夜晚在三峡中行驶的景象。历史上三峡曾以水急暗礁多、航行险恶而著称，而在诗人笔下，以风雨之夜中旅客、孩子的熟睡，反衬了驾驶员娴熟的技术和航行的安全。诗中写道：

> 旅客们都睡了，像睡在温暖的摇篮里，孩子依偎着妈妈，妈妈梦到了家乡。
> "民众号"在航行，航行在夜雾弥漫的长江上。天空布满了乌云，江水也像天空一样……
> 驾驶员注视着江面，他的眼睛像能看透黑夜，扳动车钟，拉响汽笛，让行进的召唤在大江中回荡。……
> 避开激流，绕过险滩，冲破了漫江大雾，朝向那红色的标灯，"民众号"在风雨之中夜航。

诗人笔下的风雨夜航，是如此恬静，充满了温馨和幸福，这不仅仅是因为三峡急流的险滩暗礁已经被人民所征服，其中也暗喻了中国革命事业在共产党的带领下，由毛主席亲手掌舵，已冲破乌云风雨，昂首前行。

在这组诗里（其他组诗中也有），大概是由于受到了题材的局限，或是作者在探索现实主义抒情诗的新创作手法，有很多平铺直叙的语言，如"这里将筑起拦江大堤，筑起使船只爬山的船闸，成排的涡轮机埋伏在地下，愤怒的江水会发出火花"（《西陵峡口》），但也不乏优美抒情的诗句，体现了现实主义与浪漫主义的完美结合。如：

> 船只像驶进了深渊，峡风呼啸，江水沸腾，晨星来不及隐去，被悬挂在黑色的峭壁上。
> 天空在头顶上流动，像一个狭小的池塘；只在那高与天齐的峰顶，又闪现了黎明的青光。——《西陵峡口》

你劈开夔门，横断巫山的大江呵！在这里流下了伟岸的奇迹。站在那疑云疑雨的神女峰下，诗人的琴弦颤动了，发出奇妙的诗思。

陡立的山岩隐没在地下，滚滚的江水升到天上；神女峰变成一座纪念碑，纪念在我们的时代征服了长江。——《巫山遐想》

《岷江组诗》共六首，分别是《在江水汇流的地方》《一个乡村姑娘的愿望》《纤夫和水利工程师》《钻探队》《查勘队》《蓝图》。从题目上看，这六首诗完全是写实的。中国传统诗歌历来讲究赋、比、兴的手法，即便是写新诗，也离不开这些要素。而要将这些要素运用到这种如此写实叙事的题材中去，是很不容易的，方纪在这方面做了一些探索。例如在《在江水汇流的地方》中，诗人将这些传统要素巧妙地融合到诗中，写出了金沙江、岷江、乌江三江汇流的壮丽景色。这首诗开篇写道：

1956年，方纪在观察三江汇流景色

我从岷江来，从那在万里晴空中，闪着寒冷光辉的雪峰下，从那古老而坚固的竹索桥上。……

接着又写道：

看青衣江款款而来，像玉女身上飘飘的衣带；三江汇流了，在我面前，在砥柱般的红色的岩石下。……

我看到清秀的沱江，像一个羞怯的少女，眨着明亮的眼睛，流入长江宽阔的胸膛。

　　我看到了嘉陵江，正在它暴涨的那天；摇摆着，像一个醉汉，在半路上和长江相撞。

　　在这首诗中，诗人以拟人的写法，将三江汇流的景色以及各条江的性格表现出来，写得惟妙惟肖，别有韵味。

　　在这组诗其他五首中，诗人以真实动人的笔墨赞誉了长江的探索者和建设者。其中，写了日夜奋战在深山和峡谷的钻探队的队员；写了查勘队里的各个专业的专家；写了同工人打成一片的工程师；也写了辛劳的纤夫，以及居住在岷江两岸的乡村姑娘，对早日将家乡建设得更美好的殷切希望。诗人运用诗歌的画笔，饱蘸充满激情的色彩，描绘出长江建设的壮丽蓝图，在这幅蓝图中，处处都闪耀着长江建设者晶莹的心血和汗水。

　　《金沙江组诗》由五首诗组成，分别是《金沙江传说》《题一张纳西姑娘的照片》《在“龙女树”下》《逃亡的奴隶》《敲响吧，石鼓！》。在这五首诗中，诗人充分发挥他的想象力，将金沙江两岸的历史、神话传说和真实的故事融合在一起，描写出了金沙江的过去、现实和未来，让人感受到当时尚处于生产力落后状态下的少数民族，正在用自己的双手建设美好的家园，奔向幸福的未来。其中《题一张纳西姑娘的照片》，诗与照片曾发表在1956年的《人民画报》上，当时因反映西南少数民族的题材的文艺作品不多，所以《人民画报》刊发后引起很大反响。诗中写道：

　　也许我那天看见了你，在清溪流过的打谷场上；也许我那天看见了你，在飞速转动的打麦机旁……
　　如今，你坐在玉龙湖边，斜倚着湖心亭的栏杆，用你流水般的声音，仰望空中的流云，轻轻歌唱。

　　在这组诗的最后一首《敲响吧，石鼓！》中，诗人用了8小节共112行诗句，将金沙江沿岸自古至今的历史、现实及未来理想一并描绘出来，写得既气势磅礴，又非常抒情。在前两节中，诗人写道：

方纪所拍的一位纳西族姑娘并配诗，刊于 1956 年《人民画报》

这里生活着各族人民，我们的兄弟；把荒山开成良田，把草原变成牧场。

他们生活着，唱着自己的歌；有的歌甜蜜，有的歌忧伤。

和汉族人民一起，我们生活在一个伟大的国家；我们都喝金沙江的水，死了也埋在一块土地上。

之后，笔锋一转，用一小节回溯了历史：

这里曾是唐代的边疆，南诏帝国的领土，吐蕃民族的出路，纳西王朝立国的地方……

如今，我们生活在一个太阳下；过去吧，让那些"伟烈丰功"，"汉习楼船"，"唐标铁柱"，"宋挥玉斧"，"元跨革囊"。

我读着苍山下的"南诏碑"，我走过洱海边的"万人坟"，我记起了白居易的《折臂翁》，像历史的风暴在耳边回荡。……

然后，诗句又转到了现实：

我想唱一支新的歌，歌颂我们的时代，歌颂新的历史，歌颂这奔流不息的金沙江。

但诗人并未马上描写新时代，而描写了红军当年从这里走过，在这里留下了红色的理想。在此之后诗句才进入新时代：

敲响吧，石鼓！红军又回来了，唱着战斗的歌，像当年一样。……

让拖拉机翻开处女地的胸膛，让采伐队在森林里搭起帐篷，让水电站建筑在落差三百公尺的"虎跳滩"上。

最后，诗人意味深长地写道：

看着滚滚奔流的江水，耳边又响起红军战斗的歌声，船夫指着对岸无尽的路：这就是红军前进的方向……

这个含蓄却有力的结尾，给读者留下无尽的遐想。

纵观《不尽长江滚滚来》这部以三个组诗构成的长诗，虽然各自不相连贯，但整体上却前后相互呼应，浑然一体。诗人通过这部诗，抒发了对伟大祖国的赞美，透过对长江美景全方位的描绘，歌颂了长江建设者们的胸怀和他们为之付出的心血，展现了长江建设一日千里的风貌，同时，在这些充满激情的诗句中，也坦诚表达出作者热爱祖国、忠于革命事业的赤子之心。

在《不尽长江滚滚来》这部诗集之前，方纪出版过一本《访苏诗文集》，除这些诗以外，方纪还有其他一些诗作，如在延安时期、解放战争时期、新中国成立之初的诗作以及其他诗作，都收入《方纪文集》第三卷中。总观方纪的诗作，抒情的味道很浓，表现了他内心丰沛的情感。他的诗，在主题内

1956 年，金沙江边老船工给方纪讲述红军长征的故事

容方面，充分体现了"诗言志"的特点，大有"兴致所至无古人"之感；在写诗技巧方面，既继承了中国古诗中赋比兴的手法，又吸收了俄国诗人普希金、马雅可夫斯基等人朴实、明快的语言风格，给人以大气、开阔之感。关于写诗，方纪在其《不尽长江滚滚来》的后记中这样写道：

> 在我的文学道路上，并不是像许多人那样，起初总是写诗。我是一起手就学习写散文的。写诗，是当作"副业"——新诗、旧诗、词，都写过一点，但却是写给自己看的。
>
> 一九五四年去苏联，写了一点，大约是由于那种新的生活所激起的吧。而今年的这次旅行，不知怎么一来，竟一发而不可收，甚至连散文也不大想写了。虽然在我的构思上，有时还不免"散文化"，但在内容上、表现上却非常之接近诗。……
>
> 听见人说：也许写诗比散文容易——也许他的意思是想说省事，但我至今还缺乏这样的体会。

方纪虽然不是专一写诗的诗人，却也十分熟练地掌握了写诗的技巧，时而酣畅淋漓，时而如行云流水，他很少用豪言壮语，而以如涓涓溪水般的诗句娓娓道出。因此读他的诗，给人以余音不绝、引而待发的感受。方纪的诗作很有个性，正如古人所说"文如其人"。他作为现实主义文学作家，以诗歌形式歌颂现实生活，更让他找到了"一吐为快"的感觉，从他诗中可以看出方纪是个激情外露、心怀坦荡的人，他为了表达自己内心的真实感受，特别是为了突出时代感，往往不拘泥于写诗的技巧，想什么就说出什么，想怎么表达就怎么表达，形成了自己独特的风格：不拘谨，不做作，在叙事中见历史功底，在抒情中挥洒激情。虽然有些地方令人感到还欠深思熟虑，似乎还不够完美，但仍不失为那个时代的上乘之作。

2.《长江行》

如果说方纪的《不尽长江滚滚来》长诗是写成于长江考察旅行中的"车上、船上、飞机上，饭桌旁，枕头边……"，那么《长江行》则是他在考察长江结束后，根据旅途笔记的素材，经过细致加工而写的 10 篇散文，后结集成册，共 12.1 万字，1958 年由作家出版社出版。可以说《长江行》与《不尽长江滚滚来》是姊妹篇，但由于两者体裁不同，《长江行》所表现的视角更为广阔，将长江上游地区，特别是云贵川少数民族地区的历史风貌、解放后经济文化的发展描写得更加充分、丰满，写得更加挥洒自如。

《长江行》首篇是一篇较长的散文，由"朝入三峡""征服长江"和"在江水汇流的地方"三个部分组成。这三个部分，本可以独立成章的，但是方纪运用了诗的构思，把他在长江中上游的观感，同长江的建设者的美好蓝图与理想，用诗的结构联结在一起，这就使这篇散文在记叙现实的基础上充满浪漫主义色彩。古往今来，有不少文人墨客都曾用华美的辞藻赞美过长江，描摹过长江的壮丽与天险，抒发过无数或欢喜或悲伤的情思与感叹，但是囿于时代的局限，没有人敢想过征服长江，更没有人大胆设想过让长江"更立西江石壁，截断巫山云雨，高峡出平湖"。大自然虽赋予了长江壮美的奇景，但更多的是它给中下游人民带来的连年灾患。然而，新中国成立后在党的领导下，将要把千百年来人民的愿望变成可能完成的现实。正是这个宏伟的规划蓝图让作者看到了充满希望的未来，激发了他赞叹和讴歌长江的激情；并且，他在与征服改造长江的探索者和建设者队伍同行中，触摸到美好愿望的近景和远景。所以在他的笔下，不再是空洞地抒发感叹与赞美，不再是见景生情地表达一些泛泛的议论，而是将自己所看到的真实场面，用充满激情的笔墨去记述，去歌颂一个时代的现实与未来的理想，真实地反映了长江建设者的理想与情操。所以作者在用清丽的笔墨描绘了朝入三峡的奇景之后，笔锋一转写道：

　　古往今来，有多少诗人歌颂过三峡啊！他们歌颂了祖国的伟大山河，歌颂了这里艰苦卓绝的人民，歌颂了这里的美丽传说和英雄故事！然而，如今不同了。更应该歌颂现代！现代的人民，现代的生活——社会主义的建设和科学的神奇力量。

1956 年 1 月，中央颁布了具有里程碑意义的《1956 年至 1967 年科学技术发展远景规划》，并发出了"向科学进军"的口号。方纪正是在这种背景下带着周总理的嘱托前往长江采访的，因此在这一时期他所写的诗文中，多次强调了"科学的力量"。当时的长江流域水利委员会负责人林一山在向他介绍长江流域长远规划时，所讲述的不仅仅是一个美好的理想，更多是强调要以科学求实的精神来制订三峡工程方案，并如数家珍般地摆出了现实中所面临的重重困难，但他也突出强调了一定要发挥出人们的创造性。林一山问方纪："你知道创造性是怎么来的？"接着，他自己回答道："一种是在劳动过程中无意发现的；而另一种，是在有意识地克服困难中产生的。"

文章第三部分"在江水汇流的地方"中，作者从长江规划建设的蓝图转入查勘长江的现实。作者随前去长江上游的一支专家查勘队，调查了长江上游的各个水系。他们从成都到灌县，参观了都江堰工程。然后经新津，过彭山、眉山、夹江到乐山，在九顶山上看到了大渡河与岷江汇流的奇观；再到五通、犍为察看了支流枢纽工程上的两个坝址；然后到岷江与金沙江汇流的城市宜宾，这里被称为长江之源，在这里，作者为大自然的奇景所激发，用散文与诗，以情景交融的笔力着力描绘了两江汇流的景色：

> ……金沙江的赤金般的江水，以一种激情的力量，冲入那绿得像碧玉一般的岷江中来。于是红得像赤金的金沙江水，和绿得像碧玉般的岷江水，在江心中互相冲击、互相夹缠、互相拥抱，凝成一串红绿相间的圆形图案，滚动着，旋转着，向下游流去。
>
> ……这就是长江，这红绿相间的滚滚流动的图案，使人觉得长江就像金玉铸成的。

在全面考察了长江上游的各水系之后，方纪又随同专家查勘队的工程师与电气、船闸、隧洞和混凝土高坝等的各类专家、技术人员，一一调查了各处的施工现场，看到了在各个工地上勤奋工作的测量员和钻探工人。此时，作者已经全面考察了长江中上游的面貌，听取了征服长江的远景规划，又看到了长江征服者具体劳动场面。在这个基础上，诗人浮想联翩，把三峡同大渡河、岷江、金沙江连成一体，仿佛看到了未来将建成的巨大水坝、电站以及伸向四面八方的高压电网、等待开发的无穷宝藏、连通海南岛至北京的南水北调大运河等，好像即将成为现实。虽然，实际上这还只是长江建设的远景，但是，作者十分肯定地说：这是一个有科学根据的幻想，因为"那些奔走在烈日下，埋头在研究室中的地质师、工程师、钻探队员和测量员们，为把幻想变成计划，把计划变成现实，而昼夜不停地工作着。……"

这篇散文紧紧地扣住了长江的现实和它的未来，突出地歌颂了长江的探索者和建设者。同时，也表达了作者本人对长江的美好远景充满了无限的期许。读者不仅可以从中了解到早期长江建设的实况，也可以感受到当时长江建设者们的理想与情操。

散文集《长江行》的最后一篇是《三峡之秋》，这篇优美的散文曾收入历届中学语文教材，读之令人陶醉。文章一开篇，作者便用清澈无华的语言，描绘出长江三峡的秋色：

> 三峡已经是秋天了。三峡的秋天，从大江两岸的橘柚树开始。这些树，生长在陡峭的山岩上，叶子也如同那青色的岩石一般，坚硬、挺直。越到秋天，它们显出绿得发黑的颜色；而那累累的果实，正在由青变黄，渐渐从叶子中间显露出来。就在这个时候，它们开始散发出一种清香，使三峡充满了成熟的秋天的气息。

从这段三峡秋色的描写中，可以看出作者对三峡景色观察之细致，把握之准确，也流露出作者对三峡的深厚情感。接着，作者以早、午、黄昏、夜四个时段三峡景色的变幻，描绘出三峡秋色之美，令人如身临其境，产生心驰神往之感。

接下来，作者笔锋一转，写到了中秋夜晚停泊在西陵峡江面上的一条客船。那天下午，在长江上游考察了三个星期的长江水利枢纽专家鉴定委员会在这条船上刚刚开过一场紧张的汇报会。这是一次由中国著名地质专家侯德封主持的、具有历史意义的会议，关于这场汇报会，作者写道：

> 长江蕴藏着无限丰富的水能；三峡形成了天然的水利枢纽。……但

这里错综矛盾的地质条件和水文条件，提出了一系列关涉到整个国家建设计划和科学发展水平的复杂问题。这便是这个委员会面临的问题。

进入三峡以来，委员会的工作显得特别紧张了。至少他们必须从这些看起来难以克服的矛盾中，找出一条继续进行工作的路，找到一种真实的、不带任何幻想的、对于三峡枢纽的信念。

在这里，作者还用了他所熟悉的小说刻画人物手法，着力描写了一位年轻的工程师孟昭发和他年轻的女助手、地质员吴雅灵。这位眉目清秀的男工程师"不知怎么，一个非常男性的人，却给人一种女性的感觉"；而他的女助手"无论在相貌上，动作上，声音上，那种明快、敏捷和大胆，都和她的工程师相反，给人一种男性感觉"。特别是在专家提问时，这位工程师"一面乱翻图纸，额上也跟着冒出汗珠来；而他的助手，那个大胆的姑娘吴雅灵，却敏捷地走过去，拿掉图纸右角上的一颗图钉，上面的一张地质图滑下来，下面露出了一张奇怪的图纸"。几句简单的描写，便将两个真实的人物写活了。这篇文章毕竟不是小说，而是一篇纪实性散文，能做到这点不容易。而后面一段写得更有意思：

孟昭发望望吴雅灵，退到一边；吴雅灵迟疑了一下，走过去，站到图纸面前，用力地看定她面前围坐在一张长方桌上的白发皓首的专家，以及背后的一大群工程师。这些人当中，任何一个的年龄都像她的父亲；而资历，至少也是她的老师。但是这个大胆的姑娘，却用她那令人信服的声调，朗朗地说道："在两岸一百平方公里内，"她头也不回地用铅笔从肩膀上向背后的图纸指了指，"有溶洞二百多个，其中大的十六个，最小的，面积不到零点一平方公里……"

文中将一个大胆、自信、刚从学校毕业不久的年轻女地质员的人物性格描绘得栩栩如生，活灵活现。作者能将一场沉闷、严肃、专业性很强的会议写得如此生动，看上去很有些像看小说的味道，足见其文学功力。关于这一段文字描写，方纪在答时任南开大学中文系讲师蔺羡璧的信中这样写道：

　　《三峡之秋》写的完全是真人真事，没有虚构的地方。文艺通讯和特写，照我看来也不应该在真人真事的基础上，进行虚构。至于你所说的"细节处理和风景描写"，则不属于虚构问题。那是作者根据观察和想象，在文章中所作的剪裁和补充。例如其中的地质汇报一段，写地质员吴雅灵的精神面貌，便是这样的。这是特写里面表现人物的一种方法，它和小说里的虚构，是两回事。至于风景描写，更无所谓虚构，只要是当时当地实有的，便可以根据文章的需要，取来点染气氛，加强情节，或用以反映人物的心理状态等等。这和在小说里是一样的，不过小说里的景物，完全可以根据情节的需要，进行创造。

这篇文章后面，在写到三峡中这条客船上的中秋晚会时，其中，对于三峡中中秋月色，描绘得十分引人入胜：

　　待喧闹过后，音乐停止了，电灯熄灭了，一切寂然。

　　这时，人们才发现，那圆圆的、饱满的、大放光明的中秋的月亮，像一面白玉镜子，像一颗巨大的珍珠，嵌在山头上，正在无声地，把它那清冽的、水一般的光辉，洒满了一地。

　　刹那间，人们都为这种景色惊住了。……周围没有一点声音，连江水也好像忽然静止了，整个三峡陷入神秘的静谧中。只有月光——清冽的、像水一般的月光，洒落在山头、水面、甲板、杯盘和人们的惊喜而沉思的脸上。

　　读到这里，好像把每个读者都一齐拉入了三峡中秋月色的静谧之中了。而在这一片寂静中，地质员吴雅灵同她的女友徐秀真的一番"悄悄话"，让我们看到了三峡建设者忘我、纯洁的心灵和崇高情操。吴雅灵对徐秀真说："有时候我一个人想：就是要工作，工作，一直工作到三峡大坝建成那天，看着水头从天空中滚下来，半个中国都放出光明——连我们去过的那些没有人烟的地方。……"而徐秀真说："我就不要爱人！我们不是说过吗？把青春献给三峡！我不能说了不算。三峡，不，长江，我的爱人就是——长江。"这种

周良沛（左一）、方纪（左二）和徐迟（左四）在云南采访高山气象站

典型环境中的典型语言，正是新中国青年知识分子思想境界的真实写照。

《长江行》的其他八篇散文，有两篇是写长江上游的东川铜矿的，篇名是《奇遇》和《关心人》。这两篇散文是写真人真事的报告文学作品，文中深刻地刻画了矿山建设者的生动形貌。特别是在《关心人》这篇作品中，作者从工人李文广由落后转变为先进的事迹里，反映出一位朴实厚道的工厂领导者身上所表现出来的优秀品格——对工人无微不至的关怀。正是因为这位关心工人像关心自己子女一样的领导者，把工人的点滴小事都装在心上，温暖了落后工人李文广的心，才使他由消极落后者转变为先进工作者。这篇散文写出了企业良好的干群关系，写出了党员领导干部的优良作风。

《枇杷山公园夜景》是通过对重庆的枇杷山公园美丽夜景的描写，写出了重庆的过去、现在和未来，令人看到了在时空中穿越的重庆。而《石林风雨》《笛音和歌声》《欢乐的火把节》《到金沙江去》和《奴隶》这几篇则是方纪在长江上游地区采访时，深入少数民族地区考察时将所见所闻写成的散文。这些文章里既有对历史遗迹的考证，如"唐标铁柱""南诏碑""万人坟"等，写出了自己对当地少数民族历史研究的心得；也有反映当地少数民族，如白族、纳西族、撒尼人等历史状况、风土人情、风貌习俗等方面的描绘。在这

方纪在长江三峡岸边构思创作

些文章中既有对新中国民族政策的歌颂，也有对历史上大汉族主义的批判。

细读方纪的散文集《长江行》，它让读者既了解了很多以前鲜为人知的历史知识和边疆少数民族的风土人情，又能从中发现一些可资借鉴的启迪。同时，这些反映真实生活的艺术化散文作品，与空泛的政治图解或枯燥的文献资料研究不同，方纪将自己的创作热情与祖国山光水色有机地融成一体，读起来令人兴味盎然，从中获得甘美的艺术享受。要知道，在20世纪50年代中期，反映西南少数民族，特别是反映新中国成立后西南少数民族生活的文学作品几乎还是空白，方纪这些散文作品的发表在当地产生了很大的反响。云南女作家李纳曾赞叹地说："我们在这里生活了大半辈子，也没写出什么像样的作品，而方纪只来了短短几个月，就写出来那么多的作品，真是才子。"

而面对祖国日新月异的飞速发展，方纪感觉自己还写得太少，还远远不够。他在散文集《长江行》后记中这样写道：

这本散文集，和诗集《不尽长江滚滚来》，同是这次旅行的产物。有人鼓励地、也有人怀疑地说："写得太多了！"我却觉得，比起我在这次旅行中所看到的、想到的，应该写的，还是"太少了"！我只能惭愧于我认识的浮浅、想象的贫乏和笔的无力。

正当有人提倡"揭露黑暗",想在我们伟大的现实生活之上，蒙起一块魔法师的黑布，使它变得虚无而丑陋的时候，我性急地向读者呈献出那本诗集，和这一本散文集；虽觉惭愧，也终于欣慰——我的视力是正常的；我看到了在这伟大一年间，生活的飞跃前进，祖国面貌的日益光明而美丽。

1956 年，方纪不仅在文学的创造上取得了丰硕的成果，并且协助中央新闻电影纪录片厂和莫斯科电影厂对拍摄的关于长江的纪录片和故事片进行了解说词与脚本的写作。他在创作中不仅表现出洋溢的热情和澎湃激情，也表达出他火热的赤子之心。同时，他在艺术的攀登上，经过他自己的勤奋和努力，也有了很大的突破。诗集《不尽长江滚滚来》和散文集《长江行》，都反映出他艺术造诣上的提高，特别是他的散文《长江行》和《三峡之秋》，更在他的文学创作之路上显露锋芒，放出了光彩。

（二）短篇小说创作

1957 年初，文艺界在"百花齐放，百家争鸣"方针的指导下，思想有所解放。方纪也在认真学习了"双百方针"之后，写出了《让鲜花开放满园》等文章。在这些文章里，他满怀激情地说出："写得更痛快了，更热情了，也……更大胆了……"。那时，不仅是方纪，很多作家的心里都怀着让鲜花开放满园的期望，跃跃欲试。

这年的 3 月 8 日，方纪与巴金等人应邀来到了中南海，受到毛主席的接见，并亲耳聆听了毛主席关于"百花齐放要放"和"百家争鸣要争"的亲切话语。当晚他即挥笔写出了《在毛主席身边》一诗，也更加坚定了要在文学领域进行新的探索的信念。此后，方纪确实写得"更热情""更痛快"也"更大胆了"。不久，他便开始酝酿并动笔先后写成了带有探索性的短篇小说新作《园中》《晚餐》《开会前》和《来访者》。前三篇小说，是从 1957 年 5 月到 7 月，交叉完成并发表的；《来访者》则于 1957 年底写就，于 1958 年初发表在上海《收获》文学月刊上。

1.《园中》

这篇小说以第一人称叙述方式，描写了旧王府中一位老花匠的故事。小说中塑造了一个受封建王爷奴役数十年，解放后才逐步解除了封建精神桎梏束缚的老花匠韩德明。这个已经弯曲了躯干、走起路来两脚拖地的老花匠，从身体到灵魂都带着统治阶级留给他的累累伤痕。在刚刚解放的时候，他的生活和观念还停留在旧时代中，严重的封建等级意识还牢牢地禁锢着他的头脑。当解放军领导机关进驻到王府中，看到解放军首长在他多年侍奉的王爷房间里办公时，他完全不能容忍。而且当他看到解放军通讯员将所骑的马拴在一个大理石雕像上，并将这个雕像的头拉断后，竟大发雷霆：这是什么人？竟敢毁坏了王爷的东西。不久，新的机关进驻，慢慢地他发现新社会人与人之间是平等友爱的关系，才逐渐领悟到时代变了，封建王爷已一去不复返了。特别是当孩子开始称他为"韩大爷"，并渐渐地身边所有人都把"韩大爷"当成他的"官称"后，他才开始感到自己的人格受到了尊重，他再也不是王爷的奴仆，而是人民一员。

不善言辞的他，不会用做作华丽的语言来表述内心的感受与转变，只是用更加勤奋的劳动和对本职工作认真负责、一丝不苟的精神来表达对新社会的热爱。他每天像时钟一样准时来到花园，起早贪黑地照看园中的花木、打扫庭院，并且不允许任何人做出有损公物的行为，有违者他会毫不留情地大声叱责，即便是对爱美的姑娘私下折花的行为，他也不留情面。他有很强的自尊心，十分爱护自己的尊严，即使是他最亲近的孩子（第一次称他为"韩大爷"的孩子），伤害了他的体面——揪了他的胡子，也会生气发火。可是谁能想到，就是这样一位性格古怪、已年届74岁的老人，当他得知自己去邯郸援建新厂的独生儿子，在为保护国家财产的救火中因公殉职后，竟没对任何人说，而是强忍住内心巨大的悲痛，在严寒的夜里仍像往常一样认真完成了自己的本职工作后，才默默地离去。直至几天后他老伴来代他请假时，人们才知道这个不幸的消息。至此，一个原本看上去十分卑微、倔强的小人物，陡然变得高大起来，令人肃然起敬。而作品中"我"的心灵，也被韩大爷的这种精神所震撼、所感染，并从中受到鞭策。

方纪在《园中》这一小说里，生动地刻画出一个特定时代、特定环境中

1953 年，方纪与夫人黄人晓在庆王府"园中"

的特定人物——一位长期为封建王爷服务的奴仆从旧社会迈进新社会后的身心转变。作者通过描写刻画这样一个社会最基层小人物在新时代的转变，从另一个角度深刻地反映出一个人们常说的道理："旧社会将人变成鬼，新社会将鬼变成人。"虽然他与"白毛女"所处的时代、环境、身份等都有所不同，但两者之间的道理却是一样的。方纪从一个最普通的城市平民的身心转变，写出了旧社会对人的摧残和新社会对人的尊重，这与他一贯的文学创作理念——文学即人学、写人的命运是密不可分的。可以说，方纪这篇小说的眼光确实是很独到的！在当时反映新中国城市题材的文学作品以反映工人生活变化为主的情况下，几乎没有人注意到新社会对城市其他不同阶层民众的深刻影响，而方纪敏锐地捕捉到这样一个人物，并将其典型化，应该说，这在当时是一个大胆尝试与探索。尽管这篇作品还略显不够成熟，但这完全是正常现象，因为它毕竟是探索城市题材多样化的第一个大胆的尝试。从小说所反映的主题思想看，虽然作者没有去刻意直接渲染新中国的丰功伟绩，但他通过描写人物在新社会内心思想、身份地位的转变，以及对人的深刻影响，从一个侧面间接歌颂了新社会的新变化。从塑造典型环境典型人物看，作者笔下的人物性格是真实的，完全符合客观生活逻辑；小说人物的正直、敬业，对工作和公共财产认真负责、一丝不苟等精神，也完全符合时代的要求，所以这个人物的塑造是成功的。然而，时过不久，这一朵异样的鲜花，就像《园中》的丁香、榆叶梅等早春开放的花儿一样，很快就遭到了无情的攀折。

2.《晚餐》与《开会前》

《晚餐》与《开会前》是一对姊妹篇，也是作者对新中国城市题材多样

化的探索与尝试。这两篇都是描写解放初期一些对共产党方针政策尚不十分
了解的民族资本家思想行为的变化。民族资产阶级当时是团结教育的对象，
并非敌我矛盾，因此写这种题材有很强的政策性约束，加之此前又无现成的
文学作品可资借鉴，这两篇小说的写作手法带有很明显的尝试意味。正如方
纪自己所言，他在写这两篇小说时，是借鉴了俄国文学家契诃夫讽刺与反讽
的手法来写的。《晚餐》基本上是以讽刺的手法，用了白描漫画式的笔法，
描绘了几位资本家在餐桌上大谈食经、饕餮大吃的丑相和低下的情趣，特别
当他们绘声绘色讲西北有道菜名"菜人"的时候，作者更毫不留情地鞭挞了
他们的丑陋灵魂。

　　《开会前》则是写一位民族实业家在出席北京 15 万人的抗美援朝大集会
前的内心感受与变化。这位曾经留学美国的民族实业家此前曾参加了中国人
民赴朝慰问团，他在朝鲜战场亲眼看到了志愿军战士的英勇气概，亲身尝到
了挨美军飞机轰炸的滋味，这在他内心中产生了极大的震撼，他由衷地说：
"我崇拜了五十年的美国文明，现在完全破产了！完全！"他开始感到"祖
国的可爱"和"和平的可贵"。他在去参加集会的路上，经过了十分痛苦和
激烈的思想斗争，站在会场的主席台上，面对着台下 15 万人，他以犹疑和
颤抖的声音，断断续续地大声宣布："我响应号召，第一个，第一个，捐献，
喷气式飞机，一架，价值，十五亿元，十——五——亿——元。……"之
后，"他半边脸上的肌肉痉挛了一下，接着，一滴汗珠——或是一滴泪水，
吧嗒一声，掉在他手里的纸头上"，这个声音通过扩音器传遍了全场，"整个
会场上都听见了"。从小说中这些细微的描写中，人们可以感受到这位民族
实业家在宣布捐献时内心复杂的情感；同时也表现出他真诚的爱国之心，以
及他深受感召后思想转变的过程。

　　虽然小说中对这个人物的描写也用了一些具有讽刺意味的笔法，但这完
全是为了与后面他所做出的重要决定形成一种鲜明对比，从而衬托了他捐款
举动的分量，也正面肯定了这位民族实业家的义举。这篇小说与方纪前面所
写的《晚餐》相比，从主题到写作手法显然更加成熟了一些。然而，这种带
有探索性的题材和表现方法，在当时的历史条件下，是难以被一些人所接受
的，这两篇作品竟被简单粗暴地扣上了"丑化党的领导"和"吹捧资本家"

两顶大帽子，连作者本人也被推上了危险深渊的边缘。

3.《来访者》

《来访者》是方纪于 1957 年底完成的，1958 年初，这篇小说在上海《收获》第三期发表后，很快就遭到了"文痞"姚文元的棍棒相加，以莫须有的罪名和极"左"的大帽子扣来，大有"将其打翻在地，再踏上一只脚，让他永世不得翻身"之势。

《来访者》小说取材于一个真实的故事，故事内容为很多人所熟知。小说中主人公康敏夫，28 岁，辽宁人，解放初期大学毕业后，参加了两年土改，回到母校哲学系任助教。他在回家处理父亲的后事期间，在沈阳市一个戏园子里，被天津一位女曲艺演员清澈、明朗的演唱声音所打动，进而被吸引、被激动，激动得难以自持。回到北京不久，他便找了个借口来天津那个女演员家中找她。从交谈中康敏夫得知了这个女演员在养母家中的不幸处境与遭遇，引起了他极大的同情，于是产生了想要挽救她的念头，并由此产生了爱意。但是这个女演员的养母并非"善茬儿"，是一个尖酸刻薄的受管制分子，她曾将这个女演员的姐姐当作"摇钱树"虐待致死。在这样一个错综复杂的关系面前，这个涉世较浅的穷大学生康敏夫，想凭着一时冲动产生的"爱情"去演绎一场"英雄救美"，即使在新社会也并非易事。虽然他在这个过程中取得一点胜利——两个人同居了，康敏夫得到女演员的爱，女演员摆脱了养母的束缚。但由于康敏夫受内心中极端自私自利的占有欲和骨子里认为演艺行业低人一等思想的驱使，不许女演员再去戏园子演出，引起了女演员极大的反感和鄙视，并最终离开了他。然而，遭到感情打击的康敏夫并未死心，发疯般地到处寻找女演员，想与她重归于好，但因二人思想感情的差距太大，女演员始终未再与他相见。在这种情况下，康敏夫选择了自杀，直到他第二次自杀被抢救过来后，他才理解这位女演员钟爱艺术、离不开观众、追求独立人格的精神境界，才认识到自己所做的一切是多么荒唐、卑鄙和可耻。最后在"反右"运动中他自己选择去劳改的道路，因为他已经一无所有了，这条路是他唯一的出路了。

这篇小说基本上以一个"来访者"独白的形式，讲述了这个故事的全过程，通过曲折、生动的情节，展示了主人公内心的困惑、激愤、自私、荒唐、卑鄙、无奈与悔恨。同时，也表现了新社会曲艺女演员的精神境界。小说中在写到二人分手时，女演员对康敏夫说：

> 到底，你还是看不起我们！看不起我们这样的职业，这样的人！你为什么不让我上园子？你是个有知识的人，难道连这也不明白：新社会，我们做艺还是丢人的吗？……这些天，虽然身边有你，不上园子，我是多么闷得慌！为了怕你不高兴，我连唱一声，调调嗓子都不敢。我觉得，我嗓子发紧，快要干了。我真害怕，从今以后，我再上不了园子！我舍不下园子，舍不下观众，舍不下琴弦和我的唱……

这段读之令人感动的发自心底的呐喊，可以说表达出很多有过类似遭遇的女演员的心声！有人说，这篇小说是继老舍先生的剧作《方珍珠》之后，在写曲艺演员题材方面的又一个突破。方纪在解放初期曾负责过私营演艺团体的改造合并工作，对旧天津艺人的情况比较了解，因而也获得了他们的好感和信任。小说中康敏夫的原型，当时就是经曲艺工会一位干部介绍给方纪的，后来这位干部来看望病中的方纪时感慨地说："谁能想到这样一篇真实生动的故事竟然给你惹出这么大的祸。"

《来访者》这篇小说，从主题立意上看，作者本意是以反讽的手法，通过塑造康敏夫这样一个有着浓厚阴暗自私心理的小知识分子，来烘托在时代转型过程中（从旧社会进入新社会）一位年轻女曲艺演员力求摆脱封建枷锁束缚，争取人格独立、个性解放和美好生活的新人物形象，从而达到反映新典型环境中新人物思想境界的目的。作品中几个"反面人物"：康敏夫、被管制分子养母及王掌柜，与这位表面上看起来柔弱、温和、善解人意而内心又十分刚强、有着强烈追求的女演员之间，在各种矛盾冲突中形成了鲜明的对比，从而烘托出这个女演员的靓丽形象。而这个柔弱的女子要想突破这些如狼似虎的重重包围，需要多么大的勇气和胆量，又需要多么强的信念和意志，才能获得自己人格真正的解放。而她，最终实现了自己的愿望！我相信，如果不是戴着有色眼镜去读这篇小说，读者都会对小说中女演员的遭遇给予深切的同情，都会对她的追求给予强烈的支持，也都会为她获得的新生而感到欣慰和高兴。同时，也都会对康敏夫之流给予鄙视和谴责。所以，尽管表面上看小说的主人公是康敏夫，而且全篇几乎都是以第一人称自述的方式来写的，但实际上在小说中真正立起来的人物并不是康敏夫，而是这位性格鲜明的女演员。我想，这是方纪写《来访者》的本意。

从创作手法上看，《来访者》这篇小说不论是从人物的心理描写，还是从情节和细节的设置，都经过了比较成熟的艺术熔炼，使这篇小说产生了打动读者的感染力。小说以主人公康敏夫自述的方式，透视了康敏夫的心理活动，使读者看到了他全部的灵魂深处。小说中对康敏夫行为细节的描写，也是十分成功的。例如康敏夫在观看女演员演唱时，台下的那些不三不四的人的"起哄"，引起他的极大反感，他认为是对女演员的侮辱。于是他走到后台，向那个女演员"鞠躬""道歉"，连他自己都对这个十分可笑的唐突举动，感到莫名其妙，但却初次打动了女演员长期受压抑的心灵。康敏夫这个出身于知识分子家庭（父亲是工程师，母亲是中学数学老师）的小知识分子，因涉世甚浅，对社会现实可以说是天真无知，更何况要面对一个曾经充满污泥浊水的世界。但正是这种无知与天真，使他"无畏"地踏入了这个世界，而后在与现实的冲突中，成为产生爱情悲剧的主观因素。

小说中对女演员养母和女演员的描写，更是细腻精准。例如康敏夫第一次到女演员家时，不期而遇地见到了她的养母，作家对这样一个极为令人生厌、毫无人性的"被管制分子"，以主人公自述的口气绘声绘色地做了这样几段描述：

> 我抬起头，看见她，立刻觉得身上发冷——她的眼睛虽然眯得很细，但还是立刻使我有一种战栗的感觉。……
> 我站起来，她说话了："哎哟！"她叫道。声音很高，却完全是沙哑的，而且带着浓重的鼻音，给人一种不洁净的感觉。……
> "这是谁呀！"她叫道。"嗳，原来，你瞧，我们二姑娘做事可真机灵，连我都不知道，就……就挂上了。"……
> 她围了一件很旧的青缎子斗篷，身上发出一种令人作呕的气味，在

我面前转一个身，就像一阵风，又不见了。……

这个描写，会立刻令人联想到旧天津往来于烟花柳巷中的老鸨子的形象，鲜活、典型。小说后面再一次提到她，是当主人公康敏夫得知女演员有了身孕后提出要与她结婚时，养母说："既然你敢到我们这儿来找便宜，可见也不是个雏儿。老娘眼里不揉沙子，你就别跟我们装着玩啦，这事对我们——告诉你，算不了嘛，可你哪，出头露面的人，到时候吃不了兜着走呀！……"熟悉天津人和天津话的人，从这简短的描述中，一下便能体味到这个女人话语中天津话的鲜明风格，一个尖酸刻薄、并非善茬儿的刁蛮女人形象活生生地展现在眼前。可以说作者在塑造人物形象时，对地方语言特点把握得非常精准，运用得也非常娴熟。

而在写到康敏夫第一次与女演员养母"遭遇"时，作家则用很细腻的动作、语言表现出女演员内心复杂的感情。方纪这样写道：

> 她，脸色苍白了，眼睛里含着泪，却不流出来，走到门口，双手扶住门框，叫了一声："娘！"
> 原来，这就是她的——娘！我惊异得简直说不出话来。抓起帽子，往外就走。她放下一只手臂，让开路。我跨出门去。但从背后，她抓住了我的一只手。我停住了，回过头来，她已经把脸埋在另一只手臂里，哭得出不来声。而她拉住我的那只手，也久久不肯放开。

这个描写，细腻生动，准确地刻画出女演员内心的情感。虽然没有写养母的丑恶，读者却可以从压抑、无助的情感中读出养母对她的摧残。因此，当她遇到了康敏夫时，就像一个溺水者将求生欲望寄托在任何一个可以抓住的东西上面，紧紧抓住不放。这就不难理解女演员为什么会对康敏夫产生爱情了。这个无声的充满感染力的描写，可以令读者对女演员的遭遇产生无限的同情。

正是这样，才有了女演员刚脱离虎口又陷入火坑的悲剧。作家以这种方式推动着小说的情节不断发展，将人物命运中的矛盾冲突逐一展开。所以这篇小说尽管以主人公独白的方式来写，但其是"典型环境中产生的典型人物"，这样环境中必然会产生这样的人，这样的人物在彼时的环境压力下就会产生彼时的心理状态、心理抗拒，并付诸行动。作家笔下的环境、人物、社会和生活所构成的纷繁复杂的矛盾，将整个故事步步引向深入，成为小说层层发展的推动力，加之作者对人物细致的刻画，使得小说引人入胜，充满感染力。

这篇小说令人遗憾之处，就是作家在写这篇小说时，不得不顾及当时的政治形势，在小说开头和结尾处，写机关干部"我"，如何接待了这位"来访者"，以及这位来访者的结局。这个人物虽然是局外人，有"旁白者""画外音"的作用，但显得有些苍白无力。在小说结尾，写主人公在"反右"运动后自己要求去劳动改造，这一笔写得令人感觉有些突兀，但也可以看出这是作家的无奈与不得已而为之笔。方纪自己曾说："之所以这样写，是考虑到不能将康敏夫这样一个属于人民内部矛盾的人物一棍子打死，还得给他一个出路。"所以当时已一无所有的康敏夫去劳动改造，就是最好的出路了。应该说，作家对这个充满"小资产阶级知识分子"气质的康敏夫还是同情的。这也能看出，虽然当时有"双百"方针，但方纪依然是在束缚中写作，手脚并不能完全放开，特别是当时正是"反右"运动收尾时期。然而就这样，这篇小说也难逃厄运。女作家柳溪曾说："方纪是个很有才华的作家，他的散文、诗歌都曾受到好评，而小说却多次遭到批判，这不能不说是当代中国文学史上一个值得研究的怪现象。"其实，如果了解当时历史条件下作家在创作方面所处的境遇，理解方纪对现实主义文学创作的题材与表现手法多样化的执着探索精神，这种现象就不难理解了。

方纪在《不尽长江滚滚来》后记中，曾写下过这样一段很令人深思的感慨：

> 我至今不明白，为什么有些人一定要把我们的生活分成两部分：一部分是要作家去歌颂的，而一部分是批判的对象。在我们国家里正在发生的一切事情——尽管还有一些是令人不愉快的，但就连这些在内，不是都值得作家从自己心灵里，鼓起最大的热情，去推动它，鼓荡它，使

它净化，升华，变得纯洁而透明吗？……

但是，作家的心灵却关闭着，还没有完全打开，"犹抱琵琶半遮面"！

完全打开一个人的心灵，像儿童那样，带着幻想和希望去看夜间天空的星星，来看待生活，看待人，是不容易的。人的一生也只有那样一段宝贵而短促的时间。像马克思说过的：成人不能还原为孩子。但是，作家却有权利这样要求自己：他不应该只是一个最谙熟生活的"世故老人"，还应该对生活永远保持着孩子的童心——在成年人看起来，肥皂泡是空的，但孩子却能从里面看见一个美丽的世界。

我们永远是现实主义者，只因为这是文学之于生活的最根本的关系。但生活对于每一个个别的人，可能只是一种颜色，而对于作家，却应该是灿烂的，五彩缤纷，绚丽光华！

否则，作家怎样去执行他的职务——他只能作为一个个别的人，去描写他所看见的生活的一种颜色吗？

从这段感慨中可以看出，方纪是一位充满理想与热情的作家，同时更是一个使命感和责任感极强的作家，也正因为如此，他才对当时中国文艺创作所存在的问题——创作与批评之间比较尖锐的矛盾，心存疑问、焦虑和困惑。一方面提倡繁荣创作，要求作家解放思想大胆创作；一方面某些批评家又像一把悬在作家头上的达摩克利斯之剑，随时会将作家的情怀斩断。虽然毛泽东在 1957 年发表了《关于正确处理人民内部矛盾问题》的重要讲话，但在执行过程中，旧有的思想意识和思维方式依然浓重，依然按照"宁左毋右"的惯性思维进行简单武断批评，这应该就是柳溪所说的"怪现象"的根源。因此，正常的文艺批评渐渐演变为"革命的大批判"，而且愈演愈烈，以致使中国文学陷入了"假大空""高大全"风行社会的创作时代。唐代史学家刘知幾在其《史通·直书》中有一段话说得很深刻：

夫人禀五常，士兼百行，邪正有别，曲直不同。若邪曲者，人之所贱，而小人之道也；正直者，人之所贵，而君子之德也。然世多趋邪而弃正，不践君子之迹，而行由小人者，何哉？语曰："直如弦，死道边；

曲如钩，反封侯。"故宁顺从以保吉，不违忤以受害也。……夫为于可为之时则从，为于不可为时则凶。

1979 年英国利兹大学教授、汉学家 W.J.F. 詹纳尔在一篇介绍中国现代文学的论文中写道："在我了解的人民共和国的文学作品中，在艺术力量和老练的程度上，没有其他作品能与《来访者》这篇小说媲美。"当时正在广东养病的方纪，从在长江水利委员会宣传部工作的成绶台信中得知这个情况后，立即给他回信说：

绶台同志：谢谢您！
英国人评我的《来访者》，我还没有看到过，你带给我的是二十年来痛苦的解脱，也是我现在病中的安慰。一个外国人对我所写的主角，居然了解得比我们某些读者深刻。

我没有看过这位英国汉学家这篇原文，但我认为他的评价是有一定道理的。曾有人将《来访者》与张恨水在 20 世纪 30 年代写的《啼笑因缘》做过对比，认为两篇作品虽写作时代不同、体裁不同（一个是长篇小说，一个是短篇小说），但是所描写的主人公——女艺人，具有同样的不甘受屈辱和封建枷锁的束缚，追求人格独立、个性解放的人物性格，同样具有震撼力和穿透力。

这里，对当时姚文元的批判文章不想做过多的评论，因为姚文元当时急于与其曾在 1934 年 5 月公开发表脱党声明的父亲姚蓬子划清政治界限；同时，他当时作为一个"名不见经传"的"小人物"，急于"出人头地"，于是出于阴暗的个人政治野心，举着各种"莫须有"罪名的帽子，在 1957 年先是在上海范围内批判了作家王若望、徐懋庸、施蛰存、许杰、徐中玉、鲁莽、流沙河等人，1958 年又将矛头指向方纪的《来访者》，此后因此而急剧走红。到了"文化大革命"中，他作为江青、张春桥的"御用棍子"竟然一跃而登上中国政坛，更是红得发紫，他的所作所为令人发指，到头来落了个镣铐加身、被推上历史审判台的下场。

从《来访者》的遭遇去回顾中国当代文学历史，有很多值得我们去研究、反思的历史教训，也有很多值得借鉴和警惕之处。

在这一场批判的暴风雨中，方纪经受住了考验，一方面，他没有屈从于强大的压力，去做违心的检讨；另一方面，他积极地投入了另一种文学体裁的创作——报告文学的写作。当时天津市委书记万晓塘坚持原则，很好地把握了党的政策，提出让方纪写 10 篇劳模特写，来代替公开检讨的保护性意见。此后方纪深入到工厂基层，写出一些反映天津劳动模范事迹的报告文学和特写，这些作品后来都收入到他的报告文学集《挥手之间》里。

（三）方纪小说创作的特点

1958 年 8 月，正是在批判《来访者》的高潮时期，方纪闭门思过，他百思不得其解，认为自己自从参加革命以来，始终是坚定拥护党的领导，坚信革命事业的，而且对党和革命忠贞不渝，决不会去写丑化党和人民群众的作品。他在反思自己中，于 8 月 20 日写了一首《自遣》。诗云：

> 行年已四十，犹在犯错误。
>
> 人生即满百，八十当何如？
>
> 见人羞遮面，埋头苦读书。
>
> 遇事方识人，知过意乃舒。
>
> 岂做墙上草，但效风前竹。
>
> 杜词最有味，把卷快一读。

这首诗，既表露出他在强大压力下的苦闷心情，同时又表达了他的"岂做墙上草，但效风前竹"的坚定信念。他充分相信自己是在党的培养下成长起来的，心是同党和革命事业紧贴在一起的。他之所以写《园中》《晚餐》《开会前》和《来访者》等作品，是想探索新的创作方式，从多种角度多种题材去歌颂党领导的社会主义事业在改造人的思想方面所取得的成绩。每一个从旧时代过来的人，都不可避免地带着旧时代的烙印与缺点，并在新时代以不同的方式表现出来，正是这种新旧转换，造成了人物内心中的矛盾与冲突，形成鲜明的个性，所以表现这种典型环境中的典型人物，正是作家最好的题材。方纪曾对一些年轻人说过，他很欣赏苏联作家阿·托尔斯泰说过的一句话：一个人必须经过在冰水中泡三次，在碱水中煮三次，在血水中洗三次的过程，才能脱胎换骨成为一个坚定的革命者。方纪也正是用这句话来激励自己的，同时他也是带着这种信念去塑造他笔下的人物的。也正因为如此，他小说的人物都不是"高大全"式英雄人物，而是不同时代转型中带有这样或那样缺点的小人物——社会基层的普通人，他们正是在血与火的斗争中，在新旧时代的冲突中逐渐成熟成长起来的。如果将一个完美无缺的人放到阳光明媚的温室中，这还有真实意义吗？所以，方纪相信他的这种苦心最终一定会得到党的理解的。因此，他在几天后的 8 月 25 日又写了一首诗《读史有感》：

> 邻人走相告，曾参在杀人。
> 阿母弄机杼，札札不相闻。
> 邻人去复返，更言杀人事。
> 阿母眉若蹙，机梭飞不住。
> 邻人三反复，阿母长太息。
> 曾参吾所养，曾参吾所教，
> 曾参吾所知，邻人何相诬？
> 此处居难在，吾当迁他处。
> 嗟呼信如此，知子莫如母。

在这首《读史有感》诗中，方纪用"曾参杀人"这个成语故事表明了自己的心迹。这个故事告诫人们，说话办事要有真凭实据，而不要轻易地去相信一些流言蜚语。方纪在诗中把自己比喻为曾参，将党比作培养教育自己成长的老母亲，坚定地相信党是了解自己的，是不会相信"邻人""相诬"的。

方纪在受到批判的压力的时候，不仅是埋头学习了马列主义中关于文学的著作和论述，并做了大量笔记，还苦读了历史和杜诗，更认真地研读了孙犁的作品，在研读之余，他写了很多札记，最后写出近两万字全面介绍孙犁小说创作的文章《一个有风格的作家》。这篇文章的写作背景，是当时孙犁的小说《铁木前传》遭到了批判，而方纪作为孙犁的亲密朋友，孙犁的《荷花淀》当年又是经方纪首先发现并推荐刊发在延安《解放日报》上的，方纪根本不相信孙犁的小说会有政治问题，而且他对孙犁的文学作品是非常推崇的。因此，方纪在这篇文章里，全面认真地分析了孙犁的中、短篇小说的独特风格，通过对作品的认真分析，初步勾勒出孙犁在创作上"努力走过来的明晰的道路"。在文学创作上，大家都知道方纪和孙犁这两位现实主义文学作家在创作艺术风格方面是迥然不同的，但是他们之间绝无相互排斥，而且二人之间有着兄弟般的情谊。方纪在孙犁作品受到批判的时候，仍然在十分努力地发掘孙犁在创作上独具的匠心，并且力排众议，去为孙犁的艺术风格辩护。在有人提出孙犁的创作"缺乏时代特色"的时候，他指出"一个作家，在我们这个时代的暴风雨般的斗争生活里，不只表现了那些激流中滔滔巨浪，也表现了在他周围继续展开的明亮的波纹，因而更烘托出了这巨浪的力量"，从而也"更加显示了我们时代的光彩"，"正像鼓动着的心脏，把血液送到每一根最细的血管里；于是从手指的最轻微的颤动，我们也能感到心脏的鼓动的力量"。方纪这番话对于一些不了解历史的当代人来讲，以为他是在唱高调，其实，他不仅仅是在为孙犁而辩护，更是在为文学创作的"题材多样化"而大声疾呼。

方纪一直有写一部反映革命历史时代长篇小说的想法，但过去由于各种工作缠身，无法全身心去构思并投入到长篇小说的创作中。此时，他并未因创作上受到挫折而放弃，而是开始构思他的长篇小说《同时代人》（暂名），并开始积累资料，断续动笔写作。关于这部小说，虽然方纪自己没有留下更多的资料可供参考，但从他的挚友孙犁所写的文章中可以看出其中的端倪。孙犁这样写道：

> 我和方纪同志是"同时代的人"。他曾经计划写一部长篇小说，题目就是这几个字。每一个时代，都有它特殊的风貌，以区别于历史长河的其他时期。每一个时代的人，也有他们特殊的经历，知识分子的特色，尤其显著。我们所经历的时代，并非自诩，我以为是很不平凡的。

我们经历了中国革命进展的重大阶段。我们把青春献给了祖国和人民的解放事业。我们的共同之点还有，我们都是爱好文学艺术，从而走进革命的队伍，这可以说是为革命而文学，也可以说是为文学而革命。

孙犁和方纪是很好的朋友，他们在创作思想上有很多共同之处，可以说无话不谈。所以，孙犁这段文字很准确地表达出方纪想写《同时代人》这部长篇小说的思想立意。然而，方纪当时因职责所在，创作之事并未能如他所愿。他参加了中国作家协会组织的中国作家代表团，先后出席了在印尼、斯里兰卡、蒙古举行的亚洲作家会议，此间也写了一些散文、诗作，出版了散文集《挥手之间》，长诗《大江东去》。1964年他又参加了社会主义教育运动（"四清"），创作又中断了。接着便是"文化大革命"开始了，创作长篇小说的愿望便从此打断，虽然已陆续写了十几万字草稿，但距他构思的120万字相差甚远。"文化大革命"中方纪受到了残酷的迫害，身心受到严重摧残，虽然大难不死，但是"文化大革命"后再也不能动笔写作了，很多人深深为之惋惜。因此，到《来访者》之后，方纪再没有小说作品发表，可以说，他的小说创作到此便中断了。为此，在这里我们可以对他的小说创作（不包括散文、诗歌等）做一个小结。

纵观方纪自延安时期起所发表的中短篇小说作品共计15篇，从文学创作的角度讲，概括起来大致有以下几个特点：

1. 时代特征鲜明。方纪是一位信仰共产主义的理想主义者，但是他始终都是遵循着现实主义的文学创作规律，以现实主义与浪漫主义相结合的手法进行创作。他的诗歌、散文和小说中的时代特征是十分鲜明的，不论是在延安时期、解放战争时期，还是在新中国建设时期，他一直遵循现实主义的文学创作规律，都是在写特定时代中的特定事件与典型人物，所以他所创作的文学作品的时代感和现实感都很强。其作品中，他将所塑造的人物命运与时代的变革紧密地连在一起，通过刻画人物及所在环境的变迁，反映出时代要求对人物命运的深刻影响与改变，从而进一步折射出时代变革与社会发展进步对中国社会生活中的普通人所产生的普遍意义。尽管当时有些"小炉匠"式的批评者给方纪的文学作品扣了不少空洞的政治帽子，但如果真是平心静气地认真读一读这些作品，就可以发现这些作品都是在讴歌不同历史时期的新思想新风尚给人们意识行为带来的新变化。作者在作品中并没有刻意用口号式的语言去图解政治和渲染时代背景，而是用具体细微、人见人知的小事去真实地表现当时历史环境中的事件与人物，这种从细微之处入手、"以小见大"的手法，正是遵循了现实主义文学的创作思想和手法，站在当时的历史环境中，真实记述了当时的事件与人物，真实地反映了那个时代的社会风貌和人物精神，这种写作手法完全符合文学创作的客观规律。确切地说，方纪是在以小说形式记录历史，而不是用小说解读历史，因此他的小说中有着浓郁的时代感。天津社会科学院文学研究所副研究员王云芳在其2016 年所发表的《戴着镣铐的舞蹈——方纪小说论》中写道：

> 方纪是著名的解放区作家。在那个特殊的年代，他的小说表现出了鲜明的艺术探索意识。其人物形象的选择与塑造突破了高大全的主流审美规范，艺术表现手法上因材而异、各有不同。尽管不断受到主流意识形态的规范与制约，方纪仍以其大胆真诚的姿态，一次次冲击其模糊的边界，创作出了绚烂多姿的艺术花朵。

2. 人物真实鲜活。通读方纪的小说，可以发现他的小说作品中没有"高大上""高大全"的叱咤风云式的"英雄主义式"人物，而都是些不大为人注意的普通人，也可以说都是真实生活中的"小人物"，他们没有惊天动地的奇功伟业，也没有令人惊叹的特异功能，但每个人物都刻画得有血有肉，生动鲜活。方纪对小说中人物的刻画描写，或是用他们个性化的语言来表现人物的鲜明性格，或是通过下意识形体动作的描绘来展现人物内心世界细微的变化，使读者如闻其声，如见其人。从文学的角度看，尽管小说中对人物的塑造并非尽善尽美，有些地方还显得有些简单直白，但这些人物形象已跃然纸上，给人留下较为深刻的印象。如魏妈妈，李成，副排长谢永清，《老桑树下的故事》中的赵大山，《秋收时节》中的老太婆，《不连续的故事》中的何永、陈二庄、小环，《来访者》中的康敏夫等等。特别是《老桑树下的故事》在当地有很大影响，很多人都能如数家珍般说出小说中的人物原型是谁，并说方纪把这些人写活了。特别值得注意的是，方纪小说中这些不同阶层的"小人物"，并非是十全十美的人，而都是带有这样或那样不足和缺点的人，有的是思想意识，有的是自身品行，有的是悲惨命运造成的意识扭曲等等，这些都是旧时代给他们留下的不同程度的"烙印"，而这些"烙印"正是那个时代生活中的人物真实之所在。也正是因为有这些"烙印"的存在，当时代变革到来之时，他们陈旧的思想意识、思维模式反映到现实社会生活和言行举止上，就多与时代变革发生了种种不和谐的矛盾与冲突，他们在变革的过程中经历了现实与内心激烈的矛盾斗争后，对外部世界的认识逐渐发生了转变，开始逐步接受新思想、新事物，慢慢地改变自己，并最终成为把握自己生活命运的新人物。这说明，方纪小说创作始终在关注人的命运，把写人的思想感情和命运变化放在第一位，并始终将人的命运变化及思想转变与时代变革紧紧连在一起，写出了时代变革对人的思想命运的深刻影响。可以看出，方纪的创作思想，既受欧洲文艺复兴人本主义、个性解放思想的影响，也受苏俄现实主义文学思想的影响，同时更受毛泽东在延安文艺座谈会上讲话的影响。纵览中国当代文学的小说创作，多是受中国传统小说影响，以写故事为主，通过写故事来刻画人物，表现人物的命运；而方纪则是以写人物命运为主，把人物命运的转变与时代变革紧紧连在一起，反映了时代变革对人物命运的深刻影响。虽然方纪的小说都是中短篇作品，但从这些作品中，以及他未能完成的长篇小说《同时代人》的题目中，都能看出他的小说创作始终是把写人物命运放在第一位的，通过写人去展现波澜壮阔的时代。正如王云芳博士在她论文中分析的那样：

> 方纪小说中，主人公的选择往往别出心裁。20 世纪 50—70 年代，主流政治意识形态规范倡导"文艺创作的最崇高的任务，恰恰是要表现完全新型的人物，这种人物必须是和旧社会所遗留的坏影响水火不相容的，恰恰是不仅要表现我们人民的今天，而且要展望到他们的明天"。[①]这里所说的新型人物有着非常具体的内涵，他必须是新时代新社会中精

[①] 周扬：《为创造更多的优秀的文艺作品而奋斗》，1953 年 9 月 24 日在中国文学艺术工作者第二次代表大会上的报告。

神饱满的工农兵形象，他的存在必须能激励人、鼓舞人。据此而言，方纪小说中的人物形象显然不符合主流审美规范的要求。《纺车的力量》《山城纪事》都是以小资产阶级知识分子为主人公，前者借纺线这一生产技能的掌握展示了延安整风运动过程中知识分子思想改造的艰难过程，后者则渲染了一个在革命与恋爱中犹豫不决的进步青年学生的彷徨心态。《晚餐》《开会前》乃姐妹篇，其主角是政治身份颇为敏感的民族工商业者，方纪用漫画勾勒的手法揭示出社会主义改造过程中民族资产阶级的两面性。《秋收时节》的主人公则是一个在解放区土改中被削去土地的"出地户"（指当时的地主或旧式富农），"出地户"迫于"强权"让出土地后的不甘、无奈、担忧等心理状态被方纪描写得细致入微。《不连续的故事》虽有贯穿始终的"我"和影林村党支部书记何永两位叙事人物，但一组五篇作品都可独立成篇，每一篇只写一到两个人物。这些人物都是普通农民，身上都有这样那样的局限和缺点，但没有一个是主流意识形态所推崇的"高大全"式的，他们有的老实巴交没有丝毫反抗意识，如《一个人怎样会变得聪明起来》中的"郭东成"，有的懦弱无识只知窝里斗，如《仇恨和解了》中的"何青臣和赵双印"，有的好吃懒做、游手好闲，如《懒人不是生就的》中的"陈二庄"，有的则是自私自利，如《"人心是块坏肉"吗》中的"赵明云"……整体来看，方纪小说中的人物形象大都只是生活中平凡的小人物，他们因袭着从旧社会而来的千丝万缕的封建意识，在翻天覆地的时代变化过程中经历着艰难的蜕变。方纪偏爱他们，根据地长期的革命实践与生活经历使他了解这些形形色色小人物的所思所想。他用细腻的笔触描摹他们的心理世界，展示红色政权的建立带给这些小人物精神面貌上的巨大变化。也许这些人物形象并不完全符合主流政治意识形态的审美规范，其性格缺乏劳动模范或革命英雄特有的崇高的力的美，其行动缺乏你死我活式的阶级斗争的戏剧性，但他们却更为真实地存在于中国大地的各个角落，好像江河中的每一滴水，虽不能惊涛骇浪般震慑人心，却同样折射出时代的光辉。毕竟，人心的根本转变最为缓慢，过于极端化的表现方式所勾勒的往往是虚假的真实。

3．情节贴近生活。方纪作品中的故事情节，没有令人惊心动魄的跌宕起伏，也没有扣人心弦的激烈冲突，而是以平实的娓娓道来将故事逐步展开。也许这种写法难以吸引读者，但细细品读却令人爱看，如身临其境，不忍释手。原因是方纪以真实生活中的真实故事为基础，将生活中的人物放到人们所熟悉的真实环境中去描写，这样就将读者拉进了作品之中，引起读者对人物命运的关心。而在故事情节的推动上，方纪并不在情节的紧张程度、起承转合上做太多的描写，而是注重以人们所熟悉的真实生活方式，描写事件中人与人之间的矛盾冲突、人物自身内在的思想矛盾变化，以及人物命运的逐步转变，来推动情节的发展，不仅令人感到真实可信、栩栩如生，而且有将自己置身于故事之中的感觉。最有代表性的作品就是《老桑树下的故事》《不连续的故事》和《来访者》，虽然这几篇作品是不同的时代背景、生活环境、人物命运、写作手法，但所产生的感觉却是一样的：真实生活中真实的人物命运。可以说，他这种创作手法是源于延安文艺座谈会后他对现实主义文学创作的理解。对此，王云芳博士在其论文中写道：

> 艺术表现手法上，方纪的每篇小说往往因材而异、各有不同，由此形成了绚烂多姿的小说风格。《园中》宛如一首优美的古典抒情诗，暖意融融的回忆基调贯穿始终；《副排长谢永清》像一幕精练俏皮的话剧，几个简洁的对话场景就将一个英勇善战又刁钻调皮的小战士的内在美烘托得淋漓尽致；《老桑树下的故事》则更像是一部波澜壮阔的史诗，小说围绕"赵大山"和"周小霞"的爱情故事，塑造了一系列血肉丰满的人物形象，且以老桑树下村的历史变迁暗示出中国革命历程的曲折性与复杂性。

4．语言通俗无华。熟悉方纪的人都知道，他是一个充满生活激情并且情感容易外露的人，同时也是深受中国古典文学和西方浪漫主义文学以及俄国现实主义文学影响的作家，他的诗歌、散文中充满了激情四射的文采，即使是在如涓涓细流的娓娓道来中，也难掩其充沛的热情。然而，他的小说作品语言却截然相反，平实无华，非常通俗、接地气。按说，写小说更可以信马由缰地去发挥自己的想象，可以用豪言壮语或"语不惊人死不休"的虚构夸张来增强故事情节的烈度，但方纪的小说作品中却几乎找不到这种语言描绘，通篇都是以通俗易懂、朴实无华的生活语言娓娓道来，而且很多体现人物性格的语言，都具有鲜明的当地环境特色。除了前文已引述过的小说《魏妈妈》外，这里再举两段《秋收时节》中的描写。作者在写到一个在土改中被"革"了部分土地而产生怨气的老太婆时，写道：

> "地？"她重复说，"头年我种二十二亩，打三十三条粮食；今年，只种十二亩了！土地改革，革了我十亩，十亩，十亩好地，我的心尖子地啊！"……说着说着，又猛然坐在地上，抽抽咽咽地哭起来。越哭越痛，声音越大；到后来，差不多是号了。
>
> ……
>
> "我哭，我为谁？还不都是为了你们？不是想多留下点东西，让你们日后好过呀！我还能活几天？一亩地不剩，倒碱砖也够我吃一辈子了！你们呢？祖宗留下这么点产业，又减租，又增资，土改复查，平分，才几年工夫，快给人家淘干了……"

这些生动形象的语言，将一个自私自利、泼辣的农村老太婆的内心世界和性格勾画了出来。再如前面已列举的《来访者》中描绘养母的语言，生动又准确地体现了人物性格。这些简单明快、白描式的通俗语言，不仅让小说人物一下活了起来，而且产生了视觉化效果，令人如见其人、如闻其声。类似这样的语言，在方纪小说中比比皆是，耐读。

从以上所分析的几个特点看，方纪的小说创作是很有特点的，不论题材、主题思想，还是写作手法和技巧，都不存在政治问题，但为什么还会屡次出现争议？这除了与批评者自身视角或其他因素有关外，是否还有其他因素？这就需要从方纪本人创作思想方面深入细致地去挖掘、分析、研究了。前面我们已引述了方纪在一些文章中所流露出来的对文学创作的想法和看法，这里再提供一些看法，供读者参考。

很多人说方纪的小说是带有探索性的，从文学创作角度看，任何一位作家的任何一部作品，都是他自身创作思想的体现，只是有的鲜明些，有的模糊些，程度不同而已。从方纪的小说创作看，特别是从他1957年所写的几篇短篇小说（其实也包括他以前所写的短篇小说）看，为什么内容基本上是各社会阶层中普通人之间或是主人公自己内心的矛盾冲突，而不是有着那个时代典型特征的激烈的阶级斗争？细分析，我认为这除了他创作意识中"以人为本"来写劳苦大众、写人性的理念外，更重要的，他是想把阶级斗争背景下，时代转型中普通群众的思想认识是如何转变的、觉悟是如何提高的、境界是如何升华的、命运是如何改变的，作为小说创作的重点，而并不是把阶级斗争作为重点来写，这一点，在他的小说中表现得比较明显。换句话说，他想通过写阶级斗争大背景下的普通人民群众命运的转变，来反映社会生活里不同层次、不同群体中形形色色的不同个体。而不同人物命运的改变，都不是凭空得来的，而是通过他自身努力的创造而获得的。应该说，他这是受了高尔基等苏俄文学家的影响。当然，如何来表现这个过程，那是创作手法和技巧的问题了。关于这一点，方纪在他1959年所写的《工厂史大有可为》一文中有所体现。他写道：

> 工厂史的内容，在开始的时候，大体上都是写受苦的多，写斗争的少。这大约是规律，和在土地改革时贫雇农倒苦水一样。但很快就改变了，证明工人阶级究竟不同。而且事情越带群众性，它的积极意义、斗争性，就越加明显地显示出来。现在比较普遍的，是写过去多，写现在少；即写解放以前的多，写得也生动；写解放以后少，写起来也比较困难，多半是历次运动的总结性的文章……这是什么问题呢？也许除了对生活的理解和技巧之外，还有如何表现人民内部矛盾的问题。这是一个新问题，只能从实践中逐步解决。……

"如何表现人民内部矛盾的问题"，可以说是方纪在探索新中国成立后文学创作如何表现的一个重要思考，而在这方面的探索实践，突出表现在他于1957年所写的那几个短篇小说中。既然是探索，就难免有不成熟或不成功之处，但这绝不是政治思想问题，更不是主观意识上"反党反社会主义"问题。所以，从那个时期对方纪小说批判的问题上，可以看出当时文艺批评中思想意识的扭曲与思维定式的混乱。

刘增杰主编的《中国解放区文学史》"代前言"中有几段值得解放区文学研究者思考的话：

> 按照接受美学的观点，文学作品一旦发表，读者总是会带着现实的启发和今天的理解对其进行重新塑造。站在今天的时代高度审视解放区文学，和一些把解放区文学一律视为"思想浅薄"的观点相反，人们惊喜地发现，随着时间的流逝，某些作品的现实主义光辉，反而显得更为耀眼。
>
> ……
>
> 在文学运动方面，由于一段时间内批评眼光的偏狭和诸多禁忌，致使需要进一步深化研究的问题几乎俯拾即是。
>
> ……
>
> 列宁在《黑格尔"逻辑学"一书摘要》中说："认识是思维对客体的永远的、没有止境的接近。"我们期待着解放区文学研究工作多元化、多样化、立体化时刻的早日到来，期待着研究工作新的跨越！①

天津社会科学院文学研究所原所长王昌定在 1985 年写的《论方纪》中这样写道：

> 从上述方纪的经历中，我们不难看出，他自参加革命以来，始终为党分配给他的各种工作而奔忙，并没有留给自己多少进行文学创作的时间。他的创作大都是在戎马倥偬中挤时间写出来的，他是个名副其实的业余作家。不过，这依然不妨碍他创作上的丰收。除早期作品散失难寻外，他还是留给读者数量可观的文学成果。
>
> ……
>
> 我们细读方纪的小说，当会发现，他的艺术探索，并非自《来访者》始，他的全部小说都可以说明他追求的执着。让我在这里附带说一句，

---

① 刘增杰主编：《中国解放区文学史》，河南大学出版社 1988 年版，第 11—13 页。

有一些小说家，处女作就是高峰，跨过高峰，便再也无所建树，只能沿着自己的轻车熟路向前走，甚至越走越下坡，永远无法突破自己。方纪不然。如果说他最初的小说带着生活的原始形态与艺术上较为粗糙的痕迹，以后他总是不断地向高峰攀登，为了攀登，不怕险阻，即使在攀登中碰得头破血流，他也不肯退缩。这里既显示出艺术家的气质，也显示出革命家的气质。艺术家加上革命家，是方纪全部革命生活的概括，也是他全部创作生涯的概括。

五、挥手之间（1959—1963）

1959 年，由于"大跃进"违背了经济建设的客观规律，出现的"浮夸风""共产风"和"瞎指挥"，给我国生产力造成很大破坏；加之随后出现的三年困难时期和苏联的背信弃义，使我国国民经济进入了困难时期。而在这一年里，本应冷静反思"反右"运动和"大跃进"运动对我国经济建设的影响，不久之后又开展了"反对右倾机会主义"的斗争，不仅使中国政治、意识形态等领域再次陷入"万马齐喑究可哀"的局面，而且由于天灾人祸所造成的农副产品严重短缺，在全国范围内出现了大饥荒问题。不久，中共中央便提出了"调整、巩固、充实、提高"的八字方针，逐步扭转了政治经济形势，到 1963 年，经济逐步得到恢复。但是，在意识形态领域内，"左"倾思想不但没有减弱，反而却越来越严重，教育战线上猛批"白专道路"和"拔白旗"；文艺战线上从批判巴人的《论人情》和李何林的文艺批评中的"小问题"开始，逐步延伸批判，波及面很广。这一次所谓学术领域的批判，脱离了党在科学文化事业中的"百花齐放""百家争鸣"的方针，严重地挫伤了学术界科研人员和文艺界的作家、艺术家的积极性。到 1962 年陈毅同志在广东省主持召开了广州会议，在会上宣布了为资产阶级知识分子行"脱帽礼"之后，科学界、文化艺术界的科研、创作气氛才渐渐活跃起来。

方纪在这五年中，从 1958 年《来访者》受到批判开始，持续遭到了简单粗暴、无限上纲式的批判，从《来访者》一直株连到他所有的小说创作；从作品的选材牵涉到他的世界观："宣扬资产阶级人性论""丑化社会主义""丑化共产党员和党的领导"等大帽子接踵而至。在这种咄咄逼人的形势下，他得到了文艺界领导和中共天津市委的一些领导同志的支持和鼓励，加上他坚强信念和性格的内因作用，才使他在强大的压力下没有被压倒和摧垮。在受到这样严重批判的时候，他仍然没有放下手中的笔，仍然坚持不懈地写作。

1959 年 1 月，他为画家李可染的《水墨山水写生画集》写了序言《江山如此多娇》，文章之美、评论之精在文化界引起很大反响；8 月他写了考察长江时一段往事的散文《轻舟出南津关》；9 月写了纪念天津解放 10 周年的散文《海河，你为什么这样美?》，文章从他在硝烟中进入天津时看到的景象写起，歌颂了天津在解放后 10 年间的巨大变化。

1960 年他写了四篇较有影响的特写：《萧德训不断革命》《李之珍攀登高峰》《吊钩》和《挥手之间》。

1961 年又写了特写《第一千炉好钢》和长诗《大江东去》（1961 年 12 月作家出版社出版）。

1962 年，他继续写了有名的散文《端溪行》《桂林山水》等。

此后，他在随中国作家代表团访问蒙古人民共和国时写了《草原印象记》；在访问印度尼西亚时，写了《电光在夜空中闪耀》《梭罗春水》和《浓郁的芬芳》。

上述的这些作品，连同他在 1958 年写的介绍孙犁创作风格的论文和一些报告文学等，共计 18 篇，12.6 万字，都收在一个包括散文、特写和随笔的合集《挥手之间》中，1963 年由作家出版社出版。五年的时间挥手而过，但是《挥手之间》里的每一篇文章却都不是俯首而拾得的，而是在某些批评家的棍棒中拼杀出来的；是在与工人、科研人员、基层干部等一起劳动中的用汗水和心血共同浇灌出来的；也是在荆棘丛生的艺术道路上通过艰苦的努力而得来的丰硕成果。

在这个阶段，方纪的文学创作发生了一个重要转变，即从写中国农民转为写工人阶级。虽然在这个转变过程中方纪没有来得及用小说体裁来反映中国工人阶级的斗争、生产与生活，但他的几篇散文特写已体现了这个转变的

1962 年，方纪在蒙古人民共和国访问时留影

开始。而这个创作思想的转变，源于 1958 年由他推动的群众性编写工厂史的活动。这个活动在天津开始不久，就由中国作家协会推广到全国，在全国范围内形成一场群众性的工厂史写作运动，很多省市在 1960 年便推出了"工厂史丛书"的成果。这场大规模的"写工厂史"，一方面对人民群众的思想教育起了重要作用；另一方面对繁荣工业题材文艺创作起到了重要的推动作用。就文艺创作而言，如此大规模地写工业和工人题材的创作活动，在中国是空前绝后的。但随着政治环境的变化，这个活动从"写工厂史"转向了写阶级斗争史，到"文化大革命"开始后，这个活动便终止了。方纪曾为"写工厂史"活动写过两篇文章：《工厂史大有可为》（1959 年 3 月 24 日）、《中国工人阶级的光辉历史——〈工厂史作品选〉序言》（载 1959 年 11 月 12 日《文艺报》）。

（一）散文特写集《挥手之间》

1. 特写（报告文学）

在《挥手之间》这一散文特写集中，有 7 篇文章是歌颂社会主义建设中的新人新事的。这 7 篇以"大跃进"时代工业战线劳动模范为题材的报告文学，生动真实地反映了那个时代的工人阶级的精神风貌。在这些作品中，作者充分运用了他在小说创作中十分注意运用的细致入微的笔墨、通俗质朴的语言，描绘出劳动模范人物的先进事迹。其中，《一天二十四小时》写的是天津造纸总厂的酸煮锅大组在组长李廷富的带领下，连创全国酸煮苇浆时间新纪录的事迹。当时天津造纸工人为了摘掉我国一穷二白的落后帽子，为国家和人民创造更多的财富，解放思想，在实践中大胆探索创新，缩短了酸煮苇浆的时间，在全国造纸行业的大竞赛中创下了提高工作效率的新纪录。

《跟班生产的刘二囤》写的是天津第二印染厂副厂长刘二囤跟班生产的事迹。刘二囤 1955 年任天津第二印染厂副厂长后，觉得坐在办公室里指挥生产离工人太远，同工人的关系也会逐渐疏远，很感苦恼。后来虽实行了领导干部每周半天参加车间劳动和召开工人座谈会的制度，但仍然让他感觉不如与工人一起劳动痛快。到车间班组跟班生产，这让刘二囤如鱼得水，同工人一起住集体宿舍，一起参加劳动，使得印染厂的产品提高了产量和质量，干部与工人的心也紧紧融在了一起。《萧德训不断革命》写的是天津制革工人萧德训，在改革制革工艺中，刻苦学习，不畏险阻，努力攀登科学技术高峰的事迹。萧德训是一个只有小学二年级文化水平的工人，他在旧社会当学徒，吃了很多苦。解放后虽然工人阶级翻了身，但制革技术还长期摆脱不了落后的生产工艺和生产环境。1958 年萧德训在"大跃进"精神鼓舞下，解放思想，一边努力学习，一边在实践中大胆探索，从一块皮子的自然变色开始研究，最后发明了无色染革新工艺。为了改善落后的生产劳动条件，解决生产环境恶劣对工人身体造成的有害影响，经过研究和实验找到了无灰池浸泡的新脱毛方法；之后，他又积极地去解决制革机械化的问题。在生产实践中，萧德训从一个文化水平很低的工人，通过自己的刻苦学习和钻研，最后成为一名技术革新的闯将。《李之珍攀登高峰》写的是一名同萧德训一样的普通工人李之珍，解放前他在一家小私营企业里干的是焊线头工作，但由于他刻苦钻研，偷学技术，掌握了一点简单的无线电技术。解放后这家企业经过公私合营发展为一家大型电子仪器厂，仅有小学文化程度的李之珍在党的培养和帮助下，努力学习，克服了不懂高等数学和高等物理的困难，攻克了一个又一个技术难关，在为国家试制一种短缺而又急需的新电子产品中，经过刻苦钻研，他又为这一项新产品的试制工作作出了新的贡献，他以"挤、钻、严"的精神和坚忍不拔的毅力，不断攀登科学技术高峰。《吊钩》写的是天津航道局一位退休老模范机修工人张树和，为解决国家建设中所需的各种特殊、小批量机器零件，发挥自己光和热的事迹。张树和年轻时曾在李鸿章创办的北洋机器局当学徒工，后来成为一名能制造、维修各种机器设备的"机器匠"，并在不同的船上工作了几十年。退休后，他先是在街道上做治保工作，后受"大跃进"精神的鼓舞，发挥自己的特长，在街道白手起家创办起一个铁工厂，他们靠东拼西凑，经过半年多艰苦奋斗，竟然让铁工厂变为一家铸、锻、车、钳、瓦、木、电样样齐全的综合性铁工厂；他们生产的产品都是大厂子不愿做、小厂子又做不了的东西，他们主要为钢厂制造吊钢包的吊钩。这个铁工厂的成功之处，在于既把街道上闲散的劳动力组织了起来，又为国家建设作出了贡献。它存在的意义正像这篇文章的题目：吊钩虽不大，却在国家生产建设中发挥出重要的作用。《第一千炉好钢》写的是天津第二炼钢厂的一个先进班组创造千炉好钢无废品的事迹。第二炼钢厂是一个新建厂，而这个小组的成员又大多是刚进厂的年轻工人，但他们在组长杨德生的带领下，团结一致，发扬敢想敢干的精神，在其他班组提出"百炉无废品"的生产指标带动下，响亮地提出了"千炉无废品"的生产指标。他们在实际生产过程中，以严肃认真的科学态度，严格把好每一个细小的生产环节，最终实现了他们"千炉无废品"的高指标。

在这些报告文学作品中，方纪并没有用浮夸式语言去渲染"大跃进"，而是保持着严肃认真、朴实无华的文风。方纪在写这些报告文学时，认真地深入到工厂的车间班组，对工业生产的具体环节，对于劳动模范本人和模范集体所创造的先进事迹，都做了十分深入细致的调查研究，因此，这些作品写得十分真实生动，充满感染力。以往在一些报告文学作品中经常会出现两种偏差：一种是形式大于内容，即突出了艺术效果而脱离了生活真实；一种是内容大于形式，即将真实故事简单地堆砌在一起而缺乏艺术感染力。方纪的这些报告文学作品，则是在深入群众、熟悉生活的基础上，经过对真实人物的事迹进行提炼与升华后，再以朴实无华的笔墨写出，产生了很好的文学效果。方纪在他所写的《关于"特写"——答蔺羡璧同志的信》一文中强调：

> 除了题材的鲜明性之外，在表现方法上，特写更需要情节的真实和生动，语言的感染力量。它应当使读者毫不犹豫地感觉到，这一切就发生在自己的周围。

《关于"特写"——答蔺羡璧同志的信》这篇文章写于 1962 年，是方纪对于散文、特写创作论述得比较完整的一篇文章。他先从文学史的角度论述了通讯、特写和报告文学起源，之后，又说明了这几种文体之间以及散文与它们之间的关系、共性与个性，对于学习写作的人来说很有启发。他在文中写道：

从这一段简单的历史叙述，可以看出来，通讯、特写和报告文学，是在新的历史条件下，适应革命生活的需要，所产生的一种新的文学样式。它们既属于同类的形式，也可以说代表着不同的发展时期，现在既同时并存，又有各自的作用和特点。现在要规定它们之间的明显区别，我看还不太容易。如果大概地区分一下，那么"通讯"大抵着重于事实的报道，还带有新闻的性质，文学形象的要求不高，文学加工的要求也较少。在写作上，只要事件完整、首尾连贯、思想清楚、叙写明白，也就够了。"报告文学"，顾名思义，是"文学的报告"的意思。既是文学，就有形象化的任务，既要形象化，就要有人物，有情节，需要运用"概括""想象""强调""省略"等等的文学手段"再现"生活。这就把报道从新闻的意义上，提高到了文学的境界。后来改用"特写"这个名字，从作品看，似乎是把"报告文学"的内容扩大了，不限于一人一事；在表现方法上，更加多样，表现形式上更接近于传统的散文。自然，不同的题材，有不同的处理方法；不同的作家，也有不同的风格，是很难一概而论的。

……

从近些年来的特写作品看，特写不但是以真人真事为基础，还是以新人新事为基础的。特写所反映的主要是我们生活中的正面人物、英雄事迹。因此它受到了读者的欢迎，起到了应有的作用。照我看，特写一般是不适宜反映消极现象的，也不适宜于讽刺的内容；但它不排斥从积极的方面反映人民内部矛盾，帮助新事物的成长。特写是一种严肃的、生动的、富有战斗性的文学样式。因此特写的题材，应当是鲜明的，它必须使自己选择的事件和人物，具有新鲜的、吸引人的力量。

除了前面所介绍的几篇报告文学外，方纪以前还写过《游击战》（1936）、《阿洛夫医生》（1944）、《血泪凝成的数字》（1946）、《前奏》（1946）等；

在延安时期还翻译过苏俄报告文学《为了乌克兰》《亚历山大马特洛索夫》《一个女人———一个战士》等。

在《挥手之间》这部散文特写集中，还收入了两篇文章：一篇是纪念天津解放和新中国成立 10 周年的文章《海河，你为什么这样美丽?》；一篇是回忆毛主席在历史转折的关头，前往重庆参加"和平谈判"离开延安时人民群众到机场送行的历史场景《挥手之间》。后者成为享誉全国的著名散文，载入中国文学史册。

《海河，你为什么这样美丽?》一开头便追述了天津解放时，在硝烟尚未完全散去的海河边上，作者亲眼见到担架上一位牺牲了的青年战士流下的一滴滴殷红的鲜血，表明了新生的天津是用革命烈士殷红的血换来的。文章中以大量的史实回顾了天津人民的苦难历程和英勇不屈斗争的历史，概括地记述了解放后天津建设发展的新面貌。作者通过对新旧天津鲜明的对比，以数次出现的诗句语言"海河，你为什么这样美丽"表达了一个鲜明的主题：只有共产党才能救中国！文章结尾时这样写道：

> 海河变得灿烂而明净，就像天津人民把自己的发光的心抛进河里，使海河变成了有生命的巨大的力量，奔流向前，永不停止……

以这样的比喻作为文章的结尾语句，发人深省。

2. 散文《挥手之间》

《挥手之间》写于 1960 年纪念重庆谈判 15 周年时，于 1961 年发表。方纪在这篇文章里，满怀着对革命事业的坚定信念和发自内心的激情，真实地记录了毛泽东在 1945 年这个历史转折的紧要关头，不顾个人安危，亲赴重庆与蒋介石进行和平谈判在机场挥手告别的瞬时。热情地讴歌了毛泽东高瞻远瞩的雄才大略和大无畏的革命气魄；同时，以延安中央领导、机关干部和人民群众到机场送行的感人场面的描写，真实生动地表现了延安党政军民对领袖深厚的爱戴之情。

重庆谈判是中国革命进程中一个重要的历史事件。关于重庆谈判，曾有不少历史当事人写过回忆史料，影响较大的有两篇，一篇是时任《大公报》著名女记者彭子冈 1945 年 8 月写的新闻特写《毛泽东先生到重庆》，当时在大后方引起很大轰动，并产生很大影响；另一篇则是 15 年之后方纪写的《挥手之间》，在全国产生了深远的影响。有意思的是，方纪写的是毛泽东飞赴重庆时延安人民依依不舍到机场送行的感人场面；彭子冈写的是毛泽东到重庆时各界人士到机场欢迎的热烈场面及毛泽东伟大而质朴、亲切而平易的风格。虽然这两篇文章写于不同的历史时代，但无意间这两篇文章成了记录那个重要历史瞬间的姊妹篇。

很多当年曾亲身经历过去延安新机场为毛主席送行的老同志，都曾目睹过毛主席登上飞机向送行民众挥手的场景，因此当他们看了《挥手之间》这篇散文后，都感到十分亲切，说这篇文章十分生动真实地再现了那个历史瞬间，把当时在场的人们的内心想法和复杂的心情表达得淋漓尽致。细细品读这篇特写式的散文，它并不是对历史的简单记录，而是以电影般的语言栩栩如生地描绘出了这历史瞬间每一个细致入微的场景，特别是当毛主席站在舷梯上转过身，慢慢摘下帽子，举手向送行民众缓缓有力的一挥，将这个历史瞬间永久地定格在人们的心中，使这篇文章达到高潮。这种视觉化的描绘，不仅打动了每个读者的心弦，而且令人如身临其境，在内心中产生历史的共振。

这篇文章发表不久，即被选入中学语文教材，无数年轻人都曾学过这篇著名的散文，不少读者都能够十分流畅地背诵文章中的许多段落，一时间传为绝唱。时至今日，也许很多人不知方纪是谁，但一说起《挥手之间》这篇散文，几乎无人不知，无人不晓。这里，不妨再重温一下文章中那些令很多人能流畅背诵的段落：

一辆延安人都熟悉的带篷子的中型汽车正转过山嘴，朝飞机场驶来。立刻，人群像平静地水面上卷起了一阵风，成一个整体地朝前涌去。接着，又停下来；正当汽车站住，车门打开的时候，机场上响起了一阵雷鸣般的掌声。

毛主席走下车来。和平日不同，穿一套半新的蓝布制服，皮鞋，头戴深灰色的盔式帽。整个装束，完全是像出门做客一样。这立刻引起人们一种深切的不安和离别的情绪，眼泪不由得涌了出来。

在延安人的记忆里，主席永远穿一套总是洗得很干净的旧灰布制服，布鞋，灰布八角帽。他的伟岸的身形，明净的额，温和的目光，和热情的声音，时时出现在会场上，课堂上，杨家岭山下散步时的大道边。主席生活在群众中间，生活在同志们中间。主席的音容笑貌，举手投足，人们是熟悉的，理解的，怀着无限信任和爱戴，团聚在他的周围，一步不能离开，一步不曾离开！如今，主席穿起了做客的衣服，要离我们远去了！

一霎时，人们的心里，像海上波涛般起伏汹涌。千百双眼睛，热切地投向主席身边。主席在汽车边站定，目光平视，望着全体送行的人，经过每一个人的脸；好像所有在场的人，他都看到了。这时，他眼睛里露出一种亲切的、坚定的微笑，向人们点了点头。

这段文字，作者从几个不同的生活视角，将领袖与人民群众的亲密关系真实生动地描绘了出来，也表达出人民群众对领袖的信任与爱戴之情。作者在这里用了两个"一步"的排比句，突出了毛主席作为人民的领袖，他就生活在人民群众之间。

再看另一段描写：

机场上人群静静地立着，千百双眼睛跟随着主席高大的身形在人群里移动，望着主席一步一步走近了飞机，一步一步踏上了飞机的梯子。

这一会儿时间好长啊！人们屏住了呼吸，一动不动地望着主席的一举手，一投足，直到他在飞机舱口停住，回转身来，又向着送行的人群。

人群又一次像疾风卷过水面，向着飞机涌了过去。主席站在飞机舱口，取下头上的帽子，注视着送行的人们，像是安慰，像是鼓励。人们不知道怎样表达自己的心情，只是拼命地一齐挥手，像是机场上蓦地刮来一阵狂风，千百条手臂挥舞着，从下面、从远处，伸向主席。

重庆谈判前，毛泽东在延安机场向欢送的军民挥帽告别

　　主席也举起手来，举起他那顶深灰色的盔式帽；但是举得很慢很慢，像是在举起一件十分沉重的东西，一点一点的，一点一点的，举起来，举起来；等到举过了头顶，忽然用力一挥，便停止在空中，一动不动了。

　　主席的这个动作，给全体在场的人，以极其深刻的印象。它像是表达了一种思维的过程，作出了断然的决定；像是集中了所有在场的人，以及不在场的所有革命的干部、战士和群众的心情，而用这个动作表达出来。……

　　在这段描写中，作者用了电影中"跟拍"式的语言，生动地描绘了毛主席走向飞机、登上舷梯的过程。从内容看，这个过程是短暂的、无声的，但作者将这个过程的每一个动作都用排比句式细腻地描写出来，步步推进，使它产生了强烈的"此处无声胜有声""于无声处听惊雷"的效果，读者从这个短暂无声的过程中，仿佛听到了人民群众发自心底的对毛主席热爱的呼喊，并油然产生震撼心灵的共鸣。

　　《挥手之间》这篇纪实性散文，无论是从主题思想、内容情节，还是艺术表现力方面，都达到了一定的高度，它作为描写领袖人物的纪实性文学作品，在中国当代文学史上是应该占有一席之地的。这篇文章的一个重要特点，它不是以"后朝人写前朝事"方式记录描写历史人物，而是以历史亲历者的身份，用文学作品忠实地反映了历史转折时刻的重要瞬间。有人简单地评价这篇文章是"歌颂"式作品，然而，作者在这篇作品中毫无"吹捧"、夸大式的语言，也没有去刻意"拔高"领袖人物，而是如实地用具体的细节，描写了延安时期人民领袖与人民群众之间的亲密关系，以及人民发自内心地对领袖的爱戴之情；并且，方纪站在一定的历史高度，通过所截取的历史瞬间，将领袖人物在重要的历史转折时刻高瞻远瞩的胆略和气魄真实地表现出来，可以说用这种定格历史镜头的写法，不仅极具画面感地将历史场景真实生动地再现，而且在内容与形式的结合上达到了完美统一。

3. 其他散文

散文特写集《挥手之间》里，有六篇是写景和抒情的散文。其中，有三篇是在 1962 年方纪随着中国作家代表团去印度尼西亚访问时写的，它们是《电光在电空中闪耀》《梭罗春水》和《浓郁的芬芳》。前两篇文章介绍了印度尼西亚的风土人情和植根于人民生活中的文化艺术，反映了印度尼西亚文化中的音乐、舞蹈、绘画和雕刻等，都与人民生活息息相关，紧密相连。后一篇《浓郁的芬芳》，是作者在访问了印尼和锡兰（斯里兰卡）归来之后，从对那些浓郁的芬芳陶醉中清醒过来之后，写的追记与感受。

在《浓郁的芬芳》中，作者记述了在访问旅途中感受最深的几个片段：第一个片段是《赤道落日》，作者用了雄浑的笔墨，描绘了赤道落日的奇观。第二个片段是《红溪》，记述了 18 世纪时，生活在印尼的华侨曾与印尼人民一起抗击荷兰殖民主义者，他们遭到殖民者屠杀后，尸体被抛进河里流入大海，整条河流被他们的鲜血染红，因而这条河有了红溪之名。第三个片段是《万隆道上》，写的是作者从雅加达到万隆路上所看到的美丽景色。第四个片段是《抗格隆》，是写作者在万隆观看民间文艺演出中，看到当地姑娘用一种竹子制作的乐器，边演奏边唱，而这种乐器所发出的声音，令作者想到了白居易《琵琶行》中的描写，演出结束后经询问，才知道这种乐器在印尼语中名"抗格隆"。第五个片段是《流连》，文章中生动地描写了作家代表团在品尝榴梿（原作写为"流连"）时的趣闻。

另外三篇散文，分别是《桂林山水》《端溪行》和《轻舟出南津关》。

从方纪的全部艺术创作来看，《桂林山水》一文已达到了他个人创作的高峰。这篇文章描写之美，知识之广博，对艺术理解之精妙，都令人百读不厌。从这篇文章中可以看出方纪深厚的艺术修养。1958 年，他应好友画家李可染之请，为其《水墨山水写生画集》写序，方纪挥笔为画集写下《江山如此多娇》一文。在这篇充满激情的序言中，方纪不仅对画集中的作品一一做了画龙点睛的点评，给予了高度的评价和赞美，而且对绘画与诗的关系、"形"与"神"的关系，以及中国历代山水画与时代、与其他艺术之间的关系，都做了精妙的论述，充分展现了方纪渊博的知识和深厚的艺术修养，以及他对文艺创作的观点。可以说，这是一篇内容丰富、文字优美、充满美学哲理的画论。由于是两位名家的联手，这本画集出版时产生了很大影响。

1959 年夏，李可染赠送给方纪一幅题为《桂林画山侧影》的作品，这幅作品深深地吸引了方纪，1962 年方纪再次来到阔别了 23 年的桂林，想起在桂林八路军办事处工作的往事，"置身桂林山水之间，使我又想到了可染同志的这幅画"，于是方纪灵感喷涌，洋洋洒洒地写出了《桂林山水》这篇优美的散文，这是一篇在绘画与实景、抒情与叙事的相互转换中渐次展开的散文，它时而把读者带入画中，又时而将读者带到美景中，令读者产生"画在山水中，人在画中游"的感受。这篇散文也曾被选入中学教材，受到广大师生喜爱。

对于画中的桂林，作者这样写道：

> 桂林山水的宜于入画，古人早已注意到了。宋代诗人黄庭坚就写道："桂岭环城如雁荡，平地苍玉忽嵯峨。李成不生郭熙死，奈此千峰百嶂何。"诗人的意思，恐怕不只是说当时画家画桂林山水的少，还在说，即使李成、郭熙在，也还没有画出如桂林山水的这般秀丽来吧？……到了近代，山水画大师黄宾虹，便以能"遍写桂林山水"为生平得意，齐白石更说"自有心胸甲天下，老夫看惯桂林山"了。

对于诗中的桂林，作者这样写道：

至于在文学上，为桂林山水塑造出一种形象，为人所公认，并能传之千古的，恐怕至今还要推韩愈的"江作青罗带，山如碧玉簪"两句。他把桂林山水拟人化，比喻为一个朴素而秀美的女子，确是有独到的观察。

对于散文中的桂林，作者写道：

在散文里面，描写桂林山水的真实性、具体性上，倒要推徐宏（弘）祖的《徐霞客游记》。他的散文很少概括和比拟，但却忠实而详尽。读起来你不免要为他的游兴所动，为他的辛勤所感，为他的具体而生动的记游所心向往之。不过，你要想从他的记述里去想象桂林山水到底是什么样，却也不易。他自己就说："然予所欲睹者，正不在种种规拟也。"

正因为画家、文人对桂林山水感受各有不同，故笔下的桂林山水也各自不同，因而作者总结道：

所以从古以来，山水怎么看，恐怕是各人各有心胸的。但一切既反映了自然真实面貌，又创造了崇高意境的，则无论是绘画、诗、散文，都成为我国人民的精神财富，为我们伟大祖国的富丽山河，赋予了种种美好的形象和性格，启示了和发展着人们的爱国主义思想情感。

而实景中的桂林清晨，在方纪的笔下是这样描绘的：

太阳这时还在山那面，云里边。由于重重山峰的曲折反映，层层云雾的回环照耀，阳光在远近的山峰、高低的云层上，涂上浓淡不等的光彩。这时桂林的山最是丰富多彩了：近处的蓝得透明；远一点的灰得发黑；再过去，便挨次地由深灰、浅灰，而至于只剩下一抹淡淡的青色的影子。但是，还不止于此。有时候，在这层次分明、重叠掩映的峰峦里，忽然出现一座树木葱茏、岩石崚嶒的山峰来。在那涂着各种美丽色彩的山峰中间，它像是一个不礼貌的汉子，赤条条地站在你面前——那是因为太阳穿过云层，直接照在了它的身上。

接着，便可以看到，漓江在远处慢慢地泛着微光，一闪一闪地亮起来。太阳把漓江染成了一条透明的青丝罗带，轻轻地抛落在桂林周围的山峰中间。

这段文字写得惟妙惟肖，见过桂林山水的人都会被这段精准的描写唤起心中的记忆。再看作者从桂林去阳朔对途中美景的描写：

从桂林到阳朔，有人比喻为一幅天然的画卷。但比起画卷来，那山光水色的变化，在清晨，在中午，在黄昏，却是各有面目，变化万千，要生动得多的。尤其是在春雨迷蒙的早晨，江面上浮动着一层轻纱般的白蒙蒙的雨丝，远近有山峰完全被云和雨遮住了。这时只有细细的雨声，打着船篷，打着江面，打着岸边的草和树。于是，一种令人感觉不到的轻微的声响，把整个漓江衬托得静极了。这时，忽然一声欸乃，一只小小的渔舟，从岸边溪流里驶入江来。顺着溪流望去，在细雨之中，一片烟霞般的桃花，沿小溪两岸一直伸向峡谷深处，然后被一片看不清的或者是山，或者是云，或者是雾，遮断了。

这个美丽如画的意境，描写得似真似幻，如诗如画，即使没有去过漓江的人，也会被作者笔下的美景所吸引陶醉。接下去，作者写到漓江的九马画山，更是时而入画，时而入景，虚虚实实，将漓江的美景展现给读者，令读者如痴如醉。最后，作者又回到李可染的画作《桂林画山侧影》之中，当人们读罢这篇作品掩卷遐思时，仿佛感觉是刚刚走出一幅美丽生动的画卷，令人赞叹不已。

《端溪行》一文，是方纪于1962年去广东肇庆实地考察了我国著名的端砚开采情况后，写下的一篇散文。端砚自古以来是中国文人所喜爱的砚石之一，已有上千年的历史，但由于过去一直是作为专供皇帝享用的"贡品"，民间很难见到，因此端砚成了"物以稀为贵"的珍品。到近代张之洞将"官采"变为"官助商采"以后，端石成为商品，过度开采导致石材尽绝，遂将洞坑填塞，停止开采。直到1960年，在当地人民政府的支持下，一些砚工才重新打开洞门，清理坑道，使用新技术恢复开采，端砚才重见天日。然而，这样一个有着上千年历史的著名砚石产地，历史上却没有关于端砚开采制作的系统记载。因此，方纪在这篇散文中较为详细地记述了端砚产地的地理环境，端砚的历史、特点及其开采过程。

作为文学家，同时又酷爱书法艺术的方纪，对端砚更情有独钟。因此他在文章开始便写到唐代大书法家李北海（李邕）当年被贬到广西钦州做县丞路过端州时所写的《端州石室记》，并说这篇使端州出名的文章及书法现在还保存在端州七星岩的石壁上。接着，又写到当地关于包公抛端砚平风浪的一段传说。然而当方纪来到端溪下岩看到曾出产贡砚、到宋代时已被采绝的"老坑"时，令他感到有些意外：

> 端溪之小，一步可以跨过，颇令人有名不符实之感。然后爬一段坡，不到半里，便见有一个坐北朝南，周径不过三四尺的洞口，便是有名的端溪下岩，即俗称"老坑"的所在。从唐朝以来，一千多年，出过许多为人考证搜求、议论不已的名砚的地方。

寥寥数句，便将名砚产地的环境及个人感受勾勒了出来。后面，作者概括地勾画了从陶砚到石砚后，唐代著名文人对石砚的记载，其中有柳公权提到的青州石砚，李白诗中的宣州石砚，杜甫诗中的夔州峡石砚等，但真正写端砚的则是李贺。文中写道：

> 关于端砚，正式见于文字描写，并且比较详细具体的，要推李贺的《杨生青花紫石砚歌》。这诗一开头就充满了对端砚的赞美之情："端州石工巧如神，踏天磨剑割紫云。"可见那时不仅有了端砚，而且有了专门开采端砚的石工了。……

对于古人采端石之艰辛，作者这样写道：

> 在古代的技术条件下，开采端石无疑是十分困难的，看那洞口，只能容一个人弯着身进出。而且越到里面，洞越低，水也越深，几乎无法转动。爬进去后，要想掉头爬出来，只能横着身子转才行。古时开

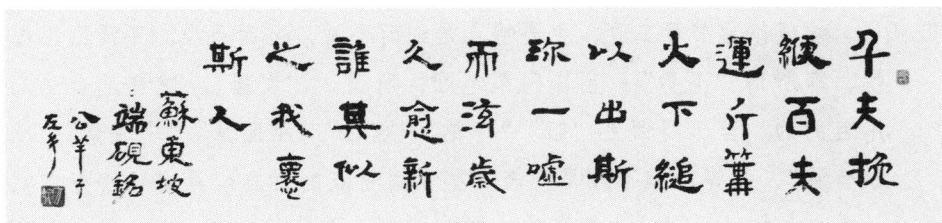

方纪左手录苏东坡《端砚铭》

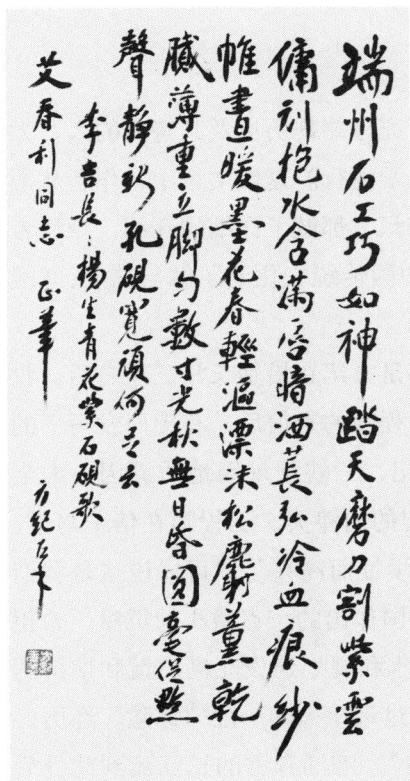

方纪左手录李贺《杨生青花紫石砚歌》

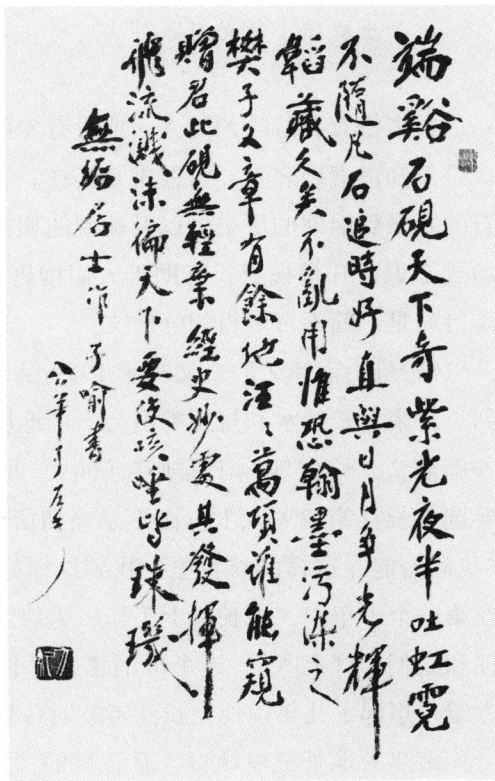

方纪左手录宋人张九成（无垢居士）写端砚诗

采砚石的石工，便都是平躺在地上，把灯放在胸上，仰着面挥动斧凿的。……无怪苏东坡过端州时，得砚石一片，即铭之曰："千夫绋缏，百夫运斤，篝火下垂，以出斯珍"……

而对于端砚的特点，方纪更是以其书法家的独到眼光写道：

> 端砚作为书写工具，主要特点是细而不滑，坚而不燥。不滑则出墨快，即所谓"下墨"；不燥则蘸笔圆，所谓之"发墨"。这都是合乎实用目的的。至于所谓之"眼""青花""蕉白""胭脂晕""玫瑰紫""冰纹鱼脑"，等等，都不过是代表这些实用特点的标志。具有这些标志之一或之几的，可以认为是真的、好的端砚；不具有这些标志，但用起来合乎上述要求的，也同样是好的砚石。宋徽宗赵佶就说过："端石如一段紫玉更佳，何必有眼。"

很多没有到过端州的人，或没有专门研究过端砚历史及其特点的人，大多是只知道端砚名贵，而很难知其详。在《端溪行》这篇文章中，作者从端石的开采到端砚的历史，以及端砚的相关知识，都做了详细的介绍，令读者增长知识，开阔视野，有助于人们增进对中国传统文化的了解与热爱，《端溪行》是一篇不可多得的好散文。

《轻舟出南津关》一文写于1959年，那是方纪在惜别长江三年之后，收到一封来自长江水利规划委员会一位地质工程师的来信后，有感而发写下的一篇散文。这位地质工程师在信中告诉方纪，三峡坝址因地质原因，大半要选在长江南津关以上，而不是当初所设想的南津关。工程师在信中写道："我们为能在这样的峡谷里，找到这样好的坝址而高兴"，"可以说这是我们在第一个十年中，在长江上工作，为伟大祖国作出的一点微小的贡献。希望你和我们一样高兴"。这个好消息令对长江水利规划建设充满感情和期待的方纪，想起了几年前他在长江考察时曾轻舟过南津关的一段"惊险"经历。

南津关地处三峡峡口，是三峡的"瓶口"，汹涌奔腾的长江流到此处后以雷霆万钧之势，冲出南津关奔向葛洲坝。1956年方纪从石牌去宜昌，曾乘一叶轻舟在长江中走过了这 20 多公里的路程。方纪在文中写道：

> 坐着这只长不过丈二、宽不过三尺的小小渔船，在大江上航行，那才真能感觉到长江的力量。而且，这不是在宽广的长江下游，而是在长江劈开夔门、切断巫山、以万马奔腾之势，通过了八百里三峡，正聚集起全部力量，准备冲出峡谷的南津关口！
>
> ……
>
> 缆绳一松，随着他（船夫）轻轻地跳上来，小船早已像一片树叶一样，卷进滔滔的激流之中了。
>
> 浪花高高地漫过了船舷，小船像是向水底下沉去；周围全是汹涌的、浑黄的水，升起来，升起来，遮断了周围的景物，送别的人。而船身下面，奔腾旋转的江水，像一块巨大的磁石，吸引着一块小小的生铁一样，以不可抗拒的力量把小船向江水的深处拉去。
>
> ……
>
> 这时，我真正体会到了李白的"轻舟已过万重山"的行云流水般的感觉了。
>
> 小船轻快的滑行，像是完全不由人的意志，随着水漂流。江水是柔软的，小船轻轻跳荡；江水是湍急的，小船奔驰而下；江水是有力的，小船被弹到浪花的尖顶；江水是沉重的，小船被旋入深深的水底。……

作者在这里用了几个排比句，写出了轻舟随着奔腾的长江波涛跌宕起伏的紧张惊险场面，令读者有身临其境之感。而年已 63 岁的老船夫熟练而有力地握着两只长桨，"长桨深深插入江水，就像是老人的两只延长的手臂，紧紧抱住小船的腰身，让它在奔腾回旋的江水里，保持着平衡；并且借着江水滚滚向前的冲击力量，使船只沿着最小的抵抗，利用最快的流速，在平衡中前进"。作者这段描述，与前面所写的紧张惊险场面形成了鲜明的对比，令读者在对老船夫肃然起敬的同时，也联想到长江建设者们征服长江的豪迈情怀。

方纪这三篇散文，其实也包括他所有的散文作品，虽题材不同，内容各异，但却有一个共同的特点，即无论是叙事抒情，写景状物，还是写人，都寓文学性、思想性和知识性于一体，抒情激荡澎湃，行文明快、凝练，叙事清晰、有条不紊，不飘不浮，不躁不媚，令人能从他深厚的文化底蕴中读出他内在的气势与胸怀，这是他散文作品能达到一定思想境界和艺术境界，并受到读者喜爱的最重要的原因。方纪自己说过，他学习写作是从散文起步的，所以他对散文创作情有独钟，他在《关于"特写"——答蔺羡璧同志的信》一文中写道：

> 散文原是我国文学中十分发达的一种文学样式，包括的体裁也很广泛，从先秦以来，历代都有很高的成就，出现很多大家。历史上许多重要的哲学思想，文艺理论，人物传记，地方风土，等等，都借散文的形式加以表现，加以流传。不但如此，就是在我国的古典小说里，运用散文的方法，夹叙夹议，抒情写景，也成为一种良好的传统。现在的特写，在不少地方接受了这种传统，发展和丰富了特写这种文学样式。这也证明了，我们时代的作家，在积极地、热情地反映现实生活的时候，是何等的意气风发、情不自禁，倾注了自己的革命热情；使作家和作品、和生活，完好地融合在一起，而创造了那些文情并茂、情景交融的好作品。

（二）长诗《大江东去》

在这几年中，方纪除了在散文、特写创作上取得了硕果外，还在1961年完成了气势磅礴的长诗《大江东去》，这是继长江组诗《不尽长江滚滚来》后又一部描写长江的长诗，如果说《不尽长江滚滚来》是他将考察长江的素材稍做加工后写就的反映现实的作品，那么《大江东去》则是他将这些素材沉淀后，经过深思熟虑写成的史诗性作品，两者既可以称为姊妹篇，也可说后者是前者的升华。

《大江东去》全诗以历史、现实、未来三部曲的写法分为三大部分，共计14章，1476行。全诗紧紧围绕长江这条主线，以抒情叙事的方式，将中国古代神话传说、中国工农红军长征事迹、中国人民解放军百万雄师过大江、新中国成立后规划建设长江三峡大坝的宏伟业绩等等，全部融入长江中，将这条有上亿年历史的大江，写成了一条中国历史的长河。有人认为，这部长诗虽然主题鲜明，包含了广博的历史事件，但不像其他的史诗那样，用一个或几个完整的故事和中心人物将诗作贯穿起来，因此读起来给人以断续、不连贯的感觉，整体上难以给读者留下深刻印象。但，也许这正是作者方纪要告诉读者的：大江东去，浪淘尽千古风流人物；而数风流人物，还看今朝。总体上看，这部长诗气势是雄壮的，情感是充沛的，读了之后，既能够使人胸怀开阔，也能够使人了解到不少中国古代的神话传说和很多革命历史故事。但不能不说在这部长诗创作中，方纪的思想受到了当时历史条件的局限和束缚，并未能完全放开手脚去发挥他的创作才能。从当时历史大背景看，一方面正是我国遭受自然灾害最困难的时候；另一方面国内又一次掀起批判右倾思想、搞"拔白旗"运动。就方纪个人而言，遭受作品《来访者》批判的余波未尽，他在这场运动中又以写"人性论"、写"中间人物"等莫须有罪名而被牵连进去，思想上受到压抑。在这期间，方纪一方面写反映现实模范人物的报告文学，一方面写这部抒情长诗，因此他在这部长诗创作中小心翼翼地避开了很多与长江有关的动人的历史故事，而是从正面歌颂的角度，将长江作为历史长河的化身，抒写了从古至今英雄创造历史的史诗，同时也表达了自己内心对党和革命事业的信念与忠诚。

第一部《神话》，有三个章节，抒写了关于周穆王驾八骏周游八极、去昆仑山拜会西王母娘娘的神话故事，鲧和禹治水的传说。昆仑山是长江、黄河的发源地，鲧和大禹又是中国传说故事中治水的大英雄，因此，作者以这些神话传说为开端，以华丽的诗语描绘了周天子驾八骏出行的场面：

> 八匹骏马在空中奔驰，
> 八朵云彩从空中升起；
> 舒卷着身子像矫健的游龙，
> 炳耀的毛色日光般绚丽。
>
> 好一派奇异光景——
> 如花雨缤纷，长虹贯日，
> 八匹骏马驾着金色的车子，

在天空中自由奔驰。

赤骥燃烧像六月流火，
白义闪耀像电光过隙，
盗骊溶化在青色的气流中，
山子像一团乌云飞逝。

逾轮在左，迎风长啸；
渠黄在右，引颈鸣嘶；
华骝白蹄踏落一天飞雪，
绿耳摆动像晨星明灭。

金色的车子飞过天空，
像一轮灿烂的太阳；
车轮响起轧轧的风声，
天空卷过滚滚的霹雳。
……

这个开篇写的还是相当有气势和优美的，体现了方纪的文学创作风格。作者在用了三章篇幅讲述了与长江和治水有关的神话传说故事后，到第三章结尾处笔锋一转写道：

穆王的金车降落神女峰上。
三峡八百里，长江万里长！
问谁有回天的力量，
一举手遮断滚滚长江？

寻求，幻想，从古以来，
人们就探索自然的秘密；

为了认识自然征服自然，
穆天子驾八骏昆仑山上！

我们的时代，伟大的时代，
实现这个神话般的任务吧！
我们的造父是千百万人民，
我们的八骏是共产主义理想。

毛泽东——我们时代的太阳，
反映着千百万人民的意志。
"数风流人物还看今朝"，
现在来看一看我们的力量！

前两小段写得很有气势，后两小段则明显是赞歌了。

第二部《现实》，从"大江东去"到"百万雄师"共写了六个章节，是全诗的第四章至第九章。其中第四章"大江东去"是写长江，从源头写到太湖，这一章以抒情状景为主，写得还是不错的，如：

赤金和碧玉铸成长江的身躯，
英雄的魂魄埋藏在它心里；
昆仑山为它把庄严银冠顶戴，
崇山峻岭为它披上钢铁甲衣；
八百里三峡像一条青铜腰带，
湖泊闪耀是身上发光的宝石。

长江，头顶天脚伸向大海；
长江，东方巨人昂然矗立！
长江流过的地方都是我们的家乡，
我们同饮长江水像兄弟姐妹一样。

而从第五章到第九章，即"铁的洪流""红旗""金沙水拍""昆仑放歌""百万雄师"，则是着重书写了中国革命的历史，既有中国共产党的成立、井冈山斗争，也有红军长征、抗日战争和解放战争的历史。诗人用精练的语言、奔放的热情，歌颂了坚强不屈的中华民族在披荆斩棘的创业和前赴后继的斗争中，用汗水和鲜血创造了历史。

第三部《理想》，是全诗的第十章至第十四章，共五个章节。其中第十章"旅游"是写1956年毛主席畅游长江后，写下了著名的诗词《水调歌头·游泳》，毛主席在这首词中大胆提出"更立西江石壁，截断巫山云雨，高峡出平湖"的宏伟设想，从而加快了建设长江三峡水库的步伐。方纪正是在这一年受周恩来嘱托前往长江上游考察的。因此，他深有感触地将毛主席畅游长江作为专门一章，写入诗中。诗中这样写道：

楚天千里晴空，水随天去，
江汉万顷稻香，歌声四起；
好一派神州景象尧舜难比，
数千古风流人物请看今日！

浪花飞溅如天空群星明灭，
洪波横流任浮沉我自主持；
人民英雄长江浪淘不尽，
祖国江山万里风光旖旎。

还记得长沙城"独立寒秋"，
还记得黄鹤楼"临江酹酒"，
万里长征金沙江"水拍云崖"，
昆仑放歌叹江河"人为鱼鳖"，

百万雄师千里炮火长江横渡，
天安门前红旗如海万方乐奏。

"风樯动"东风乍起，

"龟蛇静"诗思如流……

可以说，这几节诗是作者发自内心的感受，从俯瞰历史的角度，将毛主席畅游长江的气魄和毛主席的诗句淋漓尽致地概括表现出来。紧接着作者继续挥洒自己的诗情：

长江在我心上我在长江身上，
你奔腾的江水我奔腾的思想；
架起万丈长虹变天堑为通途，
更立西江石壁化江水为力量。

一个伟大的理想照亮长江，
一个响亮的号召传遍四方；
吸引千百万人的劳动热情，
人们从祖国各地奔向长江。

《理想》的第十一章至第十四章分别是"查勘队的旅行""钻机的歌""船过三峡""蓝图"。这几章与《不尽长江滚滚来》有异曲同工之处，但所不同的是，作者对以前的素材做了提炼，表现上更为概括、凝练。这里就不做过多分析和介绍了。

总而言之，《大江东去》这部长篇诗作总体上看还是不错的，抒情叙事，夹叙夹议，将长江和它的故事用诗讲述了出来，尽管有不太成熟之处，但在方纪之前毕竟还没有现实主义作家用现代长诗方式来描绘长江，方纪可以算是用这种体裁写这个题材的第一位勇敢的开创者和探索者，因此还是应以宽容之心给予充分肯定的。诚如孙犁在评价方纪文学创作时说过的一句话："他的兴趣，方面很广，他好做事，不甘寂寞。大量的行政交际工作，帮助他了解人生现实，在某些方面，也影响了他的艺术进展和锤炼。"另外，在当时背景下，作家要背负着沉重的枷锁去写作是非常不容易的，所以作品中留有时代的印迹也是情有可原的，而这种印迹恰恰反映了那个时代文学创作的特征。

文学作品与其他艺术作品一样，历来被人们称为遗憾的艺术。之所以会造成遗憾，原因是多方面的，既有主观因素，也有客观因素。对方纪而言，他的创作道路似乎受客观因素影响更多一些。历史是不能假设的，每个人在一定的历史条件下都会受当时客观因素的制约和影响，这种影响会反映在他的所作所为中，并留下或深或浅的印迹，这是不以人们的主观意志为转移的，这就是历史的局限。对于方纪而言，最大的遗憾还不在他已发表的若干作品中，而在于他自《挥手之间》散文特写集和《大江东去》长诗出版后，就再也没有机会去从事他喜爱的文学创作了。1964年他去参加"四清"运动，到1966年"文化大革命"开始后，他不仅被剥夺了文学创作的权利，而且受到"四人帮"的残酷迫害，之后，他身患偏瘫失语，严重地影响了他的语言表达能力和写作能力，他的文学创作思维也受到了影响。尽管"文化大革命"后他积极治疗，但因失去了最佳治疗时期，恢复得并不理想。然而，方纪是个非常乐观、豁达、坚强的人，尽管如此，他仍坚持锻炼身体，持之以恒地练习书法，以期重新拿起笔来写作。他这种精神感动着身边的每一个人，因之有人这样评价道：方纪就是中国当代的保尔·柯察金！

结 束 语

从方纪文学创作所走过的道路看，他首先是一位坚定的革命者，一生坚信马克思主义，对革命事业充满了热情和信心，并带着这种信念走上文学创作之路。正因为他的文学创作是在这样的基础上起步的，他的文学作品中始终充满了追求理想的热情和激情，并使他成为一个有着强烈使命感和责任感的现实主义作家。纵观他的全部作品，无论是散文诗歌，还是小说创作，他的文学创作始终紧跟时代，反映时代的风貌和人民，歌颂时代的精神。将他全部作品完整地联系起来看，可以清楚地看出他这种特有的创作思想、创作风格和创作特点。有人说，方纪的散文、诗歌创作与小说创作似乎相互矛

方纪——一个有使命感的作家

盾，散文、诗歌完全是正面歌颂，而小说却是另一种写法。这种看法是对方纪文学创作缺乏全面完整的研究，并且是片面地从政治的角度去理解方纪的文学作品。其实如果全面、客观地通读方纪的作品，我们会发现，方纪的散文、诗歌创作完全是发自内心的直抒胸臆，可以说体现了以诗言志的境界；而小说创作则是他努力从人性的角度去塑造典型环境中的典型人物，体现了"文学就是人学"的本质。而这两种不同的表现手法，合二而一统一于方纪革命现实主义文学创作的思想和理念，二者之间并无矛盾，完全符合辩证唯物主义和历史唯物主义思想。如果硬要将其拆分为"非此即彼"截然对立的两者，则完全违背了马克思主义。

一个有强烈使命感的作家，必然有他坚定的信念和执着的追求。文学创作在方纪的一生中虽然只是一个"副业"，但他将这个"副业"完全融入了他对革命事业的追求之中，并将它作为自己抒发对理想、信念追求的表现形式，奉献给社会。诚如孙犁所言："为革命而文学。"因而有人说，方纪是将文学创作当作了党的宣传工具。这里且不论这种评价的褒义或贬义，方纪一生作为党的宣传干部，也许在他的主观意识和客观要求中确实有这种成分，但是他在创作中并没有刻意用文学作品去图解政治，更没有违心地按政治需要去夸大、甚至虚构生活，而是按照现实主义文学创作的客观规律，忠实地去反映真实的生活，去记述描写特定时代中人民群众的精神风貌，直抒胸臆，这在他的散文、小说、诗歌中都鲜明地表现了出来。这正是他文学创作的使命感和责任感之所在，也是他在现实主义文学创作中有着鲜明党性风格特点之所在。批判现实主义文学和现实主义文学虽然有很多共同点，但二者之间的区别，就在于作家用什么眼光来看待自己所处的时代，以及那个时代所发生的事和人的精神面貌。方纪所处的时代，正是中国历史在中国共产党的领导之下发生天翻地覆大变革的时代，他的作品必然是要反映那个时代在巨变中，在共产党领导下人民群众所发生的变化和他们的精神面貌，这是时代赋予现实主义作家的责任，也是党的宣传工作者的使命。现实主义文学创作并不反对或排斥创作题材、体裁的多样化，从方纪的作品和他的创作思想中也能看出，题材和体裁的多样化正是他所苦苦追求的创作理想。但遗憾的是，当时他所处的年代很少给他这种环境和机会，使他的创作才华受到了一定的禁锢。关于方纪的文学创作，孙犁在《方纪散文集》序中所写最后一句话还是十分贴切的，以它作为此文的结束吧："我们的作品，自有当代和后世的读者，作出实事求是的评价。方的文章，是可以传世的。"

俱往矣，一切都让历史去评说吧。

附　录

一、方纪作品编年目录

1936 年（在北平）

《游击战》（报告文学）

〔载《今日文学》1936 年第 1 卷第 3 期，笔名：风季。文尾自注：六，二六，九三六于乡间。该刊现存于北京图书馆① 新善本阅览部〕

注：方纪，原名冯文傑、冯骥。自 1935 年入北平②，在北京大学历史系做旁听生。此间，他结识了刘曼生（即谷牧）等，共同建立了革命文学组织"风沙文艺社"，并参与了魏东明等同志主持编辑的《浪花》《泡沫》《今日文学》等刊物的编辑工作。在上述一些刊物和《北平新报》等报纸上，均发表过他的文章和诗歌，现已散失。

1939 年（在武汉、桂林、长沙、重庆）

《开展反轰炸运动》（短评）

〔载桂林《救亡日报》，笔名：风季。该报现藏北京图书馆报刊阅览部〕

注：自 1937 年抗日战争全面爆发后，方纪自冀中地区转战至南方，先后在武汉、长沙、桂林的八路军办事处工作，此时，他常在《救亡日报》和《国民公论》等报刊上发表诗和文章。现除上述一篇外，均已散失。

1940 年（在延安）

《关于〈蜕变〉——门外剧谈》（评论）

〔载《延安大众文艺》1940 年第 2 卷第 1 期。该刊于 1940 年 10 月 15 日在延安出版，

---

① 今中国国家图书馆。

② 方纪到北平的时间大概是 1934 年 11 月，见前面叙述。

现未查到此期刊物〕

1942 年（在延安）

《糖衣毒药——〈野玫瑰〉观后》（评论）

〔载 1942 年 4 月 8 日、11 日、14 日延安《时事新报》第 4 版，现未查到此报〕

《意识以外》（小说）

〔载延安《文艺月报》1942 年第 14 期。文尾自注：（19）42 年 1 月末，于蓝家坪。该报现存于延安革命历史博物馆〕

《马》（诗）

〔载延安《谷雨》1942 年第 1 卷第 6 期，诗尾注写作日。此期该刊于 1942 年 6 月 15 日在延安出版，现存于延安革命历史博物馆〕

1944 年（在延安）

《阿洛夫医生》（报告文学）

〔文尾自注：1944 年 12 月，延安。后收入知识书店出版的短篇、报告文学合集《阿洛夫医生》〕

1945 年（在延安）

《为了乌克兰》（译著）

〔载 1945 年 1 月 19 日延安《解放日报》。文尾自注：译自《国际文学》（英文版）1943 年 11 月号〕

《亚历山大·马特洛索夫》（译著）

〔载 1945 年 2 月 17 日延安《解放日报》。文尾自注：译自《国际文学》（英文版）1943 年 11 月号〕

《一个女人，一个战士》（译著）

〔载 1945 年 2 月 19 日延安《解放日报》〕

《对 A·托尔斯泰的一点介绍——纪念他的逝世》（评论）

〔载 1945 年 3 月 8 日延安《解放日报》。文尾自注：1945 年 3 月 1 日，延安〕

《魏妈妈》（小说）

〔载 1945 年 4 月 15 日延安《解放日报》。文尾自注：1944 年 12 月，延安〕

《纺车的力量》（小说）

〔载 1945 年 5 月 20 日、21 日延安《解放日报》。文尾自注：1945 年 4 月，延安清凉山上〕

《生活指示着它的未来》（评论）

〔载 1945 年 6 月 18 日延安《解放日报》。文尾未注写作日期〕

《到群众中去》（短论）

〔载 1945 年 9 月 22 日延安《解放日报》。文尾自注：1945 年 9 月 22 日，离延安前一日〕

1946 年（在承德、张家口、河间）

《〈腐蚀〉——读书笔记》（评论）

〔文尾自注：1946 年春，承德〕

《血泪凝成的数字》（通讯）

〔原载 1946 年 2 月 19 日《冀热辽日报》，1946 年 4 月 13 日延安《解放日报》全文转载。文尾未注写作日期〕

《介绍历史悲剧〈李自成〉》（剧评）

〔载 1946 年 2 月 24 日《冀热辽日报》〕

《抗议国民党摧残文化暴行》（短论）

〔载热河《热潮》文学半月刊 1946 年第 1 卷第 2 期〕

《哀诗——悼"四八"殉难者》（诗）

〔载 1946 年 4 月 21 日《冀热辽日报》〕

《李成》（小说）

〔载 1946 年 4 月 29—30 日《冀热辽日报》〕

《山城纪事》（小说）

〔载热河《热潮》文学半月刊 1946 年第 1 卷第 2 期（1946 年 6 月 16 日出版）。文尾自注：1939 年 8 月末写于重庆，1946 年 5 月改于承德〕

《张老太太》（小说）

〔载热河《热潮》文学半月刊 1946 年第 1 卷第 3 期（1946 年 7 月 1 日出版）。文尾自注：1946 年 5 月 21 日，承德〕

《承德纪念"五四"文化活动总结》（短论）

〔载热河《热潮》文学半月刊 1946 年第 1 卷第 1 期（1946 年 6 月 1 日出版）。文尾自注：5 月 13 日〕

《前奏》（新闻特写）

〔原载《晋察冀日报》1946 年 6 月 6 日（此时间系收入晋察冀日报史研究会所编《文旗随战鼓》一书中时所注，与文中所写 9 月 29 日史实时间不符，发表时间需进一步核实）〕

《反映战争》（短评）

〔文尾自注：1946 年 12 月，河间〕

《从思想上提高一步》（短评）

〔文尾自注：1946 年 12 月，河间〕

《农民的诗》（评论）

〔文尾自注：1946 年 12 月 27 日，河间〕

1947 年（在河间）

《关于新时代的题材及其他——答王鹏同志》（短论）

〔文尾自注：1947 年 1 月，河间〕

《副排长谢永清》（小说）

〔文尾自注：1947 年 3 月，河间〕

《人民的儿子》（小说）

〔文尾自注：1947 年 4 月，河间〕

《一部真实的历史——介绍〈巴黎的陷落〉》（评论）

〔载《人世间》副刊第 8—9 期，该刊于 1947 年 12 月 20 日出版，现未查到此期刊物〕

1948 年（在饶阳参加土改运动）

注：本年在饶阳参加"土改"工作，没有作品发表，只积累了创作《老桑树下的故事》《不连续的故事》等作品的素材。

1949 年（在天津）

《生活指示着他的未来——高尔基作品的启示》（评论）

〔载 1949 年 3 月 7 日《天津日报》〕

《新生命的故事》（短文）

〔载 1949 年 3 月 18 日《天津日报》〕

《秋收时节》（小说）

〔文尾自注：1949 年 3 月，天津〕

《国民党统治宣告灭亡》（短论）

〔载 1949 年 4 月 26 日《天津日报》〕

《略论工人的诗》（评论）

〔文尾自注：1949 年 6 月 11 日晨，于天津〕

《艺术必须与人民相结合——看〈西伯利亚交响曲〉》（影评）

〔载 1949 年 5 月 27 日《天津日报》〕

《小说、戏剧和诗——读书札记》（评论）

〔载 1949 年 4 月 28 日《天津日报》。文尾自注：1949 年，天津〕

《人民的胜利》（诗）

〔载 1949 年 8 月 15 日《天津日报》。诗后自注：1945 年 8 月 15 日写于庆祝抗日战争胜利火炬游行之夜归来，延安清凉山上〕

《十月一日，在北京》（诗）

〔载 1949 年 10 月 3 日《天津日报》。诗后自注：1949 年 10 月 1 日〕

《今年纪念鲁迅先生逝世的意义——在天津鲁迅先生逝世十三周年纪念会上的开会致词》（讲话）

〔载 1949 年 10 月 20 日《天津日报》〕

《盖斯杰，你这个帝国主义分子》（诗）

〔载 1949 年 8 月 22 日《天津日报》。诗后自注：1949 年 8 月〕

《一个人怎样会变得聪明起来》（小说）

〔文尾自注：1949 年 9 月 29 日〕

《仇恨和解了》（小说）

〔载《天津日报》1949 年 10 月 21 日。文尾自注：1949 年 10 月 14 日〕

《〈到群众中去〉后记》

〔文尾自注：1949 年 12 月于天津〕

《关于文学的语言问题——1949 年 12 月 25 日天津人民电台文学讲座的演讲稿》

〔载 1949 年 12 月 30 日《天津日报》〕

《老桑树下的故事》（中篇小说）

〔载上海《小说月刊》1949 年第 3 卷第 3 期（1949 年 12 月 1 日出版）、第 3 卷第 4 期（1950 年 1 月 1 日出版）。书后未注写作时间〕

1950 年（在天津）

《真人真事和典型》（理论）

〔载 1950 年 1 月 13 日《天津日报》〕

《懒人不是生就的》（小说）

〔文尾自注：1949 年 11 月—1950 年 1 月〕

《"人心是块坏肉"吗》（小说）

〔载 1950 年 2 月 3 日《天津日报》。文尾自注：1950 年 1 月 20 日〕

《让生活变得更美好吧》（小说）

〔载《人民文学》1950 年第 1 卷第 5 期（该刊于 1950 年 3 月 1 日出版），文尾自注：1950 年 2 月 10 日。发表后，于 6 月 5 日、1956 年 3 月反复修改〕

《我的检讨（关于〈让生活变得更美好吧〉）》

〔载《人民日报》1950 年 5 月 21 日。《人民文学》1950 年 6 月号转载〕

1951 年（在天津，赴朝鲜慰问）

《学习普希金的单纯明了性》（讲稿）

〔该篇为 1951 年南开大学中文系讲课稿。文尾自注：1950 年〕

《普希金作品的风格》（评论）

〔载 1953 年 6 月 6 日《大公报》。文尾自注：1951 年〕

《美丽的国家，勇敢的人民》（散文）

〔"后记"中注明：写作于 1951 年赴朝慰问归来〕

《志愿军和祖国》（散文）

〔载 1951 年 7 月 29 日《天津日报》。"后记"中注明：写作于 1951 年赴朝慰问归来〕

《志愿军和毛主席》（散文）

〔载 1951 年 8 月 5 日《天津日报》。"后记"中注明：写作于 1951 年赴朝慰问归来〕

《志愿军和朝鲜人民》（散文）

〔"后记"中注明：写作于 1951 年赴朝慰问归来〕

《在市各界人民代表会议上的发言》（代表文艺界）

〔载 1951 年 12 月 30 日《天津日报》〕

1952 年（在天津）

《读〈战争与和平〉札记断片——关于现实主义》（评论）

〔1952 年在南开大学中文系的讲课稿，载 1953 年 9 月 9 日《天津日报》。文尾自注：1952 年〕

《天津市人民两年来伟大爱国运动的收获》（报告）

〔载 1952 年 6 月 25 日《进步日报》〕

《初学〈实践论〉的两点体会》

〔载 1952 年 8 月 14 日《天津日报》〕

《继续加强津市抗美援朝运动，认真做好一切拥军优属工作》

〔载 1952 年 12 月 31 日《天津日报》〕

1953 年（在天津）

《抬起头生活的人》（剧评）

〔载 1953 年 5 月 23 日《天津日报》〕

《高尔基的〈母亲〉》（评论）

〔1953 年在南开大学中文系的讲课稿，载 1953 年 6 月 17 日《大公报》。文尾自注：1953 年〕

《评〈战斗里成长〉在天津演出》（剧评）

〔载 1953 年 9 月 8 日《天津日报》，笔名，杨子〕

《关于转变中苏友好协会组织形式与今后会员工作的报告》

〔载 1953 年 11 月 9 日《天津日报》〕

1954 年（在天津，赴苏联访问）

《写在会演之前》（短评）

〔载 1954 年 1 月 15 日《天津日报》〕

《一页笔记》（散文）

〔载《新港》文学月刊 1956 年第 4 期。文尾自注：1954 年 4 月 19 日，北京〕

《列宁》（诗二首）

〔其一《谒列宁墓》，诗尾自注：1954 年 5 月莫斯科初稿；其二《春泛湖边》，诗尾自注：1954 年 6 月列宁格勒初稿〕

《托尔斯泰及其〈安娜·卡列尼娜〉》（评论）

〔文尾自注：这是 1954 年 10 月 31 日在中国作家协会文学讲习所的演讲记录，付印时做了一些压缩和文字上的修改。……〕

《关于〈红楼梦研究〉批判》（评论）

〔1954 年在中国作家协会文学讲习所的讲稿。文尾自注：1954 年底〕

《苏维埃人印象记》（散文）

〔载《文艺报》1954 年第 22 期（11 月 30 日出版）。文尾自注：1954 年 9 月 9 日〕

《记普希金城》（散文）

〔文尾未注写作时间〕

《在马雅柯夫斯基纪念馆里看到的和想到的》（散文）

〔文尾未注写作时间〕

《记莫斯科大学》（散文）

〔文尾自注：12 月 15 日〕

《访问苏联作家协会》（散文）

〔载《人民文学》1954 年 9 月号。文尾自注：1954 年 7 月 16 日，天津〕

《友谊的记忆》（散文）

〔收入《访苏诗文集》。文尾未注写作时间〕

《当飞机到达莫斯科的时候》（诗）

〔载 1954 年 11 月 7 日《天津日报》。诗后自注：4 月 29 日—7 月 29 日〕

《火车上的速写》（诗）

〔载《人民文学》1954 年 11 月号。诗后自注：5 月 5 日—8 日在去巴库的火车上〕

《在沃龙涅什车站上》（诗）

〔载《人民文学》1954 年 11 月号。诗后自注：5 月 5 日，火车上〕

《孩子的礼物》（诗）

〔载《人民文学》1954 年 11 月号。诗后自注：5 月 10 日，巴库〕

《新西伯利亚》（诗）

〔收入《访苏诗文集》。诗后自注：1954 年 4 月 28 日—9 月 13 日〕

《沿着乌拉季米尔大道》（诗）

〔收入《访苏诗文集》。诗后自注：1954 年 6 月 16 日—9 月 16 日〕

1955 年（在天津）

《壮丽的科学宫——看苏联彩色纪录片〈科学宫〉》（影评）

〔载《大众电影》1955 年第 1 期〕

《致西伯利亚》（诗二首）

〔载《天津日报》1955 年 2 月 15 日〕

《访问托尔斯泰故居》（散文）

〔载《文艺月报》1955 年 3 月号。后更名为《访问亚斯那亚·波良那》〕

《革命的 1905 年》（诗）

〔载 1955 年 12 月 22 日《天津日报》。诗后自注：1955 年 1 月写，12 月改定〕

《评胡风的"现实主义"底哲学根据》（评论）

〔文尾自注：1955 年 3 月 14 日晨〕

《关于〈拖拉机站站长和总农艺师〉》（讲课稿）

〔文尾自注：1955 年。附记中说明：这是给天津青年团市委举办的报告会上的讲稿提纲，付印时经过压缩和文字上的修改〕

《把反革命分子胡风从革命阵营中清除出去——在中国文联、中国作协主席团扩大会议上的发言》

〔载 1955 年 5 月 27 日《光明日报》〕

《掀掉胡风集团在天津的地堡》

〔文尾自注：5 月 20 日〕

《阿垅的嘴脸》

〔载 1955 年 7 月 22 日《人民日报》、《文艺报》1955 年 7 月号。文尾自注：1955 年 6 月 29 日〕

《真实的民主的艺术——迎接印度电影周》（短评）

〔载 1955 年 5 月 29 日《天津日报》〕

《献诗——纪念我的外祖母》（诗）

〔诗后自注：1955 年初写成，同年 12 月改定〕

《跟踪追击》

〔载《人民文学》1955 年 7 月号〕

《揭露胡风反革命集团在天津的罪行》

〔载 1955 年 5 月 31 日《人民日报》〕

1956 年（在天津，赴长江采访）

《看傅全香的祝英台》（剧评）

〔载 1956 年 1 月 10 日《天津日报》〕

《向社会主义，前进》（诗）

〔载 1956 年 1 月 19 日《天津日报》。诗后自注：1956 年 1 月 16 日〕

《〈访苏诗文集〉后记》

〔文尾自注：1956 年"五一"节后一日，记于北京〕

《〈不尽长江滚滚来〉后记》

〔载《诗刊》1957 年 1 月号。文尾自注：1956 年 9 月〕

《纪念》（诗）

〔载《文艺月报》1956 年 6 月号。即《献诗——纪念我的外祖母》〕

《我又看到了长江》（诗）

〔载《长江文艺》1956 年 6 月号。诗后自注：3 月 15 日，武汉〕

《两个受骗的人——〈西望长安〉中的林树桐和卜希霖》（剧评）

〔载 1956 年 8 月 26 日《青岛日报》〕

《公房情歌》（诗）

〔载《新港》文学月刊 1956 年 9 月号。诗后自注：1956 年 6 月 28 日，昆明〕

《在龙女树下——金沙江组诗》（外一首）

〔载《文艺月报》1956 年 11 月号〕

《不尽长江滚滚来》（诗）

〔写于 1956 年 5 月至 8 月，由三个组诗组成，分别发表于《人民文学》《人民日报》《长江文艺》和《新港》等报刊，后由长江文艺出版社结集出版〕

《长江行》（散文）

〔连载于 1956 年 7 月 2 日、6 日、9 日《人民日报》，内有三篇，分别为《朝入三峡——长江行之一》《一个伟大的计划——长江行之二》《在金沙江上游——长江行之三》；收入散文集《长江行》后，小题改为《朝入三峡》《征服长江》《在江水汇流的地方》。文尾自注：1956 年 6 月，重庆〕

《枇杷山公园夜景》（散文）

〔文尾自注：1956 年 6 月，于重庆〕

《石林风雨》（散文）

〔载《新港》文学月刊 1956 年 11 月号。文尾自注：1956 年 6 月于昆明〕

《笛音和歌声》（散文）

〔文尾自注：1956 年 7 月 18 日于安宁温泉〕

《圭山月夜》（诗）

〔载《红岩》文学月刊 1956 年 9 月号。诗尾自注：1956 年 6 月 29 日，昆明〕

《欢乐的"火把节"》（散文）

〔文后收录有"火把节"的附录：《撒尼山歌》，包括"山歌"和"情歌"等四节。文尾自注：这是和徐迟合写的一篇用电报拍发的新闻特写，原登在 1956 年 8 月 5 日的《人民日报》上。徐迟主张收进来，并保存原来的样子，作为合作的纪念〕

《岷山上的钻探队》（诗）

〔载《新港》文学月刊 1956 年创刊号（7 月出版）〕

《过香溪》（诗）

〔载 1956 年 11 月 11 日《北京日报》〕

《到金沙江去》（散文）

〔《旅行家》杂志于 1957 年第 1—4 期连载。本文写于 1956 年底，由 12 篇连贯的散文组成，小标题为："到金沙江去""过横断山脉""访唐标铁柱""苍山洱海之间""南诏碑与万人冢""金桥玉路通向的地方""唐三塔寺里的元白话碑""大理石街""泛舟洱海""在横断山的峡谷里""东巴的歌""金沙水拍云崖暖"〕

《奴隶》（散文）

〔文尾自注：1956 年 7 月 28 日于昆明〕

《纤夫和工程师》（诗）

〔载 1956 年 7 月 18 日《天津日报》〕

《撒尼民族的来历》（诗）

〔载 1956 年上海《文汇报》，日期待查〕

《奇遇》（散文）

〔载《文艺月报》1956 年 4 月号。文尾自注：1956 年 8 月 21 日于重庆〕

《关心人》（特写）

〔文尾自注：1956 年 9 月，汉口〕

《三峡之秋》（散文）

〔载《人民文学》1957 年 3 月号。文尾自注：1956 年 10 月〕

《早晨》（诗）

〔载 1956 年 10 月 11 日《天津日报》〕

《〈长江行〉后记》

〔文尾未注写作时间〕

《江边的音乐》（诗）

〔载 1956 年 10 月 3 日《人民日报》〕

《看峇厘舞》（诗）

〔载 1956 年 10 月 22 日《天津日报》〕

《埃及人民在战斗》（诗）

〔载 1956 年 11 月 13 日《天津日报》。诗尾自注：11 月 3 日晨〕

《奴隶》（诗）

〔载 1956 年 12 月 20 日《天津日报》〕

《在中国作家协会第二次理事会会议（扩大）上的发言》

〔载《文艺报》1956 年 3 月号〕

1957 年（在天津）

《生活之于诗》（短论）

〔载 1957 年 1 月 22 日上海《文汇报》〕

《文学和酒》（短文）

〔载 1957 年 3 月 26 日上海《文汇报》〕

《在毛主席身边》（诗）

〔载《新港》文学月刊 1957 年 6 月号。诗后自注：1957 年 3 月 8 日深夜，中南海归来〕

《让鲜花开放满园》（短论）

〔载《文艺报》1957 年第 1 期（4 月 14 日出版）〕

《列宁》（诗二首）

〔载《人民文学》1957 年 4 月号。写作时间见 1954 年部分〕

《刘宾雁创作中散布了什么毒素》（评论）

〔载 1957 年 7 月 29 日《中国青年报》〕

《园中》（小说）

〔载《新港》文学月刊 1957 年 8 月号。文尾自注：1957 年 5—7 月〕

《晚餐》（小说）

〔载《新港》文学月刊 1957 年 9 月号。文尾自注：1957 年 6 月 5 日〕

《开会前》（小说）

〔载《新港》文学月刊 1957 年 9 月号〕

《我听到了那信号……》（十月颂歌）

〔载 1957 年 10 月 4 日《人民日报》〕

《当第一颗人造卫星升起的时候》（短文）

〔载《文艺报》1957 年第 29 期（10 月 27 日出版）〕

《文艺界的反右派斗争必须彻底进行》（讲话）

〔载 1957 年 9 月 13 日《天津日报》、《新港》文学月刊 1957 年 10 月号〕

《作家的歧路》（评论）

〔载《新港》文学月刊 1957 年 10 月号〕

《怎样看待苏联文学》

〔载《人民文学》1957 年 11 月号〕

《关于天津文艺工作几个问题的讲话》

〔载《新港》文学月刊 1957 年 12 月号〕

注：1957 年 1 月，作家出版社出版了中篇小说《不连续的故事》。1957 年 5 月天津人民出版社出版了文学评论集《学剑集》。1957 年 2 月，长江文艺出版社出版了诗集《不尽长江滚滚来》。

1958 年（在天津）

《来访者》（小说）

〔载《收获》1958 年第 3 期。文尾自注：1957 年 12 月〕

《一天二十四小时》（报告文学）

〔文尾自注：1958 年 3 月 10 日〕

《跟班生产的刘二囤》（报告文学）

〔载 1958 年 4 月 4 日《人民日报》。文尾自注：1958 年 3 月中〕

《大跃进》（短论）

〔载《新港》文学月刊 1958 年 4 月号〕

《一个有风格的作家》（评论）

〔载《新港》文学月刊 1958 年 4 月号。文尾自注：1958 年 3—4 月写〕

《江山如此多娇——李可染〈水墨山水写生画集〉序》

〔载 1958 年 1 月 19 日《人民日报》。文后自注：1959 年 1 月写于北京（可能为 1958 年之误）〕

《杨柳青游记》（散文）

〔载《文艺月报》1958 年 9 月号。文尾自注：5 月 19 日记〕

《总路线街头诗》（诗）

〔载 1958 年 6 月 3 日《人民日报》〕

《东风小辑》（诗）

〔载 1958 年 4 月 24 日《天津日报》〕

《东风歌》（诗）

〔载《诗刊》1958 年 4 月号〕

《红旗歌》（诗）

〔载《诗刊》1958 年 6 月号〕

《一天等于二十年》（诗）

〔载 1958 年 6 月 13 日《人民日报》〕

《走访麻城万斤棉》（诗）

〔载《诗刊》1958 年 8 月号〕

《干将的后裔》（报告文学）

〔载 1958 年 8 月 21 日《人民日报》。文尾自注：1958 年 8 月〕

《自谴》（旧体诗）、《读史有感》（旧体诗）

〔两诗均写于 1958 年 8 月，抄录于 8 月 25 日给王林同志的信中。1968 年"文化大革命"中被抄出，刊于造反派的《红旗战报》上进行批判〕

《学习高尔基那样关心生活》（评论）

〔载《新观察》1958 年 4 月号。文尾自注：3 月 19 日〕

《九月六日夜》（诗）

〔载 1958 年 9 月 8 日《天津日报》。诗后自注：1958 年 9 月 6 日夜〕

《写在〈农村壁画范本〉前面》

〔载 1958 年 5 月 18 日《河北日报》〕

《古元作〈农作壁画范本〉序》

〔载 1958 年 5 月 30 日《天津日报》〕

《日出东方》（诗）

〔载 1958 年 6 月 11 日《人民日报》〕

《新立村观水稻》（诗）

〔载 1958 年 10 月 1 日《天津日报》〕

《历史的记录——记海河大坝合龙》（诗）

〔载 1958 年 11 月 19 日《天津日报》〕

《关于建设共产主义文学和文艺创作放卫星——在天津市文艺创作座谈会上的总结发言》

〔载《新港》文学月刊 1958 年 12 月号〕

注：1958 年 1 月，由作家出版社出版了散文集《长江行》。

1959 年（在天津）

《**原子能二首**》（诗）

〔载 1959 年 1 月 27 日《人民日报》〕

《**春天**》（短文）

〔载 1959 年 2 月 5 日《人民日报》〕

《**不尽长江滚滚来**》（电影纪录片脚本）

〔载《中国电影》1959 年 3 月号〕

《**去熟悉新鲜的事物——关于诗〈原子能两首〉的信**》（与钱学森同志的通信）

〔载 1959 年 3 月 20 日《人民日报》〕

《**轻舟出南津关**》（散文）

〔载《收获》1959 年第 5 期。文尾自注：1959 年 8 月 31 日〕

《**百万雄师**》（诗）

〔载 1959 年 9 月 24 日《天津日报》〕

《**关于儿童文学的一点浅见——序〈小黑马的故事〉**》

〔载《新港》文学月刊 1959 年 8 月号〕

《**长江颂——电影〈长江—伏尔加〉的歌词**》

〔载《诗刊》1959 年 4 月号〕

《**工厂史大有可为**》（评论）

〔载 1959 年 3 月 24 日《天津日报》〕

《**海河，你为什么这样美丽**》（散文）

〔载 1959 年 9 月 17 日《人民日报》。文尾自注：1959 年 9 月〕

《**每逢佳节倍思亲（为〈苏维埃俄罗斯报〉作）**》

〔载 1959 年 10 月 5 日《天津日报》〕

《**中国工人阶级的光辉历史——〈工厂史作品选〉序言**》

〔载《文艺报》1959 年第 23 期。文尾自注：1959 年 11 月 12 日，北京〕

《**大江东去**》（长诗）

〔载《新港》文学月刊 1959 年 10 月号。诗后未注写作时间〕

1960 年（在天津）

《**萧德训不断革命**》（报告文学）

〔载 1960 年 6 月 11 日《天津日报》。文尾自注：1960 年 5 月〕

《**李之珍攀登高峰**》（报告文学）

〔载 1960 年 6 月 23 日《天津日报》，原名《李之珍在红专大道上前进》。文尾自注：

1960 年 6 月〕

《吊钩》（报告文学）

〔载 1960 年 8 月 4 日《天津日报》。文尾自注：1960 年 7 月〕

《城市公社红旗飘》（电影纪录片解说词）

〔载《电影艺术》1960 年 6 月号〕

《挥手之间》（散文）

〔载《人民文学》1961 年 10 月号。文尾自注：1960 年 10 月〕

《第一千炉好钢》（报告文学）

〔载《人民文学》1960 年 11 月号〕

1961 年（在天津）

《大江东去》（长诗）

〔1961 年 12 月由作家出版社出版单行本，臧克家同志为之作序〕

1962 年（在天津、桂林、广州，赴蒙古人民共和国访问）

《广州杂诗（三首）》

〔载 1962 年 2 月 23 日《羊城晚报》，三首诗分别为《广州公社烈士陵园漫步》《游七星岩》《访端溪砚坑》〕

《访端溪》（散文）

〔载 1962 年 4 月 20 日《人民日报》，后更名《端溪行》。文尾自注：1962 年 3 月〕

《桂林山水》（散文）

〔载《人民文学》1962 年 7 月号。文尾自注：1962 年 4 月，桂林〕

《两篇散文——夜读随笔》（评论）

〔载 1962 年 9 月 14 日《天津日报》，笔名：公羊子。文尾自注：1962 年 8 月 25 日〕

《草原印象》（散文）

〔载《新港》文学月刊 1962 年 9 月号。文尾自注：(19) 62 年 7 月〕

《关于“特写”——答蔺羡璧同志的信》

〔载 1962 年 12 月 13 日《天津日报》。文尾自注：1962 年 11 月〕

1963 年（在天津，赴印尼参加亚非作家代表会议）

《电光在夜空中闪耀》（散文）

〔载《人民文学》1963 年 4 月号。文尾未注写作时间〕

《梭罗春水》（散文）

〔载 1963 年 6 月 13 日《人民日报》。文尾未注写作时间〕

《浓郁的芬芳》（散文）

〔文尾自注：1963 年 5 月〕

注：1963 年 9 月作家出版社出版了散文特写集《挥手之间》，共收散文、特写等
18 篇。

1977 年（在天津，病中）

《满江红——大寨行》（词）

〔载《人民文学》1977 年 12 月号，为 1964 年旧作〕

1978 年（在天津，病中）

《挥手之间（附编者的话）》

〔载《天津日报》1978 年 9 月 8 日，为 1960 年旧作重新发表〕

1979 年（在天津，赴北京参加第四次文代会后去广东从化温泉疗养）

《在毛主席身边》（诗）

〔载 1979 年 1 月 4 日《天津日报》，为旧作重新发表〕

《忆陈毅同志》（诗）

〔载 1979 年 2 月 25 日《天津日报》。诗后自注：1972 年 2 月 14 日狱中吟就〕

《学习周恩来同志〈在文艺工作座谈会和故事片创作座谈会上的讲话〉笔谈》

〔载《新港》文学月刊 1979 年 3 月号〕

《美好的回忆》（短文）

〔载《边疆文艺》1979 年第 10 期〕

《迎接文艺的春天》（短文）

〔载《新港》文学月刊 1979 年 12 月号〕

注：1979 年 8 月人民文学出版社结集出版了《方纪散文集》，共收入散文、特写等作
品 12 篇，孙犁同志作序。

1980 年（在天津，病中）

《敢于创新，善于创新——〈夜泊画选〉前言》
〔载 1980 年 3 月 27 日《天津日报》〕

1981 年（在天津，病中）

《自述诗草》（旧体诗）
〔载 1981 年 2 月 19 日《天津日报》〕

《精神文明赞》（短文）

〔载 1981 年 4 月 5 日《天津日报》〕

《深切的悼念》（悼念茅盾）

〔载 1981 年 4 月 5 日《天津日报》，文尾自注：1981 年 4 月 4 日于天津〕

《喜看话剧〈梦〉》（剧评）

〔载 1981 年 9 月 2 日《天津日报》〕

《〈柳溪中篇小说集〉序》

〔载 1981 年 11 月 5 日《天津日报》〕

注：1981 年 1 月百花出版社出版了《方纪小说集》，弋兵编，并写了编后语《一条值得探索的路》。小说集共收入作品 10 篇，茅盾同志为之题写了书名。

1982 年（在天津，病中）

《挥起我们的笔写吧——中国作家协会天津分会第二次会员大会开幕词》

〔载 1982 年 1 月 7 日《天津日报》〕

《新的起点——回顾延安文艺座谈会前后》

〔载《新文学史料》1982 年第 2 期。文尾注：方衡笔录〕

《天津市第二次文代会开幕词》

〔载 1982 年 1 月 10 日《天津日报》〕

《霜叶红于二月花——王季儒著〈肘后积余集〉序》

〔载 1982 年 4 月 28 日《天津日报》〕

注："文化大革命"后所发表的作品，除旧体诗及旧作重发者外，均为他人代笔，作者阅后签发的。

1983 年（在天津，病中）

《交流艺术的盛会》（短文）

〔载 1983 年 2 月 2 日《天津日报》〕

《新人辈出的一千期》（短文）

〔载 1983 年 5 月 12 日《天津日报》〕

1984 年（在天津，病中）

《联系群众反映现实的副刊好》

〔载 1984 年 1 月 17 日《天津日报》〕

《利刃与神笔的艺术——观日本木刻字艺术展览》

〔载 1984 年 4 月 4 日《天津日报》〕

二、方纪著作单行本及结集出版编年目录

1949 年

《人民的儿子》（短篇小说集）

〔1949 年 10 月天下图书公司"大众文艺丛书"版。收短篇小说 4 篇：《纺车的力量》《副排长谢永清》《人民的儿子》《秋收时节》。版权页注明：在北京印造，华北版第一版〕

1950 年

《人民的儿子》（短篇小说集）

〔1950 年天下图书公司再版发行，篇目同上〕

《老桑树底下的故事》（中篇小说单行本）

〔三联书店 1950 年 9 月初版。目录：楔子·历史；1. 故事的开头；2. 赵大山和何小霞；3. 过年；4. 新时代；5. 农会主任；6. 村长；7. 生活；8. 赵大山回来了；9. 父亲的死；10. 老桑树底下的战斗；11. 赵福顺的小酒馆；12. 五月；13. 在艰苦的日子里；14. 一个女人的命运；15. 土地；16. 爱情；17. 胜利；18. 纠纷；19. 老桑树下的客人；20. "贫农路线"；21. 黑信；22. 老魏；23. 群众意见；24. 共产党员；结尾：老桑树下办喜事〕

《到群众中去》（文学短论集）

〔1950 年 2 月上海文化工作社"工作文丛"（第二辑）版，初版。收入文学短论、评论，包括"后记"共 14 篇，篇目为《到群众中去》《生活指示着它的未来》《对 A·托尔斯泰创作的一点介绍》《腐蚀》《关于新时代的题材及其他》《反映战争》《从思想上提高一步》《农民的诗》《略论工人的诗》《艺术必须与人民相结合》《小说、戏剧和诗》《关于文学的语言问题》《今年纪念鲁迅先生的意义》〕

《阿洛夫医生》（短篇小说和报告文学合集）

〔1950 年 9 月天津知识书店"十月文艺丛书"第一版。1951 年 3 月第二次印刷。收入《魏妈妈》《阿洛夫医生》《张老太太》《山城纪事》〕

《不连续的故事》（中篇小说单行本）

〔1950 年 6 月上海文化工作社"文学丛书"第一版。篇目：1. 一个人怎样会聪明起来；2. 仇恨和解了；3. 懒人不是生就的；4. "人心是块坏肉"吗？5. 让生活变得更美好吧；附记、附记的附记〕

1951 年

《到群众中去》（文艺短论集）

〔上海文化工作社再版，篇目同前〕

1954 年

《老桑树下的故事》（修订本）

〔经作者修改后，作家出版社 1954 年 8 月在北京出版第一版。目录中除第十节的标题改为"老桑树下的战斗"（去一"底"字）之外，其他标题无改动〕

1956 年

《访苏诗文集》（散文、诗合集）

〔中国青年出版社 1956 年 9 月北京第一版。共收入散文 11 篇，诗 8 首，"后记"一篇。篇目：《献诗——纪念我的外祖母》《苏维埃人印象记》《记普希金城》《访问亚斯那亚·波良那》《在马雅柯夫斯基博物馆里看到的和想到的》《记莫斯科大学》《访问苏联作家协会》《友谊的记忆》《当飞机到达莫斯科的时候》《火车上的速写》《在沃龙涅什车站上》《孩子的礼物》《新西伯利亚》《沿着乌拉季米尔大道》《革命的 1905 年》《志愿军和祖国》《志愿军和毛主席》《志愿军和朝鲜人民》《美丽的国家，英雄的人民》、后记〕

1957 年

《不连续的故事》（小说合集）

〔1957 年 1 月作家出版社北京第一版，1958 年 3 月第二次印刷。篇目：《纺车的力量》《魏妈妈》《阿洛夫医生》《副排长谢永清》《秋收时节》《不连续的故事》。此次出版时，作者对《不连续的故事》做了加工修改。书后有一篇"后记"〕

《学剑集》（文学评论集）

〔1957 年 5 月天津人民出版社第一版第一次印刷。篇目：《生活指示着它的未来》（代序）、《小说、戏剧和诗》、《学习普希金的单纯明了性》、《普希金作品的风格》、《读〈战争与和平〉札记断片》、《托尔斯泰及其〈安娜·卡列尼娜〉》、《高尔基的〈母亲〉》、《关于〈拖拉机站站长和总农艺师〉》、《关于〈红楼梦研究〉批判》、《评胡风的"现实主义"底哲学根据》、《掀掉胡风集团在天津的地堡》、《阿垅的嘴脸》、后记〕

《不尽长江滚滚来》（长江组诗集）

〔1957 年 2 月武汉长江文艺出版社第一版。篇目：1.《三峡组诗》，其中包括"在驾驶台上""西陵峡口""过香溪""过屈祠""巫山遐想""夜泊奉节""航标""船上的晚会"；

2.《岷江组诗》，其中包括"在江水汇流的地方""一个乡村姑娘的愿望""纤夫和水利工程师""钻探队""查勘队""蓝图"；3.《金沙江组诗》，其中包括"金沙江传说""题一张纳西姑娘的照片""在龙女树下""逃亡的奴隶""敲响吧，石鼓""尾声"、后记〕

1958 年

《长江行》（散文集）

〔1958 年 1 月作家出版社北京第一版，收入散文、特写 10 篇。篇目：《长江行》、《枇杷山公园夜景》、《石林风雨》、《笛音和歌声》、《欢乐的"火把节"》、《到金沙江去》、《奴隶》、《奇遇》、《关心人》、《三峡之秋》、后记〕

1961 年

《大江东去》（长诗单行本）

〔1961 年 1 月作家出版社北京第一版。篇目：序；《第一部：神话》，其中包括"八匹骏马""瑶池宴""昆仑一望"；《第二部：现实》，其中包括"大江东去""铁的洪流""红旗""金沙水拍""昆仑放歌""百万雄师"；《第三部：理想》，其中包括"游泳""查勘队的旅行""钻机的歌""船过三峡""蓝图"；后面附注释〕

1963 年

《挥手之间》（散文特写集）

〔1963 年 9 月作家出版社北京第一版。收入散文、特写、评论 18 篇。篇目：《海河，你为什么这样美丽》《一天二十四小时》《跟班生产的刘二囤》《干将的后裔》《轻舟出南津关》《萧德训不断革命》《李之珍攀登高峰》《吊钩》《第一千炉好钢》《挥手之间》《端溪行》《桂林山水》《电光在夜空中闪耀》《梭罗春水》《浓郁的芬芳》《一个有风格的作家》《江山如此多娇》《关于"特写"》〕

1979 年

《方纪散文集》（散文、特写集）

〔1979 年 8 月人民文学出版社北京第一版。收入散文、特写等文章 22 篇。篇目：《方纪散文集序》（孙犁）、《长江行》、《枇杷山公园夜景》、《石林风雨》、《笛音和歌声》、《欢乐的"火把节"》、《到金沙江去》、《奴隶》、《奇遇》、《三峡之秋》、《轻舟出南津关》、《挥手之间》、《海河，你为什么这样美丽》、《一天二十四小时》、《跟班生产的刘二囤》、《萧德训不断革命》、《李之珍攀登高峰》、《吊钩》、《第一千炉好钢》、《干将的后裔》、《端溪行》、《桂林山水》、《江山如此多娇——李可染〈水墨山水写生画集〉序》。此次编辑出版时，对其中某些篇章做了一些删节和修改〕

1981 年

《方纪小说集》（小说集）

〔1981 年 1 月百花文艺出版社第一版；1982 年 7 月第二次印刷。本集共收入中篇、短篇小说 10 篇，茅盾先生为书名题签。篇目：《魏妈妈》《纺车的力量》《老桑树下的故事》《副排长谢永清》《秋收时节》《不连续的故事》《园中》《晚餐》《开会前》《来访者》〕

1985 年

《方纪文集》（四卷本）

〔1985 年 12 月百花文艺出版社第一版，收入方纪历年公开发表的大部分作品。第一卷为小说；第二卷为散文、报告文学；第三卷为诗歌；第四卷为文学评论等〕

附言：

1. 在"文化大革命"中，方纪家几次被造反派抄家，图书、字画、日记、手稿等资料统统被毁，荡然无存。加之由于受到迫害，身体遭到摧残，"文化大革命"后语言表达出现障碍，给他的创作经历及作品研究带来一定困难。以上两篇方纪作品创作年表是在搜集、整理和编辑《方纪文集》一书时，根据逐步积累的一些资料编写的，疏漏之处敬希读者指正。

2. 表中所列作品，大多列出发表时间和报刊，其中有些作品因已散失或其他原因，未收入《方纪文集》，有待以后进一步收集、补充。以前所出版的作品文集，按原出版年代编列年表，并列出篇目。两个年表可供研究者互为参考，不足之处敬请读者海涵。

（王树人　编）

主要参考文献

延安时事问题研究会编：《从"九一八"到"七七"国民党的投降政策与人民的抗战运动》，上海人民出版社 1958 年版。

延安时事问题研究会编：《抗战中的中国文化教育》，上海人民出版社 1961 年版。

中共中央党校党史研究班：《一二九运动史要》，中共中央党校出版社 1986 年版。

刘增杰等：《中国解放区文学史》，河南大学出版社 1988 年版。

孙思白主编：《北京大学"一二·九"运动回忆录》，北京大学出版社 1988 年版。

"左联"成立大会会址纪念馆、上海鲁迅纪念馆编：《"左联"纪念集》，百家出版社 1990 年版。

中共天津市委党史资料征集委员会、天津市档案馆编：《天津接管实录》，中共党史出版社 1991 年版。

杜敬、肖特、展青雷编：《冀中导报史料集》，河北人民出版社 1990 年版。

杜敬编：《冀中报刊史料集》，河北教育出版社 1995 年版。

高新民、张树军：《延安整风实录》，浙江人民出版社 2000 年版。

涂光群：《五十年文坛亲历记：1949—1999》，辽宁教育出版社 2005 年版。

孙玉蓉主编：《天津作家纪念文集》，吉林人民出版社 2006 年版。

朱鸿召：《延河边的文人们》，东方出版中心 2010 年版。

魏华龄：《桂林抗战文化史》，漓江出版社 2011 年版。

文丰义、秦彬：《桂林抗战文化城奇闻轶事》，广西师范大学出版社 2013 年版。

李静萍：《农业学大寨运动史》，中央文献出版社 2011 年版。

叶永烈：《陈伯达传》，四川人民出版社 2016 年版。

郭德宏、林小波：《"四清"运动亲历记》，人民出版社 2008 年版。

席宣、金春明：《"文化大革命"简史》，中共党史出版社 2006 年版。

师静淑：《岁月回首缅怀恩师》，天津市政协文史资料委员会编：《同心相知，同志相从》，中国文史出版社 1991 年版。

盛英、高维晞：《重评〈来访者〉》，《河北大学学报（哲学社会科学版）》1980 年第 1 期。

石英：《方纪这些年》，《中国作家》1987 年第 5 期。

徐城北：《李世济与唐在炘》，《中国戏剧》1989 年第 3 期。

周良沛：《近思方纪——极不规范的悼念之文》，《新文学史料》1998 年第 4 期。

张诚、董文璞：《饱经沧桑的作家方纪》，《文史精华》2001 年第 2 期。

石英：《"新港"三客》，《传媒》2002 年第 9 期。

成绶台：《方纪的三峡情结》，《中国三峡建设》2003 年第 11 期。

张劢：《从拯救者到零余者》，《文艺争鸣》2007 年第 11 期。

眭新亚：《两进台儿庄和徐州突围》，《中共党史资料》2008 年第 1 期。

崇厚、姚宝茹、王胜利：《革命文学大家方纪》，《文史精华》2008 年第 4 期。

周国伟：《方纪捐赠鲁迅代抄手稿》，《世纪》2008 年第 6 期。

李洁非：《屈服——陈企霞事件始末》，《北京文学（中篇小说月报）》2009 年第 6 期。

王辉：《天津"文革"中的"二二一"事件》，《读书文摘》2011 年第 7 期。

段崇轩：《"十七年"文学中的"异端"小说》，《当代作家评论》2014 年第 3 期。

程鸿彬：《延安两大文人集团"文抗"与"鲁艺"的观念分歧》，《东岳论丛》2015 年第 36 卷第 10 期。

丁英顺：《抗战时期的红会特支》，《百年潮》2015 年第 8 期。

林希：《悲夫，方纪!》，《上海文学》2016 年第 9 期。

林希：《恩怨》，《北京文学》1996 年第 6 期。

任中义：《抗战时期中国红十字会救护总队对中共的医疗援助》，《湖北大学学报（哲学社会科学版）》2016 年第 3 期。

张雨晴、商昌宝：《论〈在延安文艺座谈会上的讲话〉前后的延安文艺批评》，《海南师范大学学报（社会科学版）》2014 年第 12 期。

何校生：《中国红十字会救护总队总队长林可胜：中国红十字运动史上的一座丰碑》，《中国红十字报》2017 年 10 月 13 日。

王云芳：《戴着镣铐的舞蹈》，《名作欣赏》2016 年第 9 期。

天津市文化局文化史志编修委员会编：《天津文化简志稿》，1988 年 10 月。

盛亚平：《追寻方纪的印迹》，2013 年。

辛集市政协编：《辛集历史文化》，内部资料。

辛集党史办：《辛集党史》，内部资料。

王昌定：《从反右派到反右倾》，内部资料。

林绍纲：《冯牧的才情》，内部资料。

傅国涌：《笔底波澜》，内部资料。

后　记

　　2019 年是伟大的五四爱国主义运动 100 周年，也是父亲诞辰 100 周年。父亲一生以"五四生人"来激励自己，所以他心中始终有一种与生俱来的使命感。

　　为了纪念父亲诞辰百年，我们兄弟四人早就商量将自己所知道的父亲有关情况全部汇总起来，写一篇怀念父亲的文章。但在筹划写作过程中，感觉父亲一生阅历非常丰富，一篇文章是容纳不下的，所以最后还是决定尽量全面、完整地写一部父亲的生平传记。这既是社会各方面的期待，也为研究者提供一个比较系统、真实可信的史料，于是写了这部《挥手之间的人生——回忆父亲方纪》。

　　全书分为两部分：上部《挥手之间的人生》以父亲生平为主，对文学创作不做过多评述，由方大卫、方兆麟共同执笔；下部《一个有使命感的作家》，主要是从父亲文学创作生涯的角度，对他的作品写作年代及作品特点做一些简要介绍，由方兆麟执笔。附录收入了王树人 1984 年所编《方纪作品编年目录》《方纪著作单行本及结集出版编年目录》，并做了必要的增订和修改。在本书初稿写就、征求意见期间，方衍、方行又从不同角度撰写了追忆、怀念文章，一并收入本书中，从而使本书内容更加充实丰富。

　　本书从汇总资料、筛选、核实到完成初稿，费时一年有余。有些具体细节因缺乏资料核实，难免存在不尽准确之处，敬请知之者赐教补充，但总体上讲史料还是真实可信的。为了使本书尽量客观、公正，在写作中本着"述而不论"原则，以史料为主，尽量避免个人主观臆想或评论，一切留待读者自己去研究思考。

本书在写作过程中参阅或引用了很多公开出版、发表的资料、文章，正是由于有了这些可供参考的成果，才使本书得以顺利完成。在此，对这些专家学者和作者表示衷心感谢！同时，感谢天津市口述史研究会对本书出版给予的大力支持；感谢本书的责任编辑、好友王文运为本书出版所付出的辛勤努力。

由于父亲的阅历十分丰富，而我们所知又少得可怜，加之水平有限，故写作中难以面面俱到，如有不准确、挂一漏万之处，还望知情者补正。

最后，希望我们的后人方小禹、方芳、方达能从本书中受到教益，将先辈的精神继承下去，行稳致远。

方大卫　方兆麟　方　衍　方　行

2019 年 4 月 29 日完稿

2024 年 12 月改定